本书为国家社会科学基金重大项目"生物哲学重要问题研究"
（14ZDB171）阶段性成果

马克思主义中国化丛书

总主编 王宗礼

# 工具行为
# 在人类演化中的作用研究

山郁林 著

中国社会科学出版社

## 图书在版编目（CIP）数据

工具行为在人类演化中的作用研究 / 山郁林著 . —北京：中国社会科学出版社，2020.12

（马克思主义中国化丛书）

ISBN 978－7－5203－7625－9

Ⅰ.①工… Ⅱ.①山… Ⅲ.①马克思主义哲学—生产工具—作用—人类进化—研究 Ⅳ.①B0－0

中国版本图书馆 CIP 数据核字（2020）第 253903 号

| | |
|---|---|
| 出 版 人 | 赵剑英 |
| 责任编辑 | 喻 苗 |
| 责任校对 | 胡新芳 |
| 责任印制 | 王 超 |
| | |
| 出 版 | 中国社会科学出版社 |
| 社 址 | 北京鼓楼西大街甲 158 号 |
| 邮 编 | 100720 |
| 网 址 | http://www.csspw.cn |
| 发 行 部 | 010－84083685 |
| 门 市 部 | 010－84029450 |
| 经 销 | 新华书店及其他书店 |
| 印刷装订 | 北京明恒达印务有限公司 |
| 版 次 | 2020 年 12 月第 1 版 |
| 印 次 | 2020 年 12 月第 1 次印刷 |
| 开 本 | 710×1000 1/16 |
| 印 张 | 23.25 |
| 插 页 | 2 |
| 字 数 | 366 千字 |
| 定 价 | 119.00 元 |

凡购买中国社会科学出版社图书，如有质量问题请与本社营销中心联系调换
电话：010－84083683
**版权所有　侵权必究**

# 出版前言

马克思主义自诞生以来，在指导工人运动和社会主义革命、建设、改革的过程中，取得了举世瞩目的光辉成就，深刻地改变了世界格局和人类社会的发展走向，为人类社会昭示了新的发展前景。尽管马克思主义的反对者们一再声称马克思主义已经过时，但当人类社会发展出现困境时，人们却不约而同地回到马克思的思想资源中寻求破解困境的灵感，以马克思主义为指导的社会主义制度也在遭遇挫折后焕发出新的生机和活力。从一定意义上来说，当代资本主义社会之所以能摆脱过去周期性经济危机的魔咒，也得益于马克思主义对资本主义制度的深刻批判。无论是19世纪中后期欧洲资本主义克服经济危机的努力，还是2008年世界金融危机后马克思主义著作在西方世界的热销，无论是马克思被西方思想界评为"千年第一思想家"的现象，还是马克思主义不断地被他的敌人所诋毁，无不显示出马克思主义巨大的思想影响力和持久的生命力。

马克思主义的巨大思想影响力和持久的生命力来自其科学性和真理性。正如习近平总书记《在哲学社会科学工作座谈会上的讲话》中所指出的，"马克思主义尽管诞生在一个半多世纪之前，但历史和现实都证明它是科学的理论，迄今依然有着强大生命力。马克思主义深刻揭示了自然界、人类社会、人类思维发展的普遍规律，为人类社会发展进步指明了方向；马克思主义坚持实现人民解放、维护人民利益的立场，以实现人的自由而全面的发展和全人类解放为己任，反映了人类对理想社会的美好憧憬；马克思主义揭示了事物的本质、内在联系及发展规律，是'伟大的认识工具'，是人们观察世界、分析问题的有力思想武器；马克思主义具有鲜明的实践品格，不仅致力于科学'解释世界'，而且致力于积极'改变世界'。在人类思想史上，还没有一种理论像马克思主义那样对人类文明进步产生了如此广泛而巨大的影响"。

马克思主义并没有穷尽真理,它是随着时代的发展和人类实践活动的发展而不断发展的。作为一种科学的世界观和方法论,作为一种"伟人的认识工具",马克思主义必须不断地直面时代发展变化的挑战,回答不同历史发展阶段提出的重大课题。在马克思和恩格斯生活的时代,虽然资产阶级统治已经在主要资本主义国家得以确立,资本主义制度正处在上升时期,但资本主义社会的固有矛盾已经开始暴露,无产阶级和资产阶级的矛盾已经日趋显现,在这样的历史背景之下,马克思和恩格斯面临的时代课题,就是站在无产阶级的立场上,揭示资本主义社会的内在矛盾,探讨资本主义社会的运动规律,为社会主义制度取代资本主义制度提供理论论证。马克思正是通过唯物史观和剩余价值学说这两大发现,实现了社会主义由空想到科学的发展,为当时工人运动的发展提供了科学的指南和正确的方向。19世纪末到20世纪20年代,资本主义社会发展到了一个新的阶段,即帝国主义阶段,资本主义社会的固有矛盾呈现出了新的特征,由于资本主义经济政治发展不平衡规律的作用,帝国主义之间的矛盾尖锐化,人类社会进入了一个以战争和革命为时代主题的新时代。面对时代主题的变化和工人运动面临的新形势新任务,列宁深刻地分析了帝国主义阶段资本主义社会基本矛盾的变化,探讨了帝国主义时期的主要矛盾和发展规律,深刻揭示了社会主义可以在一个国家率先取得胜利的历史必然性,领导俄国无产阶级和人民群众推翻了沙皇专制统治,建立了人类历史上第一个社会主义国家,实现了社会主义由理论到现实的伟大转变,开辟了人类历史的新纪元,也为后世提供了坚持和发展马克思主义的光辉范例。

"十月革命一声炮响,给我们送来了马克思主义。"马克思主义传入中国之时,正值中华民族处在亡国灭种的危亡关头,中国社会正处在半殖民地半封建社会的深渊。自1840年鸦片战争以来,古老的中国遭遇"三千年未有之大变局",一批批先进的中国人不断探寻着救国救民的道路,封建社会的开明人士推行的洋务运动失败了,资产阶级维新派发动的维新变法运动也没有取得成功,洪秀全等人发动的旧式农民起义失败了,孙中山等人领导的资产阶级民主革命运动也夭折了。马克思主义传入中国以后,使正在苦苦寻求救国救民之道的中华民族的优秀分子找到了新的希望。以李大钊、陈独秀等为代表的中国人开始研究马克思主义、宣传马克思主义，马克思主义与中国工人运动相结合，产生了中国共产党，从此，中国革命的道路才展现出了光明的前景，中华民族的命运才出现了历史性的转机。

但是，如何在一个半殖民地半封建的落后的东方大国实现民族独立、人民解放进而建立社会主义制度，是马克思、恩格斯乃至列宁从未遇到过更不可能回答的问题。这是历史和时代给中国共产党人提出的新的严峻课题。对此，中国共产党人进行了艰苦的探索。以毛泽东同志为代表的中国共产党人，顺应时代要求，把马克思主义的普遍原理与中国的实际相结合，创造性地推进了马克思主义中国化，实现了马克思主义中国化的第一次历史性飞跃，形成了马克思主义中国化的第一大理论成果——毛泽东思想。正是在毛泽东思想的指导下，中国人民经过艰苦卓绝的努力，推翻了帝国主义的殖民统治，建立了新中国，实现了民族独立和人民解放，建立了社会主义制度，为中国社会的进步和中华民族的发展奠定了坚实的基础。

社会主义制度的建立，深刻地改变了中国社会的基本结构和基本面貌，为中国社会的进步奠定了坚实的基础。但是在一个生产力水平十分低下、农村人口占绝大多数、封建传统根深蒂固的东方大国，建设什么样的社会主义、如何建设社会主义，是历史和时代给中国共产党人提出的又一崭新的课题。对此，中国共产党人进行了不懈的理论探索与实践探索，其间有挫折、有教训，也有成功的喜悦。改革开放以来，以邓小平同志为代表的中国共产党人，坚持实事求是的思想路线，把马克思主义的普遍原理与中国的实际相结合，实现了马克思主义中国化的第二次理论飞跃，形成了包括邓小平理论、"三个代表"重要思想、科学发展观等在内的中国特色社会主义理论体系。正是在中国特色社会主义理论体系的指导下，中国社会主义建设和改革事业才取得了举世瞩目的伟大成就。

历史和实践已经证明，坚持和发展马克思主义，是我国革命、改革和建设事业取得成就的根本保障。但是，我们也要清醒地看到，当今时代，随着经济全球化、政治多极化、社会信息化、文化多元化向纵深发展，人类社会面临的各种矛盾和问题空前复杂，意识形态领域的斗争愈演愈烈，马克思主义也面临许多新的挑战。坚持和发展马克思主义，必须要深入研究马克思主义的基本原理，特别是要深入研究和学习马克思主义的经典著作，拨开各种强加于马克思主义身上的迷雾，还马克思主义以本来面目；坚持和发展马克思主义，还必须坚决反对对待马克思主义的教条主义和实用主义态度。马克思主义不是僵死的教条，也不是随意剪裁的"百宝箱"，如果不顾历史条件的变化，把马克思主义经典作家针对特定历史条件、特定情境讲过的每一句话，都当成普遍真理，照抄照搬，显然不是对待马克思主义的正确态度，而如果凡事都要从马克思主义经典作家的著作中去寻找答案，按照主观需要裁剪马克思主义这个整体，随意从马克思主义的经典著作中寻章摘句，同样也不是对待马克思主义的正确态度；坚持和发展马克思主义，还必须不断地推进马克思主义的中国化、时代化和大众化，必须坚持运用马克思主义的立场、观点和方法，研究和回答我国改革开放和社会主义现代化建设中的重大理论问题与实际问题；坚持和发展马克思主义还必须在真学、真信、真懂、真用上下功夫，要认真研究马克思主义经典著作，掌握马克思主义的立场、观点与方法，把握马克思主义的思想精髓，自觉地用马克思主义的世界观和方法论，分析问题，指导实践。

坚持和发展马克思主义必须不断深化对马克思主义的理论研究。改革开放以来，中央高度重视马克思主义理论研究，深入推进马克思主义理论研究与建设工程、马克思主义理论学科建设、马克思主义学院建设，马克思主义理论研究正在向纵深发展。但正如习近平总书记所说，我们"也有一些同志对马克思主义理解不深、理解不透，在运用马克思主义立场、观点、方法上功力不足、高水平成果不多，在建设以马克思主义为指导的学科体系、学术体系、话语体系上功力不足、高水平成果不多。社会上也存在一些模糊甚至错误的认识。有的认为马克思主义已经过时，中国现在搞的不是马克思主义；有的说马克思主义只是一种意识形态说教，没有学术上的学理性和系统性。实际工作中，在有的领域中马克思主义被边缘化、空泛化、标签化，在一些学科中'失语'、教材中'失踪'、论坛上'失声'"。因此，加强马克思主义理论研究是高校马克思主义理论学科和哲学社会科学工作者义不容辞的光荣使命。

西北师范大学马克思主义学院有着悠久的办学历史和较为深厚的学

术积淀，其前身是 1953 年成立的马列主义教研室，1959 年成立了政治教育系，开始招收思想政治教育专业本科生。经过历代学人的辛勤耕耘，现已成为甘肃省重要的马克思主义理论学科人才培养和学术研究基地，学院设有马克思主义基本原理和思想政治教育两个二级学科博士点，马克思主义理论一级学科硕士学位点，拥有马克思主义理论博士后科研流动站，马克思主义理论学科为甘肃省省级重点学科。学院拥有一支政治立场坚定、结构合理、业务水平较高的师资队伍，近几年来编辑出版有《马克思主义理论研究》连续出版物。为了进一步加强马克思主义理论学科建设，提升中青年教师的教学科研能力，学院组织中青年教师进行科研攻关，编写了这套"马克思主义中国化"书系。希望本丛书的出版能够为马克思主义理论学科教学科研人员和其他读者提供学习和研究马克思主义的参考材料，也希望得到专家学者的批评指正。

王宗礼

西北师范大学马克思主义学院

2016 年 12 月 10 日

# 目　录

导　论 ……………………………………………………………… (1)
　一　问题的缘起和背景 ………………………………………… (1)
　二　国内外研究现状 …………………………………………… (4)
　　（一）国外研究现状 ………………………………………… (4)
　　（二）国内研究现状 ………………………………………… (25)
　三　研究方案 …………………………………………………… (35)
　　（一）研究目标 ……………………………………………… (35)
　　（二）研究内容 ……………………………………………… (36)
　　（三）试图解决的关键问题 ………………………………… (40)
　四　研究方法和创新之处 ……………………………………… (41)
　　（一）研究方法 ……………………………………………… (41)
　　（二）创新之处 ……………………………………………… (42)

第一章　人类寻根意识的科学化与工具问题的凸显 ……………… (45)
　一　寻根意识的科学化 ………………………………………… (45)
　　（一）寻根意识的普遍存在 ………………………………… (46)
　　（二）寻根意识的科学表达 ………………………………… (52)
　　（三）寻根意识科学化的特征 ……………………………… (57)
　二　"劳动创造了人本身" ……………………………………… (67)
　　（一）一个并未过时的命题 ………………………………… (67)
　　（二）以工具作为基本线索和关键因素 …………………… (70)
　　（三）未被超越的预言 ……………………………………… (78)

三　小结 ……………………………………………………………… (81)

**第二章　早期原始人类的代表性工具行为分析** …………………… (83)
一　人类基本演化阶段的划分和最早的古人类 …………………… (84)
（一）分分合合的人种分类假说 ………………………………… (84)
（二）回到非洲 …………………………………………………… (91)
（三）撒海尔人（图迈）是否人如其名？ ……………………… (96)
（四）"千禧人"的归属 ………………………………………… (98)
（五）亦人亦猿的"阿尔迪" …………………………………… (99)
二　绿野猿踪：直立猿（南方古猿）与工具行为 ……………… (102)
（一）南方古猿的最初发现及其争论 …………………………… (102)
（二）南方古猿阿法种：两足动物的确证 …………………… (107)
（三）南方古猿阿法种的食性转变与工具的使用 …………… (111)
（四）南方古猿的其他支系及最新发现 ……………………… (114)
三　能人：能制造工具的巧手原始人 …………………………… (124)
（一）能人的发现：一个即时产生的新人种 ………………… (124)
（二）奥杜瓦伊文化中的工具制造和使用 …………………… (129)
四　匠人和直立人的工具行为 …………………………………… (138)
（一）人属分类的新启示 ……………………………………… (138)
（二）匠人的智力创新 ………………………………………… (143)
（三）匠人借工具之力进行的迁徙 …………………………… (147)
（四）上陈遗址中石器新证据的意义 ………………………… (156)
（五）直立人的工具行为及其认知能力的飞跃 ……………… (159)
五　小结 …………………………………………………………… (177)

**第三章　现代人类起源假说中的工具要素** ……………………… (179)
一　现存的唯一人属物种（智人） ……………………………… (180)
（一）现代人的起源为何成为焦点 …………………………… (180)
（二）多起源说和单一起源说 ………………………………… (185)
二　多地起源说：连续演化及石器工具证据 …………………… (186)
（一）智人的连续性演化模式 ………………………………… (186)

（二）东亚现代人的连续演化及其工具证据 …………………… (189)

　三　单一起源说：替代论及工具方面的疑问 ……………………… (193)

　　（一）以工具证据摆脱欧洲中心论 …………………………… (193)

　　（二）未曾谋面的亚当和夏娃 ………………………………… (196)

　　（三）在方法和工具方面的疑问 ……………………………… (201)

　四　小结 ……………………………………………………………… (207)

## 第四章　直立行走和工具行为 ……………………………………… (210)

　一　直立行走的起因和优势 ………………………………………… (211)

　　（一）直立行走的起因 ………………………………………… (211)

　　（二）直立行走的优势 ………………………………………… (220)

　二　直立行走和工具制造的相互作用 ……………………………… (225)

　　（一）手是石器工具的原型 …………………………………… (225)

　　（二）不会直立行走就不会真正制造工具 …………………… (228)

　　（三）"最古老"的石器之前还有更古老的石器 ……………… (242)

　三　小结 ……………………………………………………………… (248)

## 第五章　智能、语言和工具行为 …………………………………… (249)

　一　从工具行为揭示智能之谜 ……………………………………… (250)

　　（一）达尔文遗留的问题 ……………………………………… (250)

　　（二）工具和智能的同步演化 ………………………………… (252)

　二　"非说不可"的秘密 …………………………………………… (259)

　　（一）侧耳倾听：原始人类的语言 …………………………… (260)

　　（二）人猿语言特训的启示 …………………………………… (275)

　三　物质外壳和思想内核在工具行为中的统一 …………………… (283)

　　（一）语言基因和语言本能 …………………………………… (283)

　　（二）工具、劳动、合作和语言的共同演化 ………………… (293)

　四　小结 ……………………………………………………………… (305)

## 第六章　基因和文化在工具行为中的共同演化 …………………… (308)

　一　微观图景中的演化足迹 ………………………………………… (309)

（一）基因、环境和迁徙 …………………………………（309）
　　（二）作为历史分析工具的基因 …………………………（317）
　二　文化和基因的共同演化 …………………………………（321）
　　（一）文化和基因的互动 …………………………………（321）
　　（二）工具行为和基因 ……………………………………（326）
　　（三）工具行为在文化和基因共同演化中的作用 ………（329）
　三　小结 ………………………………………………………（333）

**结语　人类的演化：从"失乐园"到"得家园"** ……………（335）

**参考文献** ………………………………………………………（343）

**后记** ……………………………………………………………（356）

# 导　　论

## 一　问题的缘起和背景

　　本书写作的初衷在于探究如何能从与人类自身的演化密切关联的工具行为发展过程中找到那个恰当的、成就这一切的内在尺度，并以此衡量在一个漫长的自然过程中人之为人的代价。很显然，我们大概找不到第二种像人类这样富有智慧、心灵手巧、能说会道、善于觉察和改变自身处境的物种了，凭借不断升级的工具行为、技术系统、群体协作和语言系统，人类的活动范围从原始森林、稀树草原一直延伸到外太空，具备了前所未有的以内在尺度衡量和改造外部世界的能力，完全可以据此将人界定为地球上唯一能够凭借复杂而强大的工具系统不断拓展生存空间的物种。人类通常推崇积极的、进取的、有创造性的、不安于现状的精神品质并将其转化为行动，考虑一下数百万年以前原始人类凭借石器尝试来自动物的新食物并向陌生远方迁徙的行为，这种精神追求已于那时萌生。演化中的人类是在工具的丛林和海洋中完善自我，进行自我评价的，无论是冷静的理性批判，还是目空一切的骄矜自夸，以及随着知识的巨量增加同步延展的无知和迷惑，都无法从根本上摆脱人类中心主义的影响。在现代社会中，就像人类的每一个体一样，在关于自己的本性和前途方面，整个人类在像自己的遥远先祖一样必须始终保持迈步前行的直立姿态时，却被连篇累牍的赞美和充满忧患意识的自责所缠绕，这恰好说明，智人这个物种依然缺乏合理的自我评价的能力。缺乏这一能力的根本原因在于人类至今未能获得对自身来源的确切认识，并不知道自己是谁以及如何才能知道自己是谁。

因而迄今为止，所有的哲学和科学依然在不同层面上致力于由"认识你自己"的古老命题所标示的解谜活动，并被可简化表述为"我是谁，从何处来，向何处去"的根本追问所约束，以众多相互抵触的看法作为"人是什么"这一谜题的阶段性答案。这些看法不仅使人类观念的天空疑云密布，也让人类现实生存的境域纷争不断。近代以来，以希腊哲学为母体、以宗教信仰为动力的自然科学的兴起似乎为精确描摹人的形象、对事关人本身的诸多问题达成某种统一性解释带来了希望，但随着时间的推移，原有的困惑并未消除，新的疑虑却与日俱增。

究其原因，一方面，无论自然科学的强力达到何种不可思议的程度，从本质上而言，它依然是某种特殊的哲学。另一方面，人类孜孜以求、欲罢不能的对自身本性和本质的揭示，只能立足于人类的自我判断，同时人类又当仁不让地承担了这种判断的唯一评价者的角色，从而使人对自身的全部认识都完全受限于单一的自我关注的视角。

这一视角的一个极为明显的后果便是，在人类历史发展中深植了一种绵延不绝的对万事万物追本溯源的终极关怀，尤其表现为对于人自身的来源和去向加以探究的寻根意识，同时贯穿着各种文化形式尤其是宗教、哲学及具体科学中的宇宙论探索和本体论追问。19世纪中后期以来，在"重估一切价值"的时代背景中，达尔文的学说所描绘的人之形象引发了与宗教观念相对的思想变革，让演化论广为人知，也成为人类普遍的寻根意识延伸出的最新版本。

从演化论获得广泛接受以来，科学界和哲学界就致力于在人的现有处境的把握中，从自然和社会两方面寻求更多的支持演化论的事实。即便演化论的观念受到暂时的质疑和忽视，这一观念变迁过程依然在持续，并与一系列哲学问题直接关联，成为科学哲学研究的重要分支，构成一种具有明显的"自然科学中的哲学问题研究"风格和跨学科性质的哲学研究进路。演化论研究亦将先前处于相互隔离状态的学科联结起来，消除了自然科学和社会科学之间的壁垒，在为人们提供审视传统问题的新视角的基础上，又提出了一系列新的问题。在20世纪中期以后，由于分子生物学当中的一些重大发现的推动，原有的进化论的基本学说和其他自然科学的重要成果相融合，出现了各种新的演化学说，关于人类起源和演化的研究也有了立足于新的科学发现的新成果，研究视野也得到进一步拓展。在起始于生物学哲学的演化论哲学研究中,关于生命本性和生物学理论的哲学分析,伴随着各学科的发展,逐渐聚焦于人类的起源和演化,涉及工具、意识、劳动分工、合作、语言、人性、道德、宗教、自由意志和文化演化等,围绕人类最早发源的时间和地点、人属动物的分化、人类在演化系统树上的位置、现代人类的起源方式、人类的全球扩散、人的本质和人类的未来等诸多以人为中心的论题,在多个论域和不同层面展开。

演化论中关于人的来源和进化问题的一般观念,是近现代中国社会思想启蒙和马克思主义传播中的重要内容。在我国的马克思主义哲学(自然辩证法)、技术哲学、生物学哲学、语言哲学、文化哲学及考古学和人类学发展过程中,关于人类演化哲学问题的研究与恩格斯的著名论文《劳动在从猿到人转变中的作用》(以下简称《作用》)的关系非常密切。长期以来,恩格斯在人类演化方面的论述中提出的"劳动创造了人本身"的命题被简化为"劳动创造了人"的表述,成为国内相关问题研究中的经典论题和指导性观念。

但是,《作用》从完成到正式发表经过了20年,恩格斯关于劳动和人的进化关系的经典表述又是在将近150年前做出的,将这种表述简化为"劳动创造了人"的命题,在基本概念的清晰度和理论表述的逻辑关系方面、在经典命题和新的科学发现的关联方面、在作为方法论的唯物辩证法和由生物学的发展以及生物学哲学的建立所引起的西方哲学尤其是科学哲学研究范式的关系变化方面都存在一些问题。在西方科学哲学对于人的演化问题的研究中,多涉及"工具的制造和使用""狩猎""采集"和"食物的获取"等说法而回避直接使用"劳动"一词,可以说,在一定程度上有劳动之实却无劳动之名。这说明西方科学界在人类演化问题的研究方面对于恩格斯基于唯物论前提的劳动决定论缺乏足够的重视,这使得演化论的研究在某些方面获得巨大进展的同时,有可能因为低估劳动的作用而使关于人类如何产生的明确观念变得扑朔迷离。

本书的选题是在生物学哲学之中关于人的演化的研究范围之内,聚焦于人类起源和进化的动因,致力于在"劳动创造了人本身"的经典命题与关于人的起源和演化的具体探究之间建立基于科学新发现、新证据的联系,并试图对相关的争论进行梳理。在厘清经典命题本义的同时,针对以综合的互补性和兼容性解释凸显的这一命题的"进步纲领"特征，以辩证思维分析起始于工具行为的劳动在人类起源与演化的动因系统中的核心地位和重要作用，以此描摹人类因为持续付出劳动的"代价"而不断获得自我提升这一历史过程的整体面貌，试图从工具行为视角的人类自然史方面为劳动的哲学意义进行必要的辩护，为使完整的劳动观在生存论层面上回归哲学进行理论的呼吁。

## 二　国内外研究现状

### （一）国外研究现状

从劳动的英文表达的词源分析可以看出，其拉丁文形式 Laborem 意为"经过劳苦取得成果，并从中得到享受"[①]。从一般的社会观念而言，在前资本主义时代，大多数时候劳动只意味着付出体力的艰辛劳作，受制于自然和社会的双重奴役，具有痛苦和被迫的性质，劳动者的地位因而也是极其卑微的，个别劳动者因为精湛的技艺所提供的效用而受到超出于其所在社会层级限制的恩宠和褒奖，只不过是统治者出于实用考虑或出于个人偏好而为，并不意味着劳动和劳动者地位的整体上升。古希腊时期亚里士多德关于人类知识的具有明显的柏拉图主义风格的等级划分中对"创制"活动的定位，可以反映出古希腊人对于劳动的一般态度，这种态度对劳动有一种非常狭隘的理解，以至于在相当长的历史时期，在一种沉思的价值高于行动的思想背景下，劳动并未成为哲学研究的主要对象。从宗教方面的影响来说，以基督教为例，根据《圣经》传述的故事，因受到引诱而违背上帝旨意被逐出乐园的人类始祖必须以终身辛劳、受苦流汗方可获得食物、维持生计，劳动被打上惩罚的烙印。在中世纪，对于为了献身于上帝的信仰而奉行苦修的基督徒而言，将懒惰归为重罪的戒条和"不劳动者不得食"的倡议只是一种难以落实的宗教道德，就像这种宗教最初只是为了给社会中饱受压迫、生趣无多的下层人士提供精神救赎的希望一样，这种倡议和劳动者关于劳动收益的朴素信念虽然

---

[①] [法]罗贝尔·福西耶：《中世纪劳动史》，陈青瑶译，上海人民出版社2007年版，第7页。

可以在一定程度上相融合，对于理性的劳动观的形成也有一定作用，但在当时依然无助于把劳动作为思想的对象。而文艺复兴之后，在清教伦理和资本主义精神的推动下，理论和实践的关系发生了时代性的翻转，从工艺和技术的角度对于劳动的经验化理解、从创造财富的角度对于劳动的经济学考察以及对劳动作为人的精神活动和自我创造活动特征的揭示，使劳动在哲学中的地位有所上升，但劳动更多地被看作是基于精神性存在的抽象理念活动。对于劳动的重大哲学意义的发现得益于马克思"在劳动发展史中找到理解人类史和社会史的锁匙"这一思想事件。在历史唯物主义体系中，生产劳动被视为人类社会发展的"第一个历史活动"，劳动成为马克思主义理论体系中的基本范畴。恩格斯在《自然辩证法》中对于劳动在从古猿演变到人的历史过程中的作用的阐述，是对马克思的劳动理论的具体运用。但是这并未改变西方学术界在关于人的诸种看法中，将精神因素置于首位的传统和将生产劳动片面地等同于体力劳动的偏见。

需要特别说明的是，苏联学术界对恩格斯的劳动造人说持肯定态度，相关的研究成果和基本观点对我国的考古学、生物学、人类学和哲学研究都有很大影响（考虑到国内学术界在特殊的历史情境下与苏联学术界的关系，苏联对于人类起源的劳动理论的主要观点将放在国内研究综述中介绍）。相对而言，恩格斯运用劳动理论对人类演化问题的研究并未引起西方学术界的充分重视，由于深受将思想和观念置于首位的"脑导引模式"的影响，在人的起源和进化的研究中虽然不乏与人类基本生存问题直接相关的工具（石器）的制造和使用以及狩猎和采集活动的内容，却吝于直言劳动。在享有盛誉的、融合了各学科基本知识的历史学巨著《全球通史：从史前史到21世纪》和《新全球史：文明的传承与交流》中，尽管都对史前史部分给予了相当的篇幅，在论及人类起源与进化问题时，也使用了工具、技术、交流、协作、语言、文化和基因这样一些概念，肯定了古人类不断改变自然使之适应自己需求的努力，却依然很少专门探讨"劳动"现象。国外的很多学者即便从各自的学科视角对人类起源和演化中的工具问题进行非常有价值的研究，也把更多注意力放在脑量的增加、认知能力的发展方面，工具的制造和使用通常只被看作人的身体状态和智能状况获得适应性进展的标志，是不容忽视的文化现象，具有对人类演化的不同阶段进行划分的断代作用，可以作为对特定人科动物进行命名的演化特征。更有一些西方学者对工具、劳动和文化的关系做了过于偏狭的理解，以把工具和劳动排除在外的凭借语言来表达的文化（故事与宗教）作为人类与其他灵长类动物相区分的关键因素。这些与使用工具有关的研究性表达涉及多个学科，散见于关于人类起源与演化的诸多文献中。基于这种背景，对国外关于劳动（工具行为）在人类起源和演化中的作用问题的研究，可以从以下几方面进行概括：

（1）恩格斯在《自然辩证法》中关于劳动在人类起源与进化中的作用的概括性论述。人的起源和演化与劳动关系的最初的，同时也是较为集中和全面的表述，来自恩格斯在1876年所写、收入《自然辩证法》书稿的《劳动在从猿到人转变中的作用》一文，这是恩格斯《自然辩证法》手稿中相对比较完整且较早发表的部分之一。恩格斯认为劳动是人类生活首要的基本条件，并把直立行走视为"从猿转变到人的具有决定意义的一步"[①]，既是劳动器官又是劳动产物的人手因此产生。由于"劳动是从制造工具开始的"[②]，因此恩格斯所说的劳动不是仅指工具的制造和使用，更是指一个关联了意识、语言、合作和交往的综合活动。恩格斯在这篇文章中的观点虽受限于时代条件，只能从极少的考古学证据出发对人类演化和劳动的关系进行高度概括性的推测，但是他提出的"劳动创造了人本身"的命题，极富远见地表达了劳动对人类演化过程起到决定性推动的总体判断，已成为直立行走与手足分工、动物本能和人类工具行为、脑量增大和意识完善、劳动协作和语言沟通之间相互联系、相互作用模式的一般表达。他以劳动作为人与动物的本质区别、人类社会和猿群相区别的根本特征，反驳了将文明进步首先归功于头脑的通行观念。《作用》一文的重要性并不仅仅在于恩格斯就人的起源与演化问题的基本思路和研究方向提出的某些颇具预见性的正确见解，还在于他敏锐地分析了西方思想传统中的一种根深蒂固的偏见及其后果：头手分离的科学发展导致学院式的纯研究排斥体力工作，重视思想价值甚于实践和行动的价值，造成对劳动本身的轻视。同时恩格斯还较早地提出了要在劳动

---

① 中共中央编译局：《马克思恩格斯文集》第9卷，人民出版社2009年版，第551页。
② 同上书，第555页。

中尊重自然规律、不凌驾于自然之上、不片面追求对自然的征服、保持人和自然和谐统一性的观念。恩格斯之后的很多西方学者在研究人类演化时虽然极少提及恩格斯的《作用》已有的成就和影响,但他们都会不约而同地把注意力集中于直立行走、工具行为、智能提升、合作共享和语言交流等绕不开的问题上,在这些基本问题的思考方面并未显著地超出恩格斯所达到的程度,他们的观点中不时出现和恩格斯的见解类似的表达,这说明恩格斯的一系列洞见触及了人类演化问题的某些最基本方面,并对相关的深层次问题有所揭示。不可否认,由于恩格斯并不赞同将演化论当作自然规律,同时限于当时的科学条件和认识水平,以及具体语境条件的制约,恩格斯对劳动在人类起源和演化中所起作用的说明在表达上具有高度概括性和一定的猜测性。但越来越多的科学发现证明,恩格斯的见解是有高度的科学性和预见性的,随着更多科学证据的集聚、互证和揭示,其思想价值会得到进一步的发挥。

(2)从相似性角度对动物特别是黑猩猩的工具行为的习性学研究的启示。达尔文的自然选择学说不仅认为各个物种之间是相互联系和不断变化的,而且把人看成是自然的产物和动物中的一员,因此,在达尔文对人所做的研究中,非常注重通过对动物行为的观察和分析,来推断人类行为的发展变化。在《人类的由来及性选择》一书中,达尔文在对人类和低等动物的心理能力进行比较时,专门就"动物所使用的工具和武器"进行了说明,其中包括了很多他自己的直接观察经验,结合来自他人的观察,列举了包括狗、大象、狒狒、猴子和黑猩猩在内的一些动物使用天然工具的行为。但是达尔文是承认人和动物在工具行为方面的本质差异的:人类能够超越偶然使用天然工具的本能表现,能有意识地用非常复杂的手段进行工具的制造和使用。总的来说,达尔文对动物的处于萌芽阶段的工具行为的关注,是为了探究动物是否具备包括抽象观念、自我意识在内的复杂心理活动,进而探讨语言的本质,因此他对于工具使用行为的研究是比较简略的。但是,这已经足以让以后的相关领域的研究者为此补充更多的材料,其中就包括像珍妮·古道尔(Jane Goodall)那样以将自己也作为黑猩猩群体一员的方式投身野生动物研究的科学家所提供的新观察,正是她关于黑猩猩的多种准工具行为的详细观察和充满感情的描述，改写了人类演化史中关于人的定义①。

习性学可以被看作动物学和心理学的分支，反对行为主义在事先布置好的实验情境中引导动物行为，主张在天然生态环境中观察动物的自主行为。习性学对行为由环境决定的观念持怀疑态度，更倾向于本能决定论。尼古拉斯·廷贝亨（Nikolaas Niko Tinbergen）认为行为的直接作用、发展趋向、功能性或者适应性目的和种系起源是其中最关键的问题。习性学提出了像"固定行为模式"这样的概念来描述动物先天就有的特性，并主张人的认知和知觉范畴并非经验的产物，而是生来就有的。这种方法有给行为模式贴标签的嫌疑，更多停留于行为表面的观察，未能以更严格的标准去研究适应问题。

20世纪70年代，阿尔科克专门就动物中的"使用工具"（tool using）这一行为进行了"严格"的定义，个体利用没有生命特征的身外之物所达到的对其他个体的控制力的表达被视为这一行为的核心，这一定义没有明确地提及工具行为的智能内核，因此显得过于宽泛，某些动物简单利用外物取食的表现也可能被看作工具行为。正是受这一定义影响，根据爱德华·O.威尔逊（Edward O. Wilson）对60年代以来多位研究者的个人评论、研究通讯的整理，使用工具的行为被认为普遍存在于昆虫、鸟类和一些哺乳动物之中，并不仅限于灵长类动物。专门就黑猩猩的使用工具行为进行研究的学者有很多，特别是沃尔夫冈·柯勒（Wolfgang Kohler）、珍妮·古道尔等人的研究，不仅提供了黑猩猩使用工具的类别，还确认了自然条件下黑猩猩使用工具的普遍性，并认为它们也有在玩耍中加以模仿的行为表现，但是对于能否把这类使用工具的行为作为具备智力和学习能力的潜在证据的问题，威尔逊认为尚不应有过于乐观的估计。西方学术界之所以对于黑猩猩的工具使用的行为模式研究格外重视，是因为研究者普遍认为所有动物当中，黑猩猩的生理特征和智力表现和人类最为接近，但这种研究除了为达尔文对人与猿关系的估计提供更丰

---

① 这一定义的变化虽然可以算是人类演化史建构中的大事件，但是能否在黑猩猩的世代重复，并无丝毫改进地、本能性地利用有限的外物觅食的行为和人的有意识、有目的和有计划的工具行为之间找到一条连续性的纽带，很多相关的实验似乎并未取得令人信服的进展，本书第四章《直立行走和工具行为》中对此问题有专门的讨论。

富的观察经验并将动物的行为和人的自然性进行类比之外,其潜在价值至今未能充分地展现出来。① 此外,心理学研究也非常重视动物的工具行为的研究,如桑代克的"试误说"和柯勒的格式塔理论都曾经以某些哺乳动物为研究对象,后者更是专门就黑猩猩的智力状况进行了围绕工具行为中的"顿悟"现象而展开的一系列测试,试图为具有明显智能特征的学习过程的心理机制找到一种经验性的而非只是处于理论设定阶段的解释,这方面的某些轰动一时的实验设置和发现目前已经沉寂下来。

以"固定行为模式"理论来衡量动物的工具行为,则能显示出作为本能与环境互动关系中介的适应行为的刻板性:动物缺乏足够的根据环境因素对于行为的调节,只会被动地重复整套"预定动作",完全没有灵活性、预见性和创造性。某些行为就其与具体环境的关系而言,完全是多余的,这说明它们不具备像人一样的意识对行为的支配能力,从这个意义而言,习性学研究客观上为区分人和动物的工具行为并对"劳动"概念进行明确界定提供了与意识能动性有关的证据。

(3) 对人化过程中的工具行为和直立行走的关系及其作用的研究。在西方近代自然科学兴起和发展的背景下,拉马克(Jean-Baptiste Lamarck)、托马斯·亨利·赫胥黎(Thomas Henry Huxley)、达尔文和海克尔(Ernst Haeckel)都曾尝试对人类起源问题进行不同于神创论的解释,达尔文的观点代表了这一类的科学论证,对人类演化过程中的工具行为有过专门的研究。达尔文比较了人和低等动物的心理能力,曾专门论及很多动物的基于本能的工具行为,他只是在一定程度上赞同此前已有的把为特定目的而制造工具作为人和动物的重大区别的观点,认为人类工具行为的发生具有偶然性,并对人和动物在高级心理活动之间的差别持不确定态度,这对于古人类学、考古学关于工具行为的研究有很大影响。古人类学通过对人造工具进行定义和分类来说明工具的作用在于使人科动物的环境适应性得到增强,同时,工具对适应性的改变使得古人类的生物学特征发生了明显的变化。20世纪以来的考古学发现,确立了达尔文猜测过的人和黑猩猩之间的亲缘关系,正是在追寻共同祖先的过程中,

---

① [美]爱德华·O. 威尔逊:《社会生物学:新的综合》,毛盛贤等译,北京理工大学出版社2008年版,第166页。

在非洲发现了古猿的化石，后来这种古猿被认为是最早的人科物种之一。

常态化的两足性直立行走是人类的关键性的适应性状之一，学界原先认为这一性状出现于400万—370万年前的人类祖先当中，但是撒海尔人乍得种化石的发现，已经把这一重大事件的发生时间向人们所知甚少的历史深处又推进了300万年。在古希腊哲学中，柏拉图将人称作两足无毛的动物，这是最早的以两足直立行走作为人类特征的看法，但这种观点显然还不能说表现出了充分的科学性。此后在达尔文的《人类的由来及性选择》一书中，可以找到经验观察和理性思辨相结合的对于人类远祖何以直立行走的原因的探讨。达尔文认为，直立行走者能更便利地使用原始工具来获得食物和加以自卫，并且由于行走姿势的改变和工具的使用，巨大的犬齿发生退化，因而颅骨的形态也不同于以往。很显然，达尔文是主张在直立行走、工具制造和意识活动之间存在因果关系的，虽然他并未对这种关系进行非常清晰的描述，但直立行走在所有的人化行为特征中的重要性得到了肯定。"达尔文通过探讨直立姿势，脑容量的增大，脸型，齿式，脊椎的弯曲，骨盆的拓宽等生理变化对人类起源的影响，继续重建设想中的进化过程。"① 达尔文选择了一种对动物行为和人类行为进行比较研究、用类比方法来重现人类演化轨迹的方法，这种研究模式被以后的相关研究普遍采用，和对于直立行走重要性的认可一道，成为后来的人类演化研究原则和方法上的基本前提。除了被很多学者采纳的由达尔文最早提供的对于直立行走具有腾出双手以便执掌工具的作用的解释，陆续又有一些其他说法补充进来，认为直立行走还可以提升行走耐力、增强狩猎能力、扩充携物能力、扩大视野、减少阳光直射皮肤面积以达到降温目的，为人类的演化发展创造更有利的条件。②

从行为和生理结构的对应关系而言，直立行走需要双腿具备特殊的骨骼构造、肌肉形态和神经组织，进而影响到与此相关的一系列生理特征的变化，这意味着直立行走的姿势本身有一个变化的过程，这和渐进

---

① ［英］J. 霍华德：《达尔文》，徐兰、李兆忠译，中国社会科学出版社1992年版，第109页。

② ［英］N. H. 巴顿、［美］D. E. G. 布里格斯等：《进化》，宿兵等译，科学出版社2009年版，第765页。

的人化过程是一致的。最初的直立行走是不完全的，古人类很可能处于蹒跚而左右晃动的状态，就像猿类偶尔直起身来走路的表现，甚至是将在地面的直立行走和树栖的活动混合在一起。而对于促进人科动物直立行走姿势变化的原因，从工具的制造和使用当中可以找到一些线索。20世纪60年代由于偶然得到的对大猩猩生活习性观察结果的启发，特别是由于古道尔对黑猩猩生活习性的研究，人类学界和生物学界不再沿用富兰克林"人是制造工具的动物"的提议来区分人与其他动物，而是达成了以直立行走作为划分人和猿的标志的共识并保持至今。这种共识的达成一个最重要的后果就是将南方古猿纳入人科物种之内，使之成为人类演化过程中的重要旁支，拓展了关于人类历史的认识。根据对发现于非洲的化石的分析，南方古猿虽然很可能具有狩猎能力和对于简单工具使用的能力，但在长达100万年的时间里并未表现出和不同用途的复杂工具使用相吻合的演化特征。在对进入21世纪以来发现于肯尼亚的340万年前的石器的归属还难下定论的情况下，沿用旧有的看法，古人类学界普遍认为第一种拥有工具制造和使用能力的人科物种是较南方古猿演化得更为纤细的能人，最早进行工具制造的时间大约在250万年前。"创造工具意味着已经意识到躯体无法承担某种功用，必须用手的延长即工具来代替。制造工具必需的前提是一定的抽象思维，无疑还需要经过一定的学习过程。制造方法的传递，意味着不单单要模仿，而且必须有一定的言语。"[1] 工具行为和直立行走的相互结合（或者说二者之间细节尚不明朗的因果关联）使早期人科物种的认知能力在较长时期内获得较大的增长，所以群体构成的复杂程度、群体密度和活动能力也随之大幅提高，这些演化特征可以用来解释古人类在相当大的地理范围内的扩散，也是人类起源的理论中与"走出非洲"这一核心观念有关的假说的重要依据。但也有观点认为，在最早的人类物种和最早的工具出现的时间上有数百万年的缺环，因此难以认定直立行走和使用工具有确定的联系[2]。

---

[1] ［法］让·沙林：《从猿到人——人的进化》，管震湖译，商务印书馆1996年版，第90页。

[2] ［美］理查德·利基：《人类的起源》，吴汝康、吴心智、林圣龙译，上海科学技术出版社2007年版，第12页。

（4）工具制造和使用与智能演化的关系，也是演化论的开创者留下的又一个重要课题，这一问题的探讨也关涉到诸种文化现象和文化能力的演变。如前所述，能否根据特定规则制造和使用工具曾是判断是否人化和具备较高智能的标准，珍妮·古道尔的研究终结了这种标准的实施。在南猿遗址发现的奥杜瓦伊型石器在复杂程度上显然超过了黑猩猩的本能行为的水准，虽然对这些工具究竟来自何种人属动物，研究者一度难以决断，但经测定这些工具的出现时间要早于能人骨骼化石的时间，这就成为推断南猿在智力水平已经高于黑猩猩的重要证据。[①] 实际上，对于人类进化中的智能进化的研究有两条密切联系的路径：第一，探究思维的物质器官即人脑的演化过程及原因；第二，寻求作为智能的基本范畴的认知能力进化的具体机制。

考古学随机发掘出来的化石证据证明了人类演化不同阶段脑容量的递增，这说明大脑的演化过程和人类演化有必然联系，会制造工具和脑量的增大同为人属的标志性特征。关于脑容量扩大的原因，20世纪60年代以来，从直立行走、工具制造、狩猎、食性、环境方面提出了一些假说，这些假说都可以用来说明工具行为对脑的演化的推动，但另外一些研究并不支持这些假说，其中包括对南猿和能人脑容量的比较、基础代谢率和脑的相对尺寸的关系以及化石证据的缺乏，在工具制造对脑容量增大的具体作用机制方面并无明确结论。

对于人类进化过程中狩猎和采集行为的研究表明，存在男性负责狩猎而女性专司采集的分工状态，那么男女两性就很可能由于从事的劳动类型不同而具有不同的空间认知能力[②]，这一名为"空间能力的狩猎者—采集者理论"的假说，主张劳动分工使男女两性在空间能力（方位判定）和物品识别等方面逐渐具备不同的认知结构，这和模块理论的主张有一致之处。

（5）演化心理学关于人类生存问题、合作行为与劳动作用的研究。心理学中交替出现的用自然性和社会性来解释人类行为的内在心理原因

---

① [法]让·沙林：《从猿到人——人的进化》，管震湖译，商务印书馆1996年版，第93页。

② [美]戴维·巴斯：《进化心理学》，张勇、蒋柯译，商务印书馆2015年版，第90页。

的路径，非常明显地在不断发展的演化理论和心理学相融合的演化心理学中表现出来。对人科动物的工具使用和制造行为的研究是进化心理学的重要课题，同时，在被戴维·巴斯（David M. Buss）称作"心理学的元理论"的进化心理学在环境的重要影响和人的自然属性、自然选择以及基因中寻找社会行为的内在原因。可见，演化心理学是在演化论和心理学各自有了新的进展之后相互结合的产物。

第一，演化论的发展。达尔文的性选择理论就像他的自然选择理论一样，对心理学发展有重要影响。对生存有利和对繁殖有利的适应都可以从达尔文演化论的初始设定获得解释，但是它们并非演化的全部原因，群体基因结构的随机变化即"遗传漂变"也推动了演化。同时，演化在很多时候是一个渐变和突变交替的"间断平衡"状态。基因遗传理论和自然选择理论结合后，演化理论的综合实际上为自然选择理论找到了更坚实的理论基础。当经典适应理论被威廉·汉密尔顿（William D. Hamilton）拓展为内含适应度理论时，生物学家们更乐于从基因的角度看待自然选择，群体形成和利他行为都可以获得新的解释，而这些解释和乔治·威廉姆斯（George C. Williams）对适应的定义、判断适应的基本标准以及罗伯特·特里弗斯（Robert L. Trivers）提出的互惠利他理论、亲代投资理论、亲代—子代冲突理论，都必须考虑包括狩猎和食物分配在内的活动，实际上已经把劳动纳入了研究的范围。演化生物学中关于人类行为的一些基本观念，包括对遗传决定论的反对、行为的可变性和并非最佳设计的适应机制，"适应"都被作为核心概念。由于适应必然意味着付出一定代价，所以自然选择中的适应倾向于收益大于代价的设计。

第二，心理学的发展。心理学试图用自然科学的方法揭示心灵活动和精神奥秘的努力一直在持续，并在很多方面受到演化论的影响。这种影响最初以弗洛伊德创立的精神分析学说表现出来，其核心概念——求生本能和性本能——来自于达尔文的自然选择和性选择理论，这一曾经风靡一时并饱受指责的学说与詹姆士的本能心理学一道，将对于本能的关注以及用本能来解释心理现象和行为原因的研究思路带入心理学。"这些本能都是通过自然选择进化来的，是用于解决特定适应性问题的适应器。"① 本能解释力持续扩大的同时,作为竞争性理论的行为主义解释反其道而行之,强调社会环境和后天习得对人类行为的决定作用,反对那种认为人类拥有诸多共同天性的看法。但是,人类学家们提供的来自非开化民族的实地考察资料却要求对多样性文化背景中的共性因素做出合理解释,行为主义受到严重质疑,社会作用决定论的反对者一方面认为生物有机体具备一种先天就有的由演化经验预设的适应性,这可以从条件反射的具体表现中找到证据。另一方面他们也强调,行为并不仅仅被外部环境所决定,更要考虑大脑内部的心理机制。20世纪以来"认知革命"的兴起把对于大脑内部的探索推进到信息加工模型的描述中,大脑的神经生物组织则被看作心理活动的硬件基础,简单来说,人的认知活动和计算机的程序操作在原理上是完全相同的,只不过输出的是行为。而如同程序般的心理活动主要用来解决生存和繁殖的问题,实质上也是信息加工过程。正是这种认为人内在地拥有只对特定信息加以处理的先天心理机制的观点,促成了演化生物学与心理学的综合。

可见,现代演化生物学和心理学的融合造就了演化心理学,对性选择或繁殖特征与行为的关系的研究以及对心理的适应性功能的研究让这个学科处于活跃状态,内含适应性理论、亲代投资理论、性选择理论、适应的评价标准、信息加工模型、人工智能的理论、情绪表达模式和分类学的演化史根源都被纳入演化心理学的内容当中。

演化心理学认为,人性的核心单元是演化而来的心理机制,这种机制包含一组生理活动、信息和外在行为的加工过程。人类的许多心理机制都是演化的产物,杰里·艾伦·福多(Jerry Alan Fodor)用源自官能心理学的"模块理论"来说明复杂心理机制的多种功能是经过演化过程改造的、具有特殊结构的大脑的适应性表达,进而强调受内在心理动机支配的人类行为所具有的灵活性和独特性。这些先天的心理机制是自然选择的结果,这表明人脑是被演化过程设计出来的一种适应器,是包含了许多专用数据库的像计算机那样的装置。也就是说,演化实际上在本能层面赋予了人类更多的自由,遗传对行为的制约同时也意味着对人提供了具有多种可能性的创造性精神空间。人工智能技术的兴起激发了人们

---

① [美]戴维·巴斯:《进化心理学》,张勇、蒋柯译,商务印书馆2015年版,第27页。

对于具有黑箱性质的大脑内部构造进行探索的兴趣，人类演化过程中的行为变化的因果过程将由此得到一个内在的说明。约翰·托比（John Tooby）和丽达·考斯麦茨（Leda Cosmides）则把描述认知过程的信息加工机制引入对生物有机体特别是人类的行为考察中，在他们看来，以神经组织为基础的心理活动和包含专门机制的感官活动一样，包括了信息的输入、转换、编码、存储与输出，而且不同的认知机制是和特定信息相对应的，就人类的演化过程而言，经过自然选择设计的人类心理是被用来解决生存与繁殖问题，其中包含着具有预置性的、复杂的信息处理过程。演化心理学倾向于接受威尔逊的社会生物学主张：由生物遗传因素决定的人之固有本性可以和社会环境相互作用，产生各种社会行为，相应地，各种文化也被基因的力量限制在特定范围内。从能人的以石斧为代表的工具制造行为开始，随着集体狩猎活动的开展，人的发明创造能力、交往能力、学习能力及其他社会性能力就随着自然选择的进程成长起来了，直至进入基因与文化的并行缠结的演化状态。与智能进化密切关联的脑的进化的重要表现之一就是脑容量的增加，特别是从50万年前开始，人科物种的大脑容量进入快速增长期，研究者们试图从工具的制造和使用、需要协作的大型狩猎行为以及交流行为和社会交往的复杂化这几个方面为这种快速增长寻找解释，但限于化石证据的缺乏，仅仅处于猜测阶段。在各类数据中，大量人造物品也被进化心理学视为心理的产物，这些物品中包含着味觉的偏好、性心理的差异，可以用来检验与人类进化有关的假设。如果把这些研究和人类生存的适应相联系，将必然涉及食物的获得和选择、居所的选择和建造、防范外界侵害这些与应对恶劣自然条件有关的基本课题。关于原始人类获取食物的三种基本假设即食腐假设、狩猎假设和采集假设，也都与劳动有密切关系。依照受到广泛接受的"男性狩猎者假设"描绘的原始人类生活场景所维系的各适应环节的因果链，"从简单的觅食行为到大型的狩猎活动的过渡，是人类进化的主要推动力。因为随着狩猎活动的开始，全新的变化纷至沓来，比如广泛地制造工具和使用工具、脑容量开始增长，以及在狩猎活动中相互交流所必需的复杂语言能力的进化"[1]。狩猎假设还被用来解释

---

[1] [美]戴维·巴斯：《进化心理学》，张勇、蒋柯译，商务印书馆2015年版，第84页。

肉食对人类体质的改变、男性的结盟现象、劳动中的性别分工以及互惠利他行为和社会交换的产生，并衍生出能对性心理进行解释的"炫耀假设"。采集假设则纠正了前一假设的男权中心主义倾向，认为现代人类演化的主要推动力来自于女性采集行为所引起的利用石器工具获取植物性食物的过程①，由女性采集的可食用的植物的茎叶果实等在人类祖先食物构成中占有优势，而这类觅食行为出现的时间要比具有更大危险性和体能需求的狩猎行为更早，这说明人类演化过程中女性的作用更为重要，因为她们承担着照顾幼儿和寻获食物的双重责任。但是采集假设缺乏在人与猿的分化方面的解释力，不能提供劳动分工现象和人类有不同于灵长类的适合消化肉类的肠道结构的原因，也不能解释互惠式的食物共享行为。食腐假设则试图说明石器的使用是为了切削其他食肉动物残留的腐肉。这几种假设在史前石器的使用目的和人类的进化动力方面存在分歧，比较合理的观点应该是承认狩猎和采集的结合以及偶尔的食腐行为共同作用，改变了人类的食物结构，推动了人类进化。与劳动密切关联的一个重要生活内容是休息，这涉及对人类进化中居所问题的研究，这一方面的重要理论是奥里恩斯（Orians）的热带草原假设，用于解释人类从进化中获得的对居住环境和栖居条件的特定要求。如果周边资源丰富且保证安全是人类对居所的基本要求，那么非洲热带草原是一个好去处，现代人类的非洲起源说恰好能和这一假说相互支持。这说明在进化过程中，自然选择将一定的偏好、动机和决策规则赋予人类。这一假说还为人们对特定风景的偏好找到了跨文化的证据，包含树木、花朵和其他植物成分的自然环境比人工环境更受欢迎，选择居所时的基本心理活动实际上是一套受到自然时序限定的复杂的认知计算状态，这说明与劳动相关的栖居活动也在自然选择过程中造就了人们对环境的特殊要求，这一点甚至可以用来解释美学的起源。劳动过程中也会面临各种有害的威胁和危险因素，能够做出快速反应的听觉和知觉系统也是生存适应性的重要表现，即便有时候它是一种反应过度的保守策略，这说明劳动过程还使人在进化中具备了避险的心理机制，这一自然机制的比较隐蔽的表现是在疾病抵御方面的适应性。

---

① ［美］戴维·巴斯：《进化心理学》，张勇、蒋柯译，商务印书馆2015年版，第88页。

在确认适应性问题时，进化心理学通常会选择以传统的与人类祖先生活环境更相似的狩猎——采集型社会情境作为参照，这方面的研究表明，人类演化过程中绝大部分时间里的劳动形式都只是采集和狩猎，只在近一万年前才出现农业①，即通过驯化的方式改造原本属于纯粹的自然资源的基因库，"人类充分干预其他物种的繁殖以制造选择压力，导致这些物种演化成全新的物种，只有在持续的人工干预下才会继续繁殖"②，以此增加食物的获得和能量的摄取。但是在此之前，食物并不像某些研究者那样在乐观的想象中处于品种多样、营养丰富的理想状态，狩猎者和采集者也并不是处于饮食无忧、悠闲自得和免遭有规律的农耕生活束缚、拖累和奴役的理想状态。相反，气候的变化及动植物分布的随机状态导致食物的短缺情况时常出现。正因为如此，狩猎假说和采集假说都从先民的生存策略方面提供了与工具行为有关的两个重要推论，而这两个推论似乎把本应该紧密联系在一起的基本劳动形式置于争夺工具发明的优先权的对立状态中：有证据显示石器工具的最初制造和使用是为了便于猎取大型动物并通过更为细致的切割砍砸等行为取得可供大家分享的肉食③，而从女性的采集活动角度来看，似乎男性狩猎活动的影响力被夸大了，由于采集活动出现得更早，从植物中采集可食部分的难度和风险更低，在能提供的食物方面更为充足，因此"在发明了采集食物的石器工具之后，盛放食物的容器和用于狩猎、剥皮和屠杀动物的精致工具才被发明出来。根据采集假说描述的先民生活场景，在凭借石器工具获取食物的行为中蕴含着人类演化舞台上智人得以现身的最主要推动力。至于狩猎活动，它出现得晚得多，因此不可能在现代人类的进化过程中发挥重要作用"④。采集狩猎活动在历史上出现的时间的确有先后之分，但狩猎行为并非如此无足轻重，实际上人类工具是内在心智状态的外化，因

---

① ［以色列］尤瓦尔·赫拉利：《人类简史：从动物到上帝》，林俊宏译，中信出版社2014年版，第77页。

② ［美］伊恩·莫里斯：《人类的演变：采集者农夫与大工业时代》，马睿译，中信出版集团2016年版，第52页。

③ 关于肉食问题，恩格斯在《作用》一文中有所涉及，这一问题和石器工具的最初发明及其用途有密切关联。本书的第二章第二节中"南方古猿阿法种的食性转变与工具的使用"对此问题有专门的介绍和讨论。

④ ［美］戴维·巴斯：《进化心理学》，张勇、蒋柯译，商务印书馆2015年版，第88页。

而是不断升级的,虽然一开始的变化较为缓慢,但是最微小的改进的积累,都可能在一定的时间节点上引发创新性的奇迹。如果考虑到原始人类在采集所得食物不足、狩猎能力较低的情况下有过食腐行为,而种群中个体数量的增加必然需要更多的食物,工具的进步和智力的提高也会让原始人类转而寻找更充足的食物来源。大型哺乳动物会被纳入人类的食谱之中,这就很自然地把如何应对个体无法与之抗衡的大型猎物这样的问题引入适应性研究的内容之中,从而涉及合作行为的达成与演化,并把达尔文关于个体作为选择单位的观点与合作普遍发生于个体之间的事实联系起来,也将提出如何从自私心理和利己行为的自然选择中进化出具有利他性质的合作行为的问题。可以肯定的是,在只有原始工具和简陋武器的情况下,大型狩猎活动对群体协作具有很高的依赖性,而为了合作的有效,工作的分配、行动的计划、个体力量的协调就非常必要,这就为特定的交流方式产生提供了条件。恩格斯有关语言发生于劳动协作过程中某些信息表达的迫切性已经积聚到"非说不可"限度的推论正是以此为前提的。对具体心理机制的比较研究,也为在劳动中寻找心理差异提供了可能。其中包括对恐高、怕黑、防范陌生人的倾向与现代人类心理的比较,如果人们对插座、汽车这些和蛇、蜘蛛一样也具有危险性的物件并不恐惧,那么某些人所共有的对特定动物、昆虫的害怕倾向应该是远古进化的产物,其进化过程只有考虑到工具行为和劳动的持续影响才能得到解释。

  进化心理学把人的心理表现看作是进化的产物,即便受到环境尤其是社会环境的影响,被基因所决定的经过自然选择形成的适应性也不会轻易改变。工具行为一方面是内在心理活动的外在表现,另一方面又可以对心理活动的发生发展起到强化作用。同时进化心理学又认为人类的进化已经停止,前面提到过的"热带草原法则"假说(人类的大脑和身体状况还停留在一万年之前,只具有对非洲草原生活的适应性,心理环境和外在环境并不匹配)则是对这一观点的有代表性的说明。可见,进化心理学更注重从自然属性、自然选择、自然环境方面来解释人所在的社会环境及相关的社会行为,斯蒂芬·杰·古尔德和理查德·道金斯在进化与进步的关系的争论中涉及的对进步的观念差异在很大程度上与对自然选择带来的适应性的增加所持的不同态度有关。

此外，工具制造和使用引起的生活环境、活动范围、营养状况和心理状态的改变会导致基因和环境之间的不协调，这可能会成为解释人类进化中一些常见疾病的理由，这种思路也可以对包括乳糖耐受性（畜牧业）和肤色（向高纬度迁徙）在内的生理体征的变化进行一定程度的说明。① 人类在进化过程中使用的工具所出现的进步，将会给自然环境和其他物种带来和今天一样的破坏生态平衡的后果，比如最早的水运工具造就的航海迁徙使澳大利亚/新几内亚移民与人类首次灭绝大型动物物种成为有联系的事件，这样就可以解释澳洲境内为何不像其他大陆那样拥有许多本可以从驯化中得到更多收益的大型哺乳动物。②

总体看来，进化心理学倾向于认为自然选择和性选择在漫长的进化过程中设计出种种适应性（器），在智人形成之后，这些适应性（器）并没有发生改变，人类的各种行为都可以找到一个内在的与这些适应性有关的解释，这些适应性的总和就是恒定的人性的真实写照。劳动既是一系列适应性形成的动力，又是各种适应性发生发展的情境，也是承载各种适应性变化延展的平台，甚至它本身就可以在整体上被看作是一种适应性（器）。这一观念所反映出来的对于自然选择单位的看法是兼顾个体、群体和基因作用的多元论，但从根本上而言，稳定的基因成为以上论点的基础，这就意味着人类基因当中有某种特殊性，正是这种特殊性使人的进化历程能够在主观和客观高度统一的意义上具体地、历史地占有劳动。

（6）语言与人类的工具制造和使用行为的关联。人类语言的起源就像人类本身的起源一样，至今没有令人信服的解释。对于语言在人类进化过程中出现的时间，有从四五万年前到 50 万年前再到 200 万年前的不同观点。对于语言的性质，同样存在很大争议。艾弗拉姆·诺姆·乔姆斯基（Avram Noam Chomsky）和斯蒂芬·杰·古尔德（Stephen Jay Gould）认为语言只是人类智能增加的副产品，理由是自然选择产生的高

---

① ［英］N. H. 巴顿、［美］D. E. G. 布里格斯等：《进化》，宿兵等译，科学出版社 2009 年版，第 808 页。

② ［美］贾雷德·戴蒙德：《枪炮、病菌与钢铁》，谢延光译，上海译文出版社 2000 年版，第 14 页。

度复杂的大脑就像其他精巧至极的机械构成一样，必然会在主要功能之外附带一些超出预期的自发性用途，这种具有神秘主义色彩的说法很难令人接受。美国哈佛大学心理学家史蒂芬·平克（Steven Pinker）则坚持认为语言是如此精妙和复杂，并遵循普遍的语法规则，所以语言是一种很典型的适应性（器）。试图从说明语言的功能方面探究语言的起源的努力提供了几个重要的假说：社会流言假说、社会契约假说和天方夜谭假说，这些假说都与劳动中的合作行为、信息交流和沟通能力密切关联。

芬兰作家佩卡·库西在《我们这个人类世界》中提出的"人类进化本质在于文化进化"[①]的观点已得到很多学者的赞同，刘易斯·芒福德（Lewis Mumford）就据此把人类文化的表征概括为语言和城市。人是现今生物圈内唯一掌握语言能力的动物，因此语言的起源必须追溯到人科动物的祖先。荷兰学者克里斯·布斯克斯在《进化思维》中引述了这方面的一些新观点：夏威夷大学语言学家德里克·比克顿（Derrick Bickerton）和美国著名词源学家艾伦·沃克·里德（Allen Walker Read）都认为人科动物中的直立人已经掌握了一种原始母语，由手势的组合和简单的哼唱构成。可以推断，手势和哼唱的产生是和包括狩猎、采集在内的活动中的信息交流的需求直接相关的。同时，如果按照人类的非洲起源论的猜想，语言是随着现代智人走出非洲扩散到世界各处，人类的语言因此也应该有共同起源。只要在这个问题上多加思考，就会把非洲智人的扩散和劳动关联起来：如果不是因为工具制造和使用能力的提高，并且有更强的狩猎能力、加工和携带食物的能力，长途跋涉是不可想象的，所以在语言起源的探讨中必须考虑劳动的作用。

语言在人的起源和演化过程中，是伴随着群体协作生活方式的展开而逐渐完善的，由于直立行走和工具制造技术的改进，获取食物的方式变化改善了直立人的营养状况，使脑容量和脑结构以及喉头结构也发生变化，直立人开始有"嘟囔"式的含混不清的"语言"交流。达尔文曾在《人类的由来》中沿袭卢梭所主张的人类以情绪饱满的歌唱作为最早语言的观点，提出了语言源于原始声乐的"乐源性"假说。英国学者史

---

① ［美］刘易斯·芒福德：《城市发展史》，宋俊岭、倪文彦译，中国建筑工业出版社2005年版，第14页。

蒂文·米森（Steven Mithen）从这种论点出发，猜测尼安德特人已经可以发出和智人一样的各种声音，他们因此有足够的器官条件掌握一种吟唱式语言，但这并不意味着他们有与这种语言相匹配的认知能力。

20世纪60年代以来，语言和进化的关系研究受到重视，语言不再被视为单纯的工具系统，而是人类天性与文化相互作用的产物。相对于以B. F. 斯金纳为代表的行为主义经验论解释，乔姆斯基主张天性论，认为人脑中具备一种先天的、可被经验唤醒的语法规则，因而语言不是进化的产物，而是人类的本能。前面提到过，对此观点表示赞同的古尔德认为不应高估自然选择的作用及其普遍适应性，语言并非明确进化的结果，只是进化过程中的一个副产品，类似于建筑物中拱肩的形成。反对的意见则强调语言的复杂性，如平克在《语言本能》中所认为的，语言过程是多项功能和要素的渐进式协调，只有用自然选择才能加以解释，大脑中的语言中枢也只是一种适应性结构。2007年他在《心理学报》发表文章①，认为人类语言具有和其他复杂适应性类似的特定机能，与认知中推理活动的社会性具有一致性，这种演化适应可在演化博弈论和分子演化论中得到证实。美国学者李讷在《哲学研究》撰文②认为，结合原始人类化石的"缺失环节"来看，语言首先是人类的一种交际手段而非思维工具，是人类交际行为激烈变化的产物。这种解释对于"既然语言非常有用，为何只有人才有语言"的问题也能给出较好的回答。英国牛津大学人类学家罗宾·邓巴（Robin Dunbar）发现动物群体的大小与脑体积大小成正比，他据此认为，由于工具的制造和使用，群体生活得到强化，个体间的交往需要借助声音和语词来调节，并不仅仅是为了交流有用信息。安德鲁·怀顿（Andrew Whiten）则注意到了语言处于和意识的竞争关系中，唯独人具备了自我意识和换位思考能力，在此意义上，语言有助于人们发现同类的真实想法和达成有效沟通，从而更好地在同类中保护自己，维持自己在群体中的合理位置并调节和其他个体的关系。以上的种

---

① Steven Pinker, "Language as an Adaptation by Natural Selection", *Acta Psychologica Sinica*, Vol. 39, No. 3, 2007, pp. 431–438.
② ［美］李讷：《人类进化中的"缺失环节"和语言的起源》，《哲学研究》2004年第2期，第162—177页。

种观点都将语言和社会协作行为、交往行为联系在一起，而劳动中越来越多的合作恰好可以解释人的社会属性的逐渐形成。

（7）劳动对性选择、性的进化的影响。通过对来自狩猎—采集者社会的人类学数据的分析，可以发现，由于原始共产主义的分配制度的限制，成功的狩猎者不能直接从自己的猎物中获利，但是他们获得了与繁殖有关的好处，比如：他们的子女受到更多来自群体的照顾因而更健康，同时成功的狩猎者更具性吸引力。这种分析可以产生与进化有关的假设，用来推断人类进化过程中类似情境的实际状况。在关于语言起源的功能性解释的"天方夜谭假说"中，语言被看作展示自己优越性、取得择偶效益最大化的适应性，考虑到语言和劳动、智能的密切关系，这一假说实际上隐含着以下的意思：在演化过程中劳动能力较强、协调性较好、擅长沟通的个体在择偶方面更容易得到异性关注，更有繁殖优势。

（8）从以上对劳动与直立行走、工具使用、脑容量及意识活动的关系的概括可以看出，工具的制造和使用依然被作为人的不同进化阶段的标志和文化现象来看待，正如在文明史之中将劳动工具作为生产力水平的标志一样。劳动和人类其他的进化特征既是共时的交叉关系，又有着历时性的线性关联，从环境的改变到最简单的工具的出现，从本能意义上的劳动到真正的属于人的劳动，这两种关系也处于复杂的变动之中。随着考古学对于化石及史前物品的发掘和研究的深入，古人类在工具制造和使用方面具有的复杂性将会得到进一步的揭示，工具制造和使用对于人类进化研究也具有重要的断代作用。在依靠推理论辩重建人的进化过程的时代，尚缺乏确凿的科学证据，但是"达尔文的人类生物学的最显著特征是承认社会化在人类进化中具有压倒一切的重要性"[①]。正如达尔文关于人类起源于非洲的猜测成为 20 世纪人类起源研究方面的起点一样，这一观点强烈地影响到以后所有关于人类起源和进化的研究。新的证据不仅出现在考古学之中，社会生物学、进化心理学、行为遗传学、语言学也做出了很多新的、积极的探索。在南方古猿、能人、直立人、智人各个进化阶段，包括工具的制造和使用、狩猎和采集在内的劳动，

---

[①] ［英］J. 霍华德：《达尔文》，徐兰、李兆忠译，中国社会科学出版社1992年版，第114页。

都反映出人类对于环境的适应性的不断提高。不管这种适应是改变食性、增强免疫能力还是形成财产观念、加强交流协作和促进道德进步，人类的群体扩张都伴随着自然性和社会性、体力和智力相互缠结的劳动状态，甚至关于人类本性的争论也必须考虑这一事实。

通过以上回顾，可以看到，劳动问题似乎被刻意地屏蔽于西方学术研究的视野之外，不论是总体性的哲学概括、一般的历史学研究，还是在各门具体学科的专业考察当中，对于劳动本身的研究都显得极为不足。在各种学术著作层出不穷的同时，固然也有《中世纪欧洲生活与劳动》《中世纪劳动史》这样的对特定时代的劳动现象展开历史描述的著作，但很难见到系统完整的劳动史方面的著作，更没有像马克思在《资本论》中那样对劳动的各方面有系统的研究。在关于人类远祖的生活轨迹的描摹中，众多的学者不约而同、小心翼翼地绕开了对于原始人类劳动活动的明确表达、界定和分析，但是对于石器的制造和使用、食物的采集和生产、人脑的增大和智能的完善、劳动分工与合作、语言的产生、武器的改进和战争的频繁发生、动植物的驯化和培植等一系列不可避免地贯穿着劳动影响力并且可以纳入劳动境域的诸多现象却甚为关注，在很多时候也不得不使用"劳动"这一词汇，却鲜有学者乐于专门探讨"劳动"在人类演化中的作用。

对于这种情况，一方面是由于某种来自欧洲知识界的有知者们的傲慢，恩格斯在《作用》一文中的洞见没有得到足够的重视，西方科学界无视于恩格斯未完成的自然辩证法体系中对于科学的很多有价值的论述，斯蒂芬·杰·古尔德曾专门针对这种情况为恩格斯鸣不平。古尔德认为，即便是仅就恩格斯从直立行走这一姿势的改变对于人类演化的巨大推动作用出发对西方科学界脑力至上的先验论观点的透彻而犀利的分析，就完全可以得到阐述出色、结论坚实的评价。另一方面是由于人类工具行为和劳动之间的特殊关系，使得很多西方学者实际上已经以工具行为为切入点展开了对于劳动问题的研究，但在语言的表述当中却极少用到"劳动"一词，甚至完全对劳动本身避而不谈。正像有的研究者所明确指出的那样，如果要对劳动本身有一个明确的界定，必须把人类以超出本能的方式对身体之外物品的使用和对自身需要的满足作为基点，这就必然涉及工具行为，因为工具行为毫无疑问是劳动的最重要的初始条件之一。工具行为是极富关联性和拓展性的，"工具制作和使用对确定人类的演化方向，增强人类的适应生存能力，塑造人类的大脑与心智及行为方式，提升语言和交流能力，形成现代人类的身心和社会，至关重要，不可或缺"①。人类之所以必须依赖工具，或者说能够发明工具，和自然器官能力与动物相比处于劣势有着很大关系，古希腊神话中普罗米修斯为人类偷得技术和盗火的传说实际上反映了古人对这一差别的朴素认识。"技术哲学"概念的提出者卡普也从"人体器官投影论"的角度把工具看作人的机体能力外化和器官能力增强性延伸的表现。这种自然主义技术观所产生的理论后果是，如果仅从表面来观察，西方学术界对劳动问题讳莫如深，但是一旦从工具问题的研究去深入观察，劳动问题实际上已经得到了广泛深入的研究。如果从超出本能的意义上界定劳动，与此相对应的是能动地改造和利用外物利用各种自然条件，获得生存保障和自身物种延续的社会行为模式。"劳动的首要特点是依赖工具作用于自然界而获得生存，它首先是一种工具行为。将人与动物相比，动物的器官往往是高度特化的，动物依靠其特化的器官去适应某种特定的环境。人类的器官的特化最为贫乏，人借助工具去适应环境，由此而衍生出完全不同于动物的生存策略。因此，我们讨论劳动在人类进化中的作用，首先是将劳动作为工具行为，以此作为切入点来进行的。"②

总体而言，西方世界对劳动在人类进化中的推动作用的看法与时代的技术和精神状况密切相关。在关于人类起源的诸种假说中，进化从哪个方面得到推动力一直是备受关注的话题。所有假说都可以在达尔文的著作中找到最初的、粗略的表达。当达尔文认为石器制造尤其是石制武器推动了直立行走和脑容量的扩增这些进化特征的出现时，是将维多利亚时代的生活即斗争、创造精神和进步观念融入了科学。20世纪前期的技术进步，使肯尼斯·奥克利（Kenneth Oakley）创立了"人、工具制造者"假说，认为人类进化的动力在于石器而非武器。但是在第二次世界

---

① 高星：《制作工具在人类演化中的地位与作用》，《人类学学报》2018年第3期，第331—340页。
② 葛明德：《劳动在人类起源中发生作用的新证据》，《北京大学学报》（哲学社会科学版）1996年第3期，第47—53页。

大战期间,"南方古猿非洲种"的发现者雷蒙特·达特又提出了"人、凶杀者的猿"的假说,这不仅是因为他在化石上发现了暴力的痕迹,更因为他将对于现实中战争暴力的印象投射到对人类进化的研究中。其后的研究进展和环境主义思潮相结合,那种对于和环境相协调的人类形象的期望在1966年的芝加哥人类学会议上造就了"人、狩猎者"假说,狩猎造就了人的论点在当时颇为强势。随后女权主义运动的兴起,人类起源研究中的男性中心地位的观念让位于对女性地位和作用的推崇,"妇女、采集者"假说风行一时。这些假说虽然不像恩格斯那样给古人类的生产活动给予一个总的"劳动"的称谓,却在事实上肯定了劳动在人类起源和进化中的推动作用。这种看法最初都是暗含着对达尔文关于人类在进化之初就具备一整套固有特征的假说的认可,也就是说,人类的各种特征在达尔文看来是同时起源的,但是,分子生物学的证据表明,人类祖先的直立行走和工具制造之间有大约500万年的间隔,所以看上去二者之间没有必然联系。不过,工具的复杂化和劳动行为增强了人科物种的生存优势,具备了更强的环境适应性,这是毋庸置疑的。因此,从适应性(器)角度来理解劳动的作用,虽然还不能算是西方学术界相关研究的最终结论,但应该是其基本指向。

**(二)国内研究现状**

在中国传统社会中,虽有封建时代"尚农"的观念和"重农"的经济政策,但并不意味着对于劳动的理论研究的重视和对劳动者的尊重。"劳心者治人,劳力者治于人。治于人者食人,治人者食于人"的观念流传甚广,生产劳动和劳动者总体上处于被轻视和被鄙薄的境地。虽然在一些论述农业和手工业生产的综合性著作中对具体的劳动技术有很多记载,但"劳动"并未成为哲学的考察对象。近代以来,在西学东渐的思想进程中,进化论思想传入中国,伴随着马克思主义的传播和发展,改变了中国人关于世界和人的观念,也更新了人们对于劳动的认识。在新中国成立之后,科学的劳动观得以建立和完善,马克思的异化劳动理论、恩格斯关于劳动与人类起源和进化关系的论述成为哲学研究中的重要课题。恩格斯的相关表述被简化成"劳动创造了人"的表述,是哲学当中的基本命题,也对国内生物学、考古学、历史学和人类学在人类起源和进化方面的研究有重要影响。

国内理论界对于劳动在人类起源和进化中作用的研究主要表现为对"劳动创造了人"（来自恩格斯"劳动创造了人本身"的表述）这一经典命题的学术讨论，从20世纪50年代开始到60年代，是第一次争论，主要是在社会发展史的背景下展开，争论的问题集中于"劳动"的含义和人与猿的分界方面。第二次也是最近的一次争论发生在80年代到90年代，这与考古学、古生物学、人类学和遗传学的新发现、新成果有关，在第一次争论形成的问题的基础上增加了在人类起源过程中的决定因素究竟是劳动还是自然选择的问题，对"劳动创造了人"的命题的否定态度明确呈现出来，并有新的命题出现。各次争论最终并无定论，但至今余响未绝。对争论中的主要观点及其影响，可做以下概括：

（1）对来自于恩格斯原有表述的"劳动创造了人"的观点表示赞同，尝试对这一命题的含义进行进一步解读，对与这一命题关联的基本概念进行辨析，并用新的科学证据来支持这一命题。在对"劳动"进行界定时，有多名学者主张将"劳动"区分为"广义的劳动"与"狭义的劳动"[①]，以便厘清《作用》一文中表达并不明确的"劳动"概念，划分出人类社会与猿群、人手与猿手、人与猿的明确界限，对恩格斯所说的"正在形成中的人"做出判断，并形成了几种不同的观点：第一种看法认为从猿到人有长达十万年的过渡期，但人与古猿之间并无泾渭分明的界限，因此过渡阶段的人类先祖亦猿亦人。[②] 第二种看法则否认存在过渡期，天然石木被排除在工具之外，能否劳动是人和猿之间的本质区别，因此并无生物人和社会人的区别。[③] 第三种看法承认人与猿之间有过渡期，但这种过渡生物依然是猿（如腊玛古猿）而非"正在形成中的人"[④]。对于人与猿的区别，还有学者从量变和质变的关系进行说明，认为类人猿和猿人也会劳动，但这与能制造工具的劳动有本质区别，从猿

---

① 姜义华主编：《社会科学争鸣大系（1949—1989）·历史卷》，上海人民出版社1991年版，第598页。
② 同上。
③ 同上书，第601页。
④ 同上。

到人的决定性因素只能是劳动。① 在肯定劳动创造了人的前提下，受到新的科学发现的影响，一些学者开始重新考虑自然选择对于人类形成的重要作用，但是强调生物进化和社会形成的辩证关系，以此确立劳动在由猿到人过程中的决定作用。② 在面对新的科学证据时，有学者在完全赞同恩格斯的观点的基础上，认为应该区分生物规律和社会规律，谨慎对待遗传基质和人的社会行为的关系的解释，应坚持劳动对人类社会和体质形态的创造性作用（尚南，1987）。也有学者援引20世纪90年代以来人类学研究中包括根据南猿的发现、骨迷路对比扫描、南猿掌骨化石测定和片石技术分析的突破性成果，认为拉马克主义虽被否定，但将行为看作生物进化的重要因素是正确的。在人类起源和进化过程中，包含着以劳动为核心动力的技术发展、语言进步和脑量扩大、智能进步相互促进的两组反馈循环，劳动这种"人类特有的生存模型和适应模型"将人类进化动力问题引向"劳动创造了人"的论断。③ 还有学者从人类起源和演化所表现出来的适应性过程中因直立行走而解放双手的初始条件出发，认为人类最早的工具行为始于具有"元工具"特征的人手，人类诞生于人手的形成。④

值得指出的是，国内赞同劳动造人说的学术观点在基本概念和展开分析探讨的思路上比较多地受到苏联的相关研究的影响。在经典文本的来源方面，没有人会否认是苏联首次在1925年完整地出版了包括《作用》一文在内的《自然辩证法》的全部手稿，为国内学术界译介恩格斯的劳动造人说提供了可靠的文本依据。根据学者 в·п·阿列克谢耶夫的概括，苏联学术界以恩格斯"劳动创造人本身"的历史唯物主义表述为前提，从人类社会发展的基础动力方面肯定了劳动的作用，劳动被看作一种与动物的被动适应性形成鲜明对照的能动因素。同时，对砾石文化

---

① 莫富：《怎样理解"劳动创造了人本身"》，《中南民族学院学报》1987年第1期，第102—103页。

② 姜义华主编：《社会科学争鸣大系（1949—1989）·历史卷》，上海人民出版社1991年版，第601页。

③ 葛明德：《劳动在人类起源中发生作用的新证据》，《北京大学学报》（哲学社会科学版）1996年第3期，第47—53页。

④ 高剑平、张正华、罗芹：《手的元工具特征》，《自然辩证法研究》2012年第11期，第42—47页。

类型学的研究表明，劳动发端于至少200万年前南猿有目的地使用和制造工具（骨质工具）的行为，与人科分化的时间相一致，工具行为是人和其他灵长目动物相区别的标准。由于石器技术的进展和人类祖先的形态演进是吻合的，为人类起源理论中的劳动假说提供了有力证明。"劳动不仅创造了人类，而且使其在整个第四纪得以形成"，"正是劳动的发展确定了人类从始祖的似猿形态达到现代人的这一总的前进运动"。[①] 劳动还被定义为信息过程，这成为从劳动的作用揭示语言产生与发展的重要路径。从最普遍的然而也是初级语言现象的手势开始，到动物也具备的声音信号成为人的最主要的信息传递手段，主要是因为劳动扩大了信息传递的范围，并导致了包括音位、单词和语法在内的简洁有效的编码方式，在传承劳动经验推进技术发展方面产生了巨大效能。这些观点在国内学者的讨论中时有出现，有些观点得到了进一步深化。

特别值得注意的是，国内学术界在劳动造人说方面提供了较为充分的科学论证并产生较大影响者当数吴汝康院士，虽然他主要是从人类学的角度来证明"劳动创造了人"的命题，但是他的观点的影响力远远超出了人类学范围。吴汝康在20世纪50年代到60年代根据以往的人类学发展、恩格斯关于人类起源与劳动关系的思想和国内的化石研究及他自己的人类学实践形成了自己独特的人学观。在他看来，人类进化中的体质发展具有不平衡性或"镶嵌性"（大脑是随着手足的功能分化而发展起来的），从猿到人存在一个亦人亦猿的过渡期。不平衡性或"镶嵌性"被归因于劳动。他还根据使用工具的不同，把"前人亚科"称为"生物人"，把"真人亚科"称为"社会人"，以直立行走作为从猿转变为人的重要条件。这一观点在60年代吸引了包括裴文中、安志敏和张寿祺在内的著名学者参与讨论，不仅进一步明确了人类学的学科性质，也强化了对于"劳动创造人"理论的论证。事实证明，吴汝康对于直立行走的标志作用的看法是有前瞻性的，因为七八十年代以来，国际人类学界已不再把可制造工具作为人之为人的标志，而代之以直立行走的新标准。吴汝康明确地把劳动在人类起源与进化中的作用定位于塑造人类生理结构

---

① [苏] в·п·阿列克谢耶夫、庄孔韶：《关于人类起源的劳动理论》，《民族译丛》1981年第4期，第22—28页。

方面，他认为劳动造成了人类体质上的不平衡性或镶嵌性特征，这些特征包括有力的能与其余四指对握的大拇指、发达的大鱼际肌、脚的特殊结构、股骨与胯骨的深关节窝等。同时，工具的制造和使用刺激了控制手的神经细胞，使相应的脑部区域增大，促使猿脑变为人脑。采集和狩猎强化了协作和交往的需要，促成了语言的产生。他的这些观点中渗透着对于恩格斯学说真诚信服的态度。① 吴汝康对于劳动问题的重视也影响到国内其他一些人类学学者在学界争论的重大问题上的判断，比如在关于中国古人类是否被来自非洲的现代人所取代的问题上，吴新智院士以中国原有第一石器技术并未被第三石器技术所取代的考古事实作为提出中国现代人以"连续进化附带杂交"方式起源于中国古人的重要证据。②

（2）对恩格斯《劳动在从猿到人转变过程中的作用》中的基本观点表示质疑，并相对于"劳动创造了人"的命题，提出"劳动选择了人"的新命题，这方面的主要论点有：第一，认为恩格斯在《作用》一文中对"劳动"概念的使用存在逻辑错误，容易导致理解上的含混不清，对此应予澄清。有学者提出，如果以劳动作为人类社会有别于猿群的特征，那么劳动的主体就难以确定，因而猿类的捕食活动只能是人类进化过程中的一种选择活动，在从这个意义上使用的劳动概念必须加上引号。③ 也有学者认为，对于劳动含义理解的偏差否认了猿向人类进化的阶段性，也会将作为人的本质特征的社会属性排除在外。④ 第二，认为"劳动创造了人"这一命题是文本翻译并未准确传达原意和文本、概念理解错误的产物，因而并不能体现恩格斯的本意。不止一个学者注意到，在《作用》一文中，恩格斯对于劳动作用的表述被翻译为"我们在某种意义上不得不说：劳动创造了人本身"。"劳动创造了人"和"劳动创造了人本身"含义并不相同，"人本身"应该是指从猿到人转变中的过渡性的生物形

---

① 吴新智、杜靖：《吴汝康人类学实践中的人观思想及其来源》，《青海民族研究》2010年第2期，第12—18页。

② 吴新智：《人类怎么探知自身的由来》，《科学与无神论》2007年第6期，第14—16页。

③ 赵寿元：《"劳动"选择了人!》，《复旦学报》（社会科学版）1981年第1期，第84—86页。

④ 黄湛、李海涛：《"劳动创造了人"：对恩格斯原创思想的误读和曲解》，《吉林大学社会科学学报》2013年第6期，第134—143、176页。

态。也就是说,把恩格斯的原话简化为"劳动创造了人",改变了原著的表达,也削弱了其中的辩证思维色彩,并会导致以下的逻辑矛盾:如果以能制造工具的高级劳动形式作为区分猿群和人类社会的标志,而从制造最简单的工具开始的劳动被看作是猿与人的根本区别,那么认为劳动是人产生的动力的观点则不能成立,因为人类由猿进化而来,猿类并不会劳动,所以人不可能被劳动所创造出来。① 实际上早有学者分析了所谓"逻辑矛盾"的说法,认为这是将人和人类社会混为一谈,进而"把劳动是人类社会与猿群的区别特征当成了人与猿区别开来的标志,并且对'劳动创造了人本身'的命题作了绝对意义的理解和解释"的结果②,但关于《作用》一文留下逻辑矛盾的说法直到最近还在出现。也有学者指出,"劳动创造了人"这一命题中的"劳动"和"创造"多有歧义,混淆了人类进化过程中不同的劳动形式,未能区分生物进化和社会进化。③ 还有学者通过比较《作用》一文的德文、英文和中文的文本,认为恩格斯的原意在翻译中被扭曲了。依照原文的意旨,人只能通过属于人自己的劳动来达成自身的实现,人的劳动的作用体现为对自身发展的塑造、促进、实现和完成,恩格斯并未肯定人是由劳动创造的,他也未曾认为劳动是使人产生的唯一原因,人与劳动之间是一种互生关系④,因而人类的祖先是类猿人而非类人猿。⑤ 第三,认为"劳动创造了人"是拉马克主义式的进化观念的体现,并无事实根据,应予否定。自然环境和猿类的

---

① 朱长超:《是劳动创造了人,还是劳动选择了人》,《自然辩证法通讯》1981 年第 5 期,第 44—47 页。赵寿元:《"劳动"选择了人!》,《复旦学报》(社会科学版)1981 年第 1 期,第 84—86 页。张秉伦、卢勋:《"劳动创造人"质疑》,《自然辩证法通讯》1981 年第 1 期,第 23—29 页。龚缨晏:《关于"劳动创造人"的命题》,《史学理论研究》1994 年第 2 期,第 19—26 页。龚缨晏:《关于人类起源的几个问题》,《世界历史》1994 年第 2 期,第 95—98 页。黄湛、李海涛:《"劳动创造了人":对恩格斯原创思想的误读和曲解》,《吉林大学社会科学学报》2013 年第 6 期,第 134—143、176 页。

② 林圣龙:《人本身是自然界的产物——"劳动创造了人本身"仅仅是"在某种意义上"说的》,《化石》1982 年第 2 期,第 28—30 页。

③ 刘建立、靳如军:《劳动创造人的语言歧义分析》,《信阳师范学院学报》2001 年第 6 期,第 7—9 页。

④ 陈青山:《论劳动与人的互生性》,《社会科学家》2010 年第 12 期,第 14—17 页。

⑤ 张宝英:《人的祖先是"类人猿"还是"类猿人"——由"劳动创造了人"引发的思考》,《学术交流》2014 年第 4 期,第 21—25 页。

工具行为都只是进化的外因,基因突变才真正导致猿转变为人。并非是劳动创造人类,只是来源于人的劳动发挥了选择作用,根本而言,是自然选择了人。① 从综合进化论的角度而言,从猿到人的进化也包括突变、选择和隔离这些环节,劳动是这一过程中的选择因素,在选择上具有劳动优势的个体的突变累积使猿变成了人,所以,是"劳动"选择了人。② 同时,有学者根据分子人类学研究的结果,提出人与猿分化差别的原因乃至人类产生的原因并不在于劳动。如果用劳动这样的非自然因素来解释人类起源,实际上是以一种新形式的特创论否定现代科学的发现。③ 第四,认为劳动在古猿向人类进化过程中并非决定性因素,"劳动创造了人"的命题过于笼统地肯定了劳动的决定作用。通过对《作用》的文本分析,"人是自然产物"的观点被认为是"劳动创造了人本身"的前提。④ 有学者提出,从古猿到人的漫长过程,决定性的作用来自于地理环境,劳动只在人的自我完善中才具有决定性作用。⑤ 这一质疑的极端表现是,有些学者完全否定劳动创造说,认为"劳动创造了人"的命题把劳动看作人类起源的唯一动力,与事实不符,也有违于恩格斯的本意。实际上人的进化和动物进化并无根本差别,不能夸大社会因素对人体进化的影响,所以应该直接承认是自然选择创造了人。⑥ 也有学者把对这一论题的争论迁移到对于马克思和恩格斯的思想是否具有一致性的争论上,

---

① 张秉伦、卢勋:《"劳动创造人"质疑》,《自然辩证法通讯》1981年第1期,第23—29页。朱长超:《是劳动创造了人,还是劳动选择了人》,《自然辩证法通讯》1981年第5期,第44—47页。

② 赵寿元:《"劳动"选择了人!》,《复旦学报》(社会科学版)1981年第1期,第84—86页。朱长超:《是劳动创造了人,还是劳动选择了人》,《自然辩证法通讯》1981年第5期,第44—47页。龚缨晏:《关于"劳动创造人"的命题》,《史学理论研究》1994年第2期,第19—26页。

③ 龚缨晏:《关于"劳动创造人"的命题》,《史学理论研究》1994年第2期,第19—26页。

④ 林圣龙:《人本身是自然界的产物——"劳动创造了人本身"仅仅是"在某种意义上"说的》,《化石》1982年第2期,第28—30页。

⑤ 赵永春:《劳动在从猿到人转变中的作用刍议》,《学术交流》1988年第3期,第99—103页。

⑥ 梁祖霞:《自然选择创造了人类》,《生物学教学》2003年第8期,第46—48、1页。

认为马克思和恩格斯在动物是否有意识这一问题上存在明显差别①，但是这一提法经过分析，被认为是脱离语境误读经典的结果。②

从以上评述可以看出，国内学术界对"劳动创造了人"的质疑之声虽然一度非常强烈，但持"劳动选择了人"这一观点的学者中从事考古学、人类学研究的专业人士还不够多。很多人只是截取经典著作的片段进行分析，重复性的辩解也时有出现，有些观点并非是用全面、联系和发展的观点看问题的结果，其见解的影响力在一定程度上受到了限制。尽管如此，这种质疑在将人类起源的动力看作是综合性的、是自然选择和社会劳动相互结合、共同作用的过程方面已产生了值得注意的学术效应。当然，对"劳动创造了人"这一命题的质疑又进一步引起了相应的反驳，以至于关于这一命题的争论已汇合为一个问题集，拥有足够的、在合适的时候引发新一轮学术争鸣的理论潜质。

总体看来，上文提及的这些争论主要是在历史学的史前史领域和马克思主义哲学范围展开，采用了一定的自然科学证据，但更注重逻辑分析和经典文本解读，思辨的色彩比较浓厚，对同时期最新的科学证据的把握不能算是很充分、很及时和很深入。争论的展开试图以传统的思辨方式呈现恩格斯《作用》一文的原意，在一定程度上促进了国内理论界对于人类起源和演化问题的研究和思考，加强了社会科学研究对相关的自然科学成果的吸收，对于在新的历史情境中深入、准确解读哲学经典也具有积极影响。但是，正如有些学者所指出的，争论双方对于科学证据的不同态度（实际上取决于争论者对科学证据的实际理解程度）是导致观点对立的重要原因，如果长期徘徊在同样的思想水平上，无助于问题的解决，所以应在达成基本共识的前提下，将问题的讨论深入进行下去，对这种共识曾经有学者给出过一个颇具兼容性的表达："劳动创造人的生物学论证不能成立；劳动创造人的科学论断不能否定；劳动创造人

---

① 汪济生：《必须正视马克思恩格斯在人与动物界定问题上的区别》，《学术月刊》2004年第7期，第85—89页。

② 王钦民：《这样的发现值得我们正视吗？——评汪济生〈必须正视马克思恩格斯在人与动物界定问题上的区别〉》，《理论观察》2014年第6期，第12—16页。

的含义应该重新界定。"① 但是要达到这一目的,很可能需要把附着于相关问题讨论的"言外之意"进行剥离,以免除美国学者舒喜乐(Sigrid Schmalzer)所表达的忧虑,他认为,中国古人类学界引述《作用》的观点,是为了通过强调人类进化过程中手工劳动的首要性,为社会发展中劳动者的中心地位寻求人类学依据。② 很显然,在经典哲学命题的争论中不应预置这种追加的期待,即便将其作为一个有用的推论,也不应忽略不同的时间尺度。

正是由于以上的研究,国内学术界参与争论的学者们对古猿变为人并持续演化的基本过程的猜测相互衔接起来,形成了人类进化过程的一般表述:自然环境的变化迫使古猿由树上下到地面生活,由于欠缺和其他动物抗衡的生理优势和体能条件,古猿只能以上肢来使用天然工具觅食和防御野兽侵害,使下肢变得粗壮,并带动了脊柱、头骨和全身骨骼的移位。这一时期的劳动被吴汝康称为"广义劳动",同时促进了大脑的发展,使之成为思维活动的基础。而最早的工具即石器的制造,是在记忆和联想的共同作用下完成的,劳动的深度和广度都因此得以加强。群居个体间相互协作和交往促进了发声器官的完善和语言的产生,有了更为精细的工具制造和火的使用,并进一步和意识活动发生复杂的相互作用。人在整体上相对于动物而言,应该被称为能直立行走的"劳动者"。这些基本判断在考古学、生物学、人类学、历史学和哲学中的影响很大,承载着历史唯物主义和自然辩证法的基本原则和基本观点。虽然也存在一定的质疑,甚至有非常尖锐的反对意见,但国内学术界尤其是哲学界,对基于恩格斯原创思想的劳动造人说在总体上依然持肯定态度。

从20世纪90年代以来,一方面受到国际上关于现代人起源的新观点的影响,另一方面国内外关于人类起源和演化的考古学证据不断更新,对原有的考古证据也以新的技术手段进行了重新的研究和分析,国内的很多学者为了探究东亚现代人类的起源问题,对以不同时期的石器文化

---

① 张培炎:《关于"劳动创造人"的讨论三题》,《广西大学学报》(哲学社会科学版)1995年第6期,第1—6页。
② 吴新智、杜靖:《吴汝康人类学实践中的人观思想及其来源》,《青海民族研究》2010年第2期,第12—18页。

为代表的工具问题进行了详细探讨。其中林圣龙较为系统地介绍了西方学术界对石器技术发展阶段的基本划分,对其中的某些特定技术形态进行了专业分析①,就中西方旧石器时代中的石器技术模式进行了比较研究,认为"两者间存在很大的差别,充分显示了中国旧石器文化发展的特殊性以及中西方整个旧石器文化属于不同的传统"②,以工具证据证明了中国旧石器文化整体发展的连续性。吴新智则以不同阶段的石器技术更替中作为新技术的第三技术被弃而不用的疑点,对现代人起源假说中的替代论提出了有力的反驳,这也成为现代人的非洲起源说面临的很有力的反证,并支持了他提出的东亚现代人"连续进化附带杂交"假说。③如果说上述研究更多的是在考古学和人类学范围内讨论工具的问题的话,另一些学者则在工具问题的研究中引入了更多的哲学思考。葛明德通过对人类学中与石器工具有关的新证据及片石技术的分析,确信"劳动是人类特有的生存模型和适应模型,是人类区别于其他动物的最重要的特征……在人类进化动力问题上,必然回到一百多年前恩格斯的论断上:劳动创造了人本身"④。邓晓芒认为将"携带工具"这一行为特征加以充分考虑,可以形成关于人的新的定义,他认为"携带工具是一种符号性的感知运动图式,它内化为人的心理思维模式"⑤,是人的概念抽象能力达到一定程度的表现。高星则专门以石器为例研究了工具制作在人类演化中的地位和作用,指出了人类石制工具和动物石制品具有的明确差别,以及由此体现的认知和思维能力的明显差距,他认为"人类工具制作在计划性、目的性、预见性、规范性和精美度上具有唯一性,有内在的智

---

① 林圣龙:《西方旧石器文化中的勒瓦娄技术》,《人类学学报》1989 年第 1 期,第 77—83 页。

② 林圣龙:《中西方旧石器文化中的技术模式的比较》,《人类学学报》1996 年第 1 期,第 1—20 页。

③ 吴新智:《人类起源与进化简说》,《自然杂志》2010 年第 2 期,第 63—66 页。

④ 葛明德:《劳动在人类起源中发生作用的新证据》,《北京大学学报》(哲学社会科学版) 1996 年第 3 期,第 47—53 页。

⑤ 邓晓芒:《人类起源新论:从哲学角度看(上)》,《湖北社会科学》2015 年第 8 期,第 88—105 页。

能控制和规律可循"①，对石器技术的进一步解译，将会提供更为完整和精确的人类演化图像。但这些学者之间并未展开争论，只是在各自的研究范围介绍最新的研究进展，提出自己的看法，不能不说这是这些观点的影响力受限的重要原因。

综合国内外关于劳动在人类起源和演化过程中的作用的各种观点，可以看到，其中交织着对跨越日常时空经验的"荒野记忆"的回溯与受制于现代科学的"微观图像"的描绘，两者遵循的内在尺度的变更不容忽视地将劳动所具有的代价性呈现出来。如果我们承认，根据已有的演化线索和相关解释，人类在演化史上既是独特和不凡的，同时又"只是一个常规的生物演化的产物"②，那么，只有人类才能承载劳动这种积极的代价并以此成就自身。

## 三 研究方案

### （一）研究目标

通过对国内外相关研究的概括和总结，本书将在以下几个方面确立研究目标：

第一，试图说明从演化论角度对人类由来的探究的实质是人类文化中普遍存在的寻根意识的科学化，这一思想过程实际上是立足于人类中心论，以与工具行为相关联的一系列关键因素构建属于人类自己的"荒野记忆"，并以来自远古的工具的现代形式深入微观世界，描摹人类完整形象的过程。

第二，引证多个学科提供的新证据、新材料，对工具和劳动在人类起源和进化的动因系统中所处地位和所起作用提供一个较为明确的判断，说明"劳动创造了人本身"是和人类的寻根意识具有直接关联的基本命题，在人类起源和演化的过程中，工具是随着人类智能发展而具有的内

---

① 高星：《制作工具在人类演化中的地位与作用》，《人类学学报》2018年第3期，第331—340页。

② [美] 伊恩·塔特索尔：《地球的主人：探寻人类的起源》，贾拥民译，浙江大学出版社2015年版，第15页。

在尺度外化的直接表现，并在改进、升级和扩充中成为人自身的尺度，而凭借各种工具进行的、起始于工具行为劳动是唯一具有明确自我意识的人类能够为自我提升付出的积极代价。

第二，通过对人类起源和演化中与工具和劳动相关的直立行走、脑量增大、食性改变、开口言说及远途迁徙等要素之间关系的分析，说明在以工具为尺度、以劳动为代价的演化中，虽然经历了多次物种分化，但在最早的原始人类那里萌发的创新精神和进取精神已经传递至今，引领人类一步步脱离懵然无知，由远古荒野中的自然乐园走向自己亲手筑造的家园。

**（二）研究内容**

从以上研究目标出发，除去导论，本书的研究内容共包括六章：

第一章主要从寻根意识的科学化引出工具行为在人类演化过程中具有重要作用的论题，并说明在不断涌现的与工具行为有关的新证据的支持下，恩格斯"劳动创造了人本身"的命题依然保持着充沛的理论活力。人类普遍具有的寻根意识经历了从神创说到自然创造论的发展，实际上就是寻根意识科学化的历程。无论是神话和宗教中的神创论，还是因为达尔文等人的努力而成为人类起源的主流解释的演化论，其核心观念都围绕基于因果论的"创造"预设展开，区别在于是合乎某种主观目的、一次完成的神的创造还是被适应性推动的盲目的自然的创造。在达尔文看来，能在自然条件变化过程中存留下来的物种，既非最智慧的也非最强大的，而是最具适应性的。而人类之所以能具备高度的对周遭环境变化的适应性，就是由于人能够凭借劳动将自身从动物界分化出来。劳动应被视为人所独具的，由直立行走、思考筹划、语言交流、工具制造（携带和升级）和集群合作构成的远超本能之上的呈现出高度整合性的活动。由恩格斯在《作用》一文中对于劳动的感性特征和能动特征相互联系的完整理解将会提供追溯人类来源的可靠途径，这需要对恩格斯的劳动造人说的理论表达进行具体分析，阐明一种注重自然性和社会性相统一的属人尺度的寻求和确立使寻根意识的科学化成为可能。由于对人类起源的追问是立足于特定历史条件的追溯性探究，决定了其核心理论及其展开都受到特定时期劳动水平的限制。人类寻根意识科学化所依赖的物质条件也是完全由劳动创造的新工具系统提供的，因而19世纪以来人类演化学说试图在"荒野记忆"（考古学、古人类学、古生物学）和"微观图景"（分子生物学、演化心理学）两个维度上从人类学视角描摹人类在生命之树上的图像，其基本路径是"荒野记忆"在考古证据的积累中缓慢扩展，继之以"微观世界"的快速深入，并寻求二者的互证，弥合二者的差异，试图追寻和还原远远超出日常经验范围的广袤时空中人类起源和演化的足迹。本书其余的部分，就将从"荒野记忆"和"微观图景"两方面阐明劳动在人类演化中的作用。

第二章对早期人类演化过程及其代表性的工具行为进行介绍和分析，是"荒野记忆"的第一部分内容，特别侧重于对南方古猿、能人、匠人和直立人工具能力的比较性剖析。其中涉及对南猿的工具行为和食性转变关系的探讨，并试图展示奥杜瓦伊石器制造和使用中反映出来的人类心智和社会行为的演变。在对匠人和直立人工具行为的分析中，收集了最新的考古学证据，对石器工具在揭示人类演化状况方面的直接证明作用进行了说明。而对于两面器和直立人智力发展的关系的分析，以阿舍利文化为例集中表达了本书关于工具行为必须具备智能内核的基本观点，为第四章进一步从原始人类工具行为的普遍意义上深入讨论这一问题做了必要的准备。

第三章承接上一章内容，也是"荒野记忆"的第二部分内容，将对近年来关于现代人（解剖学上的现代智人）起源的单一起源说和多起源说的争论及其中与古人类工具制造和使用有关的内容进行分析，借此呈现工具行为对于从演化角度探究人类起源的重要价值。正是考古学和古人类学之中与石器制造技术有关的疑问（第一技术即奥杜瓦伊模式并未被更先进的第三技术即莫斯特模式所取代的奇怪现象），成为质疑现代人源于非洲的假说的强有力证据之一。这说明在超出日常经验的范围内，以基因分析的方法将线粒体DNA作为非洲人类长途迁徙后定居下来成为各地现生人类的生物学证据，其效力必须和其他证据尤其是工具制造技术相对照并取得最大限度的一致性。同时基因技术本身也是现代科学推动的工具系统中最引人注目的方面，这恰好反映出在具有内在关联的工具系统内部存在着与观察尺度相关的矛盾，这种矛盾由于劳动形式的多样化和工具系统的复杂性，将会强化由不同分析途径所得的"荒野记忆"

图像的主观特征，因而那种把单一起源说作为现代人起源可靠解释的理论选择显然是回避了某些关键问题的轻率之举。

第四章具体地探讨直立行走与劳动的关系，实际上是"荒野记忆"的第三部分内容。原始人类牺牲了四肢爬行的速度和稳定性，以直立行走的姿态有别于其他动物，获得了包括解放双手制造工具、充分散热、便于采摘果实和更有利于繁殖、哺育后代在内的诸多优势。在直立行走与工具的制造、携带和使用的关系方面，达尔文更早地看到了作为元工具的人手的形成直接受惠于直立行走。时隔不久，恩格斯在《作用》一文中对既是劳动器官又是劳动产物的人手的完善过程有了进一步的分析。其后，越来越多的学者从生物学、考古学、人类学、演化心理学和行为遗传学范围寻找工具制造和使用对人类智能演化、道德进化及文化演化发生作用的证据，直立行走和人手的形成、完善应该是其中的关键问题。从石器工具的起源来看，直立行走是工具行为的前提，动作自由的人手是工具的原型，人的内在尺度由此得以显现并得到拓展，因此远古人类移动方式的转变至关重要，不会直立行走就无法有后续的工具行为的发生。

第五章将对语言、意识和工具行为的关系进行梳理，是由"荒野记忆"向"微观图景"部分过渡的内容。通过对语言起源的诸多假说进行回顾和分析，我们将会发现，和直立行走一样为人所独有的语言现象，其缘起和发展在离开劳动尤其是劳动中的合作问题时，是很难得到充分揭示的。思维器官和发声器官在生理上的邻近构造以及化石分析中颅腔和喉头结构的分析表明，人类智能的发展、意识的完善和语言能力的获得具有同步性，语言所能表达的必然是能够在人脑中进行思虑的内容，而能思维的大脑必然会把内在的方面以语言的方式呈现出来，二者是不可分的，劳动中的分工与协作使它们结合得更为紧密。

第六章是"微观图景"部分，主要从基因和文化的共同演化方面探寻工具行为和劳动所起的作用。基因已经从最初的理论性假设成为现代科学中的实体性存在，通过观测工具和实验手段的进展呈现为具有明显经验色彩的图谱，并被进化心理学家和社会生物学家作为生物基础和先天因素，用思辨和实证相混杂的方式来说明自然选择的机制。不仅对于体质构成，而且对于包括语言和情感在内，都被视为由基因决定的本能表现。如果没有工具系统的巨大进展，微观层面的由化学亚基组成的条状化学分子的自我复制是不会被观察、放大并置入日常经验的。分子层次的演化理论实际上依然遵循着在劳动过程中同样也处于演变状态的尺度，随着对微观世界的进一步深入，基因这一微小却强力的决定者也许会以另一种图像示人。从基因和文化的共同演化来看，以工具系统的演化为重要标志的文化演化对环境的塑造增加了某些基因的适应性，也有助于此类基因的扩散。同时，与劳动密切关联的合作行为既是潜藏在基因中的先天倾向，又是基因和文化共同演化的最重要结果。

  最后一部分是对全书的总结。本书在前面各个部分都以工具的制造和使用为标志性因素和基本线索对劳动在人类演化中的驱动作用进行了具体分析，这一部分将对全书意旨进行总体概括。我们将会看到，在恩格斯创造性地提出劳动造人说以来，很多西方学者在研究人类演化问题时，将一系列本应相互统一的关系和概念拆解成非此即彼的对立的方面，这是造成劳动被遗忘、劳动的作用被忽视的重要原因。在渐变和突变、自然选择和中性漂变、微观进化和宏观进化、基因和环境、自然属性和社会属性的争论中，所展示的是哲学上的一些老问题如偶然和必然、内因和外因、量变和质变、理性和非理性、先天和后天在特殊领域的表现形式，应该用辩证思维的方式重新审视那些具有绝对主义色彩的主张，这也正是当前人类起源和演化研究中正在发生的转变，劳动在其中扮演的角色也会在这种转变中显现出无可替代的重要作用。劳动具有明显的属人的性质，体现和包含了只有人能感受、理解和遵循的尺度。同时，从把劳动视为一种只有人能付出的积极代价的角度，才能解释在人类起源和进化的动因系统中具有"激活"作用的各个因素是如何让人从远古走来的。也只有通过对于劳动作用的整体分析，才能将不同意识形态中关于人的来源的说法统一起来：宗教隐喻中的人类始祖失去了无须加以改造以适应自身需求的乐园，但遭遇被逐出自然乐园的不幸之后的幸运是，人类凭借劳动，拥有了以自身的尺度构建的、属于自己的社会家园，本书希望在这一点上能将劳动对人类起源和演化作用的研究与当前的以自然生态保护为基本指向的时代主题联系起来。

**(三) 试图解决的关键问题**

本书将对以下关键问题进行思考和讨论:

在人的起源和进化过程研究中,全部因果关系所对应的时间和空间的尺度都完全超越了日常经验。考古学从有限的化石证据绘制出的人类演化的树状结构图谱,依然存在很多缺环并处于变动之中。人科物种的直立行走、意识、语言、基因和文化诸方面都必须通过工具的制造和使用及相关的协作行为才能得到基本的说明,即便强调人类基因的特殊性,对人的自然属性的讨论也总是会演变为对社会属性的关注,人的演化必然会从单纯生物演化的领域迁移到人性、情感、道德演化和文化演化的领域。因此确切地说明原始人类在石器工具的制造和使用中发生了怎样的智能演变和技术跃迁,确切地说明在工具行为和语言方面动物与人尤其是猿类与人类的根本界别,是本书要解决的关键问题。

基于以上考虑,本书的研究重点在于说明,发端于工具行为的劳动既是专属于人的类本质特征,更是用以描述人的起源和演化的先行性观念。这一说明将继续强化自古以来累积的,并在现代科学发展中一再呈现的基本关系:是已有的关于人的定义尤其是具有"原型"意味的定义限定了人的起源和进化学说的境域,而非人的起源和进化的新发现重新规定了人。同时,一种关于"代价"的追问将不可避免地浮现出来,在人的进化过程中,人不断获得生物形态和自我认知的改变、提升,为此付出的种种代价,是在工具制造、使用和劳动过程中集中地表现出来的。换言之,如果没有劳动作为代价得以呈现的"平台",人类基因中的那种不安于现状、以创造性活动应对各种挑战的特质不会被激活,也不会有包含人与自然双向互动的复杂关系将现代人类的具体形象一步步塑造出来。

如何在实质上具有明显的科学主义风格的受制于"人类中心论"的证据链和材料库中找到适用的部分,能对劳动在人类演化的动力机制中的主导作用构成强有力的支持,从而把古人类的自然史和工具行为的历史演变统一起来,这是本研究的难点所在。为此,本书将采用一种历史主义的、内因论的立场,既要在经典学说与各学科的新观念之间寻求关联,也要把这种关联视为长期以来具有观念历险性质的、专属于人类的别无参照的自我评价的一部分,是思想和实践的尺度不断变更的过程,是受制于这种尺度变更而延展出来的多方面因素共同作用的复合状态。

## 四 研究方法和创新之处

### (一) 研究方法

本书将立足于 20 世纪以来各学科关于人类起源和进化的新成果,综合运用辩证思维方法、分析的方法和比较研究的方法,展开对于劳动与人类起源和进化关系的考察。

(1) 辩证思维方法。恩格斯在 19 世纪对于劳动作用的研究,是坚持将唯物辩证法应用于科学研究的著名范例。进入 20 世纪,科学哲学的研究实现了由物理学范式向生物学范式的转换,在思想方法上也更加重视具有对立性质的概念的统一性,注重不同因素的相互影响、相互作用,这和唯物辩证法倡导的普遍联系和永恒发展的观念以及联系、运动和全面的方法具有高度的一致性。坚持辩证思维的方法,可以有效克服具有形而上学色彩的只强调单一原因的片面观点,从系统的、整体的角度来探究人类进化的动因。

(2) 分析的方法。包括逻辑分析、背景分析和概念分析。逻辑分析是要针对恩格斯关于劳动的经典命题所引发的一些争论,说明无论是"劳动"的概念还是人和猿的分界这样一些基本问题,都必须具有逻辑一致性;背景分析是指对相关的理论背景、时代背景和学科背景进行全面分析,尤其要体现历史唯物主义的基本要求,把特定的观念命题置于其所在的历史背景中,从具有决定性的社会存在中寻求恰当的解释。而概念分析是生物学哲学最关键的要求,通过对基本概念的澄清,可以在关于劳动与人类起源和进化的争论中消除成见,通过清晰的概念来说明论文议题的科学价值和社会价值。在本书的写作中采用这几种分析方法,依循历史与逻辑相统一的原则,尤其要体现出环境变化、基因条件和劳动的关系,注重对于相关因素的内在联系、内部原因的把握,呈现出理论框架、概念体系和科学事实之间的内在关联。

(3) 比较研究的方法。由于关于人类起源与进化的研究涉及生物学、考古学、人类学、历史学、社会生物学、进化心理学、神经心理学、行为遗传学、语言学和心灵哲学等多个学科,特别是对于人猿的分界、人科动物的划分标准、人类演化的动因、人类演化的连续性、劳动的演化、交往的演化、道德的演化、意识和语言的产生等一些重要问题,各学科虽然提供了一些具有一致性的解释,但在很多关键的环节难以互相印证,只有对不同观点加以比较、辨析和整合,才有可能提炼出具有一定说服力的新解释。

**(二)创新之处**

第一,在选题方面,试图结合石器工具方面最新的考古发现,并综合人类学、心理学、遗传学和技术哲学的相关研究成果,对"劳动创造了人本身"这一贯通马克思主义哲学、自然辩证法、生物学哲学、技术哲学、语言哲学和文化哲学的经典哲学命题进行更深入、更全面的思考,把人是否是唯一的工具制造者和使用者、是否劳动创造了人、劳动和语言的关系这些貌似很陈旧、在学术界被热议过但实际并未真正得到解决的重要问题置于人类起源和演化的大背景中,尝试对这些问题给出一些新的理解,使经典命题焕发新的生机。

第二,在基本观点方面,提出了一些新的看法。主要包括:(1)明确地把从演化论角度对人类起源和演化的探究界定为"寻根意识的科学化",并对其特征进行了概括;(2)以总体而言缺乏整体性的化石证据的分析与排列所重现的人类演化史,实际上是根据现代人类的自我认知构建出的一种"荒野记忆",只有以工具问题作为基本线索和关键因素,才可以把直立行走、脑量增大、智能完善、语言沟通、文化传承和基因传递诸方面统一起来,从综合性角度具体地、历史地、动态地和整体地理解劳动在人类演化中的驱动作用;(3)在动物尤其是黑猩猩能否制造和使用工具的问题的分析当中,摆脱孤立地关注本能性类工具行为的习性学视角,将直立行走作为工具行为的前置条件,以受内在尺度制约、具备智能内核的整体行为模式作为衡量标准,为工具行为划界;(4)区分了语言起源学说的远期发生论和近期发生论,以具体可信的证据分析展现了人类智能的增长、语言能力的提高、工具行为的升级和劳动协作之间的密切关系;(5)认为由工具行为开启的劳动是人类演化过程中诸多适应性的集合,是内在尺度的逐步明晰并外化的结果,是内驱力、创造力和行动力的来源，因此劳动是人类演化中的适应机制、动力机制和代价机制的综合体现；（6）认为人类演化的经历可以概括为以劳动为积极代价、由自然乐园走向社会家园的具有历史必然性的漫长过程。这意味着，人类的智能增进被工具行为触发之后，通过内在尺度的外化促进工具的升级，显示出明显的正反馈效用，这种反馈在智能状况和工具形态之间反复叠加，以渐进方式进行到一定程度就会发生突破性变化，人的适应性由此得以持续增强。

第三，在思想观点的连续性方面，确认了经典命题和思想原型在人类起源和演化构图中的基础作用，受"人是万物的尺度"这一命题的启发，把内在尺度、尺度和代价等概念引入对工具行为和劳动的演化论解释中，为追溯现代人类推崇的精神品质的古老起源找到一种可行性解释，为在后续研究中进一步阐发相关论题的现实意义创造理论条件。

第四，在思想方法方面，针对在人类起源和演化研究中的先天与后天、自然与社会、环境与行为、基因与文化之争中体现的外因论和一点论的倾向，主张应重视在哲学发生之初就倡导的内因论，重返辩证法的分析方式。

第五，在具体问题的分析和材料的把握运用方面，有别于以往过于倚重化石证据分析比较的做法，把重点放在物质形态更为稳定、具备更高辨识度的文化遗存方面，无论是对南猿时代的工具问题特别是南猿阿法种的工具行为与食性转换的关系进行的较为详尽的分析，还是对奥杜瓦伊石器和阿舍利手斧和智能提升关系的推演，以及对现代人类起源争论中的与工具行为相关的疑点的特别关注，都为工具行为的发生找到了内在尺度和环境压力共同作用的经验基础和逻辑起点。

哲学思维的形式是进行概念分析，但就哲学研究的基本内容来说，则是思考那些最根本的事关终极关怀的问题，而从哲学的表达而言，不应满足于对认识方式和过程的解释性说明，而应致力于对全部知识进行综合。很显然，人的起源和演化问题，蕴含着"我是谁"的永恒疑问，是一个再标准不过的哲学问题，在生物学哲学乃至整个哲学之中都和"认识你自己"的思想使命息息相关。当这一问题上的演化假说与原有的神创说构成有力反驳之后，对其进行科学检验的庞大计划就一直在实施之中，相关的科学知识也在不断"演化"，神创说也随之更新了自己的版本。西方学术界由于对劳动实践的偏见并未对恩格斯关于劳动在人类起源和演化中的作用的洞见予以充分重视，国内学术界则在相关的哲学争论中忽略了自然科学的新发现。对劳动造人说的相关研究进行尽可能全面和深入的理论回顾，在20世纪以来各学科的新发现中寻找劳动造人说的新证据，并阐发其哲学意义，这项工作在国内还未有人系统地做过。正是基于这些考虑，本书试图表明，唯物辩证法在科学哲学的研究中具有的价值毫不逊色于物理学革命和生物学发展提供的新思维，这一点也是近年来的科学哲学较少提及的。更进一步地，本书还将表达这样的观点：不仅是工具行为和劳动的展开，也包括被劳动推动的人类演化，都是一种勇于付出积极的代价并有能力承担相应后果的创造、进取的历史过程。人之所以能从动物界脱颖而出，在于人类做出了尝试并付出了以劳动为主要形式的代价。本书将通过对于探索人类起源和进化过程中始终无法超越的因果律的分析，把工具行为开启的劳动理解为人类演化中"代价"的最重要的组成部分，并赋予"代价"以积极的历史和文化意义。相信我们有机会在合适的时候构建一种合理的演化代价论，而人类的未来就蕴藏在劳动这种"代价"的不断呈现之中，在此意义上完全可以说，对于人类而言，劳动不休，则演化不止。

# 第 一 章

# 人类寻根意识的科学化与工具问题的凸显

很难准确地说从何时开始，已经具备自我意识的人类将对于生命起源的兴趣聚焦于自身的来源问题上，人们在日常经验层面觉察到个体生命的有限，又在群体的层面关注作为唯一理性物种而存在的人类的由来。这方面的认识过程就像人类在知识积累的诸多方面一样，经历了很多波折，从远古的神秘猜想逐渐走向今天已为很多人所接受的以达尔文的演化论学说为基本内核的科学解释。本章的目的是要说明三个问题：第一，从达尔文学说来探究人类的起源和演化是人类寻根意识的科学化的最重要的表现形式，是以各类科学证据逐步构建人类内心深处的"荒野记忆"；第二，恩格斯的"劳动创造了人本身"的命题在寻根意识的科学化历程中是一个不断被证实和未曾超越的科学论断；第三，现有的与早期人类有关的石器证据凸显了工具问题在人类寻根意识科学化历程中的无可替代的重要性。

## 一 寻根意识的科学化

寻根问祖的精神追求在世界范围内具有跨文化的性质，这种共性似乎暗示着在人性深处有和某种共同来源相一致的积蕴。各种非科学的对于人类来源的传说有着惊人的一致性，在细节上的差异使这些流传久远的说法成为神创论的不同版本。萌生于古希腊的演化论观点经过长期的哲学思考的磨砺，受益于文艺复兴以来建立的各门自然科学迅速发展的推力，在 19 世纪成为立足于具体科学证据的体系化表达，将原本属于神话、宗教和哲学的寻根意识科学化，将造就人类的力量由神力置换为自然力，为人类构建能追溯自身由来的"荒野记忆"开辟了新的路径。而在演化论的广袤视野中，要对人类的自然形成提供可信的解释，就必须聚焦处于人类文化最前端的工具行为。

### （一）寻根意识的普遍存在

人从何处来？我们人类的最早祖先是谁？"即使人类不是同一系统的一员，不需要遵从相同的规则，但一旦人类的智力高出了日常所需的水平，关于自身的起源问题，自己与宇宙中其他现象间的因果关系，必定会吸引人们的注意力。"① 可见，对于人类全体而言，追问自身所在的智人物种的由来是一种普遍的心理倾向和思维习惯，既体现了人类智能的正常发挥，也是为寻求更多问题的答案、在更大范围规划人类的未来、把握人类自身的命运找到一个公共的起点。穿越由神秘的传说和思辨的假说作为背景的历史观念长廊，"我们究竟来自哪里？我们如何成为这种生物"的疑问——这是个所有人都绕不开也未必说得好的大问题——因为达尔文基于一次偶然远航的经历而生发的奇思妙想有了一个迥异于传统解释的解答。不知是出于致敬还是调侃，在众多题材相近的关于人类起源的科普著作中，达尔文眉骨高耸的脑袋被漫画家嫁接在猩猩多毛的躯干上。这种具有喜剧效果亦不乏恐怖意味的形象让人过目难忘，试图提示每一个现代人，泥土和神性相混合的古老传说荒诞不经，依照已经

---

① ［英］赫胥黎：《人类在自然界的位置》，蔡重阳等译，北京大学出版社 2010 年版，第 189—190 页。

常识化的演化理论，人的确是某种未免令人憎恶的动物①的后裔，至少目前的科学进展不断地为这种说法提供着层出不穷的证据，同时智人起源于东非的时间也仰赖基因组测序之功一再向历史深处延展，已经由此前通行的约 20 万年前上溯至约 35 万年前。② 在惊叹之余，完全有理由相信，现代人的足印将借助原本深藏不露的化石证据，会不定期地在更遥远的未知领域中浮现出来，终有一天会抵达类似于"线粒体夏娃"（Mitochondrial Eve）或"Y 染色体亚当"（Y‐chromosomal Adam）这样的人类祖先脚下，但仅仅达到这一目标是不够的，因为借用亚当、夏娃这样的名称依然隐含着一个无所不能却百密一疏的创造者，如此看来，从其最根本的含义而言，当下的思维沿袭了古老的习惯，追问"人从何处来"实际上就是追问"什么创造了人"，是神还是自然？

对于个人而言，正如我们通常所知道的，现时的大多数人也许可以不假思索地说出祖父母乃至曾祖父母的名字和籍贯，但对于高祖父母以及之前的宗族先辈，则所知甚少。如果执意要追寻更多与自己具有血脉传承关系的宗族信息，则不免茫然无措，虽然可能有大量的史料供钩沉稽古，但一个人所能得到的关于自己根生何处的解释往往芜杂难辨。距今年代愈是久远，愈像在昏暗的烛光中观摩一幅风吹雨蚀过的图画，似有某种实存的模样，又似在预定的轮廓中想象。更可能的情况是，大多数时候，并无可靠的常规性资料保存下来可供翻检，个人寻求自身来源的努力往往会湮没于时间的荒漠之中。好在现有的已经商业化的、具有

---

① 在《地球的主人：探寻人类的起源》一书的"序篇"中，作者声称当今的人类凝视任意一只黑猩猩的双眼（实际上这只能是一种假设，没有多少人能够和愿意有这样的机会），将会"更愿意"从中获得积极感受，而非像维多利亚女王那样将人猿视为很像人然而却令人痛苦不快的怪物，因为"它们时时刻刻都在令人厌恶地提醒着人类——你自己身上还存在着自己一直担心着，而且（通常）压抑着的阴暗一面。"作者又补充说，虽然人类作为有意识的观察者会去揣摩大猩猩内心对人类的想象，但归根结底人类在与黑猩猩的对视中所见的一切取决于人对自身的认知程度和相关联想。作者的意思似乎是，知识的进展可以改变人类对于异类的判断，但又隐含着对人性阴暗面或曰兽性的觉知与人猿带来的参照和提醒密不可分的意味，如果不是因为仰赖达尔文的自然选择学说让人类承认自身无法摆脱的生物本性的话，黑猩猩终究是可怖和可恶的，大概这也是时至今日依然有很多人不能接受演化论的重要原因。参见［美］伊恩·塔特索尔《地球的主人：探寻人类的起源》，贾拥民译，浙江大学出版社 2015 年版，第 1—3 页。

② Schlebusch C. M. et al., "Southern African Ancient Genomes Estimate Modern Human Divergence to 350, 000 to 260, 000 Years Ago", *Science*, Vol. 358, No. 6363, 2017, pp. 652 – 655.

将科学娱乐化的基因检测已经以较为低廉的价格面向公众开放,通过采集 2ml 唾液进行基因位点测试,追溯大致的祖源所在地已成为可能①,虽然这一途径提供的相关说明依然是粗略的,而且主要产生一种娱乐的效应,无法把我们寻根的期待精确地定格于某张具体的面孔和某个具体的地点,但已经比前述大海捞针式的绝望摸索可靠多了。

可见,从人类整体到个体,可用寻根意识来概括的对自身来源的持久深沉的关怀总是在寻求一种可信赖的满足,但是与各个文化传统密切关联的神话传说、宗教典籍与口述历史往往是一些素材杂多、含义模糊的文化样本,所能提供的人之来源的根本解释也是神创论的大同小异的表达而已。值得注意的是,哲学思维中最早生发了与现代科学观点近似的猜测:公元前 6 世纪时,古希腊米利都学派中的阿那克西曼德就提出,潮湿的环境产生了最初的被硬皮包裹的动物,这层硬皮破裂后,它们就变成另外的动物。同理,从热的水和土中产生的鱼或鱼形生物破裂后,就生长出了男人和女人。②虽然这一观点在古希腊仅仅被看成是初步的经验观察和相似性思维的不足为奇的产物,但恩格斯对这种朴素的物种可变的思想评价很高,将其视为现代演化论观点的萌芽。无独有偶,在阿那克西曼德把鱼和人相提并论大约一个世纪以后,具有传奇经历和异常举止的哲人恩培多克勒颇有先见之明地提出了关于动物生成的充满怪诞想象力、具有立体主义风格③的奇幻描述,在很大程度上超出了同时代的目的论思维,被认为是"适者生存"思想的萌芽。在他看来,土中长出的肢体和器官偶然组合,由怪异到正常,由自然生长到自身繁殖,根源于自然元素和自然力量,显然这种说法具有和神创说不同的路向,与 2000 多年后的现代演化论的基本观点颇为接近,但由于后来居上的柏拉

---

① 参见"各色 DNA 检测"网站的介绍:https://www.gesedna.com/。
② 汪子嵩、范明生、陈村富、姚介厚:《希腊哲学史》第一卷,人民出版社 1997 年版,第 215 页。
③ 这里是指以毕加索为代表的立体主义绘画中将人物的器官、肢体以完全不合常规的方式加以组合的表现方式。

图哲学的巨大影响力①，这种创见的思想价值被大大低估了。

　　西方古代世界的主流观念中洋溢着对恒定不变的至高存在的崇尚，在古希腊，柏拉图的著名的将世界二重化的划分无论是从本体论还是认识论方面，都表现出了对真实存在的、可作为知识对象的理念世界的推崇，人们所在的现实世界只被看作是模仿真实世界的影像。在其自然哲学代表作《蒂迈欧》中，柏拉图特别说明了世界的创造过程、人的灵魂和躯体的构成及作用，这一整套学说实际上是将理性作为最高本原和基本原则的模仿创世论。理性的、整体的创造者以火、气、水、土这四种元素创造出了由灵魂和躯体构成的宇宙，并创造出贯注了创造者意愿因而不朽的诸神。作为整体性的理性生物的完美宇宙应该包括除神以外的生活于空中、水里和陆上的生物，由于人可以分有永生之名，创造者亲自将与宇宙灵魂中的理性成分相同但纯净度更低的理性给予人的灵魂。诸神接手其后的工作，从宇宙中借来火、气、水、土，用细小得不可见的钉子（也可以称作栓）将这些元素连接在一起，将不朽的灵魂捆绑在这元素构成的形体中。人的肉体构造是对宇宙形状的模仿，包括视觉、听觉和语言在内的能力是神的恩赐，是为了让人看到理性的运动、听到和谐的声音并用来服务于智慧，使灵魂保持其内在运动的秩序。人的欲望及生殖行为也是神意所为。至于那些能飞的、爬行的和水生的动物，则是轻率、无知和愚蠢程度不同的人所变成的。创造者就这样以"必要和至善的目的"②成就了一个伟大和完善的宇宙。

　　这位想象力和膂力都异常发达的哲人对于人的起源的长篇大论无疑是具有明显的目的论、机械论和特创论色彩的，因为造物主依照理性为达成和谐创造了包括人在内的宇宙，整个过程颇似一位功力深厚的大厨行云流水的操作，灵魂可以放在大杯（钵）里像搅拌汤汁一样进行掺和

---

① 怀特海曾说：柏拉图之后全部西方哲学传统都可以看作是柏拉图哲学的一系列注脚。同时，由于柏拉图之前的哲学家没有完整的著作流传下来，他们的思想的解释被柏拉图巨大的影响力所左右，实际上被柏拉图所限定的解释也许并非是之前哲学家们的本意。比如，由于苏格拉底对智者有偏见，柏拉图因此立足于自己所崇敬的老师的立场对智者多有贬抑，这使得像普罗泰格拉"人是万物的尺度"观点的思想价值被低估了。恩培多克勒的动物生成论观点大约也遭逢了相同的境遇。

② 《柏拉图全集》第三卷，王晓朝译，人民出版社2002年版，第328页。

调制，而且造物主特地亲自将灵魂培植和分配给人类。同时，宇宙和人的创造过程具有同构性，都是由四元素构成的躯体和灵魂相结合的产物，其中包含着柏拉图也无法摆脱、直到今天依然牢固地占据人的思维的灵与肉的二分法，以理性为中心的灵魂和以四元素为质料的肉体被视为人的基本构成。对于动物间的关系，由于把灵魂中理性含量的多少及智慧的有无作为判断标准，柏拉图持一种与今天的观念完全相反的看法，他认为动物是人变来的，从物种受造的顺序上，人优于动物。如果不是沉浸在优美的文字中尽情发挥想象并为其中数学的内容伤脑筋的话，柏拉图对人的来源的描述放在今天并不比恩培多克勒的奇思妙想更可信。

与柏拉图的思辨性学说有很大不同，亚里士多德的具有明显博物学风格的生物学已经有了在当时而言足够充分的经验观察基础。由于他认为自然是包含变化的，所以他对于人和其他动物关系的理解看上去很像是我们今天所说的演化论观点，但是这种评价只是看到二者表面上的相似而已。亚里士多德认为，由于人的灵魂（除了营养灵魂、感觉灵魂以外还具有理性灵魂）最为完善，人乃是所有动物之中最高级的。他还讨论了很多在今天看来亦很前沿的话题，比如人的直立行走、身体的对称性和人手的元工具性质，并通过分析人的口腔结构认为人是唯一能说话的动物。尽管有学者认为亚里士多德编制了一个将各种生命形式都包括在内、各自处于固定等级、彼此之间再无任何变动的自然阶梯图谱①，从而，实际上亚里士多德只是强调有理性的人处于自然阶梯的最高等级，既然人与动物都可以通过种内的繁殖行为得以永存，那么在物种超越个体生死的层面上，人就不可能由低等的动物产生出来。所以亚里士多德从自然万物渐进发展的角度把人看作动物的自然延续，"这里达尔文主义是没有一点位置的。那末，究竟在什么意味里而可谓这个是发展或进化的学说呢？这当中所包含的程序并非一时间的程序，乃是一论理的程序，而其发展便是一论理的发展。较低的总是潜然地包含着较高的。所以人是观念地存乎猿的内里。而较高的又总是实际地包含着较低的。所以人尽有猿之形式而又过之。不过其在较低的形式里仅乎是隐伏的，到了较

---

① ［德］莫尼卡·奥芬伯格：《关于鹦鹉螺和智人：进化论的由来》，郑建萍译，百家出版社2001年版，第10页。

高的形式里便成为明显的。在较低的存在里面,其挣扎而求出现,但是看不明白的形式,到了较高的里面,便把它自己实现出来。较高的同于较低的,只是一样的东西存于进化得更高的情况之里。较高的必依较低的为基础。较高的便是形式,较低的便是物质。较高的便实际地是较低的之所挣扎而求成的东西。所以世界是一连续的链锁。它是一个程序,但不是一时间的程序,而是一永劫的程序。那唯一的终极的实在、上帝、理性、绝对的形式,永恒地把自己表露于它的发展的各个阶段里。所以所有的阶段都是永远并存的"①。可见亚里士多德是用潜能和现实、形式和质料的基本概念来衡量物种的,在他看来,世界由自然界中已有的自然形成的物种构成,他的生物分类中贯穿着与繁殖方式密切相关的等级观念,至于物种间的关系,他的态度是矛盾的,一方面,他承认自然界中有着从无生命的存在到生物的发展过程,但是,"自然由无生命进展到动物是一个积微渐进的过程,因而由于其连续性,我们难于觉察这些事物间的界限及中间物隶属于哪一边"②。另一方面,他认为生物变化的动力源于自然本体中的"目的",在《动物志》中,他认为动物以本质、属性、习性和身体机能的圆满实现达成目的,因此,"自然本体就是自然目的,各种动物的本体就是各自的目的,自然就像是一个最聪慧的工匠,能使得每一类动物的结构都合乎它的本体、它的目的"③。这种目的论相对于柏拉图观点的积极意义在于将自然的力量放在最根本的意义上来考虑,但是亚里士多德认为自然对生物的构造做了最佳安排,因此各种生物一经形成之后,便稳居于已有的位置,只在各自的种系内生殖繁衍。与动物不同,具备沉思理性的人能够自觉地选择和追求生活的目的,因此"整个宇宙就是一个有等级的合目的的体系,其中人是自然的最高目的,理性(神)则是全宇宙的最高目的"④。这种强调稳定秩序的"自然阶梯"论很容易和柏拉图的模仿创世论一道被基督教所吸收,直至19世

---

① [英] 斯塔斯:《批评的希腊哲学史》,庆泽彭译,华东师范大学出版社2005年版,第230页。
② 苗力田主编:《亚里士多德全集》第四卷,中国人民大学出版社1996年版,第270页。
③ 汪子嵩、范明生、陈村富、姚介厚:《希腊哲学史》第三卷,人民出版社1997年版,第583页。
④ 同上书,第584页。

纪，深受亚里士多德思想影响的生物学观点才有了根本改变。到古罗马时期，卢克莱修关于人类起源的观点也很有趣，他对最早出现的人类的生活状态的猜测有一定合理性，有些方面甚至和今天我们对于原始人的描述相一致。比如他认为早期人类不同于罗马人，不会制造工具也没有掌握语言，过着和动物一样的穴居生活，在当时而言这种描述应该出自于合理的想象，并无任何证据的支持，却和考古学逐步揭示的古人类的生存状况有些许重合之处。如今我们通常所说的穴居人是指尼安德特人，虽然对他们的语言能力很难有确定的看法，但他们的工具技能却很高超，可见仅凭基于常识的想象是无法探知原始人类的真实生活的，只能在基本的轮廓方面给出一些因缺乏证据而真假难辨的说法。

总之，古希腊和古罗马的思想家已经把工具制造、掌握火的用法和语言的使用视为人之为人的重要特征，并且能把人视为自然的一部分，有从自然的背景中寻找人类来源的预设，这说明在西方古代思想中就已经萌生了当时的人类源自更早的更原始形态的见解，其中包含一种科学思维的原型，所有与演化论有关的现代思想，其根源和基本构想都可以在古代思想中找到最朴素的表述。

### （二）寻根意识的科学表达

由于柏拉图和亚里士多德的思想尤其是柏拉图的学说长期以来在西方文化中处于正统地位，加之渗透着柏拉图哲学的基督教观念的盛行，在西方世界，人们对自身来源的好奇心所能获得的满足在相当长的时间里是由一些神秘的传说所提供的。这些传说维系着一种特别令人感到奇怪的情形：当西方社会总体的知识状况相对于古代社会在很多方面大有改观时，人们对于自身由来的探究并没有获得同步的进展，似乎人所面对的一个更有力量、蕴藏更多财富和谜团的外部世界以及人自身引以为豪的精神活动的原理远比人类究竟从何而来的问题更有吸引力。在很长一段时间里，人们把自己最古老的先祖安放于总体上都可以归为神创论的传说中，整个世界的历史因而被认为是很短的。① 依照这种解释模式，造物主的智慧通天彻地，创世造物的伟绩具有不可怀疑的正确性，已经造好的物种从低到高各安其位依次排列成以人高居顶端的自然阶梯或生物链，这种将不同生命形态置于简单的线性模式的亚里士多德式的做法曾经用来解决地质学证据与神学观念的冲突。整个世界的来源似乎很自然地囊括了人这种独特生物的起源，人们可以被牛顿所描绘的充满秩序感的世界图像所折服，但却不妨碍人们把牛顿看作上帝的代言人，把他的力学体系看作上帝伟力的最佳证明。直到19世纪初，对以《圣经》为代表的叙事真实性的质疑才越来越多并累积为将人们对于世界和人类的看法进行倒转的力量。人们更乐于看到变化并追究其根源，那些在过去受到轻视的、被忽略的变动不居的不"真实"的种种存在被纳入了逐渐分化的各门学科的研究领域，在此过程中人对自身的来源的观念也有了同步的变化，这一由达尔文倡导的"自然选择"理论开创的以演化论思想来考察人类由来的过程就是人类寻根意识的科学化。

恩斯特·迈尔这样评价《物种起源》的出版，"这一事件或许是人类所经历过的最伟大的知识革命。它不仅挑战了世界是恒定和短暂的这一观念，而且挑战了对于生物奇妙适应性的原因的看法，更令人震惊的是，它挑战了人类在生物界中占据着独特地位的思想"②。实际上，达尔文确实将古已有之的观念进行了倒转，鉴于这种倒转在各方面引发的巨大效应尤其是在人类的寻根之旅中别开生面的作用，完全可以将其称为人类思想史上的"进化论转向"。

正如前文所述，进化论思想古已萌生，但仅仅被当作不起眼的奇谈怪论弃置一旁，思想的边角料能否转换为大放异彩的主流观念，取决于

---

① 通过研读《圣经》并做出推断，生活于8世纪的英国历史学家比得（Bede）认为上帝创世的具体时刻是公元前3952年。17世纪的法国宗教领袖斯卡利格（Scaliger）则比较倾向认为世界始于公元前3949年，而热衷于研究神学的牛顿则坚定地将一切的开端定位于公元前4000年。这方面一个流传很广的例子是，1546年12月，爱尔兰著名神学家、都柏林三位一体神学院副院长詹姆斯·乌歇（James Ussher）大主教在其《乌歇年代表》（*Ussher chronology*）中宣称，上帝在公元前4004年10月23日前夜创造了地球，这样算来，地球的年龄是6000年左右。参见[英]克里斯托弗·波特《我们人类的宇宙》，曹月等译，中信出版集团2017年版，第221页。
② [美]恩斯特·迈尔：《进化是什么》，田洺译，上海科学技术出版社2012年版，第9页。

人们如何看待世界的状态和判断人在自然中的位置。古人的世界是看重静止的,经验范围的周流不休的事物随处可见,但人们却认为这一切只是不可靠的假象,最高最真实的存在是不动的,神和神创造的秩序就是如此,因此物种作为神的创造也是恒定的。灵与肉的二分法实际上也预置了静与动、恒久和短暂、真实与虚假的判断,人是神的意志、神的气息以及虽然无形却来自神的东西和有形质料相结合的结果。但是文艺复兴以后的世界观转而重视变动的经验,更看重行动的价值,地理大发现所带来的物种证据的扩张,技术进步催生的观测工具揭示的原本不可见的微观世界,不可避免地引发了对于流行的宗教观念的小心翼翼的怀疑,曾被忽视的观点得到重新审视,描绘出新的图景。进化论思想的先行者起初是在保留上帝造物的前提之下来深思生物的起源,比如荷兰博物学家简·施旺麦丹(Jan Swammerdam)曾在17世纪以先成论的立场猜测上帝一开始只创造了一种动物,其后这种动物分为其他物种。在当时的思想条件下,这已经是最明确的万物同源、演化分殊的最大胆表达了,可以将其视为现代演化论将某个原始物种作为所有物种共同祖先的说法的先声。与此同时列文虎克已经观察到细菌和原生动物,能准确描述红细胞的形态,生物多样性的事实得到进一步强化,而关于诸种生物的神创论的解释力却在减退。到了18世纪,法国地质学家贝诺易·德·迈列(Benoit De Maillet)隐忍了20年后在1735年匿名发布了一种和2000多年前的阿那克西曼德的鱼变人的说法颇为相似的观点,认为海里的胚胎发展出了所有生物,事实上现代生物学是在一定程度上认可有关鱼类祖先的猜想的。紧随其后在生物起源方面做出大胆猜测、修改了从亚里士多德时代流传下来生物阶梯图的瑞士博物学家查尔斯·邦纳(Charles Bonnet)不再沿用原有的线性图示,而是用更有说服力的树形图来展示生物谱系,虽然他乐于用当时已知的全部生物填满自然阶梯图的尝试显得过于急切了,但在此过程中他首先使用了"进化"的说法。不过这里所说的"进化""只是指卵的发育"①。虽然邦纳的观点依然停留于科学的进化论破晓而出的前夜,但"进化"一词不仅蕴含着与物种不变论截然

---

① [美]恩斯特·迈尔:《进化是什么》,田洺译,上海科学技术出版社2012年版,第8页。

不同的变化观念，也赋予了变化趋于更高、更好、更复杂、更完善的方向性，所以这一时期的进化观念意指从无生命物质（如矿石）的底层向植物、低等生命（如珊瑚）、高等动物（如鼠类）直到人类的链条般的上升性的事物排列方式。不过这种排列具有恒定的、与造物主的完美排序相一致的连续性，人们还缺乏勇气更缺乏证据来完全否定创世论。

与此同时，西方文明的扩张开拓了人类的眼界，形成了影响深远的全球性视野和新的世界种族格局，飞速增长的全球贸易和远距海航促进了动植物品种的交融和扩散，使欧洲人见到了很多闻所未闻的物种，原有的命名和分类的系统已经不适用了。瑞典学者卡尔·冯·林奈（Carl von Linné）根据生物的外部形态的异同创立了新的等级图谱和分类体系，并用全新的双名法（binomial nomenclature）为它们命名，这种以《圣经·旧约》主张的创世论为绝对正确前提的研究方法被以后的生物学所沿用，表明与宗教观念截然不同的演化论思想的形成存在一个对前人思想进行扬弃的过程，这也是人类寻根意识的科学化路径逐渐明晰的表现。林奈的分类学赋予了相似性思维在生物学研究中的合法性，这种思维方式的运用最初只能从生物外部形态和动物的胚胎及体态方面获得保障，因而承担了相当大的风险，在大约100年以后，随着生物学的发展深入到分子层面，基因型和表现型的统一关系完全确立了相似性思维在生物学当中的地位，也证实了林奈的远见。林奈的物种分类理论还主张来自于同一群体的属（科）可通过迁徙实现分化，并受到具体环境条件的作用。

然而林奈却和同时代的很多人一样，从对基督教的虔信出发，对创世论深信不疑，把生物的相似性归功于上帝的创造，所以人类寻根之旅的探索范围依然未能有相对于宗教传统的实质性的突破。但是在同一时期，法国博物学家乔治·德·布封（Georges-Louis Leclerc de Buffon）并不完全认同林奈的生物等级分类法，并对创世论表示质疑。他认为，如果人类对于自身来源的追问一直前推，直至溯及元祖，那么按照林奈的分类方法，生物学上同族的猴子和人应该具有共同祖先，依此类推，所有的植物和动物都源自同一个遥远的祖先，这意味着只要有足够长的时间，某种动物可以逐渐衍生出其他动物。可以看出，布封在生物的起源方面所持的这种观点显然不同于《圣经》里的教条，他的观点具有明显的无神论和决定论倾向，且在共同祖先可以分化出不同种类方面，有和现代演化观念一致之处。布封主张的物种自然发生论"非常强调物种是通过生殖维持的类群的定义"①，并在前人"生命颗粒"的假设基础上提出了抽象程度不逊色于前者的可以保持物种形态的固定"内在模型子"假说，这一假说并无任何实验根据，且会在推论上返回物种不变的老路，但它是一种内因论。在物种的具体发生机制方面，布封主张一种"退化理论"，他并不正确地把某些地域性物种看作是原始类型的退化，而且这种退化在地域特点的变化中因为其内在的限制具有可逆性，比如各种猫科动物就是某种远古猫类的退化，各种猴子是人的退化，这种具有明显的机械唯物论性质的理论与现代演化论相比，在共同祖先这一点可视为达尔文的理论的先声。与此同时，丰富的物种及其化石，也包括在化石方面无迹可寻的现存物种，似乎在提示人们注意要么造物主曾实施物种的连续创造，要么就存在演化过程，布封的学生让·巴蒂斯特·拉马克（Jean-Baptiste Lamarck）明确地主张后者。

应该说，达尔文之前的演化论观念已经从生理结构和胚胎发育方面注意到了生物的多样性和变动性，并猜测到各种生物很可能有共同的自然先祖，而生物形态、功能和习性的差异是远古以来连续变化和有序分化的结果。但这些理论无法彻底摆脱宗教的影响，也无法完全立足于充分的自然科学证据来解释生物演变的因果机制及生物结构和特定功能的形成原理，因此在达尔文的自然选择理论创立和公布之前，演化论的解释力和影响力十分有限，寻根意识的科学化依然处于准备阶段。对达尔文的自然选择理论影响最大的是马尔萨斯的资源有限论和莱伊尔的均变论，也有像华莱士那样的并不彻底的演化论观点，由于无法解释人类为何在精神方面与动物有天壤之别，仍将人类视为上帝的杰作，无法摆脱万能初创者的参与，还有更早的来自威廉佩利的智设论观点，同样徘徊在受超自然力量支配的活动范围内。这些出发点各不相同、表达风格迥异的理论激发了达尔文试图以新理论解释物种来源的热情，他希望自己能够找到现存的每一种生物都能适应其所在环境的根本原因，用自然的过程、以自然科学提供的直接证据对这一切进行合理的解释。

---

① [英] 皮特·J. 鲍勃:《进化思想史》，田洺译，江西教育出版社1999年版，第89页。

"通过自然界的数据来说服人们相信演化观念的人,达尔文是第一个",① 寻根意识科学化的最重要的解释来自达尔文的以细致深入的地理考察和生物学研究为基础的、以变异、遗传和选择为核心要素的自然选择理论(后来为了解释某些动物具有的看上去似乎与生存的直接需求并无明显关系的反常结构,达尔文提出以同性竞争和异性选择为核心观念的性选择理论作为补充性解释)。赫胥黎曾这样推崇达尔文的理论,"它拥有大量显而易见的可能性,它是眼下使得混乱的观察事实理出头绪的唯一手段;最后,它是从自然分类系统建立和胚胎学系统研究开始以来,给博物学家们提供的最强有力的研究工具"②。迈尔的评价则说得更为明白,他认为《物种起源》是科学与宗教真正分离获得自身独立形态的标志。

### (三)寻根意识科学化的特征

在达尔文看来,"所有的物种都是从共同祖先通过变种的演化而产生;经由自然选择这一过程,首先形成稳定的品种,然后形成新种;本质上,自然选择过程与在人类干预下家养动物产生新品种的人工选择完全一样;在自然选择中生存斗争取代了人的位置,在自然选择中它发挥着人工选择的作用"③。对于达尔文所说的演化,迈尔认为其中包含着两个独立的过程:前进演化和支序发生④。"世界上没有两片完全相同的树叶"的多样性和差异性信念在达尔文这里涵盖了每一生物个体,并呈现出资源有限前提下适者生存的命运。达尔文的思想除了以一种简洁的方式解释了万物起源和人的由来,还为后人提供了很多相关的思想的出发点,包括非洲同祖论、直立行走对双手的解放、动物行为中的工具萌芽等。根据理查德·利基的概括,达尔文在公布自然选择理论之后,又在《人类的由来及性选择》中确立了关于人类演化的两个关键的表述,这也

---

① [美]科因:《为什么要相信达尔文》,叶盛译,科学出版社2009年版,第3页。
② [英]赫胥黎:《人类在自然界的位置》,蔡重阳等译,北京大学出版社2010年版,第60页。
③ 同上书,第196页。
④ [美]恩斯特·迈尔:《进化是什么》,田洺译,上海科学技术出版社2012年版,第11页。

是现代人类学理论结构的支柱。第一个方面是他根据人类和大猿的密切关系，从只在非洲发现有黑猩猩和大猩猩这两种与已绝灭猿类有关的大猿的事实，推断人类的发源地很可能是在非洲。当时除了发现有与人类演化的较近时段相关的尼安德特人化石外，并未发现其他古人类化石，以20世纪以来人类起源和演化研究的一系列重要成果来看，不能不说这是继否定创世说之后达尔文再次表现出的又一力排众议的远见。尤其是20世纪以来分子生物学的方法应用到人类学范围之后，具有排他性的非洲起源说以比从前有力得多的遗传学证据把现代人类的唯一起源地确定于非洲，从这一看法得到的争议和赞同来说，显然后者更多。第二个方面则是关于人类演化的方式，达尔文认为直立行走、工具能力及脑容量扩大这几个方面的协调产生是人类的重要特征。达尔文相信，直立行走解放了人的上肢，为人类提供了一系列好处，包括产生了能以石头制作武器的能力，正因为有了自然器官以外的更强大的武器，原先用于争斗的牙齿和上下颌就不再那么发达。这些变化进一步促进了社会交往，并对智力提出更高要求，人类的先祖变得更聪明，社会行为和技术能力进而更复杂，接着又对智力提出比之前更高的要求，这种正反馈的状态就是人类演化图景的基调。

如此看来，这种在思想内部具有的连续性甚至被视为人类历史上杰出的思想家们跨时空合作的结果，"尽管查尔斯·达尔文作为演化论的奠基人享有很高的声誉，但需要注意的是，演化论的最初想法是由达尔文和华莱士共同提出的。演化论光辉的历史，常常被归功于达尔文的一个创造性举动以及另外几位学者的发展，事实上是数以千计的思想家历经数个世纪的创新性合作的经典案例"[①]。正是不同时期伟大思想的契合，使人类寻根意识科学化的程度越来越高。

寻根意识的科学化具有以下特征：第一，只从自然角度来寻求人类乃至万物的根源，排除所有神话、宗教和神秘主义的特创论解释，具有典型的无神论和唯物论色彩。自此以后，人们的寻根意识被安置于科学的演化理论中。以万能的造物主的意志及其作品作为解释所有问题尤其

---

① ［美］奥古斯汀·富恩特斯：《一切与创造有关——想象力如何创造人类》，贾丙波译，中信出版集团2018年版，第287页。

是万物由来的根本原因，并同样把人的来源归于神力创造的奇迹的重要组成部分，在科学尚不发达的时代，这种以神意神力作为终极原因的想象和表达是一种颇为轻松、省力和稳妥的叙事方式。但是从启蒙时代以来，上帝创世论在人们观念中的主导地位不断动摇，从天文学、地质学到生物学，迅速增加的科学发现引发和加深了人们对于上帝创造的完美世界及其永恒秩序的怀疑。很多学者也试图在不改变造物模式背景的前提下提出一些类似线性的生物阶梯论①这样的具有折中色彩的理论，但类似的理论对复杂的生命现象缺乏令人信服的解释力，也无法真正满足人们内心深处始终挥之不去的寻根的渴望。达尔文的自然选择学说的出现改变了这种窘境，虽然他的理论不是一种从创立之初就能完美解释所有生物演化现象的万有理论，但是生物演化的最主要的机制首次得到了清晰而简要的说明，人类和其他生物一样都在庞大而瑰丽的生命之树上拥有自己的位置，生命在根本上是一体的，人类在根本上是命运相通的，但这一切都是盲目的自然过程渐进积累的结果。此种解释模式也使必然和偶然、先天与后天、连续性和非连续性这样一些哲学上的老问题在新的理论架构中深入持久地继续讨论下去。

第二，从可变性角度来看待物种的存在，彻底打破了宗教意味浓厚的物种不变论。这一特征的呈现可以说是超自然力随着科学发展迅速消解之后的又一积极后果，也是对自古以来崇尚恒定不变的单一性存在的观念的颠覆。由基督徒转变成为怀疑论者的达尔文以有规律的变化观念给整个生物界注入了内在的活力，这在很大程度上是用已知的变化规则来解释过去时代自然现象并以同样的思维模式对人类由来进行科学化表述的思想成果。只有对充满多样性的生物世界的丰富变化和不同结构所具有的适应性进行科学的解释，这种演化理论才是可信的，而要达到这样的效果，对物种可变性的认可和对新物种来源的说明必须共存于同一体系，以摆脱传统目的论的、渐进式的自然选择过程来告诉人们：人类

---

① 由于科普的需求和对复杂理论加以简化处理的结果，这种观点现在依然作为对人类演化图谱的正确描述被很多人不加辨析地接受，在论及人类演化时也往往用这种阶段式的连续性模式进行描述，而更准确地揭示生物演化过程的树状结构图示反而被忽略。虽然阶梯论在具体的表达上是不恰当的，但从对于生物演化的总体趋势来看，如果能和"生命之树"的设定相结合，人类所构建的"荒野记忆"图景将会在保证其完整性的前提下更易于被理解。

的位置就在扎根于自然界的生生不已的巨树的某一分支上,人类是从和猿类一样的祖先以某种自然过程多次变化而来。在崇尚变化的解释体系中,人类当然可以继续保持其独特性,但这已不是指获得了造物主恩赐的种种高于其他动物之处,而是指在超越日常经验的时间尺度中,先天和后天因素的共同作用,促使古猿的某一种系选择了与其同类不同的生存模式,因此常态化的直立行走、不断增大的脑量、极高的智能、不断提升的工具行为和综合了各方面能力的劳动以及遵循逻辑和语法的语言,还有文化,尽管有各种争议,但都被用来说明人类这一依然处于演化中的物种的独特性。

第三,具有典型的"以今论古"的思维特征。由于达尔文成功地"对进化进行了诠释,这种诠释并不依赖于任何超自然的力量和因素。他从自然的角度来解释进化,也就是说利用任何人在自然界中能日常观察到现象和过程来解释生物的进化"。因此寻根意识的科学化完全秉承了地质学中"将今论古"的原则,以现代人类的自然属性和社会属性作为蓝本,包括以现代人生活中基本生活要素的基本架构,来还原古人类的生活场景,重现其智能、工具和语言的演变。也就是说,构建关于人类演化的"荒野记忆"的逻辑顺序并不是真的以猿类为起点,恰好相反,是以人类为本位。这种模式的优点在于,我们能够把随着技术手段的进步不断获取的考古学证据、行为学证据和遗传学证据纳入一个逐步完整的体系,给出一个统一的解释,在缺乏解释力的宗教体系之外提供一种更可靠的认识路径,可以起到进一步揭示当下的人性,把握人类的共同命运的作用。但以下的缺点也是不可避免的,由于证据的缺乏和芜杂,互证的困难大大增加,研究者基于不同的立场,往往在解释上不能完全免于主观随意性,对于已有证据的新解释和新发现证据的分析使人类的寻根之旅充满了不确定性。

第四,相似性思维。这一特征的表现正如伊恩·莫里斯所言,"无论我们的田野工作和立论如何复杂,对于考古学发现的解读总要不可避免地依赖于在发现物与历史或人种学报告之间寻找相似性"[①]。而在人类演

---

① [美]伊恩·莫里斯:《人类的演变》,马睿译,中信出版集团2016年版,第30页。

化问题上倚重相似性的做法，实际上很多时候是来自达尔文所开创的从动物的生理构造、生活习性、行为特征与人类的各方面表现相似性的研究方法，这么做的初衷是在万物同源的信念前提下对生物界具有连续性的设定。如达尔文将莱伊尔在地质学研究中的河成论包含的渐变观点应用于生物形态渐变，以解释新物种的产生。林奈的生物分类法也是立足于相似性，特别是在人属的划分和对人类与猿类关系的判断方面，他从相似性方面制定了基本的纲领。但是相似性思维在为到目前为止的人类学研究提供了大量可用分析的同时，也把一些问题的探究引向歧途。理查德·利基就曾举出腊玛古猿化石一开始被误认为人类化石的例子，说明"解剖上的相似，并不一定隐含着进化上的相关性"[①]，因为相似的性状很可能是表面的，后来的血液蛋白作为分子钟的研究结果证明腊玛古猿还不是双足猿，当然更非人类远祖，而是一种更古老的猿类，从这种古猿分化出非洲大猿和人类的共同祖先，其后分子生物学提供的人类与猿类的分化时间与之前遗传学提供的分化时间相吻合。这一事件对人类学研究中对相似性的依赖提出了警告，"用实例显示根据共同的解剖性状来推断共同的进化关系是极其危险的"[②]。关于人类和黑猩猩的基因相似度问题也是这一思维方法使用过程中值得谨慎对待的重要例证。尽管如此，即便对相似性思维保持谨慎态度，也并不意味着这种思维方法的重要性会降低，只是需要跳出单一的、非此即彼的考察模式，"相似性和差异性不能偏废；它们彼此共存"。

第五，从人类种族的历史关系方面对普遍性和特殊性、单一性和多样性的关系进行了深入思考并提供了来自人类演化的越来越充分的证据。最明显的例证便是共同祖先理论的提出，达尔文不仅根据人和猿的解剖学、形态学特征及现代大猿的特殊地理分布正确地预言了非洲是现代人类最初起源地，而且在行为学和习性学研究中也找到了人类可能有一个共同祖先的线索。他曾经说过，"人类所特有的一切主要表情是全世界都相同的，这个事实是很有趣味的，因为它能够提供出一个新的论据来，

---

[①] [美]理查德·利基：《人类的起源》，吴汝康、吴新智、林圣龙译，上海科学技术出版社2007年版，第8页。

[②] 同上书，第9页。

而有利于几种民族起源于单一的祖先种族的说法;这个祖先种族在还没有分开成彼此不同的人种的期间以前,已经差不多具有完美的人体构造,而且也具有大部分人类的精神"①。

第六,与所有划时代的科学理论和科学解释一样,寻根意识科学化的理论表达是极为简约的,这些简约的部分构成了演化论的"硬核"部分,其保护带部分容纳的各种辅助性假说越来越多,已经形成了一个庞大的理论体系。从19世纪就有的共同祖先理论、生命起源学说、渐变理论和自然选择理论开始,20世纪以来,间断平衡理论、中性进化理论、综合进化论的新观点加入进来,

这是一个不断寻求和分析各种生物学证据以便建立一个尽可能完善的人类自然史的过程,万能的神力黯然退场,充满偶然作用的自然力将借助科学的证据,为每个寻根溯祖的现代人,讲述根生何处的古老缘由,唤起每个人都应该有的、以日常经验难以完全对接却在某些方面倍感熟悉的"荒野记忆"。

如前所述,人类寻根意识的科学化所产生的一个最为明显的后果,便是寻找(实际上是构建)一种具有普遍意义的关于人类自身如何从自然中脱颖而出的"荒野记忆"。这种被预设为人类所共有的记忆通常是借助于被简化为从猿到人的在时空上具有明显超出日常经验特征的线性表述来体现的,其理论根源依然要追溯至演化论的初创者从人与猿的相似性入手所产生的丰富联想。在达尔文发表《物种起源》引起人类思想的巨大波动之后,自称为"达尔文的斗犬"的赫胥黎经过对胚胎学证据的分析以及包括骨骼(头颅、躯干、手脚)和大脑构造在内的解剖学特征的比较,于1863年发表《人类在自然界的位置》一书,提出人猿同祖假说,在认可林奈对人的生物分类所关联的自然因果关系的同时,揭示了人类与黑猩猩和大猩猩在生理构造上比大猩猩和其他猴类更接近的事实,提出人类起源的两种可能性:一种情况是"人类很可能由一种类人猿经过逐渐变异演变而来",另一种情况则是人类和猿类是由共同的原始祖先

---

① [英]达尔文:《人类和动物的表情》,周邦立译,北京大学出版社2009年版,第235页。

经过变异出现分支的结果,即人类"和那些猿类由同一原始祖先分支演化而来"①。八年后,达尔文基于对人类和较低等动物在胚胎发育、身体构造和体质特征方面的大量相似表现的长期观察比较,并结合对退化器官和返祖现象的思考,提出了"人类和其他哺乳动物乃是一个共同祖先的同系后裔"②的重要判断,构成了后来被称为共同祖先理论的最基本的观念。而对于人类从猿类中最初分离出来的进化阶段所关联的地域,达尔文认为"同大猩猩和黑猩猩关系密切的绝灭猿类以前很可能栖居于非洲,而且由于这两个物种现今同人类的亲缘关系最近,所以人类的早期祖先曾经生活于非洲大陆,而不是别处地方,似乎就更加可能了"③。从这时起,关于人类起源和演化的探究和表达就确立了两个基本的支点:从生物类别上源自灵长类,从最初发生地定位于非洲大陆。立足于这两点,达尔文思想的后继者对各类证据进行比较、归类和分析,试图用一个与新老物种更替密切相关的树状结构还原出人类起源和演化的基本脉络。

行文至此不难看出,19世纪以来兴起于欧洲的人类寻根意识的科学化进程主要表现为以演化论来探究人类的由来,而这种探究所借助的全部方法和证据只不过是文艺复兴以来西方人的知识从整体上科学化的产物,对各种自然现象的解释摆脱了《圣经》教义的束缚。自然科学的各个门类或者是原有形态中推陈出新,或者是作为前所未有的新兴学科发展起来。首先是解剖学的完善,由于安德烈·维萨里(Andreas Vesalius)

---

① [英]赫胥黎:《人类在自然界的位置》,蔡重阳等译,北京大学出版社2010年版,第58页。
② [英]达尔文:《人类的由来及性选择》,叶笃庄、杨习之译,北京大学出版社2009年版,第404页。
③ 同上书,第101页。

突破当时的宗教禁忌和教学惯例①，亲力亲为参与到解剖实践中，准确描绘了人体结构，修正了原先被封为权威的盖仑的错误达 300 多条，他的革命性贡献使解剖学成为"与人类进化研究最为密切"②的严密学科之一。这一点很重要，因为对化石的分析和对比完全立足于我们对现代人类身体结构的系统认识，而通常又被称为智人的现代人类实际上就是指解剖学意义上的现代人。这就意味着如果没有可靠的现代解剖学，对人类进化的科学研究就无从谈起。

在同一历史时期，人们对于自然环境的观念也逐步摆脱了神创说的束缚。在对于自然界的地质地貌的认识方面，由于工业革命中道路建造技术的推动，让原本深藏不现的岩层暴露出来，从而要求一种摆脱《圣经》观念的对地貌的新解释，这种要求首先以水成论（Neptunism）③、火

---

① 在 16 世纪欧洲大学的解剖学教学中，由于宗教观念的影响，实际解剖人类尸体的次数很少。即便在有实际解剖的情况下，教授也并不亲自动手参与这种被视为有违上帝旨意、有损人之尊严的秽行，只是在与被解剖尸体保持安全距离的情况下高声朗读普通人难得一见、被奉为权威之言的教科书，具体的解剖行为由助手（很多时候由作为业余外科医生的理发师担任）完成。由于当时的教科书依据的是古罗马"医圣"盖仑（Claudius Galenus）根据解剖动物所得生理结构而想象的人体结构，因而在和解剖人体的实际经验对照时往往谬误百出，这也在相当长的时期内限制了欧洲医学技术的发展和医疗水平的提高。参见［英］伯纳德·伍德《人类进化简史》，冯兴无、高星译，外语教学与研究出版社 2015 年版，第 15 页。

② ［英］伯纳德·伍德：《人类进化简史》，冯兴无、高星译，外语教学与研究出版社 2015 年版，第 15 页。

③ 在古埃及和古罗马时期，人们就观察到河水流动过程对地表形态的影响，特别是周期性的河流泛滥，往往对河岸附近的地理环境有非常明显的冲积作用。从 18 世纪中期开始，在欧洲学术界，既有承接了古代的朴素唯物论思想成分的对于新的科学经验的思考，又有对《圣经》中的大洪水神话传说的深信不疑，使得一些学者依然以思辨方式为主，提出了关于地层和岩石形成原理的新理论，这就是以德国地质学家维尔纳（Abraham Gotlob Werner）为首要提出者的"水成论"，把地质系统的形成动力归为水流的单一作用，特别是将岩石的形成原因仅仅归于水力。这种观点试图建立一种地质系统的普遍生成（Universal Formations）理论，虽然因为其融合了一定的宗教观念而被当时的教会所容许，但却受到来自同一时期"火成论"主张者的强烈质疑，并在相关的争论中遭到否定。这种理论虽已被证伪，但其中对于岩石的分类和自然发展的连续性观念依然是可取的。

成论（Plutonism）①和均变论（Uniformitarianism）②的形式得以呈现，从而使地质学也现身于科学的版图，以科学的自然史表达取代了《创世记》式的神秘讲述。均变论所主张的地质形态渐变的观念直接启发了达尔文，他把这一思想应用于生物形态的演变方面，为新物种的出现找到了一种可信的解释。科学化的地质形态解释模式的跃迁抹去了原先笼罩在化石上的超自然色彩，岩石中的动植物结构不再是神话传说的某次大洪水后的遗存物，而是可在同一位层中并存的与现有物种密切关联的已绝灭物种所遗留，那么人类的起源也就不再是上帝创世故事的一部分，而可以有纯粹依赖于地球的自然历史变化的解释。对寻根意识科学化产生重要推动的还有来自林奈的生物分类法，这种方法本身也经历了一个科学化的过程并被沿用至今。这种分类法是以生物形态和生理功能相似性为依据，克服了原有的仅按时间顺序进行分类的做法，将整个自然界纳入一个具有包容性的层级系统中，不仅将18世纪新发现的诸多物种安放于合理的位置，而且为寻求动植物之间的自然联系搭建了一个基本框架。从这一框架凸显出一个人类居于顶端的树状结构，各种动植物依其复杂程度的差异处于不同层级，并因各层级对应的类群而各归其位，最基本的层级必然指向共同祖先和共同起源，所以原有的具有宗教意味的树形生

---

① 火的作用从古希腊哲学开始也受到重视，特别是火山运动的自然现象让人们设想地球内部的热力推动了地表形态的形成，这种观点在17世纪风行一时，同样未能摆脱神学背景。18世纪时由于英国地质学家赫顿（James Huton）的倡导，火在地质学理论中作为一种明确的动力因素，但赫顿并不完全排斥水力的作用，他也将地表变化和地球内部的地质变动加以统一看待，主张一种持续运动、无限循环的自然观。相比水成论，这种观点更具合理性，具有更强的解释力，因而在与水成论的争论中胜出。

② 也译为"均一论"，是对受到激烈争论的"灾变论"（剧变论）的一种替代性理论。最初由赫顿于1785年提出，后由被称为"现代地质学之父"（也有一种说法认为享有这一称谓的是赫顿）的查尔斯·莱伊尔（Charles Lyell）在1830年出版的《地质学原理》中加以系统阐述，使其成为地质学中"将今论古"的现实主义（Actualism）原则的基础。均变论认为现在地质运动的基本形式及其遵循的基本原则，在过去各个地质时期也发挥了同样的作用，也就是说，从久远的过去至今，地球表层被包括风化、降水、潮汐、地震、河流侵蚀、火山活动在内的各种地质运动过程所改变的现象具有一致性，因而可用现今的地质观察经验来推断过往的地质事件，所有地表特征及地壳岩层都是在自然力的大背景下看似微弱缓慢的地质作用力在漫长岁月中逐步积累形成的。这一理论成为现代地质学的基本范式，清除了地球历史及生命史解释中的超自然力的影响，用包括化石在内的地质存留物来探究人类的起源和演化，使原本神秘的化石逐步成为研究生物演化的最重要、最直接的证据。

物链的比喻就转换为科学研究中的实际设定。虽然在生命树系统初创时期，生物间关系亲疏的判定依然以常规的、宏观的形态方面的观察证据为主，但很显然，生物形态相似性是与生物在生命树中的位序直接关联的。

正是依循这种基本原则，从第一块人科动物化石被发现至今，褪去神话外衣的化石才得以和现代人的真实生理结构相对照，古人类学和考古学研究者才能越来越详尽、越来越逼真地绘制出时间线索与类群线索并重的人类起源和演化的图谱。在这张图谱中，对时间的把握由千万年前粗率地跳跃至数百万年前，再力图更准确地定位于数十万年前，从空间而言则横跨亚、欧、非各大陆板块。气候变化被认为是迫使古猿改变树居生活方式的直接原因，这些目前被推测为是人类和现代类人猿共同祖先的多毛猿类为了适应环境变化逐渐具备了迥然有别于其他动物的直立行走之姿，日益灵巧的手臂取代了原本笨拙的上肢，从自然物中打造、使用、携带和升级工具，能更高效地防御外力侵袭并以狩猎、采集和驯化获得更多食物。而对火这种强大自然力的掌控，给古猿的后裔们以更丰富的营养、更充沛的体力和探索未知地带的更多自信，他们的脑量也增大到了一个足以让他们能够具备想象力和更完善的意识活动的程度，这使得他们能在精神上也站立起来，能完成长距离迁徙，穿越广袤大地，把自己的足迹散布各处。在数万年前，数种因素的合力更把野兽般的嚎叫变成人类特有的语言形式，进行前所未有的信息交流，让这智能超群物种的协作能力空前提高。这是人类从体质特征到精神状态都逐步脱离动物界的艰辛历程，也是从懵懂无知、盲目被动的自然乐园状态走向社会性家园的漫长路途，从荒野进入天然洞穴，从洞穴走向自己建造的屋宇。毫无疑问，这一幅对人类追根溯源的长卷中的大部分笔触都是粗线条的，我们依然在用人类这个物种最擅长的想象力从第一人称角度讲述一个错综复杂的故事，构建一段曾经在密林中穿梭，与野兽为伍却又脱颖而出把自己塑造成万物灵长的集体记忆。①

---

① 这一大跨度的概要描述实际上采用了恩格斯的观点，虽然有些学者并不赞同恩格斯的说法，但是在没有更具说服力的、立足于最新科学证据的细节补充进来之前，所有概括性的描述并无显著差别。

## 二 "劳动创造了人本身"

"劳动创造了人本身"是恩格斯基于19世纪已有的考古学和生物学证据，对人类起源和演化中从本能性荒野求生到以社会性劳动掌控自然的过程进行全景式概述和逻辑性分析所提出的著名命题。虽然他的观点未能受到西方学术界的充分重视，但是在唯物辩证法和演化论基本观念的前提下，他完成了对原始人类如何以始于工具制造的劳动改造自然并将自己与动物从本质上区分开来的完整过程的经典表述。从这一表述来看，对石器证据的掌握和工具行为的分析是解开人类演化奥秘的关键。在不脱离具体语境的前提下，恩格斯的这一命题所依循的基本思路和承载的基本判断，不仅不会过时，而且会被越来越多的研究者所接受。随着时间的推移，人类借助于化石证据对自身由来的探索进程是以具有明显时代性的各种专属特征的赋予方式为标志的，这种构建"荒野记忆"的方式和现代人的生活经验具有一致性。在相信从古至今的人类具备跨越时空维度的生物和社会连续性的前提下，我们把与现时代维生策略紧密关联的，与人类的智能表现、技术模式、饮食习惯和沟通方式相关的经验提取出来，加以归类，输入到对人类演化过程中适应器的研究系统中。在这种考察过程中，人与自然的关系塑造出了差异繁殖和生存竞争，在人类应对各种对生存构成压力的自然条件的尝试中，事关基本生存的适应器以食宿最为重要，手足分工后人类以获得自由的手制造和使用工具，进行食腐、狩猎和采集及寻找和建立栖身之所的劳动，人类因此联系得更紧密，更具协作性，语言也应运而生。在语言和劳动的共同作用下，人的大脑逐日发达，意识活动越来越完善，劳动、语言和意识之间以迭代方式不断强化彼此的联系，人的诸种文化能力和社会属性也成长起来。自然的运转是盲目的，除人以外的动物只不过是这种盲目运转中无法确知应该如何选择的部分而已，只有人才能将自己生存的目的和对自然的改造统一起来，凭借劳动成为与动物有本质差别的人自身。

（一）一个并未过时的命题

首先出现于德国和法国的生物演化学说在《物种起源》公开发表之

后日臻成熟和完善，逐步揭示了生物演化的"规律性"，否定了当时居于主导地位的"神创论"和物种不变的形而上学观念。进化论最重要的内在含义之一就是人们可以不必借助神学观点，以回归和立足于自然的方式来理解生命的演化和人类的由来。进化论用关于生命本身具有多样性、丰富性和可变性的论证取代了上帝造物的断言，以自然选择的科学证明推翻了神性的智慧设计的臆想，科学地解释了生命的共同来源和演化进程，瓦解了关于人的特殊位置的传统观念。从西方哲学特别是科学哲学的发展来看，进化论的兴起塑造和强化了一种可以称之为"演化思维"的思维模式，与历史上其他观念范式的转换和研究纲领的更替相比，是一种对各种自然现象和社会现象更具解释力的智力成就。

演化论中关于人的来源和进化问题的一般观念，在西学东渐的文化变迁历程中，由于一些先进知识分子的译介、引进和阐发，成为近现代中国社会思想启蒙和马克思主义传播中的重要内容。在马克思主义哲学发展过程中，关于人类进化哲学问题的研究集中体现在恩格斯的著名论文《劳动在从猿到人转变中的作用》中，这篇未写完的论文依据当时的生物学理论和考古发现，对劳动在人类的起源和进化中的作用有较为集中的表述。恩格斯应用唯物辩证法，立足当时最新的科学成果，对由猿到人进化过程中劳动与直立行走、人手的形成、语言的产生、脑的完善和食物的改变的关系进行了深入分析，将各种社会意识形式的发生也归因于劳动，同时指出虽然劳动造成了人和其他动物的本质区别，但人类不应该仅仅满足于对自然的征服而忽视劳动对自然生态和社会生态的负面作用。在辑录了这篇未竟论文的手稿性质的著作《自然辩证法》之中，恩格斯对于达尔文学说的划时代意义也有高度肯定，把进化论作为辩证唯物主义自然观的重要例证。长期以来，恩格斯在人类演化方面的论述被简化为"劳动创造了人"的表述，成为国内相关问题研究的经典论题和指导性观念。从这一命题的基本含义出发，国内学术界一度展开了非常热烈的"劳动创造了人"还是"劳动选择了人"的争论，可以看出，后一命题是对达尔文的自然选择学说和恩格斯的经典命题的糅合，已经把选择的主体进行了转换，讨论问题的背景由自然选择的范围转入人工选择的领域。如果参照达尔文对于二者的区分，"人类仅为自己的利益去选择，而'自然'却是为保护生物的利益去选择"①，可以把后一命题看作是基于劳动本身具有的能动性、目的性和计划性的一种新的表达。

但是，《劳动在从猿到人转变中的作用》从完成到正式发表经过了20年，恩格斯关于劳动和人的进化关系的经典表述又是在100多年前做出的，将这种表述简化为"劳动创造了人"的命题，现在看来面临以下问题：第一，基本概念的清晰度和理论表述的逻辑关系问题，包括如何界定"类人猿""劳动"等基本概念、如何以劳动来区分人类和猿类、如何确定人类起源和劳动的发生学关系以及如何理解劳动的"创造"作用等，这些问题在自然辩证法和科学哲学的研究中有较大争议，需要进一步分析。第二，经典命题和新的科学发现、科学知识的关联问题。虽然目前的人类学、考古学及相关学科所能提供的与人猿划分、人类祖先和人类进化阶段有关的解释依然是粗线条的，在细节方面存在很多不足，在证据方面十分有限，甚至在一些关键问题上存在猜测、假说和争论，但依靠新的科学手段和各学科的联合逐步揭示人类起源之谜、描述人类演化过程，已有很多进展，特别是微观层面的分子生物学和遗传学证据，在遗传物质和生物属性方面提供了新的信息，有助于达成更有效的分析。恩格斯对人类进化问题只是立足于当时的科学发现，做了比较概要的研究，受限于当时的历史条件和科学发展水平，很多观点需要和20世纪以来层出不穷的新的科学事实、科学证据建立必要的联系。第三，作为方法论的唯物辩证法和由生物学的发展以及生物学哲学的建立所引起的西方哲学尤其是科学哲学研究范式的关系问题。在西方科学哲学对于人的进化问题的研究中，由于思想传统、意识形态和学术倾向所引起的偏见，受制于"脑导引模式"（Brain-Led Models）的思维定式，宁愿只用"工具的制造和使用""狩猎""采集"和"食物的获取"等说法而回避直接使用"劳动"一词。如果能在唯物辩证法和生物学哲学的方法之间找到恰当的结合点，将能使人类起源和进化研究中的劳动学说焕发出新的光彩，对人类演化的研究在理论和实践相统一的层面起到推动作用。

考虑到"劳动创造了人本身"的命题来自一部未完成的著作中的一篇未完成的论文，实际上属于另一个别有他意的整体，也完全存在这样

---

① ［英］达尔文：《物种起源》，舒德干等译，北京大学出版社2005年版，第56页。

一种可能,这一命题的表达很可能还未达到我们所期待的严密精确的程度,它很可能只是为了突出以工具为开端的劳动所起的作用的一个在当时语境中可用的说法。这就像为了突出直立行走的重要性,声言"姿势造就了人类"①;为了体现语言的重要性,说"语言造就了人"②;为了强调先天因素的决定作用,而把人看作基因机器一样,具有一种修辞学上的灵活性。

西方科学界在人类进化问题的研究方面对于恩格斯基于唯物论前提的劳动决定论缺乏足够的重视,这使得进化论的研究在某些方面获得巨大进展的同时,有可能因为低估劳动的作用而使关于人类如何产生的明确观念变得扑朔迷离。尽管人类起源争论中体质特征、文化特征的断代作用及其同一性和差异性的考量让人们离自己的来源问题的解决又进了一步,并且能借助人所具有多方面的历史形象和各种复杂因素彼此联系、互相影响的思考,整合人类学、考古学、分子生物学、进化心理学和行为遗传学等多学科的研究成果,对语言的进化和意识的形成的研究有更多的猜测和假说,但如果回避劳动的作用,很难使环境变化、直立行走、食物结构、脑容量、性选择以及精神生活和文化的形成在人类演化的研究中获得统一性。

### (二) 以工具作为基本线索和关键因素

在考古学中,不断发掘出来的化石证据证明了人类进化不同阶段脑容量的递增,这说明大脑的演化过程和人类进化有必然联系,脑量的增大是人属的标志性特征。关于脑容量扩大的原因,从 20 世纪 60 年代以来,主要有从直立行走、工具制造、狩猎、食性、环境方面提出的一些假说,这些假说都可以用来说明工具行为怎样推动了脑的演化:工具的出现为脑的扩大提供了正反馈,并能显著地提升狩猎能力,从而获取更多、更有营养的食物,也更能应对恶劣的气候条件,这些方面都能促进

---

① [美] 斯蒂芬·杰·古尔德:《自达尔文以来》,田洺译,海南出版社 2008 年版,第 151 页。

② [荷] 克里斯·布斯克斯:《进化思维》,徐纪贵译,四川人民出版社 2010 年版,第 133 页。

脑容量的扩大。但是另外一些研究并不支持这些假说,其中包括对南猿和能人脑容量的比较、基础代谢率和脑的相对尺寸的关系以及化石证据的缺乏,因此要说明工具制造对脑容量的增加所具有的作用究竟是怎样的,对很多研究者而言依然没有明确的结论。但是正如恩斯特·迈尔所提示的那样,人类演化历史的重建是一个从现代人类到共同祖先的逆推过程,正因为这样,我们实际上只能用与现代人类的生存策略紧密相关的一系列能力作为问题分析的起点,脑量的增大受到关注,很显然是由于以下基本不存在异议的看法:人类智力的提升和思维的发展是以越来越大的脑作为物质基础和基本器官的,而脑量的增加是这一器官能在认知方面得以提高的形态方面最显著的特征。高超的智能是人类所特有的,有目的、有计划并呈现出非凡创造力的工具行为与其互为表里,很难想象人类是在没有内在的思想能力的支配之下,懵懂而不自知地造出了锋利石刃(奥杜瓦伊文化)、两面器(阿舍利文化)、组合工具(莫斯特文化)和涉及多种材料的多功能工具(奥瑞纳文化)。正因为有着思想的内核,先民手中紧握的冰冷坚硬、沾满兽血的石片如今已经变成了能将人类内在的智能高度外化、对象化和技术化的智能手机,这表明人类似乎是偏爱某些形状的片状物的,这也是来自于远古的石器在基本观念和行为偏好方面留下的难以磨灭的印记,但这一印记所带来的不是无能为力的停滞和重复,而是充满无穷可能性的富于想象力的变化。石器工具反映出来的技术进步,提供了从人类文化遗存状况推知人类智能演变的直接证据,进而使我们相信,"人类演化的步伐,就是从最原始的石器技术开始,从旧石器时代初不超过 10 公里的活动范围,最终发展到今天的航天飞机和轨道空间站"[①]。因此,人类演化史就是一部工具史,只有依靠工具这类直接证据,才能让人类的寻根意识科学化的实现有一个稳固的基础。

演化论对于人的认识能力的一个总的看法是,具有特定认识能力的人既然是演化的产物,那么人的感觉与认知系统必然具备收集有利于生命延续的各类信息的功能,自然选择能够促成人与环境之间的协调性。

---

[①] [美] 斯坦利·安布罗斯(Stanley H. Ambrose):《旧石器技术与人类演化》,袁俊杰译,《江汉考古》2012 年第 1 期,第 112—126 页。

康拉德·洛伦兹立足于演化论研究了认识现象，发现传统的经验主义和理性主义观点都无法解释具有生理适应性的与生俱来的知识，唯一可行的解释是承认人与环境的协调关系，人的认知系统及其所具备的有限认知能力是自然选择塑造的结果，这样就可以把演化看作是获取一种广义的知识的学习过程。从劳动的作用来看，对于人类演化过程中狩猎和采集行为的研究表明，如果确实存在男性负责狩猎而女性专司采集这样的分工状态，那么男女两性就因为各自所从事不同类型的劳动而具有不同的空间认知能力[1]，这一假说被称为"空间能力的狩猎者—采集者理论"。狩猎活动通常远离人类栖息地并需要准确投掷武器和刺中猎物，因此运动定向能力、心理转换能力和精确定位能力作为男性的一组适应性被演化出来。而女性在采集中需要的是记忆可食用的果实、块茎的轮廓、具体位置和排列关系的空间能力，这是指一整套演化而来的采集适应性。现代的一些心理学实验也表明，男性善于使用抽象的表达方位的词汇并能很快看懂和使用地图，而女性更擅长以具体的事物为标志来辨明方位。可见，劳动使男女两性逐渐演化出了不同的空间认知能力，这和模块理论中专门化的、用于解决特定问题的信息加工机制组成认知系统的主张是一致的。

对于什么样的工具制造和使用才能推动智能演化的问题，另一项研究提供了特定水平的工具方面的证据。这项研究对比了人手和黑猩猩掌骨的结构，发现二者的明显差异能提供一个用以判断人科物种是否具备人手的标准。根据这一标准，粗壮傍人（南方古猿的一支，出现于约270万年前）、直立人、早期智人都有能以接近现代人的精确程度操作工具的手，但是没有证据支持傍人属有脑容量增加的特征，所以不能说所有的工具行为都能促进智力提升。[2] 在狩猎活动中，需要快速的全身性反应和准确的投射动作，大脑需要对这些行为做出即时的协调反应，所以就像直立行走的作用一样，存在一种来自于特定动作的智能发生模式，这种动作特指需要准确掌握力度和角度的投击（ballistic movements），这是打

---

[1] [美]戴维·巴斯：《进化心理学》，张勇、蒋柯译，商务印书馆2015年版，第90页。
[2] 葛明德：《劳动在人类起源中发生作用的新证据》，《北京大学学报》（哲学社会科学版）1996年第3期，第47—53页。

制石器时所必需的技巧。① 石器工具专家尼古拉斯·托斯（Nicholas Toth）通过模拟制作石器的流程的实验证明，各种工具的制造过程对于智力的激发作用并不是等量齐观的，只有像工序较为复杂的、有较严格技术要求、需要调动众多肌肉和神经元并且渗透着计划性的片石方法才能使猿脑向人脑转化。② 当然，特定的工具行为对于智能演化的作用，必须同时借助与劳动协作需要有关的、社会性的语言能力才能达成。

在确定人类的起源地方面，为工具的新发现及其分析也提供了很多新的认识。如果说达尔文只是以对于人类和大猿形态学相似性的直觉把人类起源地确定为非洲的话，单一起源说和多地起源说的争论成功地把人们对于现代人起源地的注意力以更为新颖、可靠性更高的证据聚焦于非洲大陆。但是，即便有间接的基因证据，传统意义上直接的化石证据和石器证据依然有着强大的说服力，连续说和替代说的争论还将持续下去。虽然后者凭借从分子演化层次提供了更为精确、客观的证据而获得了较多支持，但连续说的拥护者提出的以石器技术为主要内容的文化证据方面的矛盾并未得到持不同论点者的正面回应，足以说明工具问题在确定人类起源地的过程中举足轻重。

正如理查德·利基所言，"石器不像骨骼，骨骼难以被石化，而石器实际上是不会被破坏的，因而史前记录的极大部分都是石器，它们是从最简单的技术向最复杂的技术发展的证据"③。工具所标示的技术进展一定有相关的古人类作为主体，在撒海尔人、图根原人、始祖地猿以及南猿由于具备直立行走能力被归入人科，成为人属的先祖之后，在猿与智人之间的演化缺环中还需要补充更多的内容，方能展示人逐渐具备日益完善的认知能力并越来越自如地将内在尺度外化的全景。在两足行走的问题得到解决之后，一些更关键的因素得到关注，包括脑容量的增大、比从前更灵巧的上肢及人手的形成、对石制工具、武器的制造、使用和携带。

---

① 葛明德：《劳动在人类起源中发生作用的新证据》，《北京大学学报》（哲学社会科学版）1996年第3期，第47—53页。

② 同上。

③ ［美］理查德·利基：《人类的起源》，吴汝康、吴新智、林圣龙译，上海科学技术出版社2007年版，第12页。

不仅已有的人类演化树的绘制、对"演化缺环"的发现越来越倚重以石器为代表的文化证据，对于人类起源和演化过程中的很多重要问题的重新认识也是来自对新发现的石器证据的分析。

北欧人类存在的证据就是从工具入手获得了与以往不同的看法，2005 年，在英国东海岸的帕克菲尔德（Parkfield）发现了 32 件燧石工具，根据对同时出现的动物骨骼化石及沉积物的分析，推定这些工具制造于 70 万年前，比原先认为的欧洲有人类活动的时间早了 20 万年。有证据显示匠人早在 180 万年前就尝试走出非洲进入欧亚大陆，人类学家一直在寻找北欧地区古人类活动的痕迹。1982 年至 1996 年间英国考古学家马克·罗伯茨（Mark Roberts）在这一地区发现的最早的原始人类化石距今 50 万年，化石出土地点位于英国奇切斯特东北的博克斯格罗夫（Boxgrove）的一个采石场，研究人员将这些牙齿和胫骨代表的古人类称为"博克斯格罗夫人"。除此以外，同时有大量的阿舍利风格的燧石工具和动物骨骼化石被发掘出来，这些动物骨骼上有石器留下的痕迹，表明它们是人类的猎物。1994 年此地发现少量海德堡人骨骼化石。当时再无其他发现，看上去很可能是由于北欧地处阿尔卑斯山以北，气候太过寒冷而不适于人类居留，所以人类活动的遗留并不多。但时隔近十年新发现的工具意味着，那种认为古人类因为寒冷气候的缘故便只能畏缩不前的看法很可能是错误的，环境条件对这些擅长制造工具并善于把握迁徙时机的早期人类而言，并不算是根本的威胁，他们的适应能力的重要进展是从工具反映出来的。英国人类学家西蒙·帕菲特（Simon Parfitt）及其同事通过在关于这些石器的研究报告[①]中认为制造这些工具的古人类进入北欧的时间和当时的生态环境都很难确定，在此之前发现的人工制品表明人类在 50 万年以前无法到达高纬度地区。但这次的新发现说明，到达欧洲的古人类首先于 80 万年前活动于西班牙和意大利，然后在 70 万年前来到英国并制造了这些石器，由于与这些石器一同出土的动物骨骼化石来自一些生活在暖湿气候中的动物，所以人类显然是把握了间冰期最佳的迁徙时机由南欧来到了北欧，在向高纬度地区进发的过程中，他们并不能一直

---

① Simon A. Parfitt et al., "The Earliest Record of Human Activity in Northern Europe", *Nature*, Vol. 438, No. 7070, 2005, pp. 1008 – 1012.

沿着由自己所熟悉的环境条件构成的通道行进,而是在漫长的旅途中学会了适应全然有别于从前的气候。接下来英国考古界的新发现证明了以工具为证据探知古人类的活动时间是一个正确选择,因为5年之后,英国东北部诺福克的哈比斯堡(Happisburgh)就发现了距今80万年前的燧石工具,2014年2月英国考古学家尼克·阿什顿(Nick Ashton)及其研究小组又在哈比斯堡的海岸上发现了更新世早期沉积物中的人类足印化石[①],从这些可能来自5个古人类个体的足印可以推断出足印主人的性别、身高、年龄甚至脑的大小,很可能是与1994—1995年发现于西班牙阿塔普埃尔卡的先驱人类似,很可能是欧洲本土人属动物的先祖,他们的历史应该继续前推,达80万—100万年。

与工具有关的新的发现和研究也提供了关于非洲作为人类起源地的新的认识,现代人的起源不再被限定于非洲的某个区域,而是被看作遍布整个非洲大陆的事件。最近在阿尔及利亚的考古新发现表明,整个非洲应该都是人类的摇篮,而非像从前大家所认为的只有东非才是人属的起源地。[②] 西班牙人类学家穆罕默德·萨努尼(Mohamed Sahnouni)及其团队做出这一判断的根据就是从石器中得到的。自20世纪60年代在奥杜瓦伊峡谷发现能人及石器,人类开始制造工具的时间一般确定为180万年前,和能人骨骼化石的年代一致。后来又在埃塞俄比亚中阿瓦什的布里(Bouri)地区挖掘出有石器切痕的骨骼,测定年代约为250万年前,其后不久在距离布里很近的戈纳(Gona)发现了距今260万年的石器,但是对挖掘出来的骨骼化石上的切痕及发掘出来的奥杜瓦伊风格石器的研究表明,这些由北非的原始人类制造的石器实际上与已知的来自东非的原始人制造的石器大致在同一时代。2010年,发现过著名的阿法南猿化石"塞拉姆"的阿莱姆赛吉德带领的考察组在埃塞俄比亚阿瓦什地区的迪基卡发现留有石器切痕和击打痕迹的动物骨骼化石,这些化石成为340万年

---

① Nick Ashton, Simon G. Lewis, Isabelle De Groote et al., "Hominin Footprints from Early Pleistocene Deposits at Happisburgh, UK", "PLoS ONE", Vol. 9, No. 2, 2014, pp. 1 – 13.

② Mohamed Sahnouni, Josep M. Parés, Mathieu Duval et al., "1.9 – million – and 2.4 – million – Year – Old Artifacts and Stone Tool – Cutmarked Bones from Ain Boucherit, Algeria", *Science*, Vol. 362, No. 6460, 2018, pp. 1297 – 1301.

前的人类祖先通过工具切削肉食并砸骨取髓的最早证据①,虽然当时考古队未找到留下这些痕迹的石器,但人类的石器史已经可以据此延长近 100 万年,人类祖先通过制造和使用工具猎取动物的时间大幅提前。他的这一大胆而合理的想法在 2011—2012 年间由石溪大学的人类学家的一次考古迷途中变成了现实,他们极其偶然地在肯尼亚图尔卡纳湖边的洛迈奎地点发现了距今约 340 万年的 20 件各类石器,这些石器和迪基卡骨骼化石上的石器切痕是否有联系尚不得而知,但显然不能轻易断定它们之间毫无关系,也许进一步的研究会给出我们所期待的结果。萨努尼发现化石的考古地点在阿尔及利亚的哈奈什(Ain Hanech),是目前已知的非洲北部最古老的遗址,这项已经进行了十多年的研究先是在距今 240 万—190 万年的更新世岩层中发掘出很多具有石器划痕和切口的大型动物化石。根据已有的考古经验,这些痕迹应该是原始人类用石器屠宰动物时所遗留,为了找到痕迹的来源,萨努尼在同一地点反复寻找,虽未找到人骨化石,却找到"两套典型的'奥杜威'石斧、刮刀和其他劳动工具",这已经可以作为人属动物在奥杜瓦伊峡谷和阿瓦什地区出现的同时,另一批古老石器制作者就已在距离南非和东非数千公里的北非活动的证据。那时的古人类应该没有必要也没有能力长途迁徙,因此可以肯定北非也是人属的崛起地之一。有理由相信人类祖先和智人在非洲大陆的出现并非是由点到面的扩散模式,而是在非洲大陆内部的多地同时起源模式,也就是说,"人属出现后,我们的祖先似乎不只居住在东非,而是在整片非洲大陆生活,包括大陆北部地区。可以说,围绕'人类摇篮'地位的所有争论都没有意义,因为整片大陆都是人类的发源地"②。

除此以外,还有一个重要的方面也和工具结下了不解之缘,那就是人类的迁徙所带来的劳动能力的增加和劳动内容的多样化,在此过程中人类的生活体验由简单贫乏向复杂丰富转变。从两足行走开始,最早的原始人类的活动范围就不断扩大,他们的足迹从热带地区向着与他们祖

---

① 《美考古队发现人类祖先吃肉最古老证据》,2018 年 10 月 5 日, http://tech.qq.com/a/20100813/000075.htm,2010 年 8 月 13 日。

② 《科学家确定人类发源地》,2018 年 12 月 5 日, http://sputniknews.cn/society/201811301026984683/,2018 年 11 月 30 日。

辈生活的环境并不太相同的地区延伸。当时规模较小的群落的迁徙中肯定有一些未能成功地找到新的栖居之地，但是在应对自然提出的种种挑战时，人类逐渐积累了关于自然的知识，具有了多方面的适应性，成功地完成了一次又一次适应辐射（adaptive radiation）。① 在这一过程中，原始人类的生存策略和迁徙模式处于尝试性的调整和变动之中，工具的出现不仅带来了更丰富多样的食物，食物的分享也促进了他们社会化程度的提高，"这些带来了交流的加强、信息交换的频繁，以及经济和社会见解的深化，也带来了狡黠和克制。工具的使用增加了人类的解剖学结构。文化成为人性中一个不可分割的组成部分，而社会生活也获得了一种新的然而却少被理解的复杂性"②。特别是在冰期晚期，晚期智人中的克鲁马农人具有高超的狩猎技巧、食物储藏手段和令人惊叹的艺术创作能力，这使得他们从撒哈拉地区起步进入欧洲，在面临恶劣的严寒天气时，能经受几乎是达到体能极限的来自环境的考验，发展出完整有序的社会生活，而能够做到这一切的关键，在于克鲁马农人拥有的发达的工具系统。根据布莱恩·费根的论述，这套系统有四个方面的基本构成：（1）用经过细致选择的石质原材料制作的石核；（2）标准化的制作程序及粗加工的半成品；（3）工具的精加工程序；（4）对石料以外的材料进行加工的专门技术。在当代社会，只有像瑞士军刀一类的多功能复合工具才能具备由这些严密配合的环节造就的创新性工具的结构和功能。正是由于在工具技能方面的突出优势，克鲁马农人的劳动内容包括"狩猎、屠宰、皮毛处理、木料加工、缝制衣物，以及在无树环境中生产某些鹿角器和骨器"③，这些活动又进一步激发了克鲁马农人的创造力，他们制造出了冰凿、投矛器和带眼骨针等极有特色并具有强大功能的工具。与此同时物品交换也经常进行，并带动了族群间的联姻、具有宗教意味的仪式等其他活动的开展，而具有强烈的象征性特征的艺术活动也是发达的工具技能前提下的产物。

---

① 根据恩斯特·迈尔的定义，适应辐射是指一个物种在具备新的适应能力的情况下占据不同生态位，并能在不同环境条件下克服障碍得以生存的演化现象。
② [美] 布莱恩·费根：《世界史前史》，杨宁等译，北京联合出版公司2017年版，第67页。
③ 同上书，第111页。

从以上的论述不难看出，工具行为推动了人脑的完善和智能的提升，这是选择站姿取得手足功能分化之后人类成就自身的最重要表现，只有明确意识到自己要做什么才能求得生存并从这一点出发将思想和行动相统一、让二者处于齐头并进的状态，才能使原本受制于自然力的人科动物形象离猿类越来越远，离现代人类越来越近。不仅如此，岁月变迁中的种种自然力的影响在石制工具方面大大降低，相比于骨骼化石和其他材质的考古证据，石器更有稳定性，在形态连续性方面有更高辨识度，更易形成明确的证据链，整个人类演化史的编制都有赖于工具证据的积累和对工具行为的深入分析。在现今人们最关心的人类发源地问题和自己所属的智人种的演化状况尤其是智人在全球扩散的路径问题方面，工具证据为相关的判断持续地提供了极为重要的支持。要想把工具行为的突出表现从对人类专属特征的考察中移除，会使人类的演化过程的历史建构失去关键的支撑。很显然，以工具行为为起点，劳动内容的多样化和人类的形成具有同步性。并非说劳动是有目的、有意识和有计划地改造自然使之适应自身需求的精神活动和肢体动作的综合状态，就必须有一个已处于完成态的人的形象树立于作为对象的自然面前。自然力量对人的塑造、人对自然力量的适应及人对自身状态的调整是在工具技能对人类生存状况的持续改善和效能反馈中完成的，也正是在这样的过程中工具行为越来越具有将内在尺度投射于外物的显著特性。内在尺度是在工具提供的正向反馈中逐渐强化的智能内核，是逐步完善的精神架构，也统领和衍生不断提升的认知技巧，正因如此，从工具行为证据的分析，能给人类寻根意识的科学化提供物质手段与精神条件相统一的坚实基础。

### （三）未被超越的预言

人的起源和演化与劳动关系的最初的表述，来自于恩格斯在1876年所写、收入《自然辩证法》书稿的名篇《劳动在从猿到人转变中的作用》，这篇未完成的论文原本是要作为《奴役的三种基本形式》（未完成）一书的导言，本身并非一篇独立的文章。值得注意的是，这篇文章在恩格斯的《自然辩证法》手稿中，是为数不多的相对比较完整且较早发表的部分。

在《作用》一文中，恩格斯一开始就明确认为劳动是人类生活的首要的基本条件,"我们在某种意义上必须说,劳动创造了人本身"①。直立行走被恩格斯视为"从猿转变到人的具有决定意义的一步"②,在这里他承接了达尔文的基本观点,倾向于认可动物的上肢因为直立行走逐渐变为灵活自由的、既是劳动器官又是劳动产物的人手。更重要的是,持续的劳动开阔了人的眼界,并激发和增强了协作行为,沟通交流的强烈需求促成了语言的产生。语言与劳动的双重推动促进了人脑和感官的完善。在恩格斯看来,"劳动是从制造工具开始的"③,而最早的工具是渔猎工具,借助于此,肉食增强了古人类的营养摄入,促进了大脑发育,提高了智能,引发了使用火及驯养动物的进步,并使这一过程在手、口和脑的协同关系中不断趋向于复杂的操作能力,进一步的更精细的社会分工及艺术与科学、民族与国家的产生都是这种共同作用对更高目的的实现。很明显,恩格斯所说的劳动不是仅指工具的制造和使用,而是指一个关联了意识、语言、合作和交往的综合活动。以今天的眼光来看,恩格斯在这篇文章中的观点受限于当时的科学发展水平和考古证据,对一些问题的看法还不够准确,如关于人类最早用火的时间、基本的地质分期、人类起源的地点、人猿之间分化的最早时间等,但是他对劳动与人类演化的基本作用的总体判断,已经构成了劳动与语言、直立行走和意识之间相互联系、相互作用的一般表达。他对直立行走重要性的判断和以劳动作为人类社会和猿群相区别的根本特征、人与动物本质区别的看法,反驳了将文明进步首先归功于头脑的通行观念。恩格斯在此秉持的是一种由马克思开创的知识社会学的视角,正如古尔德所评价的,《作用》一文的重要性并不仅仅在于恩格斯在人的起源方面提出的某些颇具预言性的正确见解,"而在于他尖锐地分析政治在科学中的作用,分析了必然影响所有思想的社会偏见"④。这种偏见是指头手分离的科学发展所导致的学院式的纯研究对体力工作的排斥,造成了对于劳动本身的片面理解。古尔德的评价实际上也在为《作用》的见解受到冷遇而鸣不平,但并未

---

① 中共中央编译局:《马克思恩格斯文集》第9卷,人民出版社2009年版,第550页。
② 同上书,第551页。
③ 同上书,第555页。
④ [美]斯蒂芬·杰·古尔德:《自达尔文以来》,田洺译,海南出版社2008年版,第156页。

改变西方学术界对恩格斯观点的一贯态度。事实上，虽然在恩格斯之后的很多生物学、考古学和人类学的研究者并不直接提及恩格斯的《作用》的影响，但在他们关于人科动物直立行走、工具制造的研究中，却能看到和恩格斯见解类似的表达，这至少说明恩格斯的观点触及了人类演化问题的某些最基本的方面，是可以在科学性的保障方面获得新证据的支持的。

恩格斯在《作用》一文中至少在以下几个方面做出了正确的预见，而这些方面在20世纪后半期以来的考古学和人类学研究中已经得到越来越多的证实和赞同：第一，对由环境变化所引起的直立行走姿势改变的重要性的认识。第二，对得到解放的人手的重要性的判定。第三，对语言产生的原因及重要作用的阐述。第四，对食性转换给人类演化的智能飞跃带来决定性影响的判断。第五，对迁徙在加强人类社会性特征中的作用的提示。第六，较早地提出克服片面的"征服自然"的短视行为，以人自身和自然界的统一性为前提，以把握和尊重自然规律的、明智的劳动调节生产活动在自然和社会方面的总体效应的忠告。

总的来说，恩格斯并不赞同将演化论当作自然规律，受限于当时的科学条件和认识水平，以及具体的语境条件的制约，恩格斯对劳动在人类起源和演化中所起作用的说明尽管在思想立场和基本观点方面是明确的，但在表达上具有高度概括性，也不乏一定的猜测性。越来越多的科学发现证明，恩格斯的见解是有一定的科学性和预见性的。20世纪以来的人类演化的很多重要发现，都在为劳动在其中所起的推动作用提供证据，可是这些发现的参与者在表达自己的看法时，几乎没有人提及恩格斯最初的概括性的见解，或者在提到恩格斯的理论贡献时，只是把"劳动"简化为工具的制造①。究其原因，是由于西方学术界深受将思想和观念置于首位的"脑导引模式"的影响，使"头"和"手"、科学的理论和实践处于隔离状态。

可见，维系着人类普遍的寻根意识的人类起源和演化的难题，在人

---

① 如塔特索尔曾经说过，"匠人的字面意思就是'工作的人'，是恩格斯所说的能够制造工具的人"。参见［美］伊恩·塔特索尔《地球的主人：探寻人类的起源》，贾拥民译，浙江大学出版社2015年版，第108页。

猿揖别和智人的演化原因方面令人陷入长久的迷惑，历来争议颇多，众说纷纭。自然环境、社会劳动和生物基因都已被用来说明人类远祖如何从动物群落中蹒跚走出，继而耗时数百万年，跨越漫漫长途，成为万物灵长。但是有限的考古证据在还原论和相似性思维的约束下，将人类演化原因置于先天与后天之争当中，总是难以摆脱关于环境、行为和基因的相互影响和改变的复杂关联。不可否认，人既是演化过程最特别的产物，又能有意识地通过劳动左右自身和其他生物的演化进程，正因如此，从石器工具的打造开始的劳动在人类演化中具有决定性的作用。自从恩格斯的《劳动在从猿到人转变中的作用》一文的核心观念被简化为"劳动创造了人"的常识以来，经过了国内学术界的热议，虽然争论暂时平息，但这一议题的思想价值却因为劳动能将人之为人的各个特性（直立行走、手、脑、语言）加以整合而与日俱增。"劳动创造了人本身"的命题所维系的，是能够获得日益充分的科学证据支持的充满活力的预见。从这一命题的基本含义出发，承认劳动创造了人，并不是说从已经形成和固化的、完备如今的劳动出发，机械地理解人的演化过程，并且一定能够从各种影响和制约人类演化的诸多因素中找出某种决定性力量。在以下各章中，我们将会看到，劳动是一个综合了多方面因素的动态过程，自然选择的压力与人类整体性的自我塑造是相互扶持、修整和助推的。

## 三 小结

人类的寻根之旅曾受到假想的超自然力的牵制，一度笼罩在神秘的氛围中，自然科学的发展催生的以自然选择学说为核心的现代演化论却以全新的解释改变了这一状况，将人类普遍的寻根意识纳入科学化的轨道。恩格斯的"劳动创造了人本身"这一命题就是以唯物辩证法和演化论的基本观念为前提，基于自然选择学说产生以后所关联的科学证据，对原始人类如何以始于工具制造的劳动改造自然，并将自己与动物从本质上区分开来的完整过程进行概要描述和整体分析的具有明显知识社会学色彩的思想成果，但是西方学术界未能充分重视其理论价值。随着时间的推移，人类借助于化石证据对自身由来的探索进程是以具有明显时代性的各种专属特征的赋予方式为标志的，这种构建"荒野记忆"的方式和现代人的生活经验具有一致性，也在基本的思维框架上和恩格斯的经典命题颇多一致之处。在相信从古至今的人类具备跨越时空维度的生物和社会连续性的前提下，我们把与现时代维生策略紧密关联的，与人类的智能表现、技术模式、饮食习惯和沟通方式相关的经验提取出来，加以归类，输入到对人类演化过程中适应器（性）的研究系统中。在这种考察过程中，人与自然的关系塑造出了差异繁殖和生存竞争的表达模式，在人类应对各种对生存构成压力的自然条件的尝试中，事关基本生存的适应器以食宿最为重要，手足分工后人类以获得自由的手制造和使用工具，进行与食腐、狩猎和采集及寻找和建立栖身之所有关的劳动，人类因此联系得更紧密，更具协作性，语言也应运而生。在语言和劳动的共同作用下，人的大脑逐日发达，意识活动越来越完善，劳动、语言和意识之间以迭代方式不断强化彼此的联系，人的诸种文化能力和社会属性也成长起来。自然的运转是盲目的，除人以外的动物只不过是这种盲目运转中无法确知应该如何选择的部分而已，只有人才能将自己生存的目的和对自然的改造统一起来，凭借劳动成为与动物有本质差别的"人本身"[①]。

---

[①] 这里的人本身并非仅指人属中的智人一支。实际上，如果以生命之树的图示来观照人类在自然历史中的位置以及硕果仅存的智人在人类演化之树上的出现及兴盛，很难把已经消失的其他人科动物和人属物种和"人本身"的关系进行清晰的切割。作为目前认可度较高的初始条件，直立行走是人之为人的开端，也是工具行为和劳动的前置因素，从这个意义上来说，"人本身"是一个动态和整体的说法，并不能够和历史上某种具体的人类演化形态画等号。

# 第 二 章

## 早期原始人类的代表性
## 工具行为分析

亚历山大·H. 哈考特（Alexander H. Harcourt）曾经这样强调因为宗教信仰而带来的关于人类祖先的认知谬误，"所有关于亚当和夏娃的画都应当将他们表现为非洲人，而不是通常画的白种人"①。这种不乏调侃意味的说法既表明智人祖先来自非洲的观念在现时代所受到的在确信程度上越来越得以强化的推崇，也显示出一种未以最新的科学发现将宗教传统的烙印彻底抹去的窘境，两者交织在一起，恰好符合恩斯特·迈尔所提示的重建人类演化阶段图像的不确定性。② 就像已被广泛使用的"线粒体夏娃"的概念一样，如果承认人的出现是一个自然的、盲目的过程，那么在上帝从未驻足过的荒野中，也就未曾有过亚当、夏娃以及他们的子孙千秋万代繁衍生息的事迹，自然也不必去更改宗教意义上的人类始祖的肤色和其他任何形体特征。由于《圣经》明言上帝造人是以自己的

---

① ［英］亚历山大·H. 哈考特：《我们人类的进化：从走出非洲到主宰地球》，李虎、谢庶洁译，中信出版集团2017年版，第14页。

② 这种不确定性意味着从猿到人的各个进化阶段的现有描述的每一环节都关联着被新证据改变甚至颠覆的可能，迈尔对此保持了足够的谨慎。这和那种言之凿凿地依照教科书式的固定而简单的顺序，大讲人类先祖走出非洲向世界其他部分扩散的故事的充满自信的态度形成鲜明对照。伯纳德·伍德也通过在化石人类研究分类法中的"主分派"和"主和派"的对比以及对迄今为止相关化石记录可能存在的缺失和偏差的提示，说明应对特定化石人类类群、化石地点的地理分布和发现化石的环境条件持保留态度，因而现有的人类进化的树状图并不是对人类由来的固定描述。"根据解剖学进行人科动物分类的人类学家必须记住，冠以阿法种、直立人和能人名称的分类物种并不是指类型，而是指可变的群体和群体中的类群。"参见［美］恩斯特·迈尔《进化是什么》，田洺译，上海科学技术出版社2012年版，第218页；［英］伯纳德·伍德《人类进化简史》，冯兴无、高星译，外语教学与研究出版社2015年版，第77页。

形象为蓝本的，太频繁地借用宗教范围的人类先祖的名称，不免仍将上帝当作"逍遥神"，置于自然之上，而人类寻根意识的科学化所造就的自然选择理论将上帝逐出了自然。在这种解释体系中，任何超自然力量的设定都被否认，更不可能以某种至高的意志和目的来决定人类的存在，来自神性的对于人类命运的哪怕最轻微的干预都被排除了。

## 一 人类基本演化阶段的划分和最早的古人类

### （一）分分合合的人种分类假说

通常对于人类起源和演化过程的描述很容易被简化成从一个目前还无法核准的遥远开端大跨度延展至今的形态更替、升级换代的不同形象依次侧立的队列，似乎只有这样才能直观地演示从猿类到人类的演化全貌。暂时处于人类起源开端的是被称为"攀树的猿群"① 的森林古猿，这种灵长类动物通常被描绘成长毛遍体、身材矮壮、臂腿等长、拳背撑地的野兽模样。据说它们以群居方式活跃在 2300 万—1200 万年前非、欧、亚各大洲的热带雨林中，自由攀爬、饱食野果并且能在不同的行走姿势间自由转换，后来又被迫在因气候变化、森林退化形成的草原上开始了以立姿为主的地面生活，成为人类与猿类的共同祖先。然后在它的右侧，依次出现更高大、毛发更少、腰和腿伸得更直的南方古猿、能人（又称为巧人）、直立人形象，越靠右则在体型、面貌、智力各方面越接近今天的人类。为了表现出差别，通常还要在它们手里塞入能体现工具演进的石斧、火炬和长矛，直到最右侧出现高大健硕、身姿挺拔、衣冠楚楚的智人形象，提着公文包健步前行，而最新的版本已经加上了弓背低首盯着电子屏幕的"程序猿"形象，暗讽为技术所累的现代人似乎重返于自己猿类祖先刚刚尝试直立时佝偻蹒跚的姿态。这种通俗易懂、流传甚广的人类演化图样其实未必可靠，它把复杂的树状人类演化历史变成了一个过于简单的线性陈列，无法体现不同物种形象更多代表物种演化支系而并非前后相继的不同演化阶段的本来含义，更无法表现想象成分居多的演化图谱中不同形态间缺失的部分，似乎前一种形态必然产生出后一

---

① 中共中央编译局：《马克思恩格斯文集》第 9 卷，人民出版社 2009 年版，第 555 页。

种形态。① 同时，这种图示把人类的演化表达为从一个端点出发趋于进步的过程，从直立行走到脑量不断增大，再到意识的萌生和工具的使用，直至语言的爆发力把人类带入专属于自己的文明状态。这其中贯穿着明确的方向感，似乎人类目前所拥有的特质已经足以让这个星球被一种直立行走、能思想会说话的高级生物所主宰。② 但是，正如我们稍加自省就能觉察的那样，善于自夸的人类的所有自我褒奖都得不到除人以外的其他生物的评判，人永远无法真正摆脱人类学的视角，因此总是高估自己在自然中的位置和作用。大量的事实证明，通常我们所说的自然被人类改变——无论是积极意义上的改造还是从负面效应所说的对原有平衡状态的破坏以及为此做出的各种补救措施③——都依然是为了最大限度地把人类的生存和发展放在首位考虑。在把自身的基因以尽可能适应环境、克服各种不利影响的基本方式流传下去方面，人类未必能把自己置于其他生物之上，这很容易让我们回想起达尔文对于进化概念的"永远不要定义高级或低级"④ 的提醒。

尽管如此，自从有了 19 世纪关于人科动物化石的最初发现以来，制定出人类演化谱系图的进度有加速的趋势。1849 年在德国尼安德特山谷发现古人的遗骸，1890 年开始的几年里荷兰医生、解剖学家欧根·杜布瓦（Eugène Dubois）在印度尼西亚爪哇岛梭罗河边的特里尼尔附近相继发现与现代人大为不同的两枚臼齿、一具颅骨、一根左侧股骨的化石以来，在世界各地尤其是在达尔文寄予厚望的非洲大陆陆续发现的与人类演化有关的化石已达数千件。这些化石成为制定人类演化年表的直接证据，上述的直观方便却并不准确的直线排列式人类演化图谱便是解析这些化

---

① 如果以我们所熟悉的家族关系做比喻，则更能显示出直线排列的谬误。参见崔娅铭《那张让你认识人类进化的图竟然是错的?!》，2017 年 7 月 18 日，https：//news.qq.com/a/20170718/048093.htm。

② 在人类学即常说的人类中心主义语境中，这种把人类视为地球的主人、主宰的夸大其词的说法随处可见。

③ 包括一系列具有现代意识的让步、自控和节欲行为，表现为对某些所谓濒危物种的保护、减少温室气体排放、各类环保行为、可持续性发展模式等，但是这些想法的初衷和做法所起的实际作用依然只是首先为人类的生存提供更好的体验和更多的保障。

④ ［英］亚当·卢瑟福：《我们人类的基因》，严匡正、庄晨译，中信出版集团 2017 年版，第 4 页。

石成果的一个科普性展示。早先是通过肉眼观察并与现代人的骨骼结构进行比对，后来更多采用放射性碳同位素测年法、释光测年法、钾—氩法、古地磁测年法、氨基酸外消旋法、树木年轮测年法来确定化石所在地层的年代，以便倒推出人类演化曾有的物种形态，并用现代人的生活经验还原出远古时代的场景。这种还原方法从唯物论的基本原则出发，把人的自然属性放在首位来考虑，大脑的完善、智力的提升和精神生活的出现是以吃喝住穿这些基本需求的满足为前提，按照现代人所熟悉的经验序列展开，在以猿猴、人猿和猿人的形象的接续变化为中心事件的人类演化长廊中逆行，不断地唤醒我们并不确定先祖究竟为何物、在何处的遥远记忆。

对于人类演化过程的讲述有一个基于复杂性系统能量处理的对比策略①的重要判断：受到我们认知水平的限制，人脑可能是我们目前所知的最复杂的事物。与此相关的业已常识化的重要判断是，与其他动物相比，相对于身高和体重，包含着850亿个神经细胞和1000亿个神经元、自身重量在1.25—1.5公斤的人脑是最大的或是接近最大的。② 因此脑量的变化被视为标志性事件，大脑体积的增长过程与人类演化进程具有完全的同步性。但是，作为一个重要器官的大脑却制造出一种值得再三回味的悖论：关于大脑所有重要性的判断都是由大脑给出的，这和人类对于自身处境做出判断的模式有高度的一致性。显然，在已经出土的类人祖先的骨骼化石中颅骨是最有价值的，但实际上保存完整的头骨很有限，数千件遗骨碎片中能在目前的技术条件下可以进行解析的也许只有几百件。对于数百万年的演化历程的表达需求而言，这些实物证据提供的有效信

---

① 对于一个任意的确定系统而言，它必然处于整个层级结构的特定位置，它所能处理能量的多少与它本身的大小存在着一定的比例关系，因此相对于自身的尺寸，一株野草所处理的能量对应的复杂程度未必会低于一个星系。参见［英］克里斯托弗·波特《我们人类的宇宙》，曹月等译，中信出版集团2017年版，第259—260页。

② 对于这些数据的特殊意义，通过和其他动物的大脑和体重的比例关系进行对比就可以显示出来。"从总的趋势来看，在脊椎动物的演化历程中，脑越来越发达，即越是进化（advanced）的类群，大脑的体积越大，神经之间的连接也越复杂。譬如，恐龙的大脑只有体重的1/100000，鲸鱼为1/1000，大象为1/600，人类则达到了1/45，但是，也不都像我们预期的那样，因为老鼠的大脑占到体重的1/40，美洲产的一种小型长尾猴则更是高达1/25。"参见谢平《探索大脑的终极秘密：学习、记忆、梦和意识》，科学出版社2018年版，第16页。

息过于稀薄，以至于大量的细节是想象出来的，其中有些是合理推断，有些只能归于奇思妙想，然而由于证据太少，无法完全否定这些想法。除了头骨的更多富于技术性的专业分析①，骨盆、股骨和脚骨化石也备受古人类学家的重视，这方面分析的一个重要成果是确定了直立行走出现的时间，并用能否直立行走作为判定是否属于人科动物的标准，取代了原有的工具标准。即便如此，人类演化的路线图实际上只是一个想象空间巨大、时间跨度久远却证据奇缺的大框架，也可以沿用达尔文的初设，将其比作一棵有根可循、分支众多但各分支的连接却常常中断的生命巨树，其中有太多"缺环"（missing link）需要填充和补足。

我们势必要把目光——其实是想象力——投向那个最初的时段，有何证据可以支持人类是源自灵长目动物的观点？对此最容易举出的便是恩斯特·迈尔已经给出的条理分明、充满信心的三方面的事实：解剖证据、化石证据和分子生物学证据。然而，这三方面证据的说明所起的主要作用只不过是强调人类和猿类的关系。灵长类动物人化的证据、人科动物种系与黑猩猩种系分离的证据、从1300万年前到分子钟研究确立的人类从其他动物中分离的600万年前之间的化石证据以及黑猩猩的化石证据都处于缺失状态，而且，人科动物的化石的完整性并不令人满意②，而古人类学家的工作常常是把一部分下颌骨、仅有顶端的颅骨以及几处肢体骨骼拼凑成完整的类似人体骨架的形态，这样一来基于骨骼化石的重建过程往往有很强的主观性。著名的"露西"的骨架实际上就是在原有的只占全身骨骼40%的化石基础上进行合理想象加以人工补全的产物。与此密切关联的通过将人科动物化石与智人骨骼结构对比从而判断某种化石是否在演化的时间轴上距离今天更近的方法，更是明确了这一比较过程对相似性的偏好。但从比较中得到的并非界限分明的从一种较原始

---

① 根据颅骨化石分析的现代技术及其成果，凭借对颅骨厚薄以及有无沟回的专业分析，像匠人和直立人这样的人属物种可被区分开来。

② 据英国《每日电讯报》2010年4月3日的报道，南非金山大学教授李·贝格尔在南非斯泰克方丹化石遗址地区考察洞穴系统时，发现了一套趋近完整幼年高级灵长类动物骨架化石，但后续研究情况并未公布。

形态向着离智人形态更进一步的演化结果，而是具有"镶嵌"演化特征①的近似描述，以便反映出特定时期特别像人的齿系与特别像猿的肢体并存的情况。因此，在现有的人类演化图谱中，不同形态的分支和邻近关系，人属动物在非洲和其他大陆上的迁徙状况，类似能人与匠人的共存、智人频繁出入非洲以及尼安德特人被智人实施了历史上最早的种族灭绝一类的猜测和判断并非定论，都有可能由于新证据的出现得到大幅修正②，所以，当我们说起南方古猿和工具、能人等话题时，免不了要用上几个"也许""可能"及其同义词。但是，近几十年以来，分子生物学对DNA的提取和分析让古人类学家的自信心空前高涨，像"线粒体夏娃"这样的说法几乎被认为是确凿无疑了，尼安德特人被屠杀殆尽也成了可与智人好斗好战残忍本性相联系的事实。但是关于人类起源端点的起始位置的表达，对DNA分析的依赖程度却不可能像对于智人的起源那么严重。虽然补足时间线索中断裂环节和进一步提取出化石信息蕴含的新途径已经显示出传统的宏观形态比较所不具备的优势，但是在当前技术条件下，我们对于人类和其他人科动物关系在认知上的确定程度，要大大低于我们对人类和包括微生物在内的其他现有物种关系的把握。正是由于这种差异，在原本只是作为一个常识化的信念存在的、无法具体描述的开端之处，以比在沙海里淘金还精细的努力，人类远祖模糊不清的身形被清理出来了。

---

① "镶嵌演化"（mosaic evolution）概念由英国进化胚胎学家加文·德·皮尔爵士（Gavin de Beer）提出，指生物体演化过程中表型的组成部分因为变化速度不均而出现不同性状并存的情形，通常所说的过渡形态或中间环节往往与此有关。人们通常认为一个物种向另一个物种演化时，由于生物体各部分同时变化会出现中间状态的性质，事实上演化过程中具有新特征的部分与旧有的未变化的部分是并存的，从解剖学特征上来看，动物体会是一种新旧性质混杂的状态，如在南猿身上体现的亦人亦猿的特征就属于这种情形。迈尔把镶嵌进化的原因归为生物不同部分进化速度的差异，并认为这会给生物分类带来困难。遗传学则从"基因模块"理论角度提出一种假设：具有特定作用的基因模块彼此之间保持着独立的进化关系，因而出现了不同模块进化速度不同的情况。在这一概念的应用方面，吴新智提出了镶嵌演化的一个例证，他认为，生活在中国地区的直立人与智人在形态上具有镶嵌性：个别直立人中有少量智人的特征，个别智人中有少量直立人的特征，彼此间并无截然不同的界限，直立人和智人之间理应存在连续进化的关系，因此中国古人类之间也存在连续进化的可能性，那种主张东亚本土原始人类被外来者悉数替代的观点似乎很难成立。

② 从2010年尼人基因组草图的绘制及研究开始，假想的尼人被快速扩张、攻击力超强的非洲智人连根铲除的惊悚一幕似乎很难成立了。相关论述可见后文中对"非洲起源说"的表述。

化石证据的偏缺导致了人类演化史的叙事方式暂时难以克服的不足：在表达连续性特征的同时，把一个复杂的逐渐分叉扩散的过程扁平化了。确立人类起源端点的几种基本方法不断地把距今最远的那个时间点推向更远处，至少目前所能得到的关于人类远祖故事的开头是听上去差不多很具体的"距今1亿年至6500万年前的某段时期，有一种类狐猴灵长目动物从食虫动物的祖先中进化而来"①或是"3300万—2400万年前，从旧世界的猴子中产生出猿"②这一类的说法，但其中涉及的时间描述所起的实际作用就和"从前""很久很久以前"一类说法的模糊程度差不多，无法令人获得与日常的时间经验相一致的体会，但这已经是我们所能做出的对于远古时未知状况最通用的表达了。当然还有一种做法是在人类演化的故事中索性回避对千万年层级的时间尺度中物种分化情况的描述③，直接摁下叙事的快进键跳跃到百万年级别的尺度内。这两种常见的叙事方式都受制于人类演化的直接证据的多少，一方面需要发现更多化石，作为材料分析和提取信息的物质材料；另一方面需要丰富、完善分析材料的技术和方法④，其中最有影响的则是运用全新的分子生物学技术从化石中检测出少量DNA，这就把宏观的解剖学层面的形态比较转移到微观的蛋白质分子结构方面，能在基因组层次探究人科动物之间的亲缘关系。无论是位于细胞核内的核DNA，还是位于细胞器中的线粒体DNA，只要通过DNA测序确定样本的基本碱基序列，就可以在每一生物个体具有独立的、确定的碱基序列的前提下进行比较。已经测定的黑猩猩基因组和现代人类基因组中的核DNA和线粒体DNA的信息拉近了人类与黑猩

---

① ［英］克里斯托弗·波特：《我们人类的宇宙：138亿年的演化史诗》，曹月等译，中信出版集团2017年版，第262页。

② ［美］恩斯特·迈尔：《进化是什么》，田洺译，上海科学技术出版社2012年版，第214页。

③ 通常是类似这样的表述："因为对人类进化的研究已经成了一场毫不停歇的革命……由于这个故事没有所谓的开头，我们也没法从头开始，我就姑且从双足直立的时代开始讲起吧。"参见［英］亚当·卢瑟福《我们人类的基因》，严匡正等译，中信出版集团2017年版，第8页。

④ 比如使用激光扫描显微镜可以更精确地测量化石的外部形态数据，使用包括电脑断层扫描成像技术在内的非侵入性医疗影像技术可以从颅骨化石获得内耳结构。

猩、倭黑猩猩的亲缘关系①，并影响了从解剖学形态对骨骼和牙齿、肌肉和神经的信息解译，使传统的形态学研究成果与DNA分析结果形成互证，强化了黑猩猩的生物学特征与人类更近的判断。这在人类和黑猩猩的共同祖先的分化时间的标示上得出了和旧有说法完全不同的结论，具体时段的描述被拉近了至少200万年，这会导致人类类群划分的新版本的产生。

对于人科动物的历史而言，寻找人类与其他动物的分界点是非常重要的，这可以为人类演化的基本支序的展开提供一个大致的开端和相关叙事的逻辑起点，这一分界点是个很含糊的充满变动性的设定。最初人们设想5000万年前的第三纪②是人类和其他动物分化的时间段，但随着化石数量的增加，人类和非洲人猿的相似性提示二者可能有共同祖先，分界点被拉近到距今1600万年前。但从20世纪60年代开始，随着分子生物学对蛋白质和DNA差异研究的深入，生物分子演化速度的近似恒定性即分子钟（Molecular clock）③得到认可，这就意味着生物的分子演化过程可用普遍存在的、有规律的内在时间尺度进行衡量，人类和其他动物的分化时间又一次有了变更：人类和大猩猩的分化时间大约在700万年前，和黑猩猩的分化时间大约是在500万年前。尽管至今没有发现黑猩猩的化石，但是应用分子钟理论提供的新分界点，却在人类和自己的人猿近亲之间有了更进一步进行亲疏区分的可能，黑猩猩和倭黑猩猩（巴诺

---

① 关于人类和黑猩猩基因相似度高达99%的说法已经被很多人不假思索地接受了，但是对这一说法必须要有一个澄清，后文对此问题有较为详细的说明。

② 地质分期名称，在1779年由意大利地质学家阿杜诺（G. Arduino）创制。是指新生代中距今最早的纪，时间划定为260万—6500万年前。第三纪晚期的上新世出现了最早的原始人类。

③ 1962年由美国学者Zuckerkandl和Pauling提出，如果进化是DNA的突变，可以假设分子层面的DNA突变的积累速度是基本恒定的，从而可以根据近似恒定的分子演化速率，依靠现代基因库材料和DNA证据推算古生物起源和演化的时间节点。但对于漫长时段内的生物演化而言，环境变化和基因自身功能的调整都有可能影响分子演化速率，因此分子钟假说的通用性受到怀疑，并未得到完全认可。即便如此，在直接的化石证据并不完整因而无法据以描绘古生物演化全貌的情况下，分子钟在研究中的应用可以从微观层面提供生物类群分化和形成时间的间接证据，不仅可以和传统的化石证据形成互证，还可以为人类学和生物学及其他相关学科提供新的资料库。

布猿）与现代人类的关系被拉得更近了。① 这一变化使黑猩猩成为很多研究者格外关注的对象，它们的很多行为被置于和人类行为高度相似的层次，被纳入工具行为、文化传递的范围，甚至人类可被某些人看成一种特殊的黑猩猩②。实际上，如果我们能够稍稍克服内心不断扩增的人类学观念，降低对于黑猩猩行为的拟人化描述，就能避免那些貌似严肃的调侃，继续把黑猩猩和人类的关系放在有助于揭示人类和自己近亲及共同祖先关系的范围内来进行审慎的考察。

**（二）回到非洲**

古生物学、分子生物学和进化生物学的研究显示，约1亿—6000万年前，从某种食虫动物祖先产生出了类狐猴灵长目远祖，又经过大约4000万年，从中分化出包括作为人类和黑猩猩共同祖先在内的灵长目动物。③ 约3300万—2500万年前，其中的旧世界猴分化出的原上猿、渐新古猿和埃及猿进一步演变为包括腊玛古猿④、森林古猿在内的几十种古猿，绝大多数已灭绝，延续至今的是有着明显界限的非洲猿⑤和亚洲猿⑥两个类群，又可根据其生物形态的相似性区分为大猿和小猿，时间约为1200万—1900万年前。从古猿又分化出新的种系，其中已经灭绝的种类和大猿被归为人科动物，在以DNA分析为证据的支序系统发生分类学中，人科通常包括黑猩猩类和人类。目前亚洲大猿中仅有红毛猩猩一支，根据分子证据可以估计它与非洲大猿的分化时间，但化石记录的空缺导致非洲大猿在1000万年里的演变状况无迹可寻。人类的祖先究竟在哪里？

---

① 但是根据传统的形态学比较所揭示的人族动物的关系，并未达成和分子生物学的研究完全一致的结论。

② 主张这种观点的代表性著作有德斯蒙德·莫利斯的《裸猿》和贾雷德·戴蒙德的《第三种黑猩猩》。

③ 灵长类动物包括原猴亚目、眼镜猴亚目和人猿亚目，人猿亚目包括新世界猴（产于美洲大陆，属于阔鼻猴类）、旧世界猴（产于欧、亚、非洲大陆，属于狭鼻猴类）和猿类。

④ 首先由美国耶鲁大学研究生刘易斯于1934年在北印度和巴基斯坦接壤的西瓦立克山区发现，由于同类古猿的化石分别于1956—1957年于云南开远县小龙潭第三纪褐煤层中被发现，1975年于云南禄丰县城北庙山坡石灰坝褐煤地层再次发现，所以又称为开远古猿、禄丰古猿。

⑤ 现存有大猩猩、黑猩猩和人类。

⑥ 现存有长臂猿和猩猩（即红毛猩猩）。

化石证据链的中断一度让达尔文关于人类源自非洲的假设受到质疑。因为在 19 世纪以来相当长的时间内，并未在非洲发现从 1600 万—500 万年前的类人猿化石，这构成了通常所说的连续演化进程中的缺环，而同一时期却在亚洲发现了大猿的化石。为了对这种状况做出合理解释，一种办法是像德国博物学家恩斯特·海克尔（Ernst Haechel）那样，以当时仅在印度尼西亚的婆罗洲和苏门答腊发现大猿为理由，认为东南亚更有可能是人类的发源地[①]。另一种办法是从环境变化和猿类扩散的角度提出新的假设[②]，为大猿在非洲的连续进化提供辩护，这些假设有一定合理性，但缺乏有力证据的支持。

20 世纪中期以来，新的生物学方法应用到古人类学研究之中，对通常所说的"人猿揖别"的时间点获得了比从前更为明晰的认识。美国生物学家萨利奇和威尔逊通过比较人、猿、猴的血清白蛋白，测得高等灵长类动物中人超科（Hominoidea）[③]与旧大陆猴的分离时间约在 2000 万—3000 万年前。分子钟的建立把人类与大猩猩和黑猩猩的自然分界点锁定于 800 万—500 万年前，而从作为第一个人科动物化石的南方古猿非洲种的化石在南非发现以来，距今 700 万—160 万年间的人科动物化石不断地从非洲发掘出来，努力找寻人类共同祖先的人类学家和考古学家们依循达尔文的猜测所标示的方向，重新向被视为远离文明世界的非洲进发。事实证明选择回归这片被许多人看作是"蛮荒之地"的大陆是再明智不过的了。在人类迈进 21 世纪时，在非洲展开的艰辛的化石发掘之旅有了出乎意料的重大收获，化石链的断裂得到了相当程度的填补。2000 年年底，在肯尼亚中部图根山区的鲁吉诺化石地点发现了后来被称为"千禧人"的图根原人（Orrorin tugenensis）的化石，凭借放射性测年技术、凝灰岩与动物群关系分析及磁性地层学方法估算的化石所在地层年龄距今约 610 万—580 万年。2001 年 7 月和 2002 年 3 月，在乍得北部东非大裂

---

[①] 海克尔的推断再加上同一时期华莱士在关于马来群岛的自然史著作中对猩猩的描述，促成了爪哇人的发现。

[②] 这类假设包括认为非洲酸性土壤阻碍化石形成；或认为大猿曾经从非洲走向欧亚大陆保持连续进化，千万年后又返回非洲。

[③] 即人猿超科，动物分类中灵长目内由原康修尔猿科、长臂猿科和人科组成的分类层次，智人即现代人类就属于人科中人亚科包含的人族。

谷以西 2500 公里的沙漠中的三个地点，又发现了后来被命名为"乍得撒海尔人"（*Sahelanthropus tchadensis*）的头骨化石，研究认为其存在时间距今已有约 700 万年，当数已发现的最古老的处于人猿分界点上的原始人类化石，因此又称为"图迈"（Tumai）①。在 2001 年于埃塞俄比亚东北的中阿瓦什地区和戈纳地区发现了 580 万—450 万年前的地猿化石，这和 1992—1993 年在阿法地区发现并于 1994 年命名的地猿（*Ardipithecus*）化石属于同种。这些发现虽然并未取得完全一致的化石分析结果，但是关于人类最早起源的观点得到了更新，特别是人猿分化的时间界限前推至 700 万年前左右，达尔文关于非洲是人类最早发源地的理论预见被越来越密集的证据所证实。

早在达尔文正式发表《物种起源》的时代，赫胥黎就对人猿的自然史进行了细致的考察，并进一步探讨了人类和其他动物的关系，这一研究构成《人类在自然界的位置》的核心内容。他从四肢比例、躯干（由脊柱、肋骨和骨盆相连构成）、头骨和牙齿诸方面，详细地比较了人类、猿类和猴类的解剖学特征，认为"不管选择动物结构的哪一部分，即不管选的是肌肉系列还是内脏来进行比较，其结果应当是一样的，即比猿低等的猴类与大猩猩的差别要比大猩猩与人类的差别更大"②。为了保证这一结论的有效性，赫胥黎进一步从手脚骨骼结构和脑的构成对人类和猿类进行了比较，认为"不管研究哪一种器官系统，在猿猴的系列中，通过对它们的变异进行比较，都会得出一个相同的结果，人类和大猩猩、黑猩猩在构造上的差别并不像大猩猩和较低等猴类在构造上的差别那样大"③。但是，赫胥黎随后就此问题再次强调了在比较研究过程中表现出的审慎，即必须承认黑猩猩、大猩猩和现代人类的真正的结构差别，人

---

① 取自乍得的戈兰语，意为"生命的希望"。
② [英] 赫胥黎：《人类在自然界的位置》，蔡重阳等译，北京大学出版社 2010 年版，第 49 页。
③ 同上书，第 58 页。

和猿类的差异并没有小到可以忽视的地步,① 无限地拉近人和猿的差别,与那种高高在上轻视包括人猿在内其他动物的态度,要么是出于无知的妄自尊大,要么是刻板的断章取义,应该在承认差别的前提下,对这种差别的大小给出合理的说明,这样就能在人类和猿类的生理构造存在差别的情况下,寻求支持动物分类的普遍的自然因果关系,从而迫近人类源起的真相。赫胥黎相信,如果能证实猴类之间存在逐渐演化变异的情况,或是不同的猴类具有共同祖先,那么人类的起源也就有两种可能:或者由某种类人猿长期演变而来;或者由人和猿共有的祖先分化而来。

---

① 这种谨慎态度让我们想到一个流传甚广的关于人类和黑猩猩有 97% 甚至 99% 基因相似度的误解,许多人过度地相信了这个超出特定范围实际上就完全错误或并无确定性的数据,甚至把人类称作"第三种黑猩猩",排除其中的玩笑成分,这一说法立论基础并非是完全可靠的。美国学者 Jay L. Wile 在其博客文章 99%?95%?87%?70%? *How Similar is the Human Genome to the Chimpanzee Genome?* 中说明了这一相似数据在相关研究中的变化情况。美国生物学家玛丽-克莱尔·金(Mary-Claire King)和 A.C. 威尔逊(A.C. Wilson)在 1975 年发表于 *Science* 的文章 *Evolution at Two Levels in Humans and Chimpanzees* 中公布了他们对人与黑猩猩体内几种蛋白质比较研究的结果,发现在许多蛋白质中,主要结构有大约 1% 的差异,因此认为人类和黑猩猩的蛋白质编码的 DNA 的某些部分有 99% 的相似度,然而对于人类和黑猩猩的基因组而言,这些蛋白质编码的基因只占其中极小的部分,所以这样一个极高相似度的说法未免以偏概全。2002 年,美国生物学家 Roy J. Britten 在美国国家科学院院刊(Proceedings of the National Academy of Sciences, PNAS)上发表文章 *Divergence between Samples of Chimpanzee and Human DNA Sequences is 5%, Counting Indels* 公布了对约 100 万个人类和黑猩猩基因组中的碱基对的比较研究结果,表明这些 DNA 片段的相似性为 95%。但是相对于人类基因组中的 32 亿个碱基对,研究所用样本的数量很难说是足够的。2003 年 PNAS 发表了 Tatsuya Anzai 等人的论文 *Comparative sequencing of human and chimpanzee MHC class I regions unveils insertions/deletions as the major path to genomic divergence*,发布的是对人和黑猩猩的基因组中另一部分约 190 万个碱基对的比较观察结果,这次发现的相似度是 87%,但是与整个基因组相比,研究样本所占比例依然极小。2005 年,完整的黑猩猩基因组图谱的草图发表,据此进行的更准确的比较显示,人类基因组的 31.6 亿个碱基对中有 24 亿个与黑猩猩基因组碱基对完全吻合,而在这 24 亿个碱基对中约有 3% 还存在一些差异,所以根据这次比较,人类和黑猩猩的 DNA 相似度是 72%,但是如果收集更多的完整数据并加以考虑,这个数字会降低到 72% 以下。用遗传学家 Richard Buggs 的话来说,"当我们拥有一个可靠和完整的黑猩猩基因组时,人类基因组与它的整体相似性将接近 70%(远远低于 99%)"。虽然 Wile 对人类在自然界中的地位持有的是一种不可取的创造论的态度,他对人和黑猩猩基因相似度的说明也是为了表达一个智慧的创造者把人设计得格外不同,但是他所引述的材料和论证过程是可信的。根据其他学者的研究,人和香蕉甚至也有 60% 的基因相似性,而很多人相信仅仅是 1% 的基因差异就让人和黑猩猩如此不同,所谓"差之毫厘,谬以千里",何况这一差异远远超出过于简单和乐观的估计。虽然在微观层面,我们也被相似性所支配,但明确究竟相似到何种程度还是有必要的。当然,如果人和黑猩猩的差距果真达到 70% 左右,也不会影响关于人和黑猩猩是从同一祖先分化出来的判断,因为考古学和行为学方面的相似性分析对此也具有极其重要的证实作用。

在这个问题上，他高度评价达尔文之前提出的自然选择学说，完全赞同用"一种真实的自然原因"来说明人类的起源。他的细致分析被达尔文采纳，既然人类和黑猩猩、大猩猩的亲缘关系最为密切，也就是说非洲大猿和人的生物形态方面的接近程度远在亚洲大猿之上，而且与黑猩猩、大猩猩有密切亲缘关系的某种已灭绝的猿类很可能曾以非洲为栖居地，所以人类远祖曾经生活于非洲的可能性大大增加了。达尔文认为，把人类最早的祖先的居住地圈定在非洲，也与人类在毛发逐步减少时需要居住于气候炎热地区并以大量果实为食物的基本需求有直接关联。这些来自于演化论初创者的推论实际上为后继者划定了寻找人类祖先踪迹的基本范围。后来的研究证明，虽然非洲以外的地方的年代顺序大幅推后地估计，500万—800万年前是相对比较准确的人猿揖别的时间点，尽管这依然是距今太过于遥远的往昔时段，但至少我们可以知道，比起大猩猩与黑猩猩的关系，人类与黑猩猩的亲缘关系要更近。可以很合理地推断，大猩猩和黑猩猩的先祖肯定还衍生出了其他后续物种，但这些物种均属于进化旁支，不过这并不妨碍我们把所有这些动物和人类在生物分类上归入同一族群（人族）。人类和黑猩猩、大猩猩是非洲大猿存留下来的后代，而在人属中曾有多达 14 个种①，其中只有智人种硕果仅存，其成功延续至今的亚种成员只有现代人类。尽管我们比两个世纪以前的人们更有充分理由对人类和其他人科动物的相似性表示认可，但古人类学家仍无法在化石中找到确凿证据说明这种相似性的根源，某种化石更像人还是更像猿，一度依靠的是很主观的判断。直到生物大分子层面的分析方法在 20 世纪 60 年代初见成效，其后公布的多肽结构区分研究和血清蛋白结构研究，才为人类与黑猩猩、大猩猩的生物相似性提供了超越直觉和一般观察的证据。

如果我们能听从那种不把已有的化石排列顺序固化的忠告，以随时接受新的证据的态度，尽量避免线性思维的方式，对人类的演化过程进行一个大致的描述，是可以越来越详尽地描画出进化树上的主干和分枝的，这种描述中最引人注目的是容易图像化的生物形态上的连续性，但

---

① 包括能人（又称巧人）、鲁道夫人、匠人、格鲁吉亚人、先驱人、海德堡人、西布兰诺人、罗德西亚人、丹尼索瓦人、尼安德特人、弗洛勒斯人等。

这恰好是最不确定的部分。当然阶段式和支系式的演化图谱并非是非此即彼的关系，在对于特定问题的表达上，它们各有优势，有时候限于文字表达本身的单向性，阶段式的表述是难免的。即便如此，可以首先从重建古环境的气候变化趋势入手，对人科动物祖先在生境转移的过程中逐步形成的生活习惯的变化进行想象，进而有一个概括性的人化的基本阶段的划分。至于确切的人族祖先的候选者，则因为化石测定结果和分子证据的不一致而陷入争议，但是很明显，这种争议是和技术手段的更新所产生的新的分析工具的运用分不开的。

### （三）撒海尔人（图迈）是否人如其名？

来自普瓦捷大学的法国科学家米歇尔·布吕内（Michel Brunet）率领的法国—乍得联合考古队于 2001 年在中非乍得托罗斯—米那拉（Toros - Menalla）地区发现的类人头骨（损毁程度严重，几近粉碎）、颌骨（两件碎片）和若干牙齿化石经生物学相对年代方法测算，留下这些骨质化石的物种年龄约为 600 万—700 万年，被归为一个独立的撒海尔人属。由于在此之前根据分子钟确定的人类与黑猩猩、大猩猩分化的时间点约为 500 万年前，加之化石标本中的颅骨偏小且过于扁平，更像类人猿化石的其他部分也具有人和猿的特征相混合的镶嵌性，据此有一种将这次发现的撒海尔人遗骨归为早期大猩猩化石的意见。也有人认为它是人类和黑猩猩的共同祖先，或有可能是黑猩猩的一个业已灭绝的旁支的成员。但是化石的发现者通过细致的观察和比较，结合更多参与研究者利用 CT 扫描技术对化石碎片的修复，力图提出为人类留住这来之不易的"生命的希望"的更可靠分析。首先，从化石中所能推断的整体形象来看，虽然撒海尔人的颅骨大小与黑猩猩差不多，脑容量据推测在 320—380 立方厘米，但眉脊却很宽，和地质年龄距今 300 多万年的直立人化石很像，并且有着较大较平的面部，明显有别于口鼻部位前凸的人猿面部特征。它的磨牙被很厚的珐琅质覆盖，这虽然是人类和猿类共有的特征，但"图迈"的犬牙很小，又与人类相似。最重要的发现是在颅骨化石中找到了距离颅骨底部更近、开口朝下的枕骨大孔，说明它的头部很可能像人类一样在头骨上方，这是只有如人类这样直立行走的物种才有的骨骼构造①，所以撒海尔人很有可能具备了直立行走的能力。其次，从地理环境来看，托罗斯—米那拉地区处于长度超过3800公里的萨赫勒地带的中段，这里刚好是撒哈拉沙漠向热带草原的过渡带，属于干旱、半干旱气候。但在这一地区发现了具有湖岸沉积物特征的岩石，还有约10种淡水鱼及其他生活于森林、草原的脊椎动物如龟、蛇和蜥蜴的化石，依靠地质学和古生物学方法重建700万年前的环境，可以肯定撒海尔人生活在一个与今天完全不同的自然条件下。当时这一地区并非干旱少雨的气候，而是降水充足、丛林茂盛，森林边上有草地、河流和湖泊，共同构成复杂的生态链，能为撒海尔人提供丰富的食物来源和其他资源。在这样的环境中，结合它的体态、牙齿磨损状况，可以猜测它也许在某些时候会以两足直立的方式在湖畔觅食，所以，布吕内非常肯定地认为他发现的是迄今为止最早的人类化石。但所有这些方面，在密歇根大学考古学家密尔福德·沃尔波夫（Milford Wolpoff）主持的研究小组看来，完全可以作出另一种解读。据他们分析，"图迈"的眉骨虽宽，但过于突出，这和人类面部特征不符，倒是更像猿类。较小的牙齿未必说明撒海尔人一定就更接近人，因为雌性猿类的牙齿本来就很小，而这些化石的数量和对应的身体部位不足以做出有关性别的判断。据此沃尔波夫认为布吕内小组发现的是类人猿化石，他特别强调，身高至多只有和黑猩猩差不多的120厘米的"图迈"不会直立行走，从其颈部肌肉的化石痕迹判断，它依然是保持四足并用行走方式的动物，所以，"'图迈'可能是人类祖先与类人猿分化成两支前的共同祖先。我们既不好称它为大猩猩，也不能称它为人类祖先。它是一只类人猿"②。"千禧人"的发现者、巴黎法兰西公学院的古人类学家布里奇特·森努特（Brigitte Senut）和马丁·皮克福德（Martin Pickford）则在沃尔波夫的结论之上进一步指出，"图迈"未必就是人类和黑猩猩的祖先，因为它的化石特征与雌性大猩猩更一致，有可能是黑猩猩或大猩猩的祖先，这样一来撒海尔人就不可能在人类演化树

---

① 用四肢爬行的黑猩猩的枕骨大孔在头骨更靠后的位置，开口方向朝后，头骨处在水平状态的脊柱的前方。

② 刘武：《追寻人类的足迹》，《科学世界》2006年第3期，第13—26页。

上占据重要的位置。① 可见，由于化石证据不足，主要是在撒海尔人能否直立行走这个关键点上达成一致看法，它的归属问题实际上颇有争议，但对它的发现提醒我们，也许人类与猿类分化的时间要早于分子生物学所提供的数据。目前这个物种在生物分类上被归于人族，获得撒海尔人属乍得种的单独命名，在没有掌握更多化石证据之前，"图迈"暂时占据着现在已知的最早人类成员座次的首席。

### （四）"千禧人"的归属

在古老程度上仅次于撒海尔人的早期原始人种则是因为其发现年代而获称"千禧人"之名的图根原人，但是对于它在进化树上的恰当归属，也同样在人类和人类与大猩猩的共同远祖之间摇摆，这一点从它既被称为"千禧人"又被称为"千禧猿"或"图根猿"的命名情况就能看出来。当来自法国国家自然历史博物馆的两位科学家于 2000 年在肯尼亚中部图根山发现这些包括颌骨、股骨、肱骨、指骨和牙齿在内的化石时，在 20 多年前已经发现过一枚臼齿牙冠，该物种化石的发掘一直持续到 2007 年，在四个地点累计发现化石 20 件，经钾—氩法推定其存在年代距今约 600 万年。听上去数量不少，但这些化石很是琐碎且属于同一物种的至少 5 个不同个体，这对化石的准确分析造成了很大困扰。发现者主要根据头骨化石和牙齿特征推断"千禧人"属于早期人类：臼齿化石上的珐琅质很厚，这种情况未在黑猩猩中发现过，却多见于出现时间更晚的人类化石中。如果说这个证据还不是很有说服力的话，那么对股骨化石的解析则似乎应该提供决定性的证据。由于习惯爬行的灵长类动物股骨颈各处软骨厚度均匀，而直立行走者的股骨颈顶部和底部皮层质骨最厚，布里奇特和马丁认为"千禧人"应该具备后一个特征，但是这次利用 CT 扫描无法得到清晰图像，化石股骨颈的软骨厚度未能明确化。但是图根原人有着上半部较宽的长颈股骨且髋关节较为粗大，这些特征表明它的臀部肌肉应该能起到在行走时稳定躯干的作用，以承受行走时的侧向弯曲力，免于左右摇晃。通过对比还可以看到，化石中腿骨的形态与直立行走动物的腿骨形态很一致，所以，"千禧人"是属于直立行走的原始人

---

① 刘武：《追寻人类的足迹》，《科学世界》2006 年第 3 期，第 13—26 页。

类。但是认为这批化石并非人类的意见也包含了化石的发现者无法回避的关键疑问：

其一，牙齿上较厚的珐琅质无法把人类和猩猩完全区分开来，因为这并非人族动物独有的特征；

其二，图根原人的股骨看样子与树栖猿类没有本质差异，且肱骨化石分析显示其上臂有一块肌肉很强健，且其手指指骨弯曲明显，应该是以攀爬为常态所致，这说明化石中存在的人猿特征共有的镶嵌现象又一次成为明确推论的阻碍。

这两种意见折中的结果是，研究者认为图根原人是同时具备在树枝间攀缘和在地上直立行走的能力的，但在其身份的归属方面，依然各执一词。像伍德这样的反对图根原人属于人类者主张，既然证据不充分，"我们最好把它当成与黑猩猩和人类的共同远祖有密切关系的一种生物"①。皮克福德、伊恩·塔特索尔和丹尼尔·利伯曼等人则把这批化石归入人族，从名称看来这一派的主张稍胜一筹。图根原人被归于人科动物，产生了这样一些后果：第一，使早些时候发现的距今约400万年的始祖地猿的身份向猿类偏离，那么更早时候发现的南方古猿则是演化旁支；第二，向研究者提示存在人和猿分化的时间比分子生物学提出的分化点更早的可能；第三，为600万年前直立行走的原始人的出现与因气候干旱导致森林退化为草原的环境因素的关联性提供了支持。

### （五）亦人亦猿的"阿尔迪"

从始祖地猿化石碎片的发现到基于化石的骨架的整体复原，来自9个国家的几十位研究者出于谨慎花费了15年的时间。根据古老程度的差异，这些分属于不同个体的被归为地猿属的同样有可能是人类始祖的灵长类动物化石被分为两组：年代较早的卡达巴地猿（*Ardipithecus kadabba*）和年代稍后的拉米达地猿（*Ardipithecus ramidus*），也称为"阿尔迪"。② 第一组化石指示的年代约在580万—520万年前，由于这些数量有

---

① ［英］伯纳德·伍德：《人类进化简史》，冯兴无、高星译，外语教学与研究出版社2015年版，第93页。

② Ardi 的意思是"底层"。

限的化石发现于距离较近的几处分散的地点，很难完全确定它们的相互联系。其中的牙齿化石中的犬齿很大很尖锐，与现代的雌性黑猩猩极为相似，牙上的珐琅质很薄，这也更偏向于猿类特征。它的脚趾骨化石的弯曲程度类似于猿，与其他骨头的衔接方式又接近于以后直立行走的原始人，同时还可以推断，它的上肢比下肢更原始，也就是说卡达巴地猿的上半身更接近猿类，下半身更像原始人类，这种在撒海尔人和图根原人化石中表现出来的镶嵌特征再一次出现了。在其归属方面又因此分歧明显，主张将其划入人科动物者认为上下肢原始程度的不同恰好是早期原始人类（Early - stage hominid）的特征，但反对者则声称根据这组化石得到的印象与猿人特征大相径庭，不应急于将其归于人类分支，应该静待新证据的问世再做判定。第二组化石经虚拟技术重建后，显示"阿尔迪"的脑量为300—350立方厘米，接近现今的黑猩猩。其体重约有110磅，也和体型较小的黑猩猩差不多。从牙齿化石来看，其牙齿构造、臼齿大小居于黑猩猩和人类之间，珐琅质比卡达巴地猿更厚但犬齿却小了很多。由于化石不完整，只能猜测其枕骨大孔也有朝下的倾向，那么它能直立行走吗？在分析了"阿尔迪"的手臂骨骼状况之后，可以确定它的整个手臂的构造特别有利于树上攀爬悬荡的运动方式，使研究者陷入迷惑的是，理应同时表现出来的和猿类一致的指背行走（knuckle - walk）的特征却无迹可寻。此前人们已经知道，黑猩猩和大猩猩在四肢并用行走时，会将前脚趾弯曲使前掌呈拳状，使前后肢大致等长，同时用指背撑地承受体重，这样就使得它们原本适应树栖悬垂荡跳生活而时常处于拉伸状态的前肢受到很大挤压，这会在前足腕上留下痕迹。也就是说，尽管没有找到"阿尔迪"会直立行走的证据，但它的行走方式又不同于猿类。根据分子钟确定的人猿分化的时间点，人类和黑猩猩与大猩猩的分化时间要比人类与黑猩猩的分化时间再早200万年左右。这就说明，如果猿类从其共同祖先遗传了"指背行走"的方式，那么人和猿的共同祖先也应该有"指背行走"的习性，所以假设拉米达地猿真是在人与猿分化之后的早期祖先的一员，那么在它的前肢的足趾足腕上应该有受"指背行走"的重压留下的痕迹，但研究者在化石中没有找到对应的特征。这种奇怪之处让很多古生物学家质疑分子钟提供的人猿分化的时间界限的准确性，也许这个时间应该比500万年要早很多。当然，地猿的研究者依据残破的化石骨骼重建出来的完整的盆骨结构不乏主观性，"阿尔迪"的胯骨短于猿类，近于人类。骨盆前端还有着与直立行走时保持平衡所需的强劲韧带和便于发力的腿直肌关联的脊突，这点也和人类更接近，而四足行走的猿类的骨盆的脊突很小。重建的骨盆还显示"阿尔迪"有较短的髂骨和粗大的脊柱，这说明它有可能会直立行走，即便不是在地面上以两足疾奔，也会在较粗的树干上站立起来。不过"阿尔迪"的后肢结构完全是猿类的模样：脚长而弯，大脚趾向两侧分开，这种足型完全不能胜任于地面的直立行走。那么，有没有一种可能，阿尔迪时而在大树干上四肢并用地爬行，时而在细枝上悬摆？地猿的研究者们却认为"阿尔迪"体型太大、体重很高，无法像猩猩一样自如地垂悬跳跃于枝条间。如此一来就引发了新的困惑和猜想：始祖地猿的身份更显扑朔迷离，它很有可能是与黑猩猩一样从人猿共同祖先中分出的一支独立演化的动物，是最接近人和猿共同祖先的原始人类。"即便接受'阿尔迪'是一个原始人类的看法，那么我们也必须认为，它应该是某个偏离了人类主体谱系的分支的代表。"① 这已经是能够就地猿始祖种的相关分析所能做出的关于其分类归属的最宽泛的猜想，而更看重实际证据的学者对以上的猜测不以为然，倾向于认为地猿更像黑猩猩而非人类。"阿尔迪"具备亦人亦猿的混合特征，但在现代非洲大猿身上并没有遗留地猿的特征，这个事实引起了以下的建议："在经历最后的共同祖先阶段之后，人和黑猩猩在各自的演化道路上都出现了与共同祖先差异很大的特征，因此在研究人和猿的共同祖先及人类进化时，再将黑猩猩或大猩猩当作研究模型已有些不适宜。"② 但很难想象，如果抛开现代猿类的参照，对最早的人科动物的探究所得，会是怎样一种境况。

总的来看，寻找最早人类祖先的过程遭遇的最大困难是过于稀少而杂乱的化石证据，在化石的分析中掺杂了太多来自研究人员的主观因素。同时，受到分子生物学确定的人猿分界点的影响，类人特征并不充分的

---

① ［美］伊恩·塔特索尔：《地球的主人：探寻人类的起源》，贾拥民译，浙江大学出版社2015年版，第18页。

② 《最古老原始人研究获评十大科学进展之首》，2018 年 9 月 30 日，http：//news.163.com/14/0310/15/5QUF5H52000120GR.html，2009 年 12 月 29 日。

撒海尔人、图根原人和始祖地猿都被列入最早古人类的候选者范围。在发现过时间较晚近的南方古猿化石的地点发现始祖地猿化石以及上文所述四类化石中都存在的人猿特征的镶嵌性表明：一方面，很有可能人科动物与其分布的地理环境的结构有着广泛的适应性，因此由猿到人的进程中曾出现过变异程度很高的可以弥补演化缺环的物种；另一方面，化石中不同特征的混合共存"暗示在人科的不同阶段存在高水平的异源同型（homoplasy）：这意味着在不同的物种中表现出类似形态是趋同进化和平行进化的结果而非系统发育的原因"①。由于人科动物的某些特征专属于人类，又有很多人科物种已经灭绝，所以注重表型特征的对比从而筛选出在逐渐变化中确定下来的属人特征，比对这些化石物种进行分类更重要。找寻最古老人类的历程，虽未提供非常明晰的演化图谱，却将人科动物系统中延续至今的多样性展露无遗，把我们对人之本性的理解聚焦于人在生物演化中究竟何以成为人的决定性特征方面，这些方面是从人类特有的关键性适应形状及相继的工具行为中呈现出来的。

## 二 绿野猿踪：直立猿（南方古猿）与工具行为

### （一）南方古猿的最初发现及其争论

显然，最古老的人类祖先是无法确定的，相比之下，南方古猿与大猩猩的差异较为明显，而与现代人类在生物形态方面的相似性更多，所以这支人族下属的出没于400万—150万年前非洲大陆的灵长动物类群虽然名为南猿，实际上从直立行走特征方面而言要比前述的几种疑似人科动物更接近人，有的研究者也将其称为早期猿人②，但这并不意味着南猿就一定和人属有非常确定的关系。从目前已发掘的化石来看，它们包括

---

① ［英］N. H. 巴顿、［美］D. E. G. 布里格斯等：《进化》，宿兵等译，科学出版社2009年版，第764页。

② 实际上早期猿人（archaic ape man）这一名称用于南方古猿只是某些学者的一种广义的借用，从其比较确切的含义来说，特指更新世早期或更早时候（约距今377万—180万年）的人类，有别于南方古猿之处在于能以砾石制造工具，包括以在肯尼亚库比弗拉发现的头骨化石命名的鲁道夫人（Homo rudolfensis）、在中国重庆巫山发现的巫山人（Home erectus wushanensis）和坦桑尼亚奥杜瓦伊峡谷发现的能人（Homo habilis）。

两种类型和多达 7 个种群，均被发现于非洲，从 20 世纪 20 年代开始直到 21 世纪以来一直有相关的化石持续得以发掘，积累了包括各类骨骸和众多石器在内的非常丰富的研究素材。当 1924 年一个很小的头骨化石从南非汤恩巴克斯顿采石场里因施工爆破而从垂直高度 15 米、水平宽度 70 米的石灰石悬崖里跃然而出后的一段时间里，没有多少人看好年轻的人类学家雷蒙特·达特（Raymond Dart）在第一时间认为这件化石属于更接近于人、类人猿和人类的中间类型物种的专业鉴定。但是他的创立一个人猿新科并为这种新发现的人科动物起一个既能纪念其发现地又能对达尔文的人类非洲起源说加以呼应的名称的倡议，却在当时英国生物学界和人类学界权威们的贬低中逐渐被研究者所接受，这一转变耗时近四分之一世纪，"反对非洲为人类进化地区的偏见和对如此像猿的一种生物可能是人类祖先这一想法普遍的反感结合起来，使达特和他的发现长期湮没无闻"①。1925 年 2 月 7 日第 115 卷《自然》杂志刊载了达特的论文《南方古猿非洲种：南非的人猿》（*Australopithecus africanus: the Man – Ape of South Africa*）②，在文中他对已复原的头骨从轮廓特征、齿系特征、下颌骨结构和颅内模型几方面进行了翔实分析，认为这几方面都更多地表现出和人类的一致性。在枕骨大孔位置和颅底点的测量上，达特发现这一化石标本代表的物种是直立行走的，手得到了解放并成为有助智力提升的工具，并能进行更精细、更具目的性和更有技巧性的运动，具有更复杂的功能。在比较了大猩猩和化石标本的脑顶区之后，达特相信新发现的物种脑量更大，智力更高，并具备了超越类人猿的立体视觉，因而在获取事物的表象和信息处理上对语言的产生具有里程碑式的作用。因此

---

① ［美］理查德·利基：《人类的起源》，吴汝康、吴新智、林圣龙译，上海科学技术出版社 2007 年版，第 22 页。

② 正是在这篇文章中，他创造了将拉丁文和希腊文合在一起的"南方古猿"（*Australopithecus*）这一用以指称新发现的生物类群的新词，但这个名称被古生物学、鱼类化石专家阿瑟·史密斯·伍德沃德（Arthur Smith Woodward）斥为"野蛮"。伍德沃德曾在"皮尔唐人"事件中以专家身份鉴定了那件轰动一时但实际上是几个造假者用人头骨和黑猩猩颌骨拼凑伪造的原始人头骨，并错误地认为那是一种新发现的、最早的人类化石，并将其命名为"曙人陶逊种"（*Eoanthropus dawsoni*）。伍德沃德于 1944 年去世，但"皮尔唐人"骗局直到 1954 年才被揭穿，1959 年的 C14 法测定所谓"皮尔唐人"的头骨年代也就五六百年而已，这一骗局所造成的影响发人深省，但类似的事件还有再次发生的可能。

它与类人猿的亲缘距离更远，与人类更接近，可能弥补人类与其已灭绝的猿类祖先之间的缺环。但是当时包括阿瑟·基思（Arthur Keith）、埃利奥特·史密斯（G. Elliot Smith）、阿瑟·史密斯·伍德沃德（Arthur Smith Woodward）和迪克沃斯（W. L. H. Duckworth）在内的英国生物学、人类学和解剖学的权威们都异口同声地断言从头骨对应的较小的颅腔容量、未明的牙冠状况、颌骨形态及面部特征判断，他们只能在这具头骨属于某个幼年个体方面认可达特的发现。除此以外，他们十分肯定这个后来也被称为"汤恩幼儿"（Taung Infant）的化石属于类人猿个体。从同一杂志中这几位学者以通信方式对达特的观点所做的评述来看，他们更看重脑量大小在判断一种人猿更像猿还是更接近人的过程中所起的作用，此外，化石头骨的原件未能被更多人看到、化石复制品过于粗糙、不便于详细观察，也是导致达特的研究未能及时得到公正认可的原因。好在当时古生物学家罗伯特·布鲁姆（Robert Broom）亲眼见到"汤恩幼儿"的头骨化石，在达特分析的基础上经过详细的观察分析进一步呈现了化石在解剖学方面的类人特征。布鲁姆首先实地考察了化石的发现地的地质地貌及之前此地的其他动物化石出土情况，从地质学角度估计达特发现的头骨化石年代不大可能早于更新世[1]，这和后来测定的南猿非洲种化石大约250万年的年龄非常接近。布鲁姆尤为耐心地对头骨中可以辨认的颞区顶骨间、颞区、颌骨接合部、鼻腔周边的骨缝进行了专业描摹和解析，并对化石的门齿大小、臼齿形状与排列、牙冠磨损情况分别绘图详查，给出了足以证明"汤恩幼儿"属于早期人类物种的充分证据，有力地支持了达特的研究。[2] 即便如此，基于科学种族论立场，基思也依然保持了对达特结论的强烈质疑，他直言不讳地认为创建新科以将南方古猿定位于人类演化缺环的想法很荒唐，并在观看了头骨的并不精确的模型后指责鉴定形同猜测。在他看来，许多人类的特征被捏造出来强加于这具类人猿头骨，因此他将尽力贬低达特的发现，只认可将爪哇人当

---

[1] 地质分期的一个阶段，又称洪积世，属于地质时代中第四纪的早期，是冰川作用活跃期，也是人类出现的时期。距今年代约为260万—1万年前。

[2] 布鲁姆的相关研究也以论文形式发表于1925年4月18日《自然》杂志，题为《汤恩头骨的几点说明》（*Some Notes on the Taungs Skull*）。

作人和猿之间更具有人类特征的中间环节。达特随后对基思的批评进行了激烈的反驳,但基思却坚持认为"汤恩幼儿"不具备人的特征,无法获得超出于猿类的定位,他特别重视脑量在人猿分界方面的重要性。此前他已经为人属提出了一个脑量应等于或大于 750 毫升的定义标准,为此他强调 850 克的脑重量应该是一个基本条件,这显然是针对"汤恩幼儿"与成年大猩猩相仿的约 500 毫升(即便成年后也只可能达到 600 毫升左右)脑量而言的。也就是说,仅从脑量所直接关联的智力程度方面,基思断然否定了达特所说的南方古猿非洲种应该属于从猿到人的类人过渡形态的建议。当时大多数人并不知道或者已经忘却了达尔文关于人类祖先存在于非洲的假设,并且也很难相信贵为智人的物种会源于文明程度相对落后的非洲。同时,对于脑容量在表现人类特征方面的重要性的考虑要超过对直立行走的重视,加之受到尼安德特人、爪哇人以及当时尚未被证伪的"皮尔唐人"化石的影响,寻找最早人科动物的范围更多地集中于欧亚大陆,人们的注意力更多地集中于"北京人"的发现,所以发现南非双足猿的意义未能得到充分估计。曾经强力声援过达特的布鲁姆在南非的其他地方锲而不舍地搜寻,于 1938 年在南非斯瓦特克朗斯(Swartkras)地点发现了和南猿类似但更为粗壮的颅骨和牙齿化石,测定年代为 200 万—120 万年前,化石发现之初被归为南猿的粗壮种,成为继达特之后发现的第二个南猿化石。后来布鲁姆在分类学上为这个化石成立了单独的"傍人属",为其命名为罗百氏傍人(*Paranthropus robustus*)①。1947 年,布鲁姆又在约翰内斯堡西北的斯泰克方丹(Sterkfontein)地点发现了通常被称作"普莱斯夫人"(Mrs. Ples)、后来作为达特发现的南方古猿非洲种的成年形态归入纤细型南方古猿的德兰士瓦迩人(*Plesianthropus transvaalensis*)② 化石。到 20 世纪 50 年代,在南非发现的南猿化石已达 70 余件③,南猿的活动时间经测定在 400 万—150 万年前。这些发现缓慢而执着地扭转着当时人类学界将南猿归于猿类的偏见,直到东

---

① 意为"接近于人的粗壮古猿"。
② 这一名称现已废弃不用,原先所指的物种归入南方古猿纤细种。
③ 另外一些发现南猿化石的地点分别是克罗姆德莱(Kromdraai)和斯瓦特克朗斯(Swartkrans)洞穴。

非的化石发掘让南猿鲍氏种尤其是阿法种的"露西"（Lucy）灿然登场，南猿作为智人直接祖先的身份之谜才变得更为明朗起来。

在南非的南猿化石发掘颇有收获并持续进行之时，在东非大裂谷一线的早期人类化石的发掘也逐渐受到重视，特别是这一地区有着火山喷发的历史，留下大量火山沉积岩，便于以放射性碳同位素法测定年份，这对准确揭示岩层内的可能有的化石的年龄十分有利。古人类学家利基夫妇①寻觅近30年，于1959年7月17日在位于坦桑尼亚北部的奥杜瓦伊峡谷（Olduvai Gorge）发现了一个粗壮的头骨（附带很大的臼齿）及腿骨，这就是著名的"南猿鲍氏种"②，因为头骨形态明显有别于南猿非洲种，被归入粗壮型南猿，经钾—氩法测定距今175万年。从颅骨、颌骨及面部特征来看，其脑量约为450毫升，与南猿非洲种相当，经与后续发现的更多化石对比，可以确定其脑量处于逐渐增长的态势。面部大而平，犬齿很小，颊齿的珐琅质很厚且下颌宽大，说明包括坚果在内的杂食特性。由于没有颅下骨化石证据，无法判定其行走姿势，但由于同期同地发现了带尖木棍化石，上边有类似于捕食白蚁的磨痕，所以不能轻易地否定它们具有制造石器工具的能力。仅仅1年后，利基夫妇又在同一地点发现了后来被称为"能人"（Homo habilis）③的古人类化石，由于这些化石和南猿有较大区别，代表了超越南猿的人类演化的新形态，将在后文详述。在此之前，需要对南猿家族最重要的发现阿法种的情况加以

---

① 古人类学界著名的常年坚持野外探险考古事业的利基家族的第一代，指路易斯·利基和玛丽·利基，从20世纪20年代以来他们不断为人类学研究做出重要考古发现，这些发现中最引人注目的除了东非人化石、莱托里足印化石，还有影响深远的能人（巧人）化石。他们的儿子理查德·利基和妻子米芙·利基也从事考古工作，以发现南猿中的"肯尼亚平脸人"、能人属的鲁道夫人化石和属于直立人的"图尔卡纳男孩"化石而著称。理查德的女儿路易丝·利基也投身于同一事业，曾和自己的母亲一起进行了对"肯尼亚平脸人"化石的发掘和研究。

② 这个头骨化石编号OH5，刚发现时被命名为"东非人鲍氏种"，也曾以阿拉伯语命名为"津吉人"，正式的名称是"傍人鲍氏种"，利基夫妇以此感谢查尔斯·鲍伊斯（Charles Boise）对他们在奥杜瓦伊峡谷考古工作的慷慨支持。后来"东非人"的名称被废除，利基夫妇发现的粗壮头骨化石所关联的人科动物也被看作是粗壮南猿的一支。

③ "Homo habilis这个名字的意思是'手巧的人'，是达特向我父亲建议的，指的是设想这个物种是能制造工具的人。"参见［美］理查德·利基《人类的起源》，吴汝康、吴心智、林圣龙译，上海科学技术出版社2007年版，第21页。正因为这样，"能人"又称为"巧人"，得名于从化石分析得出的对其具备制造工具的灵巧能力的判断。

回顾。

**（二）南方古猿阿法种：两足动物的确证**

众所周知，"露西"这个名称是信手拈来的[①]，却标志着整个南猿属中虽非最早却是最完整、最核心、最重要的发现，正是通过对"露西"为代表的这一支南方古猿化石的持续发掘和研究，包括直立行走、工具制造和使用在内的很多关键问题得到了更加深入和广泛的讨论。1974年11月24日克利兰自然历史博物馆的人类学家唐纳德·约翰逊（Donald Johanson）在埃塞俄比亚阿法山谷的哈达村发现了一些骨头碎片，并在接下来的三周里精细采集了数百件化石并确认这些样本来自同一个体。经计算，发现的骨骼化石占单一个体完整骨骼构造的40%，在当时而言是有史以来发现的完整度最高的早期人类骨骼化石，它得到了"露西"这个在后来获得极高知名度的昵称。经测定，化石周围火山灰的年龄是320万年左右，化石所属个体为一成年雌性[②]，脑容量为375—500毫升，身高约1.1米。从化石显示的介于人类和黑猩猩之间的肱骨与股骨的长度比例、和人一样的股骨和胫骨间的角度以及显著区别于猿类的骨盆形态来看，"露西"毫无疑问是能够直立行走的。但其肱骨上的骨折裂缝引发的其可能死于坠亡[③]的猜想说明它有时栖息于树上，它的胸腔形状、肩关节间距、长脚趾及弯曲指骨和强屈肌腱所关联的抓握能力能呈现出的树栖能力也强化了这一判断，说明"露西"确实依然混合了人和猿特征。然而，这并不是说它和撒海尔人、图根原人和始祖地猿这些最早人类的候选者出于同样的演化阶段，证据就是牙齿的对比分析。结合后来在同一地区发现的同种南猿化石的齿系状况，可以确定，这些化石中门齿和犬

---

[①] 据说发现这一批南猿化石的时候，发掘队基地里大声循环播放着当时很负盛名的甲壳虫乐队（The Beatles）的获奖专辑中的一首与麻醉药有关的摇滚歌曲《缀满钻石的天空中的露西》（*Lucy in the Sky with Diamonds*），因此露西就成了这批化石的昵称。也有另一种说法，播放这首歌曲是为了庆祝化石的发现。这一化石编号为AL288-1，在当地阿姆哈拉语中称为Dinkinesh，意为"你是非凡的"。

[②] 根据骨盆开口而做的性别判断受到斯坦福大学科学历史学家隆达·希宾格的批评，因为她认为盆骨与性别的关系与脑量增大的时间点有矛盾，并反对以骨骼大小来判断性别。

[③] 实际上这一猜想直到2016年8月才在《自然》杂志披露，这和化石发现者约翰森对骨缝的化石形成说完全不同。

齿都比黑猩猩同位牙齿小得多，与下前臼齿之间的珩磨结构已基本消失，其他臼齿齿面大而平坦，且有着狭长的齿列，整个齿系不同于猿类的平行形状，呈更接近于人的弯曲状排列。从大于猿类的颊齿和牙齿的磨损程度可以确定，它们已经在食物中加入了比水果更坚硬、柔韧的东西，可能是坚果、枝叶、种子和根茎等，这说明它们已经具备对气候变化①所引起的从森林到稀树地带的环境变化的适应能力，在食物方面有了更多尝试，因而需要高效和长距离的行走能力以便能扩大觅食范围，同时直立行走解放了双手，便能采摘更高处的果实和挖掘深藏于泥土中的植物块茎。既然黑猩猩可以使用木棍，"露西"就没有理由不会用加工过的木棍来增强觅食的效率。毫无疑问，对"露西"及其同种化石中牙齿结构的分析，强化了对其惯于直立行走的判断，说明它们虽有猿之名，实际上却完全具备被纳入人的系统的资格。正因为这样，"露西"是人类演化史上里程碑式的发现，甚至获得了"人类之母"的美誉，并于 1978 年作为新的原始人种被正式命名为南方古猿阿法种（Australopithecus afarensis）。

就在研究者津津乐道于"露西"及其同类的行走方式之际，哈达村庄以南 1600 公里处坦桑尼亚的莱托里（Laetoli）地区萨曼迪火山附近，又有了足以直接证明南猿阿法种确属直立行走者的重要发现：一串存留于火山灰上的延续了 20 米的足迹化石。这是人类学家玛丽·利基（Mary Leakey）在古生物学家安德鲁于 1967 年 9 月发现的动物脚印化石的基础上，经过几年耐心搜寻发现的一组由两个个体在不同时期留下的相互重叠的足印，这也引发了对于南猿之中颇为密切和融洽的家庭成员关系的猜想。经过对足迹长度和宽度的测量与解析，留下脚印的两个南猿的身高、步幅得到确认，但这些足印对于人类演化进程的意义长期陷于争论之中，科学家们想确认莱托里的发现是否表明 360 万年前已经出现了一种类似现代人类的大步幅的、高效的直立行走模式。尽管大多数研究者从一开始就通过脚印大小和间距及对南猿体型的比较相信莱托里足迹是直

---

① 地质学研究显示，在 530 万—260 万年前的上新世，因为间断持续的气候变冷，非洲开始变得干燥，森林面积缩小，草原和稀树林地扩大。这种情况下水果的产量降低，南猿很有可能要被迫开始吃一些根、茎、叶（即植物的地下储藏器官）来补充食物的不足。

立行走者所遗留，但有些研究者还是怀疑当年从淋湿火山灰里走过的南猿也许还只能像黑猩猩那样撅臀屈膝，勉强能以两条腿行走。为了抗衡这种质疑，从而证实大多数研究者所赞同的留下这些足印的阿法南猿确实有着和现代人一致步态的意见，亚利桑那大学人类学家大卫·瑞克伦（David Raichlen）和他在奥尔巴尼大学和纽约市立大学雷曼学院的同事于2010年首次从生物力学角度设计了一个实验，以征集8名志愿者在与当年类似的潮湿沙地上反复步行的方式模拟了脚印生成的过程。他们在位于亚利桑那大学的瑞克伦的运动捕捉实验室里建造了一条沙质道路，以再现当年布满潮湿火山灰的地面状况。志愿者先以正常的、直立的人类步态行走，然后佝偻着身子，以像黑猩猩一样的步态蹒跚而行。研究小组以先进的运动追踪和扫描设备记录志愿者的行走数据，并拍摄了人类在沙地上行走的镜头。生物人类学家亚当·戈登（Adam Gordon）利用他在奥尔巴尼大学的灵长类进化形态学实验室的设备提取了志愿者足印的三维模型，以便和莱托里足印做比较。在这次实验中，研究者重点考察了沙地足印在脚跟和脚趾两个部位的相对深度。他们实际上也附带着验证了一个常识：一个人在软质的地面直立行走时，脚跟和脚趾两处的受力程度均等，留下的足迹深度在这两处也是大致相等的。与此相反，如果像黑猩猩那样以屈膝弯腰半蹲的步态行进，产生的足印中脚趾部位由于受力更多，理应要比脚跟部位的印迹深得多。根据先前对南方古猿阿法种骨骼结构的分析，莱托里的脚印未必不会像那些弯着膝盖撅着臀部走路的猿类足迹一般前深后浅，但通过将脚印化石所反映的足部受力情况经三维建模后和正常人类足迹、志愿者模仿的黑猩猩式步态足迹进行比对，莱托里的化石足迹在脚趾和脚跟处保持着和现代人类足迹一样的深度，表现出来的特征完全在正常人类足迹的范围之内，更接近现代人类通常使用的步态。这一研究实际上把行走的姿势区分为两种不同的移动策略表达：脚踝模式和臀部模式，不同的姿势不仅仅影响到身体的重心，还会对前庭神经控制头部动作和视觉定位的反应机制产生完全不同的影响，行走过程中的灵敏性和稳定性的区别逐步积累为不可逆的根本差异，在对于不同环境的适应性方面高下立见。此前从化石的发掘地点和测定的年代来判断，大多数科学家所认为莱托里脚印的主人应该是"露西"所属的阿法南猿，那么这些实验结果对直立行走这一人类演化史重大演化事件的发生时间有着耐人寻味的暗示。负责实验中足迹模型提取工作的戈登认为,"这项研究的有趣之处在于它表明,有一个时期,我们的祖先所具有的解剖学结构非常适合花大部分时间待在树上,但他们已经发展出一种高效的、类似现代人类的直立行走模式"①。这恰好是莱托里足印化石所表明的人类祖先生活状态的奇特之处,在两只阿法南猿前后相继以双足踏上被雨淋过的火山灰的时代,它们应该并无完全离开树木、长此以往地在地面上行走的打算,很可能直到这些脚印出现100多万年之后,直立行走才成为早期人类的常态,它们从此彻底告别了像猿类一样以树为家的日子。行走姿势的变化以及足印所及的地点还透露出更多的信息,既然还保持着树栖的能力和习惯,踏上布满潮湿火山灰的区域的理由是什么呢?事实上,如果前面的依然掺杂了想象的分析可以成立的话,像阿法南猿这样的半树栖动物,有着和现代人类高度接近的直立步态,这恰好证明了从四足爬行到依靠双腿移动在能量转换的效率上更有优势,在因气候变化导致森林渐少的情况下,"露西"的同类们不得不选择一种更有效的移动方式去更远处觅食栖身。"由于这些脚印的周边地区在那个时期的生态环境相当恶劣……它们之所以会在这片湿湿的火山灰地上留下这幅珍贵的'版画',是因为它们正准备前往距离此地只有几英里的奥杜瓦伊盆地的森林。"② 根据这种描述,实际上既可久居树上亦能下地以立姿盘桓的南猿在总体的日常姿态上又和人类不大一样,它们也许常常不得不在俯身爬行和直立行走的姿势间来回转换,直到大约200万年前结束了树栖生活,不可逆转地致力于完全像人类一样双足行走。这和当初达尔文把演化理解为一个渐进过程的考虑是有相当的吻合度的。换句话说,所谓的从猿到人的"缺环"应该是包含众多具有过渡特征的动物,或者是在一种类群中长期保持着似人似猿的拼盘式行为特征。最早的人科动物对应的骨骼化石所有的镶嵌特征其实也意味着人类的祖先在相当长的时间内兼具类猿和类人的生活习性,然而确实存在一

---

① Evidence indicates humans' early tree-dwelling ancestors were also bipedal. https://www.sciencedaily.com/releases/2010/03/100319202526.htm,2010-3-20/2018-11-6.

② [美]伊恩·塔特索尔:《地球的主人:探寻人类的起源》,贾拥民译,浙江大学出版社2015年版,第42页。

个微妙的时间点，自此之后树栖生活方式完全被摒弃。

值得注意的是，阿法地区还有着更多的有趣之处，1992年，一具更完整的人科动物骨骼化石从这里发掘出来，鉴定结果直到2009年才完全公之于众，这就是前文提到过的距今440万年始祖地猿拉米达种"阿尔迪"。这一发现对南方古猿阿法种在人类演化史中的位置的判定产生了未曾预料的影响。

### （三）南方古猿阿法种的食性转变与工具的使用

从20世纪90年代开始的最近几十年，埃塞俄比亚阿瓦什河南岸上的距离哈达村仅有4公里的迪基卡（Dikika）又不断发现与"露西"类似的原始人类化石，直到2000年12月10日，埃塞俄比亚籍古人类学家泽拉赛奈·阿莱姆赛吉德（Zeresenay Alemseged）[①] 率领考古队在沙岩中发现了人类化石，并历经5年耐心清理，发掘出一具比"露西"的完整度高得多的幼年原始人骨架化石，并为其取名"塞拉姆"（Selam）。[②] 化石年龄经测定约在330万年，属于一名3岁女童。尽管还有一部分深藏在沙岩中的骨骼未能完全提取出来，就已有的化石，已经可以拼接为很完整的人体骨架形态。从发现地点及口鼻突出、鼻骨窄小的面部特征来看，"塞拉姆"属于阿法南猿。相对于已有的南猿化石，这次的发现有一个很大收获，那就是得到了人类化石史上第二块[③]并且是至今发现的最古老的人科动物舌骨，这块骨头提示"塞拉姆"的喉头里有气囊，这与猿类喉头结构极为类似。经过11年时间从骸骨化石中取下的薄如纸片的完整肩胛骨有亦人亦猿的特征，又一次使人们回想起自80年代以来就有的关于阿法南猿兼具树栖生活习性与直立行走能力的争论。"塞拉姆"与猿类相似的地方还包括细长弯曲的手指和经断层成像技术（CT）探测所得的与猿类相像的内耳半规管系统，这说明它依然需要经常攀缘树枝，同时在

---

① 发现化石时他是美国人类起源研究所的博士后人员，后供职于旧金山加州科学院，他和德国莱比锡的马克斯·普朗克进化人类学研究所的考古学家山农·麦克佩伦在《自然》杂志上联合发表论文，披露了关于迪基卡化石的研究成果。

② 在化石发现地使用的几种语言中，"塞拉姆"的意思完全一样，都指"和平"，给化石起这个名字寓意寄希望于当时阿法地区发生武装冲突的几个部落能平息战火、握手言和。

③ 第一块属于尼安德特人。

直立行走时还很笨拙滞缓，至少是无法像现代人这样在快速移动中灵活地协调头部和身体的关系。但是毫无疑问，"塞拉姆"一定是直立行走的，尤其是它的下半身结构中的胯骨、臀部、膝盖、小腿形状和足骨宽度更接近人类。和前文提到过的"千禧人"和"阿尔迪"一样，"塞拉姆"的身体结构具有明显的镶嵌特征，因此引发了关于阿法南猿的几个争议：（1）南猿阿法种究竟兼具树栖生活和地面生活两种状态还是只在地上栖息？在阿法南猿的身体结构中，上半身多有猿类善于攀缘树木的特征，如细长弯曲、适合抓握树枝的手指，下半身已经是能够直立行走的人类特征，由此可以延伸出两种对立的猜想：一派观点较为激进，认为阿法南猿已经彻底生活于地面，以美国肯特州立大学 C. 欧文·洛夫乔伊（C. Owen Lovejoy）为代表，他指出"塞拉姆"上半身类似猿类是因为它还没有完全摆脱得自树栖祖先的遗传特征，这些几乎无用的残留特征会在演化过程中逐渐被摒弃。洛夫乔伊还援引了之前研究者对莱托里足迹的研究成果，指出那些脚印已经表明阿法南猿的脚趾并无抓握功能，因而无法栖居于树上。另一派观点则相对保守，以发现化石的阿莱姆赛吉德及其团队中的美国佐治亚大学人类学助理教授勒内·博布（René Bobe）和美国自然史博物馆的威廉·E. H. 哈考特 – 史密斯（William E. H. Harcourt – Smith）为代表，他们采纳了美国纽约石溪大学解剖学教授小杰克·T. 斯特恩（Jack T. Stern, Jr.）对于"露西"及同类化石研究得出的阿法南猿在上半身保持部分树栖特征的同时也能够直立行走于地面的结论，"露西"的发现者约翰逊也赞同这一研究结果。这一派的观点更乐于为几十万年内南猿身体上仍然遗留着树栖特征的事实寻求一个合理解释，正是这些特征表明阿法南猿也许还时不时会回到树上摘取自己喜爱的果实，并在夜间以树为家，躲避可能受到来自捕食者的袭击。那么对它们而言，适应地面活动的程度应该有一个提高的过程，完全下地生活、不再时时复返枝叶交错的森林的时间点比从前估计的要更晚。正如阿莱姆赛吉德所说，"新的研究成果证实塞拉姆和露西的物种在人类进化史上占有关键性的地位。虽然和人类一样是两足动物，但南方古猿阿法种的确是爬树能手，虽然并不完全等同于人类，但该物种也清晰地有着自己的历程"①。(2) 如果阿法南猿是集攀爬与行走于一身的,结合其具有气囊的类猿喉头结构和接近于人的脑容量的头骨分析,这种拼盘式特征反映了人类演化中生长发育和器官变化的顺序性,可以探索人和猿分化的诸多细节,也构成"镶嵌进化"(mosaic evolution)的一个例证。也就是说,"人类祖先身体的不同部位,在不同的时期遭遇了自然选择"②。达特茅斯学院(Dartmouth College)的人类学教授杰里米·德席尔瓦(Jeremy DeSilva)也提出了相关假说:阿法南猿的成年个体之所以有像黑猩猩一样弯曲的大脚趾,是因为它们的骨骼在生长发育中对曾经有过的攀爬行为做出了一种自然反应,这是一个世代累积的长期过程③。就两足模式的发生过程而言,很可能是骨盆和下肢首先向直立行走的方向演化,暂时对直立行走影响不大的上半身的变化较为滞后。用约翰逊的话来说就是"你不可能只是触动藏在某个地方的进化开关,就能变戏法似的将一种四足动物,一下子转变成直起身子以两足行走的人"④。美国中西部大学的大卫·格林(David Green)是对"塞拉姆"进行深入研究的人类学家之一,他更倾向于认为化石中肩胛骨和猿类更相似并非就一定意味着阿法南猿更像猿类,因为人类个体在发育过程中肩胛骨会表现出和猿相近的形状,这恰好说明处于幼年状态的"塞拉姆"的生长状态极有可能更近于人类。它们的确保持着爬树能力,这提醒我们,人类演化过程中从树栖改为完全地面行走的时间要重新认定,应该要早于此前的估计。(3) 南猿食物结构发生重大变化,开始由植食转为肉食,留下了人类祖先最早使用石器的证据。人类祖先食肉历史的延伸并非无足轻重,这一转变对于体质提高、智力发展、技术进步和社会生活内容的变化都至关重要。

2010 年,就在距离发现"塞拉姆"地点约 200 米处,阿莱姆赛吉德

---

① 尚力:《考古发现称人类从树上走下地面时间比预计要晚》,2018 年 9 月 30 日,http://it.sohu.com/20121030/n356113903.shtml,2012 年 10 月 30 日。

② 同上。

③ 《300 万年前的这具骨骼告诉我们,人类祖先会直立行走,晚上在树上睡觉》,2018 年 9 月 30 日,https://www.zaojiu.com/talks/2149,2018 年 7 月 19 日。

④ 黄凯特、王道还:《330 万年,地球上最古老的小孩》,《环球科学》2007 年第 1 期,第 38 页。

带领"迪基卡研究项目"（Dikika Research Project）考察组，发现了留有石器切痕和击打痕迹的骨骼化石，测定年代在 340 万年前，这些化石被看作是人类祖先已经开始用石器切肉并砸开骨头取食骨髓的最早证据。[①] 由于此前考古界挖掘的最早有石器切痕的骨骼出现于埃塞俄比亚中阿瓦什的布里（Bouri）地区，测定年代约为 250 万年前，其后不久在距离布里很近的戈纳（Gona）发现了距今 260 万年的石器，那么迪基卡的新发现就又将原始人使用石器餐具的时间向远古前推了近 100 万年。尽管当时考古队还未找到在动物骨骼上留下痕迹的石器[②]，但阿莱姆赛吉德深信人类祖先猎取动物的时间表已被改变。他的这一大胆而合理的想法在 2011—2012 年间由石溪大学的人类学家的一次考古迷途中变成了现实，他们极其偶然地在肯尼亚图尔卡纳湖边的洛迈奎地点发现了距今约 340 万年的 20 件各类石器，这些石器和迪基卡骨骼化石上的石器切痕是否有联系尚不得而知，但显然不能轻易断定它们之间毫无关系，也许进一步的研究会给出我们所期待的结果。

这些石器的出现说明工具的制造比原先的推断要早得多，通过使用也许只是现成的未经打磨的边缘锋利的天然石片，而非严格意义上的石器，阿法南猿开始设法通过工具行为吃肉和取食骨髓，这种食性和食物内容的改变，在营养供给和身体发育尤其是大脑容量的增加上起到了前所未有的作用，人类祖先因此进一步扩大活动范围，对工具的使用和制造能力也不断得到提升。

### （四）南方古猿的其他支系及最新发现

阿瓦什河上游的中阿瓦什河谷（Middle Awash valley）在古人类学研究中的地位堪比发现过"露西"的哈达地区，这里发掘出的古人类化石

---

[①] 《美考古队发现人类祖先吃肉最古老证据》，2018 年 10 月 5 日，http://tech.qq.com/a/20100813/000075.htm，2010 年 8 月 13 日。

[②] 考察组对此提供了几种可能的解释：1. 搜索方式和范围不对，因此还未发现石器；2. 当时的石器加工程度较低，加工痕迹不明显，因此不容易识别；3. 骨头上疑为原始人用石器切割砸击的痕迹有可能是食草哺乳动物的硬蹄践踏所致；4. 南猿使用的是天然的较为锋利的石片，并未对其有进一步加工，而且随用随弃，混同于普通的石头，因此不易寻得和骨骼上的痕迹具体对应的石器。

数量少于哈达，但在时间上呈现出极大的跨度，从活跃于580万年前的卡达巴地猿化石直到生活在16万年前的作为现代人直接祖先的早期智人化石都有发现。有些人类学家据此认为，"在中阿瓦什地区，存在着人类演化的一个核心谱系"①。

20世纪60年代至90年代，在肯尼亚图尔卡纳湖岸边陆续发现原始人化石，从第一个肱骨化石发现以来，就被归入南猿属，测定化石地层年代在400万年。80年代加拿大考古学家艾伦·莫尔顿（Allan Morton）在同一地点附近发现的化石碎片被认为属于同一类群。数量更多的决定性的化石由美国人类学家米芙·利基（Meave Leakey）和艾伦·沃克在1993年于卡纳波依（Kanapoi）和Allia Bay发现，测定年代距今420万年左右，包括一个完整的很像黑猩猩的下颌骨和一些像人的牙齿。1995年利基在将化石与阿法种南猿对比后认为这确实属于一种新的南猿，因其发现地在湖边而将其命名为南方古猿湖畔种（Australopithecus anamensis）。由于化石中的犬齿类似黑猩猩的程度远超阿法种，但颊齿又明显不同于黑猩猩，一般认为这支南猿可能是始祖地猿的直系后代和阿法南猿的直接祖先。从化石发现地的环境可以推测湖畔南猿生活在临近湖泊的森林和林地中。从它们厚而狭长的有力下颚和珐琅质坚厚的牙齿来判断，虽然它们通常是以水和坚果为食，但会因为其后引起的食物短缺而吃一些坚硬粗糙的C4植物，包括一些草类（如芦苇）和植物块茎，这说明在与黑猩猩分道扬镳的原始人类最初的演化过程中，由食果转为吃草，食物的寻找范围也从林地植物转向草地植物。2006年在埃塞俄比亚东北部又有最新的湖畔种南猿化石被发现，包括至今所知的最大的人科动物的犬齿和年代最久远的南猿的大腿骨。

与这种食性变化有关的另一支南猿由前面提到的撒海尔人的发现者布吕内早在1993年于东非大裂谷以西、乍得的加扎勒河发现，测定年代在350万年。由于化石中的下颌骨与阿法南猿太过相像，被一些研究者认为极有可能是阿法南猿的地理变种，但布吕内坚持认为这是一支与旧有发现不同的南猿，并将其命名为南方古猿羚羊河种（Australopithecus bahr-

---

① ［美］伊恩·塔特索尔：《地球的主人：探寻人类的起源》，贾拥民译，浙江大学出版社2015年版，第51页。

elghazali），这使得早期人类演化的起源点增加到三个。至于为什么这支南猿并不在"东边的故事"① 所涉及的地理范围内，英国牛津大学的人类学家加布里埃·马乔（Gabriele Macho）认为这支南猿有平坦的臼齿，牙上的珐琅质较薄，不能接受坚硬粗糙的食物。很可能羚羊河南方古猿在曾经很湿润的、遍布湖泊和森林的东非大裂谷里西移到新的位置，这里生长着丰富的 C4 植物中较柔软的种类，比如莎草，适合它们食用，但是草类纤维太多、需要较长的消化时间，这支南猿正处于脑量不断增大的演化过程中，营养需求较高，终日食草也许与此状况并不相宜。一种可能的情形是，在最初到达中非一带时，气候适宜莎草的生长且鲜有其他构成威胁的捕猎者，羚羊河南猿可以有充裕平静的时间从容地进食，完成更耗时的消化吸收过程。但是，气候变得干旱之后草类大量消失，也可能使适应了以草为食的这支南猿难以找到新的食物而陷于灭绝。②

惊奇种南猿与具有奥杜瓦伊文化特征的工具的发现引发了南猿是否具备工具行为的思考，虽然目前还不能说南猿有能力制造石器，但是相关的问题一旦提出，简单地否定二者的关系就不大可能了。1996 年，在中阿瓦什地区布里出土了南方古猿惊奇种（*Australopithecus garhi*）③ 化石，包括颅骨、牙齿和颅后骨，发掘点的地层年龄为 250 万年，这些化石反映出来的南猿生理特征包括较小的脑容量、比其他种的南猿更大的颊齿。从其身体结构来看，其上肢与猿类更接近，下肢骨的程度接近人类，表现出支持直立行走需要的特征。除了只有现代人类三分之一大小的脑容

---

① 由法国人类学家伊夫·柯盘斯（Yves Coppens）所提出的一种关于非洲特殊的地理构造对人类起源造成持久深入影响的假说。按照这种观点，东非大裂谷形成后，一方面作为天然的屏障阻隔了裂谷两边动物群的接触，另一方面加速了生态环境中镶嵌特征的出现。在人猿揖别所承受的自然选择压力方面，在大裂谷的东西两边，作为人和猿的共同祖先的某种森林古猿做出了不同的适应之举。西边的气候比较湿润，保留了较多的森林，继续留恋这种熟悉的环境、满足于已有舒适的生存体验的生物成为大猿类。而东边的气候发生了与先前相比较大的变化，森林退化，林中空地和草原增加，为了适应在新的开阔地带的生存，这些原本习惯于树栖的动物不时下到地面觅食并逐渐习惯于直立行走，并用解放的上肢开始使用天然石块作为工具，直至能够动手加工石器，并在此过程中获得智力提升且进一步获得多方面的社会交往和沟通能力，逐渐走向智慧生物的独特路途。参见 ［英］理查德·利基《人类的起源》，吴汝康、吴心智、林圣龙译，上海科学技术出版社 2007 年版，第 15 页。
② 宗华：《挑食致羚羊河南方古猿灭亡》，《中国科学报》2015 年 7 月 23 日第 2 期。
③ 在当地语言中，"garhi"意为"惊喜""惊奇"，这支南猿因此而得名。

量，它与非洲种南猿和阿法南猿不太一样，所以对于它在人类演化史上的位置的判断，一直在发生变化。起初经过四肢比例的重建，它被视为"是一种新的、更'高级'的南方古猿物种，而且是我们人类所属的智人种的直接祖先"①，比如可以在惊奇种南猿与人属中的能人之间建立一种联系，是由南方古猿向现代人类演化的中间形态，但是考虑到这种观点立足于一种直线式的演化策略，因而并不可靠。实际上，有些学者认为这些化石并无太大奇特之处，它们只是曾与人类祖先并存的物种，但并非人类祖先。真正令人感到意外的是，在距离惊奇南猿化石仅1米远的同一地层，还发现了一些有锋利石片切痕的包括羚羊、马在内的哺乳动物骨骼化石，一些较粗的管状骨两端有人为砸破的痕迹，看起来是为了能取食其中的骨髓。在迪基卡的动物骨骼切痕被发现之前，这曾经是能够证明原始人类食肉和使用工具的最古老证据。同时，在与惊奇种南猿发现地点不远的戈纳，发现了接近于奥杜瓦伊文化时期工艺水平的真正的原始石器，这似乎已经能够作为判断惊奇种南猿能使用工具的直接证据了，现也使它一度被看成人类祖先。然而，这里却出现了难以解释的矛盾，在戈纳发现的石器需要明确的意识活动和精准细致的手部动作才能产生，而布里的化石的解剖学特征显示惊奇种南猿就和现代黑猩猩一样无法通过砸裂砾石来制造工具，况且南猿的很小的脑、弯曲的手指和筋腱较短的手腕理应无法胜任复杂的石制工具行为。所以这些石器后来被看作是生活在同一区域的能人或早期直立人所遗留，近年来在埃塞俄比亚发现的石器工具数量多达3000余件，进一步强化了以下的"食物革命"假说：早在340万—250万年前，原始人类就能够通过粗糙但有效的石器捕猎、屠宰动物，成功转换了食性，实现了一场应对气候变化带来的植物类食物短缺的"革命"，获得了更多蛋白质、更丰富的营养和更高的能量，为以后走出非洲、向其他地区扩散创造了条件。在这里我们发现，一旦确认了直立行走的前提，便进入了一个必须依赖工具制造和使用的考察范围。也许有人会认为这些具有奥杜瓦伊风格的粗糙石器并无大用，实际情况并非如此，一些人类学家曾经特意依照奥杜瓦伊文化的

---

① ［美］伊恩·塔特索尔：《地球的主人：探寻人类的起源》，贾拥民译，浙江大学出版社2015年版，第50页。

石器加工方式造出一些石片工具，并用这些工具分解一头自然死亡的大象，证明一个现代成年男性用这种石器每小时可割得 100 磅（约合 45 公斤）肉，说明这类石器使用得当也会很有效率。另外一个可以证明这种工具有效性的证据是它存在的时间，奥杜瓦伊石器出现之后差不多有一两百万年没有大的变化，而在此期间出现了很多种不同的原始人类，石器技术的稳定状态应该是与它本身具有足够的和可靠的实用性密切相关的。

以上所述的几种南猿的分布地点从南非、东非直到中非，在解剖学形态上均属于纤细型，以阿法南猿为核心和主干，在存在时间上也形成了可以衔接和关联的位点，因此构成一个轮廓日渐清晰的演化谱系。在直立行走的能力得到确认之后。即便人猿特征是混杂在一起的，但某些南方古猿已具有使用简单石制工具切割、砍砸动物骨骼的行为，这就使脑量的增加、意识的完善和工具行为成为继直立行走之后更应该被关注的问题。

然而从南猿最初的发现来说，还有一种粗壮型的支系时隔不久也被加入南猿家族中，最早发现这支南猿的化石并为其在分类学上建立独立的傍人属的就是非常认可非洲种南猿在人类演化史上重要地位的布鲁姆，他受到汤恩出现南猿化石的重大考古事件的鼓舞，在南非的其他洞穴里不懈搜寻了十多年，终于在克罗姆德莱有了重要的收获，他把这些化石称为罗百氏傍人，这样就可以从头骨特征上把南猿分为两大类：先前达特发现的归入纤细种，新发现的是粗壮种，亦称傍人，所以傍人和南猿相关的物种在分类方式上都被放入人科下属的同一层级。正是这些发现所展示的南猿的多样性，使得布鲁姆认识到人类演化是复杂的树状分化模式，而非从前所认为的单一直线模式。直到差不多 20 年后，当时布鲁姆已去世好几年，利基夫妇在东非奥杜瓦伊峡谷又发现了另一支粗壮种南猿，起初称为东非人，后来改称南猿鲍氏种，亦即鲍氏傍人，达特非常看重这一发现。鲍氏傍人臼齿巨大，下颚有力，一般认为它们以坚果为食，因此又被称为"胡桃夹子人"（Nutcracker Man），但也有学者认为它们其实是食草动物。1969 年，理查德·利基在图尔卡纳湖附近的库比福勒发现了另一个鲍氏傍人颅骨化石，他倾向于认为鲍氏傍人是最早使用石器的人科动物。直到 20 世纪 90 年代，在布鲁姆当初不懈搜寻、有所收获的南非的多个地点，还有类似罗百氏傍人的化石出现，1994 年发现的编号为 DNH7 的颅骨化石经测定，比 1938 年布鲁姆发现的 200 万年前的化石更古老，约有 230 万年的历史。傍人已能直立行走，据推测很可能由南方古猿非洲种演化而来，但这种猜测因为新的南猿化石的出现变得可疑。

这些新的化石在 1967 年发现于埃塞俄比亚奥莫河西岸，编号 Omo18，测定年代为 250 万年，被界定为南猿埃塞俄比亚种，但随后的发现使这一物种归入傍人属，更名埃塞俄比亚傍人，与罗百氏傍人和鲍氏傍人攀上了亲戚。1985 年 8 月 29 日，艾伦·沃克（Alan Walker）在肯尼亚图尔卡纳（Turkana）西部发现了属于这支南猿的另一个头骨化石，此化石因镁含量高呈深黑色，所以也称"黑头骨"（The Black Skull），矢状嵴相当发达，表示头骨的主人有很强大的咬合力。沃克认为它的形态更接近傍人，很有可能是罗百氏傍人和鲍氏傍人的祖先，这引起了南猿埃塞俄比亚种的归属之争。一方面，很多研究者坚持认为这些化石所属的物种就是南猿。另一方面，有学者提出，"黑头骨"的发现令非洲种南猿和粗壮种南猿的关系得到重新判定，也许纤细种和粗壮种各自有不同的演化路径，粗壮种的演化有可能是从埃塞俄比亚种到罗百氏种和鲍氏种，由于傍人与包括能人、匠人和直立人在内的早期人属成员长期共存，它们极有可能沿着与人类无关的方向演化，直至消亡。而湖畔种南方古猿、阿法南方古猿、非洲南方古猿和惊奇种南猿则有可能是能人的祖先，但由于至今未能发现早期人类出现后南猿的化石记录，且鲁道夫人化石的发现，让能人先祖有了新的选项，所以只能笼统地把南猿看作"基本可以确定为人的生物"①。

但是总有新的证据以意想不到的方式随机出现，即便是这种颇为含糊的判断也不包含任何定论。2001 年米芙·利基带领的考古团队在肯尼亚北部图尔卡纳湖边沙漠地带距今 320 万—360 万年的地层中发现的颅骨化石与阿法南猿处于同一地质时期，但很难断定它到底是与南猿截然不同的物种还是南猿的支系。由于这具由碎片拼合的颅骨化石显示这一物

---

① ［英］伯纳德·伍德：《人类进化简史》，冯兴无、高星译，外语教学与研究出版社 2015 年版，第 100 页。

种的脑量与黑猩猩相当，耳道很细，臼齿较小，脸部很平，明显有别于同时期阿法南猿前额突出、牙齿很大的面部特征，很难归入已有的原始人属种之中，所以化石发现者主张这些化石来自一个新的原始人物种，并为其命名为"肯尼亚平脸人"（Kenyanthropus platyops）。米芙·利基通过比较面部特征，提出这些化石和理查德·利基发现于1972年的能人属的鲁道夫人有相似之处，但无法说明这种相似性是同一祖先的衍生特征还是不同类群独立演化所造成。面部较平说明肯尼亚平脸人与南猿的食物结构不同，因而牙齿和下颌也会有明显差异。在此之前，普遍认为人类面孔变平发生于200万年前，肯尼亚平脸人化石的发现将这一时间向史前更深处推进。但是肯尼亚平脸人化石的确存在一些原始特征，这又使它存在着归属于阿法南猿亚种或湖畔种南猿分支的可能。

有"人类摇篮"遗址之称的南非斯泰克方丹岩洞的"小脚"化石的发现也给人类始祖问题带来了新的争论。1994年，南非金山大学的罗纳德·克拉克（Ronald J. Clarke）在岩石碎屑里发现的只是4小块人科动物脚骨和腿骨碎片，由此给化石起名"小脚"。经过非常仔细的近20年的发掘，深埋在洞穴底部并嵌进十米厚的沉积物和角砾岩中的化石的其他部分显露出来，一具迄今为止最完整的南猿骨骼化石面世了。从面部、牙齿和盆骨特征判断，这具化石属于一位上肢比下肢短的年轻女性，已经能够直立行走但习惯栖居树上，极有可能是被大型食肉动物追赶在奔逃途中坠入洞穴而亡，用先进的铝、铍同位素年代测定技术可以测定这不幸的一幕发生在367万年前，与阿法南猿处于同一地质时代。研究者期望能通过比"阿尔迪"和"露西"更完整的"小脚"化石揭示出南猿的身体构造、相貌体态、运动方式、生活环境和食物结构，但至今未完全公布研究进展，但他们强调脸部更长、更平、脸颊更大的"小脚"是南猿中的新物种，在南猿的分类上建立了一个新的"普罗米修斯种"（Australopithecus prometheus）。不过关于化石年代的测定在岩石样本的正确性和铝、铍同位素技术的适用性两个方面颇受质疑，即便如此，"小脚"的出现也让原有的南猿在演化史上的分类和地位有了新的考虑。由于在此之前南猿化石在南非、东非和中非都有出现，这就说明南猿所在的时代，非洲不同区域间就已经存在广泛的演化联系，在数百万年间也有足够的时间让南猿种群不断分化。克拉克据此推断，一般所认为的从阿法古猿到非洲种南方古猿再到后来的原始人类的演化路径,很可能因为多个南方古猿物种在广袤非洲的分布和流动而变更。阿法南猿是否还能被看作为南猿的核心种类以及它是否演化为具有明确的工具行为的能人这一类问题都面临新的不确定性,甚至南猿也有可能进入人类演化旁支的行列。换句话说,到底是哪一种南猿演化出最早的古人类以及南猿有没有可能步入了与人类无关的境遇,"小脚"的加入让这些问题变得更加扑朔迷离。

肯尼亚平脸人和小脚的例证进一步说明人类演化过程的多样性和复杂性,尤其在所谓"正在形成中的人"①的阶段,当现有的化石的各方面特征构成一个混杂状态时,正说明直立行走在南方古猿问题上并未成为一个区分猿和人的绝对界限。或者说,要在仍保留了树栖习惯的南猿种群的诸种特征中清晰地辨明直立行走究竟是否起到主导性的作用,还存在明显的证据不足,这也可能是由现有的方法和工具对化石材料所能达到的解析程度所决定的。虽然在科学界存在着一些分歧,但"肯尼亚平脸人"的发现至少可以证明人类演化的复杂性和多样性超出了原先的预计。自 20 世纪 70 年代以来,人类学家就发现越来越多的证据表明,现代人类并不是沿着直线演化的,即一个种从前一个种进化而来,而是同时存在许多种,每一个都适应不同的环境,但只有少数物种能生存下来。

这样一来,可以大致确定,在距今 400 万—150 万年间,数种南猿和傍人以及能人一道在非洲维持着广泛的活跃度,但无确切证据说明它们和人属的演化过程有直接关系。从这些早期猿人身上可以发现一些与属人特征极为相似的方面,以直立行走的解剖学特征最为明显,但在颌骨、齿系和体型体态方面,它们与人属中的人种又有着明显的差异,"人类从这些古人类身上只能找到较远的亲属关系,而不是祖先与直系后裔的关系"②。到底是怎样的古人类演化成为人类,至少目前从南方古猿的化石所能提供的证据还不够明晰,即便是在对南猿所具有的直立行走这一典型特征的分析方面,决定南猿究竟更像猿还是更接近人也依然是个难题。

---

① 这可能更接近通常所说的人类演化的"缺环"。
② [英] 克里斯托弗·波特:《我们人类的宇宙》,曹月等译,中信出版集团 2017 年版,第 265 页。

这里面临的困难主要有：第一，如果用"是否直立行走"为界限取代之前的"能否制造工具"的判断标准，南猿的直立姿势并不能在上肢得到解放使猿手变为人手，从而制造和使用工具，刺激脑量增加这样一种看似合理的推理中得到更高的评价，原因在于南猿属直立行走的时间长达数百万年，在此期间，其脑部大小并无显著变化，说明其智能方面并无大的进展。第二，在工具的制造和使用上，如果没有超出本能的有意识的目的性贯穿其中，就很难和古道尔观察到并推崇的黑猩猩的利用树枝觅食的行为区分开来。既没有容量更大的脑，又不能确定能否制造和使用石制工具，所以南猿未必更接近人。第三，南猿的直立行走状态是和树栖生活方式混杂在一起的，并非人类所具有的完全形态的在地面上的双足行走姿势，根据这种并不彻底的直立行走方式很难断言南猿更接近人。对于这几个方面的疑问，有些学者如迈尔的态度有些两可，他认为南猿更接近黑猩猩的主张极有可能是对的，但他又认为从南猿到人属这一步在人类演化史上非常重要。伍德则对南猿与人的相似性给予更多肯定，认为南猿是"基本可以确定为人的生物"①。在国内的学者中，持基本认可南猿在从猿到人过程中处于过渡形态地位的观点的代表人物是吴汝康，他认为，"南方古猿类还只是从猿到人过渡阶段较晚的类型"②，针对直立行走在南猿向人数演化过程中所起作用的争议，他借用华虚朋的观点提出的人类演化过程中体质发展的不平衡理论，认为人属的一系列专有特征并非同时出现，而是以直立行走为先导，促进脑量增加、意识完善和人手的形成，手足的分化早于脑的发达，随着四肢的分化和发达脑部的信息来源不断扩大，容量得到扩展的脑又将这些作用反馈于手，使人手的灵巧程度进一步增强。

综合各方观点，南猿化石在南非、东非和中非都有发现，其中以草食为主的粗壮种身体和大脑发展迟缓，也可能会制造相当粗糙的石器，但工具能力还比较弱，对环境的适应性较低，在100万年前灭绝，成为人

---

① ［英］伯纳德·伍德：《人类进化简史》，冯兴无、高星译，外语教学与研究出版社2015年版，第100页。

② 吴汝康：《对人类进化全过程的思索》，《人类学学报》1995年第11期，第285—296页。

科动物的演化旁支。虽然南猿诸种的骨骼化石包含的具体证据其实非常有限，但从中可以分析出多方面相互关联的属人特征，"表明南方古猿具有狩猎能力、能使用相对复杂工具的能力和较长的未成年阶段"[①]，由此为更进一步探究其社会性、食性和认知发展水平提供了可能。早期人科动物的化石种类较多，这说明它们的种群密度较大，很可能是智能得到增进、社会组织性得到增强的结果，所有这些方面不断累积，为此后的直立人走出非洲的远迁之举创造了条件。以阿法南猿为代表的纤细型南猿是杂食性的，从惊奇种南猿可能食肉吸髓这一点来看，工具能力和营养水平都得到了提升，很可能在距今200万年左右演化为早期人属中的能人。然而随着越来越多的能人化石的发掘，看上去南猿又未必能在人类直系祖先的位置上稳居其位，南猿的全部种系都有可能被划入人科动物演化旁支。

即便相关的判断是如此变幻莫测，南方古猿的发现及其谱系的制定，仍是现代古人类学正式诞生的标志性事件。在此过程中，关于整个人类演化史的探索也呈现出颇为奇怪的样态：一方面，原始人化石发掘过程中，不止一次出现距今年代晚近的化石出土在先，年代更久的化石出土在后的情况，比如先发掘出来的尼安德特人化石的地质年代比后发现的南猿、能人和直立人化石要晚；后掘出的阿法南猿比先发掘的距今250万年的南猿非洲种化石更古老，而目前被列入最早的人类祖先的几种人科动物化石，差不多都是人类文明跨入21世纪后才发现的。目前从表面上看来，这应该是一种巧合。另一方面，古人类学家似乎更在意找寻最早的原始人类的踪迹，以把人类的历史不断前溯、向距今更早处推远为己任。但是由于发现的化石的年代顺序和人类演化的时间走向是反向关系，而围绕每一次原始人类化石的重要发现展开的争论和解释都未必能够和未来的不可预料的考古发现形成很好的衔接，因此可以说，目前关于南方古猿的种类、相互关系及演化去向的说法随时处于变动之中，这表明根据化石对人类演化谱系的完善是一种牵一发而动全身的摸索过程。

---

① [英]N.H.巴顿、[美]D.E.G.布里格斯等：《进化》，宿兵等译，科学出版社2009年版，第767页。

## 三 能人：能制造工具的巧手原始人

### （一）能人的发现：一个即时产生的新人种

当执着的利基夫妇在奥杜瓦伊峡谷流连忘返之际，距离他们发现傍人鲍氏种仅仅1年，专注又为他们带来了丰厚的收获，让这片峡谷和利基家族一道在日后声名远扬。就在离傍人鲍氏种化石发现地点不远处，利基夫妇的大儿子乔纳森·利基（Jonathon Leakey）发现了又一种人科动物化石，包括牙齿、顶骨和一些手骨、脚骨。通过和已有的南猿化石进行比较，显示这些化石关联的生物个体有更轻巧的身体结构，颊齿更小，但脑容量却比南猿大几乎一半，在600—700毫升之间，化石所在地层时间为180万年。又过了一年，同一地点有更多的颅骨、颌骨和牙齿化石得以发掘，从骨骼特征来看，有一部分顶骨、颌骨化石是属于10岁左右的个体的。路易斯和同事、解剖学家约翰·内皮尔（John Napier）及之前被招募来研究傍人的解剖学家菲利普·托比亚斯（Phillip Tobias）一道细究了颅骨化石的腔内压痕，从中发现了"布罗卡氏区"（Broca's Area）[①]存在的证据。由于布罗卡氏区与大脑对双手的控制和语言的产生有密切关联，这不得不使人乐观地想到这些化石也许来自一种已经具备语言能力的生物。路易斯和几个同事认为根据这些化石完全有理由在人属之下建立一个新种，这个新的人种很可能就是产生现代人类的支系。根据路易斯次子理查德的回忆，这一想法在当时遭到了普遍的反对，但路易斯以在常年野外作业中磨炼出来的超凡意志坚持了自己的判断。经非洲种南猿的发现者达特建议，新种得名"能人"（*Homo habilis*），"这个名字的意思是'手巧的人'……指的是设想这个物种是能制造工具的人"[②]。之

---

[①] 位于大脑左侧额叶皮层与人类语言能力有关的脑区，因19世纪法国医生保罗·布罗卡（Paul Broca）最早的研究而得名。南加大生物学家迈克尔·阿尔比布称能人颅骨化石腔内压痕为"原初布罗卡氏区"，他认为随着时间推移，这一部位获得更充分的演化之后，会通过控制咽部加速语言的产生。参见［美］奇普·沃尔特《重返人类演化现场》，蔡承志译，生活·读书·新知三联书店2014年版，第123页。

[②] ［美］理查德·利基：《人类的起源》，吴汝康、吴新智、林圣龙译，上海科学技术出版社2007年版，第25页。

所以能把工具制造如此确定地和能人关联起来，是由于在发现这些化石的同一地层中挖掘出了石片、石锤和砍砸器一类的石器，可以设想这些石器有划割兽皮、剔骨切肉和碎骨取髓一类的用途，如果这些工具不是鲍氏傍人所造，那就应该是与能人有关。

能人的命名实际上直接挑战了当时人类学界对于人属定义的权威标准。此前沿用的阿瑟·基思爵士主持制定的人属的标准定义中，以750毫升作为在脑量方面划分人和猿的界限，也就是说，依据这一时期学界通行的观点，只有脑量大于等于750毫升的动物才符合列入人属的基本条件。但这次发现的化石的脑量表达显然距离原先公认的人属标准较远，为了给奥杜瓦伊的新化石在人属分类中争得一席之地，路易斯甚至提议把人和猿的脑量界限修改为600毫升，在降低原有的人属界定标准的同时陡然提升了相关争论的激烈程度。不过路易斯更看重化石头骨所表现出来的与人类更接近的解剖学特征，同时，路易斯及其支持者主张，"能人化石满足人属具有的功能性标准，即双手灵巧、身体直立和完全用双腿行走"①。耐人寻味的是，经过一段时间，新的定义方式竟然被大家接受了，尽管600毫升的脑量标准实在是太低了点。后来东非和南非有更多能人化石出现，证实成年能人个体的脑量可以超过800毫升，这样就跨越了已有的人猿之间脑量的界河，让能人在人属的分类中暂时安顿下来。不过由于能人的体型相对人类而言未免太小（平均身高为140厘米左右），胳膊太长更近于猿类，在古人类的家族里，能人和人类的差距最明显，因此包括理查德·利基在内，一些古生物学家和人类学家主张把能人从人属移出，归入南猿属，称其为灵巧种南猿。

从化石的解译重现人类演化过程常常面临这样的不确定性，化石证据总体而言十分缺乏，但不断出土的更多化石又给人一种证据充足的假象，但是想从这些既多又少的化石中提炼出关于某种人属动物的确定性表达，往往十分困难。从20世纪50年代以来积累的化石证据提供了关于能人的各方面特征的进一步描述，有些支持了最初的判断，而有些则令人怀疑最初的判断未免过于急切了。1968—1969年，在肯尼亚图尔卡纳

---

① ［英］伯纳德·伍德：《人类进化简史》，冯兴无、高星译，外语教学与研究出版社2015年版，第114页。

湖东部的库比福勒（Koobi Fora）地点，考古界发现了砾石打制的石器。经测定，其地质年代距今 180 万年左右，在当时这是人们所知道的最早石器，但制造者无法确定。1972 年由伯纳德·恩格奈奥（Bernard Ngeneo）和理查德·利基在发现石器的地层以下 30 多米清理出 150 多块化石碎片，经米芙·利基和伯纳德·伍德耗时几个星期的黏结修复，呈现出了这个有着又长又宽且扁平面部的头骨化石（编号为 KNM – ER1470）的完整形态，最初测定年代为 300 万年（后来更正为 200 万年），古老程度超出此前发现的非洲种南猿和阿法南猿。但这具头骨缺少南猿所具有的巨大而强壮的颌部，更接近现代人类的头骨结构，并且其 750 毫升的脑量远超南猿，但又明显小于已在人类学界获得较为一致看法的直立人（Homo erectus），那么头骨代表的生物是属于南猿还是能人的直接祖先呢？如果这种生物就是四年前同一地点发现的石器的制造者，那么在无法确定上述问题的情况下，南猿、傍人和能人似乎都有可能具备了制造工具的能力，理查德在当时倾向于认为这些化石应归于人属未定种。但在发现 KNM – ER1470 化石之后的 1973 年，依然是在库比福勒，理查德·利基的朋友和同事卡莫亚·基穆（Kamoya Kimeu）① 又发现了新的能人属头骨化石，后来编号为 KNM – ER1813，地质年代约为 190 万年。这些化石呈现的颅骨容量只有 510 毫升，比此前路易斯重新划定的较低的人属脑量标准还要小很多，更接近南猿脑量的平均水平。在颅骨的整体形态、眼眶尺寸和鼻下凸颌方面，KNM – ER1813 和已有的被划入能人属的头骨化石（比如在 1968 年发现于奥杜瓦伊峡谷的编号为 OH24 的能人头骨化石）有相似之处，却又与 KNM – ER1470 号化石存在明显不同，后者具有很大的头骨和更大的牙齿，KNM – ER1813 的面部和牙齿都更小，而且臼齿已完全长出，证明这是一个成年个体，那么只有一种可能，KNM – ER1813 号化石来自一位女性，这样就可以认定 KNM – ER1470 号化石来自一个男性成年能人个体，并因此把这个在发现之初无所属的生物纳入名为"鲁道夫人"的人属新种，从化石的年代以及同一地层中也有粗壮南猿化石的事实来判断，鲁道夫人应该与鲍氏傍人、能人和直立人共存过一段时间，作为

---

① 他的更有名的成就是在 1984 年和理查德·利基、提姆·怀特（Tim White）一起发现了标志匠人的"图尔卡纳男孩"化石。

人属的早期成员，或许是能人的祖先。接下来的几年，更多能人化石的出现使南猿和人类祖先的关系变得疏离了。1974—1975年间玛丽·利基及其合作者在坦桑尼亚北部距奥杜瓦伊峡谷约40公里的塞伦盖蒂（Serengeti）平原南部莱托里地区发现一批化石，此处离1938年科尔·拉森（L. Kohl Larsen）曾经发掘出一组化石的地点不远。利基发现了13块下颚骨破片，地质年代距今约359万年，在当时而言，几乎是非洲出土的最早的人科化石。经鉴定这些化石中有些属于约翰逊几年前在埃塞俄比亚发现的阿法南猿。古生物学者还发现阿法南方古猿的足印化石，对脚印的分析表明，虽然阿法南方古猿已经可以直立行走，但它的树栖特征更为明显。这些化石中还有些与已归入人属的"能人"化石相似，甚至与直立人接近。这说明早在350多万年前南猿与能人共存于同一环境。"1976年休斯在斯泰克方丹洞穴堆积物第五区（亦称洞穴延伸部分），发现一个与奥杜瓦伊'能人'高度相似的颅骨的主体部分（1984年经克拉克①修复，呈现出明显的'能人'特征）。在堆积物中还发现大量石器。1977年在埃塞俄比亚的哈达地区进行了大规模考古发掘，结果表明，在300万年前后的地层中共有35—65个人科个体的化石"，分别属于纤细种南猿、粗壮种南猿和人属三种类型。对这些化石的分析说明，早在300万年前南猿就同比它们更接近现代人的人属中的能人共存，这一过程持续时间长达200万年左右。有相当多的研究者根据这一分析，认为南猿不大可能是人类（现代人）的直系祖先，而是人类演化的旁支。包括理查德·利基在内的很多研究者认为，能人具有比南猿更大的脑，面部更平，颅骨形态较接近现代人，又能制造石器工具，相比南猿更有可能是人类的直系祖先。因此，在收集了对已有化石证据的不同意见的基础上，理查德认为可以概括出基于两种演化可能的树状结构：第一种从未知的人科动物祖先开始，以阿法南猿为直系祖先，演化出能人、直立人和智人，其他种的南猿则为演化旁支。第二种则因为能人的发现，人属的最早的化石记录有了着落，整个南猿种属都成为演化旁支，他直言自己倾向于后一种，并表示相信在能人之前应该有未确定的人属成员，这是根据分子钟方法确立的人猿分化时间点做出的判断。在理查德如此推测人类演

---

① 后来他发现了著名的"小脚"化石，并尝试建立南猿的新种——普罗米修斯种。

化的简况时，早于 400 万年的早期人类化石记录还是一片空白。时隔不久，始祖地猿和南猿新种（羚羊河种、惊奇种）、肯尼亚平脸人、图根原人、撒海尔人的化石陆续被发现，一方面说明任何仅根据现有的化石记录确定人类演化的系统并认定直系祖先的做法都是不可靠的，另一方面人类却始终无法抑制要为自己找到最初的种系来源的深切愿望，与其说是不同的化石记录形成了一条可信的证据链，还不如说人类是在执着地相信自己的演化史可以不断前溯，这一过程需要更多的来自地层深处的负载着古老信息的化石，成为有助于构建"荒野记忆"的道具。

根据 KNM-ER1470 号头骨化石的重建者之一、著名人类学家伍德的看法：首先，路易斯为之确立新种的能人化石与阿法南猿极为相似，与其他的人属动物差异较大。对于能人可能已经掌握语言的估计，立足于所谓布罗卡氏区和语言能力的相关假说，而这一假说可能被语言能力与大脑整体结构相关的研究所推翻，况且已有的化石证据中"能人的颅下骨骼与南方古猿和傍人的差别很小"[①]。

其次，如果从手骨构造方面推断能人看成是能灵巧制造和使用简单石器的能力，就无法回避另一个重要的事实：制造工具的能力也可能是一部分南猿和傍人所具备的。结合从化石中估算的与阿法南猿接近的身体结构比例，可以发现能人和南猿之间的区分度并不高。

最后，对已有的能人化石进行比较就会发现，要把这些在颅骨、颌骨和牙齿方面变异性很大的化石归于单一种群并不妥当，因此被视为过渡猿人的能人又被分为严格种和鲁道夫种，后者需要更多的肢体骨骼化石来证明与非洲早期直立人即匠人的相似性，这样就能为能人种的细分找到更多依据。2012 年《自然》杂志报道称，又有考古学家在库比福勒发现了与 40 年前发现的鲁道夫人高度相似的脸骨和下颌化石，测定年代为 178 万—195 万年，这在一定程度上确定了当年建立鲁道夫人种分类的正确性。同时说明在接近 200 万年前，可能是人类祖先的人科动物具有始料未及的复杂性和多样性，演化的树状结构中更多的分权因为不定期地发现新化石而伸展出来，提示着从古猿进化出人类的更多路径，人科动

---

① ［英］伯纳德·伍德：《人类进化简史》，冯兴无、高星译，外语教学与研究出版社 2015 年版，第 115 页。

物之间和人属成员之间是否存在互动以及可能有的互动方式也被纳入了研究的范围。

能人鲁道夫种的建立实际上是相对于路易斯主张的能人严格种又划分出一个能人的新种，其依据就在于鲁道夫人的脑量①和颊齿更大、面部也更宽更平这些可能与其食性有关的特征上，由于并没有除颅骨以外的遗骸，其肢体状况并不明确，鲁道夫人具备直立行走能力的说法完全是根据其有较大脑量这一点推断的。能人究竟能否算是比南猿更接近现代人的人科动物，因而成为提供人属中最早的化石记录的物种呢？路易斯之所以坚持以重设脑量标准的办法来确立能人在人属中的位置，是和他将工具制造和脑量增加紧密关联的考虑分不开的。不过在能人成功就位于人属当中后，却越来越得以壮大，很快就增加了更多新成员，变成了和人科一样拥挤的大家庭。"人属的形态学频谱就被拉长了，一些非常古老的形态也被包括了进来。"② 由于化石证据的散乱和对演化路径多样性的排斥，人属起源的不确定性加剧了。

### （二）奥杜瓦伊文化中的工具制造和使用

看起来，关于人类的演化，比较确定的是来自达尔文的基本原则和对具体化石的考古分析，不确定性主要出现于对化石所对应的物种的联系方面。在发现能人化石的前后，在相同或相近的地层中也出土了越来

---

① 根据1972年发现的KNM-ER1470号头骨化石对鲁道夫人脑量的预计值是752毫升左右，但在2007年，人类学家提莫西布罗马格最新测定其脑量为526毫升，与1973年发现的KNM-ER1813号化石显示的数据一致。如果只根据脑量大小来对鲁道夫人分类，进入人属的可能性会大大降低，所以必须结合其他方面的特征。编制中西越来越复杂多样的人类演化图谱的过程已经证明，如果仅仅根据单一特征来衡量，同一化石碎片将会被组合成不同形态，因为先入为主的观念及个人理解强烈地影响着证据的阐释过程。

② ［美］伊恩·塔特索尔:《地球的主人：探寻人类的起源》，贾拥民译，浙江大学出版社2015年版，第99页。

越多的石器，由于石器的制造和使用只能是人力所为①，寻找这些石制工具的制造者，也成为加强对人类演化过程认识的确定性、明确人类直系祖先的关键。

在能人种得以建立的基本理由中，灵巧的双手和制造石器的能力具有统一性。虽然能人化石中的手骨的弯曲程度更像猿，但是却非常强壮有力并有着可以对握的拇指，这是能够制造工具的先决条件，也是能人比惊奇种古猿更有可能是人属直接祖先的原因。自路易斯·利基于1931年在奥杜瓦伊峡谷发现第一把可能是由直立人制作的石斧以来，以比原始人类骨骼化石更丰富、保存更完好的石器工具为重要证据，把人类演化过程划分为几个紧密联系的重要阶段的研究方法便有了一个潜力无穷的开端。从这把石斧出土直到鲍氏傍人面世前的几十年间，利基夫妇潜心于石器的发掘和研究，已经对石器技术演进的最初的阶段有了基本的描述。通常认为，已知的最早的石器是在260万年前以击打熔岩卵石以获得边缘锐利的石片的方式造出的，这也许是如今随处可见的人类技术行为的开始。之所以这么说，是因为必须考虑到其他可能性，比如使用易于加工的、能较快产生效用的树枝木棍一类的材料来作为工具（这一点在初级和简单的程度上是黑猩猩也能做到的，但并不能因此认为黑猩猩用树枝钓白蚁的行为可以和人类的工具行为相提并论），或是使用现成的在形状上便于抓握、在功能上能完成切割砍砸活动的天然的片状石头。玛丽·利基在奥杜瓦伊峡谷发现的石器除了能组合为140万年前的阿舍利文化（Africa Culture）时期石斧的石片，还包括较大的砍砸器、刮削器和石锤，她通过观察这些石器的形态，还原了其制作过程。只要快速击打选定的大小适宜的卵石，就能在其边缘形成锋利的刃口，继续小心重复这一过程，连续形成多个刃口的侧断面，并翻转卵石击打另一面，直至

---

① 很多人——包括一些专门的研究者（如路易斯·利基最著名的学生珍妮·古道尔）——认为人科动物如黑猩猩有所谓"制造和使用"工具的行为，但这种说法充其量只是一种充满感情的类比。人类并不只是在本能层面长期重复地将自然物制成非常粗糙的工具，而且会携带、升级工具，使工具本身也进入一个演化过程。工具的复杂化和人类脑量的增加存在正比关系，比语言更早、更多、更深刻地促进了人类群体规模的扩大，以工具行为作为标志的技术文化是人类建立诸种社会关系的重要基础。毫无疑问，工具行为的演化和人类的演化具有同步性和一致性。后文将对这一问题展开详细论述。

相同性质的刃口出现并连成一片，玛丽称这样的击打加工之后的石片为"石核"，这是制作更复杂的石片组合工具的基础材料。不难想象，哪怕是这种在今天看起来很笨拙的制作过程所产生的不经仔细甄别很可能将其混同于普通石头的手工制品①，也需要合适的力度、具备对称性认知的空间感，说明工具制作者的意识完善程度和双手的灵巧性绝非猿类可比，所以"迄今为止从来没有人在野外看到黑猩猩制造石器"②的说法的可靠性应该可以一直保持下去。玛丽·利基在研究了这些石器所表征的技术之后，将其命名为奥杜瓦伊文化（Oldowai Culture），这意味着早期非洲考古学的建立，也意味着其中包含了人类文化起源和工具行为的发生具有同步性的基本判断，"制造工具的能力清晰地彰显了人类所独有的一个属性，即文化。其他动物如黑猩猩会为了寻找食物或其他特定目的而制造工具，但只有人类才会常规性地、习惯性地制造工具，而且其形制也复杂得多"③。

虽然对很多人而言，对奥杜瓦伊的石器确切的制造者的判断如今仍在南猿和能人之间摇摆，20世纪90年代在中阿瓦什地区发现南猿惊奇种并在附近点发现有石器砍砸刮削痕迹的动物骨骼化石之后就更是这样。但是，关于南猿会制造石器的猜测必须面对南猿凭借很小的脑和弯曲如猿的手指如何抓握石块连续击打出合适刃口的疑问，显然现有的考古证据并不会让人觉得南猿比能人更有本事加工出石片。保罗·R. 埃力克援引的观点，认为"从考古证据来看，南猿很可能不知如何有系统地打薄石头"④。从现有的随时可能被不确定性重新排序的化石记录来看，能人

---

① 言其笨拙也不一定。设想一下，如果不是随身携带现代的各种工具，一个现代人要徒手将一些石头制作为称手的工具，他的做法是否一定会比260万年前的原始人更高明？事实上，确实有研究者（如美国著名的石器专家尼古拉斯·托斯）试图通过复制奥杜瓦伊石器来探究石器制作是否对于现代人而言是一件容易完成的事情，结果证明，即便是受过良好的高等教育、已经具备较为全面的知识素养和具有技能学习能力的高素质的现代人，也需要经过数小时的艰苦努力才能做出和原始人类当年留下的古老工具水平相当的石器。

② ［美］理查德·利基：《人类的起源》，吴汝康、吴新智、林圣龙译，上海科学技术出版社2007年版，第32—33页。

③ ［美］布莱恩·费根：《世界史前史》，杨宁等译，北京联合出版公司2017年版，第60页。

④ ［美］保罗·R. 埃力克：《人类的天性：基因、文化与人类前景》，李向慈、洪佼宜译，金城出版社2014年版，第86页。

也确实比南猿更灵巧,更可能以对握的拇指和现代人相近的智力,以一种对断裂力学(fracture mechanics)的直觉把自己的意志注入一堆天然的坚硬的火山岩砾石。至于如何确定这些用途尚不能完全细分、做工很粗而且有些长度只有五六厘米的石器就一定是人工打制而非自然造成,只要明确其被打薄的程度非自然力所及和在某些地点集中出现的事实就可以有清楚的判断了。

奥杜瓦伊峡谷里发现的石器当然并不对应非常严格的标准化制作流程,但其中石核、石片和石块的多样性表明,一种专属于人的心智过程(mental processes)业已出现,这一过程得益于手眼协调能力、对石片形状的识别能力和工具叠加与组合能力的共同作用。科罗拉多大学的考古学家托马斯·温(Thomas Wynn)和苏格兰斯特林大学的人类学家威廉·麦克格鲁(William McGrew)在一项联合研究中声称所有猿类可能都具备奥杜瓦伊石器制造过程中必需的空间观念,因而这些石器是否仅仅是能人所为而没有猿类参与是大可怀疑的。加州大学圣塔芭芭拉分校考古学家布莱恩·费根(Brian M. Fagan)也认为奥杜瓦伊的石器只需要简单的制作过程就能完成,似乎比现代猿类能做出的类似行为高明不了多少。但是印第安纳大学的石器专家尼古拉斯·托斯经过模拟石器打制过程复制出上千件石器及尝试教会一只黑猩猩打制石器的实验,得出了不同的结论。他认为至少可以确定的是,原始人类制作石器时有着较好的加工方法的直觉,他们的心智状态在猿类之上,并能够在一定程度上协调运动能力和认识能力,这是石器制造者必须具备的重要条件。可见最早的打制石器者的心智状况应该与猿类不同,已经有了比猿更高的智慧。但是托斯也指出,很难从奥杜瓦伊石器中看到太精细的和规律性的表现,能人在击打石块制作石片时心中尚无蓝图或模板,在这种情况下,他们可能比较多地受制于石块材料所具有的天然形态,"最早的工具是简单的打出什么样子就是什么样子"[①],具有自发呈现的、与动物式的本能差别

---

① [美]理查德·利基:《人类的起源》,吴汝康、吴新智、林圣龙译,上海科学技术出版社2007年版,第35页。

不大的机会主义性质①，只有到了约100万年以后的阿舍利文化时期，有意识的设计和精心的技巧才在石斧一类的石器中体现出来，托斯和其他实验者在历时数月经过一番颇为费神费力的尝试之后才得以复制出像模像样的阿舍利石斧，这说明"在人类的史前时代第一次有了证据表明石器制造者心中有一个他们想要制造出来的石器的模板"②。

虽然奥杜瓦伊石器确实还不够精细，也许还不具备人类工具制造过程中一般都有固定工艺流程的特征，然而它们已经引发了对很多重要问题的思考，除了关于谁是人属中最早的工具制造者的争论之外，人类心智和社会行为的演变问题极为明确地浮现出来。

第一，对于制造工具所必需的心智过程，大多数研究者倾向于承认奥杜瓦伊石器的打制表现出了直觉性物理心智，而非和黑猩猩一样仅仅出于本能。托斯曾与亚特兰大语言学研究中心的心理学家休·萨维奇·朗博（Sue Savage Rumbaugh）合作，具体地以一只名叫坎兹（Kanzi）的黑猩猩为对象进行了一项日后知名度甚高的实验，实验内容就包括尝试让这只黑猩猩学会制作石片，结果发现，坎兹虽然会通过投掷摔碎石头，但无法让这种动作符合特定的目的，"坎兹无法抓住重点有力地一击，以制造一致、可用的工具"③。也就是说，至少就这只黑猩猩的行为而言，虽然它能学会手语，但在制作石片时，它只会乱掷乱碰，也根本无法识别石片边缘的锐角，当然更谈不上对石片有进一步的利用，这一实验结果和前文提过的必须由特定动作介入的工具行为才能促进智力增长的观点相一致。对此，理查德·利基有一个很中肯的判断，"最早的工具制造者有着超过现代猿的认识能力"④，这对于像温和麦克格鲁那样在制造石

---

① 根据塔特索尔的研究，在早期人类如南猿的食物选择中，同样表现出了所谓"机会主义"策略，即在食物并不十分充裕的情况下，吃掉一切可以找到的、看上去可吃的东西，他们并不会也无法挑食，对他们来说，这意味着食物的多样性得到了很大保证。机会主义策略既是早期人类和黑猩猩的重要区别之一，又是用来解释早期人类具有物种多样性的重要根据。

② ［美］理查德·利基：《人类的起源》，吴汝康、吴新智、林圣龙译，上海科学技术出版社2007年版，第35页。

③ ［美］保罗·R. 埃力克：《人类的天性：基因、文化与人类前景》，李向慈、洪佼宜译，金城出版社2014年版，第87页。

④ ［美］理查德·利基：《人类的起源》，吴汝康、吴新智、林圣龙译，上海科学技术出版社2007年版，第35页。

器的能力方面将能人和猿类等量齐观的看法是很好的回应，也可以理解为现代猿类在智力方面缺少一种可以作为智力的有效组成部分的"高度直觉的三维几何学知识和高超的运动神经技巧"①。

第二，从对于奥杜瓦伊石器的功能的探究可以发现，看似粗糙的石器能完成很多具有连续性的事务，并在具体用途上有明显的分别，这一点是托斯分析和比较了石片上的擦痕之后发现的，这些石器根据形状和锐利程度的差异分别用于割皮切肉、砍树和草，"第一批工具制造者已经非常清楚地意识到石料有潜力成为一门日后逐渐复杂起来的简单高效的技术的基础"②，说明制作工具的原始人已有较强的规划能力。同时，与黑猩猩明显不同的是，"能人可以携带那些石片和卵石移动很远的距离，最远可达14千米以外。这种行为代表的是一种简单的保存形式，不仅仅是像黑猩猩那样随机地利用就近能取得的石头，还会保留工具以为将来之用"③。并且石料和石器之间有10公里以上的距离，这也反映出能人已经具备了一定的预见性，能够将自然物纳入与自身需求相关的材料清单中，这很可能也意味着最早的分类观念的出现，酝酿着深入地与自然互动的能力。

第三，最初的石器的制造和使用反映了一个重大的变化，即原始人类越来越多地选择肉食，这和以往的类猿的食性有很大区别，可见石器和肉食是密切相关的。肉食带来的利益自不待言，凭借尖锐的石片，并无锋利爪牙的人类可以切开强韧坚厚的兽皮，获得更多的动物蛋白，摄取与以往不同的营养，不仅扩大了食物来源，有了更丰富的食物选择，还为脑量增加提供更多能量，为体力消耗巨大的生育行为提供了更多的保障。食肉也减少了单纯花费在寻找食物和进食方面的时间，让一定量的食物能满足更多个体的需要，提高了进食的效率，能让古人类有更多时间用于改进工具、扩大活动范围和发展更复杂的社会关系。更多的肉食也可能是内脏变小从而体型相对猿类发生变化的原因。虽然这种有着

---

① ［美］保罗·R. 埃力克：《人类的天性：基因、文化与人类前景》，李向慈、洪佼宜译，金城出版社2014年版，第87页。
② ［美］布莱恩·费根：《世界史前史》，杨宁等译，北京联合出版公司2017年版，第61页。
③ 同上。

数百万年历史的食性在工业文明高度发达的当代已有很多弊端和值得反思之处，但在人类演化的早期却起到了划时代的作用。

第四，能人在肉类消耗方面的变化必然引发一个肉食具体来源的问题，是主动地猎取野兽还是跟在一些食肉动物身后伺机食腐？这就是所谓的狩猎者和清道夫之争，表面看来这只是要明确人类远祖最初在获取肉食的过程中扮演了怎样的角色，实际上却关乎最早的人类实际所具备的在觅食中最能体现的综合能力，费根认为这涉及能人所具有的"新的空间概念和空间组织概念"①。有了石器之后，能人对稀树草原环境的适应性大大提高，他们把猎取小型动物和跟随食肉动物食腐的方式结合起来以获得更多肉食，除此之外，他们还能敲骨吸髓，并在旱季和雨季选择将食腐和采集相互补充的觅食方式。在此过程中，能人对周边环境的适应性是和他们对季节的观察，对河流、林地与草原的环境感知，对不同季节里可以躲避野兽攻击、获得不同食物的机会的把握融为一体的。考古学家史蒂文·米琛（Steven Mithen）提出，"相对于制造工具，这种对肉类的需求需要另一种认知能力，即一种能够使用自己对环境的知识来完善有关到何处寻找食肉动物的猎物，以及何处动物更多的认知"②。在他看来，石器发现地距离石料产地10公里以上的事实足以说明能人既会搬运石头，也会转移肉类食物到变动性的地点，并能根据周边环境和专门标记来找回食物。因而"能人的普遍智力通过人工器物制造方面的一些专门能力而得到补充，而这些专门能力在日后的几千年里成为提高适应环境能力的重要基础"③。可以肯定地说，已经具备高效率的直立行走方式的能人通过石器获取更多肉食的能力关联着一种更复杂更高级的与不断变化的环境的互动关系，在此方面不断提高的对环境变化的适应性远胜于猿类。

第五，石器和肉食对扩大人类群体的作用是明显的，这也促进了社会智能（social intelligence）的提升。人类学家罗宾·邓巴曾就人科动物

---

① ［美］布莱恩·费根：《世界史前史》，杨宁等译，北京联合出版公司2017年版，第62页。

② 同上书，第65页。

③ 同上。

的群体规模和群体中个体的脑量大小①的关系进行研究，并估算出了黑猩猩、南猿和能人群体中个体数量的平均值分别是60、67和81，由此估计能人所具有的集体生活样式对其生存而言大有优势，能人很可能通过制造石器来达成群体成员的合作，与食肉动物争夺肉食，并已学会共享食物。肉食提供的更多的营养和能量应该有助于提高婴儿的出生率，这是首先可以想到的能人群体规模更大的原因。除此以外，米琛认为，能人的脑量继续增加，个体的认知水平因此也有了同步的提高，群体互动的方式也变得更为复杂，这些变化又会回馈至人脑的成长中，推动人类智能的完善，并推动石器的制作水平的提高，这在石器的复杂程度和种类上有所体现。脑量的增加使脑的发育期变长，也带来一个更长的婴儿哺育期，群体中的母亲要花费更多时间照顾婴儿，幼儿也需要更长的心智成熟期，这也成为对结群生活的原始人的生活习性和组织形式有重大影响的因素，合作育儿和初步的分工也许因此而萌生。"对能人来说，在一个食物共享制的社会群体中采取一种更丰富的食谱，将为应对复杂多变的形势的能力提出更多苛刻的要求。而人类充满智慧的技术、工艺和表达技巧，很可能就是我们的先祖不得不日益适应社会所带来的成果。"②

第六，奥杜瓦伊石器表明了人性在食性方面的来由。通过把食肉动物的牙齿和最早的石器进行比较，并和库比福勒的FxJj50遗址出土的2000多件哺乳动物的残骸化石上的敲击、切割的痕迹进行比对，发现在肉食的获取方式上，能人并不比食腐动物有太过于明显的优势，很多时候凭借的不是有了石器的优势，而是靠运气从食肉动物那里偷取或抢夺可吃的动物尸骸。这似乎说明奥杜瓦伊石器的效用是很有限的，然而，这一石器技术稳定地持续了将近万年才被新的阿舍利技术所取代，足以说明最早的石器技术与环境及制造石器的人属成员的具体状况有关，这些状况包括，是略具雏形的人性的来由。另外一个值得思考的事实是，能人处在没有学会使用火的阶段，它们即便可以吃到肉食，也只能吃到

---

① 黑猩猩、南猿和能人的平均脑量分别是400毫升、515毫升和650毫升，现代人平均脑量为1350毫升。
② ［美］布莱恩·费根：《世界史前史》，杨宁等译，北京联合出版公司2017年版，第67页。

生肉，这是非常难于咀嚼、消化和吸收的，也许他们可以用石头反复捶打肉块使之变得疏松易食，或是更多地使用柔软的动物内脏和骨髓，这种全然属于"茹毛饮血"风格的生猛食性也在食谱扩展的同时渗入逐渐形成的人性中。在没有大量食肉之前，那些与人类祖先一起繁衍生息于同样环境的大大小小的动物并不必然就是会跑动的食物，它们并不是从一开始就处于被宰割分食的境地。但由于某些肉食性动物的存在，人类在演化过程中和一些植食性动物相比更容易成为猎食对象，长期处于随时被猎食的危险中，"人类的肉体是非常容易消化的（没有刺、鳞片、皮毛和倒钩刺），于是人类就成为许多其他动物的非常理想的食物"[①]。为此，原始人类既要从自身的生存出发寻获更多更好的食物，这需要扩大活动范围，又要尽力避免落入食肉动物的攻击范围。很显然，肉食让人类获得更多能量，觅食半径更大，被猎食的危险增加，但石器的使用可以提高采割肉食的效率，提高食物保障，这一模式的增强式循环逐渐让肉食在人类的食性中占据重要位置，形成了在现代社会受到质疑的肉食习惯，也决定了人类对待其他动物的基本方式，是仅仅把动物当作盘中美餐大嚼大啖，而非把它们看成和人类一样具备知觉和情感的生命形式。从能人的食性来看，通常所说的吃什么就是什么实际上受制于使用什么工具就能吃到什么的前置条件，如果不是大规模地制造和使用石器，人类也许不会由一种被窥伺的猎物变成这个世界上最强大的猎手。大概无人会反对，凭借现代烹饪手段加工食材或是使用手机定制外卖的现代人和能人获取食物的区别就在于凭借的工具和承担的风险不同，饮食的观念也有显著差异，但在选择肉食方面会有相当的一致性，都认为肉食美味而富于营养，人吃肉天经地义，因为如果不是因为吃肉，也许不会有今天的智人。可见，在与食肉动物争食的过程中，故事情节发生了反转，

---

[①] ［美］奥古斯汀·富恩特斯：《一切与创造有关——想象力如何创造人类》，贾丙波译，中信出版集团2018年版，第53页。

动物不再仅仅是威胁，而是更多地成为觅食帮手①和食物来源，能人（有可能也包括南猿惊奇种）在人类食性的转变中凭借打制石器的威力，食性造就了人性中最基本的方面，甚至可以说，食性也是人性的一部分。

能够确认最早的石器制造是以属于人的心智能力的内在驱动作为精神条件，实际上也明确了人类演化过程中以内在尺度改造自然物使之满足自身需要的事实。这种尺度的外化是具有代价性质的直立行走的积极后果，再加上工具制造、心智的完善、食性的改变和早期社会组织形式的建立，这几个方面整合起来，恰好呈现出人类特有的劳动行为的最朴素的形式。

## 四　匠人和直立人的工具行为

### （一）人属分类的新启示

从"能人"这一名称的出现到奥杜瓦伊石器的复制，可供分析的证据更加丰富了，事关人类演化过程的"荒野记忆"经由工具制造、食性改变和智能提升诸方面的连缀似乎有了更高的清晰度。人类学家们所推测的能人可依赖石器之力大口吃下生肉的血腥情景也在给现代人留下了深刻印象的同时，提供了寻找人性中与嗜血、残忍和暴虐相关偏好的来源的可能。不过，在以现今的常识还原遥远的场景时未免有太多基于当代意识的苛求，从我们能够想象的方面可以推测，暴力在猿人时代不可避免，从能人时刻处于遭受猎捕困境的状况来看，除了奋力奔逃以外就只能借助一切可能的条件让自己具备与凶猛的猎捕者抗衡的力量。在自身没有尖牙利爪的情况下，借助石器能让自己变得强大，由单纯植食转向肉食能让自己更强健和更有耐力进行长距离奔跑。尚处于蒙昧阶段的原始人设法杀掉其他动物并津津有味地咀嚼鲜血淋漓的生肉，在当时而言是再自然不过了。问题在于，现代世界人性中的暴力和残忍是否一定

---

① 这并不是指在比较晚近的时候特别是农业时代原始人类对某些动物的驯化，而是指能人可以偷取猎豹一类的食肉动物储存于树上的羚羊或是在食肉动物杀死猎物后伺机驱散其他食腐的猎食者，并抓紧时间用锋利的石器快速地、尽可能多地割下动物尸体上所在部位质量最好的肉。在这种具有以逸待劳风格的取食过程中，食肉动物实际上成为能人取得兽肉的行动策略的有机组成部分，无形中被动地成了能人的觅食帮手。

为曾经大啖生肉、似毫无恻隐之心的祖先所遗留？表面看起来回答是肯定的，实际上却很难把可以归于"自然属性""动物性"或"兽性"的某些特征看成是一脉相承的，因为现代人雄踞于食物链顶端后，早已不再是被追猎捕食的对象，至少没有随时承担这种风险，同时一般而言，现代人也不必非得以动物为食才能活得下去，他们为什么非得把数量惊人的动物作为屠杀对象甚至赶尽杀绝呢？更不用说现代人对同类做出的大量已经无法以"兽性"来涵盖的暴力行为了。接下来通过对直立人的追忆，也许我们会发觉，正是越来越迫切地将并非是中性的尺度覆盖于整个世界的企图，造成了人性中非人的部分。

南方古猿、傍人和能人无论是体重、身高还是脑量，都和后来的人属成员有较大差距。尽管这些猿人的化石已经明确了他们具备相比四肢爬行更有效率的直立行走方式，但更短的、更像猿的下肢又限制了两足行走的姿势发挥出更高的作用，他们还未完全放弃树栖生活，惯于咀嚼坚硬的食物，在智力上显然高于猿类，但总体而言，远逊于现代人类。如果把他们和现代人类放在一起，生理特征和行为表现方面的差异一目了然，更不用说要从他们身上找到抽象的人性的根源。

为人下一个确切的定义，找出人之为人的特质，对已有的人科动物的化石进行恰当分类的努力，其实一直还徘徊在如何界定人类及人属的范围。能人被纳入人属，是更大脑量的颅骨化石、具有直立行走特征的足弓化石和打制石器这几个方面的证据合起来发挥作用的结果，虽然在当时实际上强化了人是工具制造者的人猿分界标准，也大幅扩充了人属的容量，一种类似于南猿的纤细化石被纳入人属，"人属的形态学频谱就被拉长了，一些非常古老的形态也被包括了进来"[①]。为了降低化石分类过程中由于主观随意性造成的混乱，研究者经常创造一些新的名称，比如"早期人属""前人""早期猿人"和"过渡猿人"等，以便能用一种包容性更大的范畴把随机出现的化石记录安放于合理的位点。当人类诞生的标志由能否制造工具变成是否具备直立行走的习惯之后，从化石记录中能够找到的可称得上人类的生物就更多了，化石记录的多样性令探

---

① [美]伊恩·塔特索尔：《地球的主人：探寻人类的起源》，贾拥民译，浙江大学出版社2015年版，第99页。

究人类演化过程的不确定性进一步增加，人属的真正起源或许隐藏在根据已有的化石记录编制的演化树之中，或许确属人类最早的直系祖先的化石记录已经出现，但未得到正确和足够的解译，或许这样的化石记录还在某处黑暗的地层里深藏未露。

伯纳德·伍德和马克·科拉德在1999年的一项合作研究显示，所有的用以将已有的原始人类化石划归人属的标准都存在不足，在统一性方面存在问题，要确定可靠的依据，只能以智人的形态特征为模板，制定包括脑量、体型、齿系、发育时间等因素在内的标准，确定人属的范围，这种考虑将南方古猿、能人、鲁道夫人都排除在人属范围以外，能人和南猿归于一类，南方古猿的队伍莫名壮大了。与这种将现代人的特征投放到古老化石上的分类策略不同，米芙·利基还是根据所掌握的化石实际具有的相似度来归类，她在确立了肯尼亚平脸人属之后，将其与南猿的关系暂时搁置，把鲁道夫人也归于这个新属，实际上她所依据的化石标本还很不完整，但这种做法清理了人属范畴中混乱的部分，使之更为明晰。所以在人属的概念界定上，存在着一个以现代人特征为依据的绝对标准和一个以化石的实际形态和具体性质为依据的相对标准之争。

在直立人化石的发现、分类以及直立人这一名称的使用过程中，人属的衡量标准之争得到了一个很好的例证。根据迈尔的建议，根据测定的化石年代，直立人就是处于从南猿到现代人的演化过程的中间阶段的过渡物种，其代表是最早发现于亚洲的爪哇人和北京猿人，当时在非洲并无同种化石出现。但后来在库比福勒和图尔卡纳湖东部发现的距今200万年左右的化石被命名为"匠人"（*Homo ergaster*）[①]，有些研究者如理查德·利基宁愿称其为"非洲早期直立人"，由于匠人本身包含的多样化特征，迈尔也将其看作早期非洲直立人的代表，实际上能使直立人的概念保持合理限度的更适宜的做法是把匠人单独列为一个种，它未必如迈尔所说"最像是直立人的亚种"。[②] 除了能人是匠人的祖先这一可能之外，由于他们共同生活的时间长达30万年，也许他们具有共同祖先，而根据

---

[①] 又译为"壮人"。
[②] ［美］恩斯特·迈尔：《进化是什么》，田洺译，上海科学技术出版社2012年版，第226页。

遗传学确立的单一起源理论,更有可能从匠人演化出以后的人属成员。"匠人的字面含义是'工作的人',是恩格斯所说的能够制造工具的人。"① 估计匠人的脑量能达到1000毫升,结合对于南猿脑量的平均值只有500毫升的判断,说明大约在100万年当中,某些原始人类的脑量增加了一倍。但是与脑量较大的通常估值在700毫升至900毫升间的鲁道夫人相比,在脑量方面并无太过于显著的增加。② 1975年由柯林·葛洛福斯(Colin Groves)及雷迪亚·马萨克(Vratja Mazak)发现的仅存一颗牙齿的颅骨化石是匠人的代表性化石(编号为KNM-ER3733),同一位点还发现了大量与奥杜瓦伊文化的工艺不同的石器。颅骨化石所在地层年代在180万年前,面部较平但鼻部隆起,在形态上与猿类区别较大,测定脑量为850毫升,大于肯尼亚平脸人和爪哇人,因此可以让我们首先想到将其归入人属,而不必踌躇于这样做是否恰当,用塔特索尔的话来说,"它是第一个预示着未来(而不是让人回想起过去)的原始人颅骨标本"③。近十年后,理查德·利基、卡莫亚·基穆和提姆·怀特(Tim White)在肯尼亚北部图尔卡纳湖西部又发掘出保留了人体66%④的骨骼的少年男性骨骼化石(编号为KNM-WT1500),测定年代为160万年,完整度在已发现的原始人化石中达到最高,常被称作"图尔卡纳男孩"。这具化石因被湖边沼泽地松软沉积物覆盖而保存完好。根据化石中第二臼齿的萌生状况,理查德估计男孩年龄为11岁左右,后根据密执安大学人类学家霍利·史密斯(Holly Smith)联系脑量与第一臼齿萌出年龄的方法,确定男

---

① [美]伊恩·塔特索尔:《地球的主人:探寻人类的起源》,贾拥民译,浙江大学出版社2015年版,第108页。
② 伍德认为,尽管与后来的智人脑量剧增的事实对照,脑量为何在人类演化晚期骤增至今仍是未解之谜,但从匠人的成人个体脑量推算的婴儿脑量和匠人盆骨的尺寸的对比可知,匠人的婴儿的脑袋很小,足以横向通过产道,这一生理特征可以有效地避免难产的发生。
③ [美]伊恩·塔特索尔:《地球的主人:探寻人类的起源》,贾拥民译,浙江大学出版社2015年版,第92页。
④ 主要缺少手部和脚部的骨骼。

孩年龄为9岁。之所以要特别强调对于"图尔卡纳男孩"年龄的判定过程①，是因为从这个过程所依据的方法的变化可以看出，"人类的祖先在生物学上已经向现代人的方向发展，并离开猿的等级，而南方古猿则仍停留在猿的等级"②。但是在判断匠人更接近人的这一端③所持的证据方面，塔特索尔的思路代表了另一种观点，他认为从牙齿、骨骼的整体状

---

① 以人类的骨盆大小的两性差距不大为前提，用现代方法重建 KNM - WT1500 骨盆尺寸，可以推测其母亲的产道的尺寸，进一步推测出匠人婴儿的脑量是275毫升，约为成年匠人脑量的1/3，这和现代人的情况相同，那么，匠人的婴儿在出生后相当长的时间里，应该也是缺乏生活自理能力、需要父母照料的，所以看上去匠人应该遵循一种明显有别于猿类的、与现代人相仿的模式，向人的方向演化。由于身体发育和体质成长更慢，人类的童年期明显长于猿类，可以通过其他一些重要器官如牙齿的生长时间来推测个体年龄。20世纪70年代，宾夕法尼亚大学的艾伦·曼（Alan Mann）对人牙化石的研究提出了南猿属和人属的物种在生长发育上都遵循较缓慢的人类模式的假设，支持了传统的南猿属于人科动物的观点。但到了80年代，霍利·史密斯创立了一种新的方法否定了这一假说。通过分析大量的人科动物化石资料，对人和猿的化石进行比较，划分出人类演化的三级生活模式：以匠人作为中间等级，现代人和猿则分别占据两端，依照这一方法对原始人化石进行分类，南猿则会被归入猿类，匠人则在中间形态，那么图尔卡纳男孩的年龄比按照前一种假说估计的要小，这个结论与之前的主流观点不符。为了防止史密斯的方法可能出现的漏洞，由观察微观的齿线来确定化石中个体的生存年龄是个更可靠的办法，结果发现确实可以将原始人化石对应的形态分成猿类、中间等级和现代人三个等级，从中又一次得出南猿属于猿类的判断，比如非洲种南猿的发育成长速度就和猿类一致，匠人依然处于中间等级。这种通过化石特征编制古人类生活史的方法的重要性在于，骨骼化石被赋予了一种和当时环境条件密切关联的活力，从推测的生物特征的变化，可以进一步探究原始人的社会关系和交往行为的改变。例如，从猿类所具有的性别二态性与争夺交配权的性别竞争中，身体形态的改变往往对应着社会结构的改变，可以找到群体成员合作的根源在于雄性个体具有更近的亲缘关系促进了合作行为，用以抵抗外来威胁并引起食性变化。而对于食性变化的重要影响，可以用苏黎世人类学研究所的人类学家罗伯特·马丁（Robert Martin）的研究所提供的脑量和食物能量同步增长的理论来加以解释。某些种类的南猿、能人和匠人的牙齿构造、石器加工和脑量的增大都需求更多的热量和营养，而包含有丰富脂肪和蛋白质的肉食恰好满足了这一条件。因此，不论是在狩猎还是食腐过程中，合作行为有助于获取更多肉食，而食肉促成的体质上的重大进展，并进一步强化合作的倾向，使得人属成员的体能和行动力越来越强。

② [美]理查德·利基：《人类的起源》，吴汝康、吴新智、林圣龙译，上海科学技术出版社2007年版，第47页。

③ 不难看出，几乎所有的对于原始人类化石在人类演化过程中的定位的判断，都自觉或不自觉地套用了一个简化的、线性的"猿猴—猿人—智人"三段式结构。迈尔在1950年的冷泉港实验室会议上曾提出一个具有简约主义性质的单线式人属结构，也是由三个处于不同演化阶段的物种特兰斯瓦人（即纤细型南猿）、过渡性物种（直立人）和智人构成，而傍人的发现证明这种忽略演化旁支的考虑是很不周全的，尽管迈尔自己也强调人科动物的化石知识具有不完备性和不确定性，但他在描述人化的不同阶段时，还是坚持使用了"黑猩猩—南方古猿—人属"的三段模式。

况特别是用高倍显微镜观察图尔卡纳男孩的牙齿时,用齿线来推算他活了多久,类似于用年轮推算树木的年龄,这种方法是可行的。结果显示他是8岁左右,在此方面史密斯和伦敦大学的解剖学家克里斯托弗·迪安(Christopher Dean)和蒂姆·布罗梅奇(Tim Bromage)得出的结论差不多。但在对这一结果的解读方面,塔特索尔强调图尔卡纳男孩的发育速度更近于猿类而非现代人,不过他也承认即便如此,这种发育速度已经在向着人类方向靠拢,比起真正的猿类迟缓多了。塔特索尔最看重的是骨架化石所表现出来的适中的、与现代人一致腿长与身高的比例,即便化石呈现的脑量只有偏小的880毫升,但是比现代猿类要短的胳膊、正面向外①的肩关节、比阿法南猿更窄的骨盆和与现代人相似的长腿这些全新的特征结合起来,足以得出"在成为'完全的人类'的道路上,匠人已经迈出了一大步"②的结论。匠人的这些特征可以说是飞跃性的,究其原因,身体上的剧烈变化是自发的基因突变的结果。塔特索尔认为,匠人在生理特征方面的新变化是其演化谱系中某个微小变异引起基因表达的结果,在体质方面接近现代人类,但由于体型高大(成年个体身高可达1.9米),从脑与身体的比例来看,相对于南猿,脑量的相对值还不够大,因此其智能应该比现代人类落后得多。

除了对生长发育速度的考察,由于骨骼化石显示出的和现代人非常接近的比例关系和形态特征,图尔卡纳男孩所在类群具有的猿类特征就不再是人类学家关注的重点,更值得关心的是匠人在完全习惯于直立行走、远离森林的庇护之后,如何适应冰川期形成的稀树草原的生活环境。和南猿的亦猿亦人的间歇性的两足行走不同,匠人已经彻底放弃了树栖方式,能够在新的环境中利用多种资源,制造的石器和食物的结构也有了新的变化。

### (二)匠人的智力创新

鉴于对古人类化石归属的判断总是在猿与人之间摇摆不定,综合匠

---

① 猿类的肩关节是正面向上的。
② [美]伊恩·塔特索尔:《地球的主人:探寻人类的起源》,贾拥民译,浙江大学出版社2015年版,第113页。

人多方面特征，可以确认一个令人振奋的事实，这一类群的归属要比南猿和能人更明确，东非古人类的演化由前述多种形态的共存进入了一个新的时期，原始人的发育速度加快了，栖居环境也脱离了其祖先熟悉的森林，因而面临很多方面的生存压力，匠人在应对环境挑战方面的积极反应具有了更多的与智力相关的创新性。

第一，食物及获得食物的方式的新变化。由于稀树草原地带更为开阔空旷，不再有树木的遮蔽，匠人更容易暴露在食肉动物（以大型猫科动物为主）的视野中，面临的威胁更严重。根据对图尔卡纳男孩化石的四肢形态的观察，可以看到其四肢长骨轴壁比现代人粗壮得多，这在逃避野兽攻击时应该能起到一些作用，不过匠人已经有了更大的脑量，这也意味着他们会因这个重要器官的增量发生体质上的重要改变，这种改变和食肉、内脏变小有很大关系。虽然在大约100万年的时间里，匠人仍在使用没有重大改进的、奥杜瓦伊风格的石器，但他们很可能在狩猎策略上有了改进，这包括以持续消耗猎物体力为主要手段的追猎方式的出现以及开始食用水生动物。如果要长时间以不紧不慢的速度对猎物穷追不舍，匠人就应具备除了强大体能之外的其他条件：能长久集中注意力，会根据猎物留下的痕迹继续追踪并且能及时散发热量和补充水分。对这种"耐力狩猎法"发挥想象力的结果，便是产生了更多有趣的推定，比如由于散热的需要，匠人很可能已经不像猿类那样身披浓密体毛了，寄生虫学家甚至可以根据分子钟计算出头虱和阴虱分化的时间，并进一步推断大约从阿法南猿时期，古人类体表已不再有厚重密实的体毛了。也有学者认为匠人由于身高体长，体表面积扩大形成的选择作用产生了以直接蒸发方式散热的生理机能，逐步褪去厚毛，由此也开始了肤色的演变。这种新的散热机制与更大的脑所需要的冷却系统有关，同时还提供了另外一些重要的推论。一是关于衣服的产生。体无长毛的匠人是否已经开始用天然材料如动物毛皮作为衣物遮体避寒，寄生虫学家也许能够通过测定衣虱与头虱的分化时间来确认人类开始穿衣的时间。二是关于对水这种极为重要的生活资料的携带和保存。如果体无长毛的匠人是通过出汗散热的，那么他们如何在长途追猎中补充水分呢？既然匠人的智力发展已达到了懂得利用坚硬石头打制石器的程度，那么他们会不会也已经可以利用柔软的材料如吃剩的动物的胃或膀胱来作为盛水的容器呢？

事实可能并非如此,匠人们也可能将捕猎范围控制在离水源较近的区域内,但食物内容和猎食方式的变化,的确能够在一定程度上提供匠人在身体的特征方面相比之前的人属成员更接近人类的更可信的解释。

第二,从生食到熟食,是否已从大自然借来火种,开始了烹饪?匠人们在追捕动物时要消耗更多体能,吃肉能为他们补充更多能量和营养,从现代人在饮食方面的基本常识来看,这样做也是提升口感、促进吸收的有效途径。在现代人的饮食习惯中生食依然保有一席之地,然而像原始人那样大啖生肉是野蛮和危险的。即便是少量地生食某些种类的肉食,从现代医学、营养学和健康学的角度也被视为是不卫生的,既难于消化,又可能因为病毒、细菌和寄生虫带来疾病。把现代人的并不普遍的生食肉类的癖好归于古人类食性的遗留,这种推论就如同把嗜血、残忍和好斗的习性看成是数百万年以来的自然遗传一样不可靠。只需稍微追究一下为什么大部分人并不习惯于生食肉类的原因,我们就可以提出很多充分的理由来为人类学会用火烹熟食物尤其是肉类的益处进行辩护。很显然,这里隐含着以下的判断:通常而言,除去某些很难说是主流的特殊习性,生吃肉食是迫不得已,只要有可能,人类一定会吃熟肉。事实上灵长类动物消化系统并不能很充分地消化生肉并从中吸收营养和能量,有研究证明黑猩猩所吃的少量的肉中有很大部分是以未经消化的形式排泄掉了。从现代人的烹饪活动来看,加入各种作料的熟食尤其是熟肉更好吃,其中蛋白质的消化率和吸收率能有显著提高,同时肉类也经过了一个消毒和杀菌的过程。匠人的颌骨及牙齿比南猿和能人都要小,这一特征应该与匠人食用比较易于咀嚼的、经过加工的熟食存在一定的相关性,"显而易见,加工处理食物的方式是把食物做熟,因此……匠人可能是最早的惯于烹调食物的人类"[1]。烹熟食物的重要前提就是要创造性地学会使用火,在南非斯瓦特克朗斯发现的距今180万年的焦骨残片和在肯尼亚切苏旺加(Chesowanja)发现的距今140万年的烧过的土块可以为160万年前与匠人处于同一时代的古人类有可能用火的猜测提供并不确定的参考。一般认为,比较确定的用火痕迹是在以色列境内盖舍·贝诺

---

[1] [英]伯纳德·伍德:《人类进化简史》,冯兴无、高星译,外语教学与研究出版社2015年版,第119页。

特·雅各布（Gesher Benot Yaaqov）遗址发现的有着很厚炉灰的炉灶中呈现的，距今约 70 万—80 万年。但这些露天遗址中的火燃烧过的痕迹未必一定是人力所为，有可能是雷电引起的火的自燃，后来北京猿人使用和保存火的能力也因为这种考虑而受到怀疑。伍德对这种质疑给出了一个反驳：从理论上来说，虽然闪电引起草木燃烧的遗留物与人类专门生火后的灰烬很相似，但人类有意点燃的火通常有用于照明、取暖、烹食和防范野兽的特定目的，因而燃烧较为充分，其遗留物在理论上是可以和自燃物的留存物区别开来的，只是这种区分在实际的考古过程中受限于具体条件还不能完全达成。① 一个最新的证据是 2012 年南非旺德韦克洞穴沉积物中发现的灰烬，其中有烧焦的草叶、树叶、灌木和碎骨，这些少量的灰烬保存完好，灰烬边缘的锯齿形状表明灰烬发现地就是燃烧发生的原始地点，它们不是在燃烧后被水或风这样的自然力从别的地方带至此处的，因为如果是那样，灰烬锯齿状边缘会有很大概率被磨损掉。旺德韦克洞穴并非处于暴露的环境，这些灰烬不大可能像是由雷电引起燃烧的自然现象的一部分。"这一考古发现表明，在直立人（距今 180 万—20 万年）早期，人类祖先就开始用火了。"② 也有人会争辩这些证据并不说明问题，因为用火之后的遗留物未必能像骨头和石器那样保存至今，而且古人类对火的使用很可能一开始只是偶尔为之，还未能把火的保存和使用变成自己生活的常规内容，所以要追究人类祖先完全控制和利用火的情况面临着比分析骨骼化石更大的困难。即便根据现有证据，未必能在匠人食肉和利用火之间建立确定关系，也可以从匠人已经开始吃熟食推测有一种与越来越重要的唯独人才有的烹饪行为直接关联的加热技能出现了，这种技能离开火的话是无法施展的。如果凯塞姆洞穴里发现的古人类牙齿化石中牙垢里微量的炭屑能证明已有早期人属成员吸着烟雾并吃下焦灼的食物，如果像"火坑和木炭化石、烧焦的骨头，把石器烧热以便于更好地获得石片，甚至把木头削尖并加热，使其硬化用

---

① ［英］伯纳德·伍德：《人类进化简史》，冯兴无、高星译，外语教学与研究出版社 2015 年版，第 119—120 页。

② 田远：《人类用火史可追溯至 100 万年前》，《光明日报》2012 年 4 月 19 日第 11 版。

以制作梭镖"① 这些证据可用来证明 30 万年前人类在设法取火和保存火种方面已颇为得心应手，那么必然存在这样一种更大的影响：对火的驯化让人既能防御猛兽侵袭又能在获取肉食方面取得更大优势，逐步成为最强大的猎食者之后，跃动的火焰也成为原始人的合作行为和亲密关系的强化剂。

第三，研究者通过圈养实验证明，黑猩猩较少关注同伴，其群体也缺乏足够的社会性。但人类作为合作的物种，总是对同类保持着极高的关注度，即便对于陌生人，也往往具有基本的同情心，这种差异很可能是由于认知能力的巨大差距导致的。与生活在林地的防御能力较弱的南猿不同，匠人在稀树草原上为自己寻求到了多样化的食物，除了肉类，他们还食用各种水果和坚果，用无法像石器那样能以化石形式存留至今的木棍挖取植物块茎，并学会了从其他动物那里抢夺食物（比如蜂蜜），而且掌握了更多的狩猎技巧，比如设饵诱捕某些小动物。"早期人属获取食物的社会性和创造性的方式生成了一个塑造他们的进化的反馈回路，而狩猎则加快了进化的过程。"② 考虑到太多人集中在一起会导致一定区域的食物短缺的情况，经常狩猎的匠人应该对群体规模和活动范围有初步的规划和控制，并在寻找食物和养育婴儿方面有了基本的分工。由于对动物骨骼化石上的动物齿痕和石器切痕的分析研究，证明了原始人和其他食肉动物抢夺猎物的事实，说明肉食并不充裕。由于能人已经可以将石料携至十多公里之外用来制作石器，匠人的行为特征应在此基础上具有更复杂的表现。匠人所具有的新的身体状态和新的食性、新的技能都是在对新环境的适应过程中逐渐出现并形成一个整体的优势积累状态，在工具制造和使用方面，一种新形态的出现成为这种积累的必然结果。

### （三）匠人借工具之力进行的迁徙

石器的制造、食性的改变和脑量的增加都意味着认知水平的提高，在百万年的时间流逝中，原始人类不仅在身体特征方面与猿类有越来越

---

① ［美］奥古斯汀·富恩特斯：《一切与创造有关——想象力如何创造人类》，贾丙波译，中信出版集团 2018 年版，第 70 页。

② 同上书，第 65 页。

大的区别，而且在智能方面超出猿类的程度也在不断提高，随之而来的一个重要表现便是人类有更强的活动性，对森林以外的环境的适应性逐步得到提升，能不断扩大生存的范围。如果再加上对火的控制和使用，因为冰期影响的环境变化的压力，匠人从最初的诞生地向非洲以外的区域扩散的可能性便很难被低估。到目前为止，在非洲以外发现的与非洲古人类相关的最早的化石记录的地质年代在130万—212万年前，这是2018年公布的在中国陕西蓝田上陈遗址出土的大量石器所提供的最新证据，遗憾的是，在上陈遗址并未发现人类骨骼化石。在此之前，一般认为欧亚大陆最早的原始人类是格鲁吉亚人（Homo Georgicus），这一人种分类的确立基于高加索地区格鲁吉亚首都第比利斯西南的德马尼斯（Dmanisi）镇出土的头骨化石和一些似乎具有奥杜瓦伊文化风格的石器。

曾是商贸中心的德马尼斯镇位于古丝绸之路支线上，毁于15世纪的战火。这里的考古发掘期很长，在1983年发现的只是哺乳动物骸骨化石，首先出土的是一颗更新世①时期的犀牛牙齿，随后是奥杜瓦伊风格的石器。1991年由格鲁吉亚人类学家戴维·洛尔德基帕尼泽（David Lordkipanidze）发现了保存完整的原始人牙齿和缺损的下颌骨，并在随后的几年内和已有的古人类化石进行了比较研究，发现这些化石与早年间非洲东部的匠人化石最接近，都有面部较小，头骨较薄的特征，区别在于脑容量较小（600—750毫升）、身材较矮，但身体结构和肢体比例相似，并具有较为明显的性别二态性。与此同时，德马尼斯镇的化石发掘仍有新的发现，包括一块很大的下颌骨和头骨，直到2002年，这些化石所属类群有了格鲁吉亚人这个正式种名，更多化石的发现持续到两年之后。洛尔德基帕尼泽及其同事倾向于认为这些化石应被归于直立人，而伍德认为这些化石"属于一个相对原始的、类似匠人的类群"②，对与这些化石所在的沉积层关联的玄武岩层和相关的动物化石的检测显示格鲁吉亚人生活在180万年前。格鲁吉亚人体型和脑量都比较小，在身体结构上，显

---

① 由英国著名地质学家莱伊尔创制的地质时代名称，又名洪积世或冰川世，处于第四纪（包括更新世和全新世，在地质学上指从260万年前至今的时代）早期，地质断代从2588000年前到11700年前。

② ［美］伊恩·塔特索尔：《地球的主人：探寻人类的起源》，贾拥民译，浙江大学出版社2015年版，第121页。

示出颅骨和上半身更接近南猿，但脊骨和下肢却和直立人化石更接近，这一类群在人类演化树上应该占据的位点并不明确，只能笼统地认为可将之归为由南猿到直立人的一种中间形态，也许是由能人演化而来，并成为亚洲猿人的祖先。

由于当时在欧亚大陆并无更早的人类化石出现，所以有理由推断这些与匠人高度相似的原始人是在冰期降临时为了适应周期性的环境变化从非洲一路延循植物带长途跋涉而来，他们很可能掌握了火的使用，并能够在食物方面做出更多选择，这种食物的多样性使他们像同一时期的哺乳动物那样集体迁徙，并具有在沙漠中生存的能力。地质学家尼尔·罗伯茨（Neil Roberts）认为数百万年前的撒哈拉沙漠在雨季呈现出稀树草原环境，可以容留大量动物生息其中，在旱季则驱使各种动物北迁，如同一个泵那样对生态容量起到自然的调节作用，匠人很可能就是在这种状态中穿越撒哈拉沙漠，扩散到非洲之外。同一地点发现的石器是通过打制的锋利石片、石核做成的，和匠人的工具技能一致，虽然在制作工艺上并无改进，但这在一定程度上说明由于掌握了哪怕是最简单的工具制造技术，也会对这一种群的地理扩散起到不可低估的作用。塔特索尔提出，由于德马尼斯石器和奥杜瓦伊石器一样粗糙，而且奥杜瓦伊石器技术在100万年的时间里并无改进，所以应该将工具因素从促使非洲原始人向欧亚迁移的原因中排除。他进而相信，如果格鲁吉亚人在石器制造方面并没有超越其非洲先祖，受此影响，他们的脑容量也不会有显著的增加，所以非洲原始人向欧亚大陆迁移的推动力主要不是来自石器技术和脑容量变化，而是环境变化和形体变化。塔特索尔和费根在论及这个问题时，都非常重视与匠人同时期并处于同一生态圈的哺乳动物也向欧亚大陆大量扩散的事实，以此来证明气候变化引起的环境变化的压力促使包括人类在内的物种向相对于原住地的高纬度地区流动，从而进一步说明这一时期原始人类对各类环境的适应性已经很强，原先的温暖潮湿的林地不复存在，但一路迁徙到达的新地点也已经是寒冷的草地以及干旱的沙漠边缘。由于德马尼斯遗址确实在同一地层既发现了动物化石又有人骨化石和石器得以发掘，在人类已经进入大量食肉阶段时，把动物的迁徙和人类扩散联系起来揭示物种流动的直接原因是可行的。但是因为这一联系在人类还只能被动地受自然力摆布的时期，体现了气候与环境的决定性作用，就认为应把长期没有任何改进的工具以及较小的脑量作为在这种大规模扩散中未发生任何影响的因素排除在外，就显得过于武断了。事实上，在非洲原始人向外扩散的过程中，即便石器技术一直保持着奥杜瓦伊文化的工艺特点，也足以使人类在北迁时能够以很高的效率捕食同期迁徙的食草动物，来改善气候变冷导致的植物性食物短缺的状况。虽然格鲁吉亚人的脑量的确较小，甚至低于匠人中的未成年个体，但是在考察这些原始人的演化程度时，不能孤立地强调其中某个特征，哪怕这个特征处于非常关键的位置，也必须把它置于整体形态之中来判断其实际能够发挥的作用。事实上，塔特索尔也承认，迁居于德马尼斯的非洲原始人在应对当地的气候条件方面遇到全新挑战，"不管是温度和湿度都具有明显的季节性，这种随季节而变的气候对他们可利用的资源产生了深刻的影响"①，在引起生存条件的骤变的各个因素中，气候条件完全超出当时人类原有的掌控能力，然而，微妙的转折就出现在这里，之所以说继承了其非洲祖先灵活性的格鲁吉亚人具有极强适应性，是因为他们能够在自己原本不习惯的气候条件和陌生环境中扩充自己的控制力，这和原始人群所能扩散的地理范围大小是成正比的。

  这种不断增长的控制力显然来自于工具，正是这些看似长期处于停滞状态的石器技术，让远道而来踏入德马尼斯地界的古人类能够用一起迁来的哺乳动物果腹，虽然那些动物骨骼化石上留下的石器切割痕迹表明格鲁吉亚人剥皮取肉、敲骨吸髓行为的血腥程度绝不会低于南猿和能人，但这是能够在气候干旱、森林退化情况下高效解决食物短缺问题的良方，食肉由一种权宜性的措施成为常规的饮食习惯。更重要的是，石器的使用促进了原始人类对同类个体的情感表达和相互帮助，这也是合作行为不断演进的表现，一个很有说服力的证据来自于2004年在德马尼斯发现的D3334号头骨化石。这具仅有一颗牙齿的老年男性头骨的奇特之处在于，从牙床萎缩的情况来看，头骨的主人在活着时相当长的时间内，大部分牙齿就已掉落，所以他实际上无法通过正常咀嚼而进食。如果当时格鲁吉亚人以肉食为主，这位老（原始）人肯定是得到了所属群

---

① ［美］伊恩·塔特索尔：《地球的主人：探寻人类的起源》，贾拥民译，浙江大学出版社2015年版，第142页。

体的其他个体的帮助。首先是食物得到了特殊处理和选择，比如用石器反复捶捣肉块，令其变得松软绵烂以便在不怎么咀嚼的情况下便可下咽；或者尽可能把敲碎兽骨得到的相对于其他食物而言更软的骨髓给这位远古的老者食用；还有一种可能的加工方法则是假定当时人们已经学会用火，这样就可以将肉烤熟或煮熟，使之变得松脆软烂便于无牙的老者食用，或者可以熬制富含营养、可以免除咀嚼、能直接喝下的肉汤。其次便是群体生活方式的变化和更为复杂的社会环境状况。在当时的条件下，如果不是因为较深的同情（或者甚至可以认为是处于形成阶段的、今天的人们已经习以为常的"爱"的情感）、长久关心和经常的帮助，一个在生存方面失去基本条件、该被无情淘汰的弱势个体，是不可能仅靠自己的力量长期活下去的。所以很显然，这里已经出现了某种可与文明社会的高级情感和社会行为相关联的哪怕是处于萌芽状态的表现，虽然证据还非常不充分，但这具头骨化石的奇特状况提醒我们，就和古人类全体大规模地由热带地区迁移到温带地区一样，德马尼斯人的个体生存状况也支持以下推论：即便新栖息地的环境迥异于原有生活环境，并且有明显的超越控制范围的因素（如气候），但这一时期的人类已经可以在极为不利的周边条件下以自己内在能力的提升与外部条件的压力相抗衡，包括以某种至今难以明确描述的方式弥补身体条件的不足。对这些未知方式的猜测包括某种技术、表达积极情感的能力和提示后来者将合作行为与人性联系看待的互助行为。很显然，这里浮现出了关于人性的话题，自然选择的盲目性所具有的机械性质在"深深扎根于人类的灵魂深处的"情感的最朴素的表现面前被大大淡化了。不得不承认，曾与猿类有着共同祖先的双足行走的生物越来越成为霍米尼德（hominid）中的人（human）了，尽管气候和环境不像以前那么友好，但原始人类却能让外在的各类资源逐日增多，同时，内在的精神资源也在不断生长，人类演化过程所具有的知难而进的意味越来越明显了。

　　格鲁吉亚人的发现证明了非洲古人类确实在向东方扩散，由高加索地区进入亚洲之后的生存状态究竟如何，还需要新的证据。既然能在亚洲有直立人的化石出现，那么欧洲的地层中一定也埋藏有人类已灭绝的近亲的化石。尼安德特人作为欧洲晚期智人的代表，其颅骨化石在《物种起源》发表前30年就已发现，是在欧洲最早现身的古人类，此后相关的考古活动持续进行，提供了比其他原始人更充分的化石证据，但是尼人的生活年代最早也不过是在23万年前，在此之前欧洲理应还有其他古人类，如果能在这方面有所发现，也许能和亚洲的古人类化石相互联系，用以说明人类走出非洲的确切去向。

原始人类演化的背景和动力与气候变动引起的环境变化密切相关，天气的冷暖交替决定了古人类对栖息地的选择，在演化的早期，应对自然环境变化的一系列适应性转折逐步使人科动物的一支具有了尝试以付出特定代价的方式生存下去的能力。从300万年前开始，新出现的巴拿马地峡（Isthmus of Panama）成为阻断太平洋和大西洋之间洋流交换的屏障，非洲大陆的气候有向干旱寒冷变化的趋势，北极冰盖也在这一时期加速形成，这一地质事件也许对人属从南猿中分离出来至关重要，纬度更高的欧亚大陆所受的影响更明显，古人类迁离非洲的路途会更为艰辛。气候最冷时，北纬40度以上地区都在北极冰盖的势力范围之内，欧亚大陆的环境会因为冰层覆盖而剧变，食草动物的活动受制于植被带的变化，古人类的定居点则受到海平面升降的制约。当第四纪冰期结束时，地球完全进入了现代人活动最鼎盛的时期。可见人属产生于更新世，人类祖先演化的环境条件有很大变动性，无论是非洲大陆降水量还是欧亚大陆的宜居性都全无定数，然而古人类在这一时期应对环境压力的适应能力总体上处于上升期。可以设想，古人类肯定无法稳定地扩大自己的活动范围，相反，他们在捉摸不定的环境变化中尽可能灵活地同步变动栖居地点。走出非洲的故事里常常会出现悲剧性的段落，有很多研究者推断，当时的古人类种群与今天的社会形式不同，往往分成很多个规模较小的、缺乏横向交流的群体，在向欧亚迁移的过程中，有不少遭遇恶劣环境的群体会陷于灭绝，很难说他们只是强大自然力面前无助的受害者，相比只能消极地接受淘汰的某些物种，这是一种为了提升适应能力而必须付出的代价，而付出这种代价的结果，并非因为惧怕遭到同样的命运而退缩到舒适地带，相反地，在冷暖不定的环境中处于扩散状态的原始人类似乎有了一种我们今天常常说到的越挫越勇、力争奋起于逆境的"精神品质"，相比于只能在非洲大陆内部流动的猿类祖先和南猿，这些不安于现状也不会甘愿受困于恶劣环境的匠人的流动性、适应性和智能性特征已经远超其上，可以把这些表现视为促成古人类在更新世加速演化的内因。从外因方面来看，从非洲到欧亚，规模较小的群体和地理条件上的分隔在制造出具有筛汰作用的选择压力的同时，也使原始人类的狩猎活动范围扩大，因此可以使演化程度相近的不同群体在迁徙路径上互有交集，这些属于同一物种的原始群体会在不定期的杂然共处过程中产生基因交换，这就为固化新的遗传结构和形成新物种创造了外部条件。相比于中新世晚期，原始人类的演化进入提速阶段并一直保持加速状态，这一过程迥异于其他哺乳动物的演化，其最重要的结果就是产生了与先祖差异很大的智人。快速演化把智人塑造成了具有抗争精神、面对环境挑战能够积极应对的新物种，智人面临的来自外部环境的灭绝风险因此逐步降低。从能够制造石器开始，技术作为最突出的文化表现发挥着越来越大的作用，即便工具的改进非常缓慢，但想象力和创造力的积累始终没有停止，借助技术能力向新区域迁居的行为表明人类祖先具有独一无二的探索倾向，并以此将自己与其他动物区别开来，而且拉开更大距离，这在以后的人类演化中成为具有普遍意义的人性的重要组成部分，不安于现状的人类始终是与气候和环境变化趋势相一致的最活跃的因素，外部条件越不稳定，人类向陌生地带的扩散可能性就越大。考虑到始于约260万年前（更新世时期）北极冰盖形成后的冰期和间冰期的交替运动直到100万年前才变得较为稳定，似乎古人类至少是在距今100万年后才有条件进入欧亚大陆，但处于欧亚交界的德马尼斯城的发现已经证明早期人类几乎是以一种知难而进的风格迈入了高纬度地区，随后来自欧洲的考古证据强化了上述判断。

1997年西班牙北部阿塔普埃尔卡（Atapuerca）的格兰多利纳（Gran Dolina）洞穴发现了92块来自至少6个人属个体的颅骨和牙齿化石，化石所在地层年龄经测定为78万年，这些化石代表的古人类获名先驱人（Homo antecessor）。同一地层伴随有大量动物化石和超过30件石器。无法明确判断化石代表的原始人类与以往发现的古人类的关系，但是同时出土的动物化石来自狐狸、鹿、犀牛、野牛和熊，根据这些动物的种类、生活习性和骨骼上明显的切痕可以推断，这些原始人生活的环境较为温暖湿润，能够从丰富的猎物中获得肉食。同时发现的石器的技术水平处于奥杜瓦伊阶段，可以凭借这一点断定他们是由非洲的能人或直立人扩散而来。由于先前已有格鲁吉亚人的踪迹，那么这一支原始人类很可能是格鲁吉亚人西进欧洲的后裔。2008 年，西班牙古生物学家欧达尔德·卡沃内尔带领的考古队又在阿塔普埃尔卡遗址斯马德尔埃尔芬特（Sima del Elefante）发现了带有七颗牙齿的人类下颌骨化石，为了研究的方便也被归类于先驱人，测定年代为 120 万年。由于这一发现将原始人类出现在欧洲的时间前推了近 50 万年，显然就存在另一种可能，新发现的化石也许并非和十多年前发现的先驱人属于同一类群，至少未必是同一批到达欧洲的古人类。从迁移的路线来说，也有可能是在西进的大方向上出现了局部差异，由亚欧接合部经中东、法国、意大利南部到达化石所在地点。对颅骨化石和牙齿特征的分析可以把先驱人看成更早的匠人及后来的智人的居间环节，如果能乐观地排除先驱人遭到灭绝的可能，他们既是匠人移民欧亚的后裔，又可以演化出尼安德特人和智人。

  动物骨骼化石上的切痕表明了先驱人也像能人和匠人一样习惯于用石器从动物尸体上割肉而食，这在食性已经发生转换的时代不足为奇，然而，当考古学家在人类的骸骨上也发现了与兽骨上并无二致的石器作用痕迹时，似乎可以作为先驱人的生活中曾盛行让文明时代的人们不寒而栗的同类相食之风的证据，因为这种情况刚好符合人类学界通行的用以鉴定史前食人现象的标准①。对这些至今所知的欧洲最早居民化石的研究显示，"格兰多利纳发现的骨骼化石一般都遭到了严重损毁，其中许多化石都留下了曾经遭受切割、砍斫、用石器刮削的痕迹，他们强烈地暗示，其主人是被屠杀后吃掉的"②。骨骼化石中人骨和兽骨存在的解剖差异十分明显，但遭到石器破坏的痕迹却并无区别，这足以说明这些史前人类把同类的骨肉放在了菜单里。同时，由于发现化石的洞穴中有两层沉积层都有被处理过的人类遗骸，说明先驱人对同类不是偶尔食之。与人骨一同发掘出的兽骨已经可以证明当时的气候温暖湿润，可供获取的

---

  ① 尽管在现代社会，受到人道主义观念的强力干预，食人现象备受争议，对食人现象的研究也常常受到质疑，但是在人类演化过程中，很多证据表明，食人现象的客观存在却不容回避。在考古学的研究范围内，为准确识别食人行为，一般采取以下标准，"只有当人类残骸上的处理痕迹，与动物骨骼上的痕迹相似时（这些动物是被人类祖先吃掉的），科学家才会确认那是人类食人行为"。参见［美］提姆·怀特（Tim White）《吃人也是人类历史的一部分：食人现象为何出现？》，张亚萌译，环球科学公众号。

  ② ［美］伊恩·塔特索尔：《地球的主人：探寻人类的起源》，贾拥民译，浙江大学出版社 2015 年版，第 174 页。

食物资源应该是丰富和充足的，这就排除了因为食物短缺而被迫同类相食即生存食人的可能性，食人也许是先驱人日常的饮食习惯的一部分。对人骨化石的分析还表明，被吃掉的个体大多处于青少年和儿童阶段，这也许是先驱人的不同群体之间相互猎杀的一种策略，即首先或更多地向弱小者下手以便大快朵颐。在怀特对史前食人现象的研究中，他并没有明确地指出先驱人的食人行为是族内食人（endocannibalism）还是族外食人（exocannibalism），但只要把这种表现和后来尼安德特人的食人行为联系起来，便可以不出意外地发现，"食人现象是人类历史的一部分"[①]。最重要的是发生在先驱人生活中的食人现象的起因，怀特认为目前并无充分的考古学证据可以揭示相关原因，而塔特索尔则援引对先驱人化石进行发掘的阿塔普埃尔卡研究小组关于这种食人行为并非仪礼食人的观点，认为先驱人完全不具备考虑他人感受的能力，食人于他们而言毫无特殊之处，只是司空见惯的日常现象之一。

但是对比一下塔特索尔对德马尼斯 D3444 号头骨化石的分析，这里明显出现了无法解释的矛盾。如果先驱人确实是格鲁吉亚人由亚洲西部向欧洲南部移民的后裔，那么先驱人为什么未能传承格鲁吉亚人关心照顾同族中弱者的同情心呢？由于同情乃至爱的情感是和复杂的认知和判断能力相关联的，也能在很大程度上加深原始群体成员间的合作倾向，这种正在形成中的情感应该在时刻面临各种不利条件的迁徙过程中得到强化才对，但是阿塔普埃尔卡的人类遗骨却表明先驱人更像是可以对弱小个体痛下杀手的冷血物种，所以这里存在两种可能：第一，先驱人并非一定是格鲁吉亚人中的支系改变迁移路径后形成的新种群，也许以分散的小群落方式流动的非洲匠人或直立人的东迁之路不止一条，其心智演化的程度是参差不齐的。第二，可以确定先驱人的食人是族外食人（exocannibalism），这样的话对族内弱小成员的同情和照顾和吃掉同类的行为就并行不悖了，说不定弱小者还可以受到优待，分配到更易于食用的部分，如脑子和内脏。明确了这一点，先前从 D3444 号化石中看到的古人类已经萌芽的、能够把原始人一步步推向文明世界的同情心，也许

---

[①] ［美］提姆·怀特（Tim White）：《吃人也是人类历史的一部分：食人现象为何出现？》，张亚萌译，环球科学公众号。

正是在看似野蛮却符合当时情境的食人习性中得到成长，最终能够消泯同种间的隔离，达成更大范围的种群认同。

### （四）上陈遗址中石器新证据的意义

随着考古发现的意想不到的进展，原始人类在非洲出现的时间不断被刷新，但非洲以外尤其是欧亚地区古人类最早出现的时间，因为格鲁吉亚人的活动被锁定在180万年前左右，直到2018年7月《自然》杂志发表的关于中国黄土高原一处旧石器遗址的最新研究成果显示，原本由德马尼斯遗址标志的欧亚古人类生存年代又前溯了27万年（约10000代人），东亚古人类的时代更是向前延伸了40万年，人类走出非洲的历史得以改写。

到2016年为止的十多年时间里，中国科学院广州地球化学研究所研究员朱照宇及其研究团队就一直致力于陕西西安蓝田县玉山镇上陈村的考古发掘，先后在11个古土壤层和6个黄土层中发现96件石器及一些动物骨骼化石[①]，这些文化层的时间跨度经古地磁测年法确定为126万—212万年之间。虽然目前并没有像在德马尼斯城那样与石器一起发现人类骨骼化石，但根据这些形式多样的经由鹅卵石相互击打加工成的石器以及留在动物骨骼化石上的石器切割痕迹，可以肯定非洲以外地区出现原始人类的时间比之前认为的更早。地层年代测定还反映出古人类活动时期气候状况的差别，有些石器是在古土壤发育时期的地层中发现的，对应着温暖湿润的气候条件；少量石器是在黄土层中发现，对应的是干燥寒冷的气候状况，人工制品在不同地层的分布意味着这些石器不是在同一时间所遗留，虽然目前还不能对走出非洲后的古人类活动的连续性加以清晰的表达，但可以推断他们很可能曾在80万年的时段内反复出没于中国黄土高原一带。

对于这一发现及相关推论的质疑集中在两个方面：第一，是否能够完全确定这些石器是人工制成而非自然形成？第二，还未在同一地点发现原始人类的骸骨化石，在这种情况下根据石器和动物骨化石推断古人类的生存状况是否可靠？

---

① 根据研究团队的描述，这些石器包括82个曾受到击打的石头，主要有石核、石片、刮削器、尖状器、钻孔器和手镐，以及有击打痕迹的石锤，还包括14个未经击打的石块。

这项研究的主持者朱照宇对此做出了有力的回应，在他看来，中国西部黄土高原没有能够形成这些很薄的石片的自然力，从上陈村发掘出的石器形状各异，很明显是人力有意识打击的产物，只能在人类活动中形成，根据其形态和功能的不同可以分为石核、石片、刮削器、尖状器、钻孔器、石锤和手镐，这和同一时期非洲古人类加工、使用的石制工具非常相似。

参与了具体研究并且是相关论文合作者的谢菲尔德大学考古学家罗宾·丹尼尔（Robin Dennell）则提醒质疑者注意，在几乎没有石头的黄土高原，其地质形态是由季风携来的尘土在长达250万年的时间里年复一年堆积而成，在这些遍布各处的风尘堆积物的背景下，不存在将石头变成石片的地质作用。至于未能在发掘出石器时发现原始人类骨骼化石的原因，他认为古人类人数并不够多，况且应该考虑到人骨并非寻常物件，常常是脆弱和难以保存的。即便能发现骨骼化石，也只能根据化石的特征去推测人和动物存活时候的大致模样，很难说这些推测与人和动物的真实样态是吻合的。相比之下，一个原始人类个体在其一生中可以制作和使用多达上千件石器，根据数量众多的石制工具还原古人类的生活场景未必不比根据对遗骨化石的分析所得到的推断更能揭示原始生态的实际状况。事实上自19世纪以来对人类演化过程的描述，是起始于英国和法国发现的古老石器，而非人类和动物的骸骨，所以一些研究者只在史前器物是与古人类化石同时同地发现的情况下才认可其考古价值的做法是不可取的。

其他一些专家虽未实地参与发掘，但在细究了研究团队公布的发掘成果之后，也确信上陈村曾是古人类生活过的地方。得克萨斯大学奥斯汀分校人类学和地质学教授约翰·卡普尔曼（John Kappelman）的观点很有代表性，他从两个层次来为朱照宇和丹尼尔的观点进行辩护。第一，他认为通过观察这些石器，可以看到边缘大略呈锯齿状，这最有可能是原始人将卵石与石片多次对撞形成的，属于人为的痕迹，这么做能使石器的效用得以提升。此外还有一些石片"似乎经过打磨或者重新打磨"[1]，这说明制作者已经在对石制工具的处理上有了对其加以改进的意图。第二，在20多个原生层位中发现的石片是最有说服力的实质性因素，黄土

---

[1] 于波：《历史书要改写了：中国人类史向前推进40万年》，2018年10月19日，https：//baijiahao.baidu.com/s？id=1608135638823295775&wfr=spider&for=pc，2018年8月7日。

高原的粉沙状沉积物是由风吹来的粉尘构成，一般都是极细的颗粒，在其中挖出的石块只有两种类型：要么是人工制成的石片，要么是制作石片的剩余，这不可能由自然的地质作用造就，只能出自人手。

比较可信的结论是，在上陈村的清晰而连续的黄土—古土壤地层中出土的石器可以作为确凿证据，来证明上陈遗址确实曾有古人类活动。未发现人类骨骼化石也确实给进一步的研究造成了困难，一个最明显的后果就是难以断定这些原始人是否与20世纪60年代发现的蓝田人（Homo erectus lantianensis）存在关联，因而还无法确知上陈石器的制造者在演化树上的位置。

在古人类研究领域，全球气候变化中的生物圈演化一直占据重要地位，但由于早于200万年的人类活动遗迹基本集中在非洲，这就限制了对以原始人类为生物圈主体的活动轨迹的时空分布连续性模式的建立，而上陈遗址的发现则成为全球气候变化与古人类演化及古文化演化之间一个新的连接点，可以将黄土高原作为古人类起源和演化的天然场地，从工具行为入手，探究早期人类的迁徙、扩散的格局。

这一发现并不仅仅是改变了人们关于早期人类最初走出非洲和走进亚洲的认知，也为现代人的起源和扩散的认知提供了新的研究角度。近十年来，关于智人的演化出现了一种新的说法：智人并非唯一的高级人种，同属智人种的尼安德特人和丹尼索瓦人曾与其并存。在智人离开非洲的时代，三个人种由于生活区域的重合而在其他方面多有交集，并存在基因交流。但后来只有智人存活下来，另外两支灭绝，时至今日，智人还保留了尼安德特人和丹尼索瓦人的一部分DNA，这被认为是某些疾病的生物学缘由。马克斯·普朗克研究所的人类学家佩特拉利亚认为，上陈遗址的发现说明，早期人类开始由非洲向其他地点扩散的时间比尼安德特人的出现要早得多，而且古人类走出非洲的过程是多个较小的、以狩猎采集为生的群体多次尝试的结果，在此过程中，有些群体受困于特定环境难以前行，有些群体趋于消亡，只有少部分到达东亚并以此作为长久的栖息地。此时正值气候大幅变动的时期，但严酷的冰期尚未来临。"每隔4万年，黄土高原可能在干旱草原和湿润草原之间交替变换。在冰冷干旱的间隔期，那处遗址的石器似乎也变得更为稀少，这说明在热带以外的地方，古人类对环境的适应能力只能达到这种程度。值得指出的是，这项新研究没有说古人类在200万年的时间里连续不断地生活在亚洲。"

卡普尔曼则从这一发现找到了据以解释古人类数量何以剧增的可能，目前没有任何证据显示曾和能人并存过50万年的南方古猿曾经离开非洲，如果把在非洲发现的古人类化石和上陈遗址的石器联系起来，古人类的迁移就有了具备一定连续性的证据。卡普尔曼认为可以参照其他物种的迁徙情况，来探究古人类能在数量上快速增加，在非洲以外的广袤区域迅速扩散的原因。他选择了源于美洲的古代马作为参照，在1100万年前扩散至欧亚大陆后，马的数量剧增。在数量增长的趋势方面，走出非洲的古人类与马有一定相似性。区别在于，这是处于食物链不同位置的两个物种，食性也大不相同，但依然可以从古人类的扩散问题中衍生出一个更具挑战性、更关乎人类前途和命运的问题：人类如何从只活动于非洲这片区域到足迹遍布天下，直至这颗星球似乎面临人满为患的窘境？

实际上，上陈遗址的发掘成果再次显示了石器在构建荒野记忆过程中的重要性，很显然，作为最有代表性的有机体材料，骨骼能在数百万年时间里完整保存的可能性大大低于石器，我们不得不在寻求能揭示古人类演化状况的证据的摸索中更多地寄希望于石器技术，工具从一开始就是人类的内在尺度表达形式，而这种尺度的外化将会随着时间的推移形成优势积累，并在特定的时间节点表现出惊人的爆发力。同时，根据上陈石器所推断的古人类到达亚洲东部的时间，将会使原有的匠人走出非洲的时间向前推进的同时，对已有的对直立人的历史描述产生一种类似连锁反应的影响。

### （五）直立人的工具行为及其认知能力的飞跃

伍德曾在十多年前表达过这样一种猜测："有证据表明，大约一百万年前，在非洲、中国、印度尼西亚出现了新型人类，即直立人。一些研究者相信，直立人也许早在170万年前，甚至可能更早在190万年前就首次到达了印度尼西亚。果真如此的话，人类有可能在这之前就已在亚洲大陆开始生存了。"① 他所引述的对于直立人活动范围向亚洲扩张的观点更早时候被迈尔所持有，在人类演化问题上力主简约主义的迈尔相信直立人和鲁道夫人（迈尔称其为硕壮人）在差不多同一时段出现于非洲大陆，他认为匠人很可能是直立人的亚种，而最早发现于亚洲的直立人（爪哇人和北京人）则是这一非洲直立人亚种在大约190万年前至170万年前之间东迁的后裔。结合上陈遗址的最新发现，直立人到达亚洲的时间显然更符合伍德的猜想，但这又与原来推定的匠人的生活年代发生了矛盾。由于埋藏石器的地层的年代是确定的，所以只能将匠人最早出现的时间进一步前推，否则无法解释上陈石器的制造者究竟从何而来，也无法从直立人的扩散来解释这些石器的来历。

直立人就是通常所说的猿人，相对于南方古猿、能人而言，应当属于晚期猿人，这主要是由于在体质形态和文化表现方面，直立人与现代人类更相像。直立人化石的发现时间非常早，仅次于对尼安德特人的发现。众所周知，直立人化石的最初发现者是荷兰医生欧根·杜布瓦，他是演化论思想的坚定支持者，既对博物学家阿尔弗莱德·拉塞尔·华莱士（Alfred Russel Wallace）关于马来群岛上猿类（红毛猩猩和长臂猿）生活习性的描述印象深刻，也对恩斯特·海克尔（Ernst Haechel）提出的大猿和人类之间存在中间环节的观点深信不疑，并以利用随军驻扎之便到荷属东印度群岛（今天的印度尼西亚）寻找人类演化缺环的实际行动来表达对海克尔关于东南亚可能是人类发源地的猜测的衷心赞同。杜布瓦是幸运的，他雇用了几十名苦力在苏门答腊岛和爪哇岛梭罗河（Solo River）沿岸展开搜寻，仅仅不到两年，就于1890年首先在爪哇岛北岸的凯登布鲁巴斯（Kedung Brubus）遗址发现古人类颌骨化石。次年杜布瓦利用旱季，在特里尼尔（Trinil）村重点发掘了实际上具有至少200万年历史的梭罗河河岸上被水流冲蚀过的沉积物剖面，发现了一个具有明显猿类特征的头骨化石，颅腔容量约900毫升，起初杜布瓦认为这具头骨大概属于某种长臂猿。接下来的一年里，杜布瓦率人在同一村庄继续搜寻，又发现了一根与直立行走特征明显关联的类似于现代人身体构造的股骨，

---

① ［英］伯纳德·伍德：《人类进化简史》，冯兴无、高星译，外语教学与研究出版社2015年版，第122页。

长约45厘米。当时还没有"镶嵌演化"的提法，杜布瓦也许是出于直觉，也许是为了便利，他不打算辜负自己的辛劳，宣称头骨化石和腿骨化石来自同一物种，并在1894年发表的论文中认为自己已经发现了猿与人之间的缺环，并将自己发现的骨骼化石代表的物种称作直立猿人（Pithecanthropus erectus），俗称"爪哇人"（Java Man），这也是通常所说的直立人这一种名的由来。不幸的是，当时并未在出土爪哇人头骨的沉积层中发现石器和其他文化遗物，欧洲科学界并不认可杜布瓦的发现，将一个猿类的头骨和人类的腿骨置于一体的大胆尝试备受质疑，被视作是一种临时的拼凑。尽管海克尔在其著作中完全同意杜布瓦发现的直立猿人就是"从低级的狭鼻猴到高度进化的人类这一灵长类动物链条中被多方寻找的'缺失的一环'"①，并对当时学界故意贬低"爪哇人"化石价值的几种观点提出了批评，但是杜布瓦的发现还是被埋没了，甚至被大家认为陷入癫狂的杜布瓦本人一度也放弃了主见，就像他囿于成见在一开始认为自己只不过发现了某种长臂猿类头骨时那样。到1900年，特里尼尔遗址发现了更多古人类化石，但这并没有改变人们对爪哇人的偏见，接下来的几十年，杜布瓦确定的古人类新种被搁置一旁，直到中国北京周口店（龙骨山）遗址的引人注目的考古发现，才让直立人得到认可并广为人知。

这是出于极为偶然的原因而使不同时期、不同地点的考古发现能够互相支持、互相证明并在合并的结论中表现出非凡价值的绝佳例证，如今回溯时空远隔的北京猿人化石与爪哇人化石合并的历史，即便只是以最简要的方式追溯这一过程，也能使我们深感内容越来越庞杂的荒野记忆在构建之初，就已经有了一些按图索骥的意味。爪哇人化石引起的争论暂时沉寂之后，在20世纪最初的30年里，在美洲、非洲和亚洲也先后展开了一些考古活动，从发掘的化石来看，排除所谓"西方古猿"② 这样的误判以及"皮尔唐人"骗局造成的迷误，非洲种南方古猿的发现是这一时期非常重要的发现。由于与达尔文同为演化论奠基者的华莱士和演

---

① ［德］恩斯特·海克尔：《宇宙之谜》，苑建华译，陕西人民出版社2005年版，第90页。
② 在美国内布拉斯加州发现的动物化石，一度被误认为是美洲的古人猿化石。

化论重要捍卫者的海克尔都主张人类的发源地很可能是在亚洲，有很多欧洲学者也尝试以这一假说为线索而展开自己考古生涯的亚洲之旅，瑞典古生物学家贡纳尔·安特生（Johan Gunnar Andersson）就是其中最幸运的一员①。由于很偶然的原因，安特生与其年轻助手师丹斯基博士开始

---

① 在安特生来到中国之前，已有德国博物学家 K. A. 哈贝尔进入中国进行西部自然史研究，时为 1899 年，因义和团事件受阻滞留在沿海地区而未能深入华夏腹地，在此期间，他偶然发现很多大城市的中药铺以远古脊椎动物化石作为一味常用药材出售，名为"龙骨"或"龙齿"。意识到这些被中国人"浪费"的化石材料的巨大考古价值，他大量购进作为收藏带回欧洲，有部分陈列于大英博物馆。英国古生物学家理查德·欧文（Richard Owen）对这些来自中药铺里的"龙骨"和"龙齿"进行过关于中国古生物化石的研究。德国古生物学家马克斯·施洛赛尔（Schlosser）在研究了哈贝尔的收藏特别是其中的一颗牙齿之后，于 1903 年发表的论文《中国的哺乳动物化石》中，认为那颗牙齿有可能是人类的上臼齿。如果能通过实地考察确证这一点，亚洲大陆作为人类起源地的假说便有可能得到落实。1914 年，受北洋政府之邀担任中国农商部矿政司顾问的瑞典古生物学家安特生来到中国，他的职责是协助北洋政府勘探矿产资源，但他本人对人类起源、中国历史、古代神话尤其是传说中的龙与"龙骨"的关系兴趣更浓，他循着哈贝尔和施洛赛尔的研究提供的线索，期待发现大规模的、化石集中的遗址，以揭开人类的亚洲起源之谜。1918 年 2 月，安特生从时为北京一所教会大学（当时称北京大学，后改为燕京大学）的化学教授麦格雷尔·吉布（J. Mcgregor Gibb）处得知北京西南 50 公里处的周口店有大量"龙骨"，并从吉布那里看到了一些动物骨骼化石样本，惊喜万分的安特生在 3 月下旬对周口店鸡骨山进行了初步查探。1921 年，安特生与其助手奥托·师丹斯基（Otto Zdansky）博士及美国生物学家沃尔特·葛兰阶来到周口店（实为"老牛沟"，又称龙骨山），进一步的勘察让安特生相信此地一定可以发现古人类的化石。师丹斯基于 1921 年夏天在周口店发现了一颗人科动物臼齿化石，在 1924—1925 年发现第二颗人科动物牙齿化石。安特生在 1926 年获悉了这些发现，因此确信周口店是古人类所在地，坚定了在此进行大规模考古发掘的决心。瑞典王储（后为国王古斯塔夫斯六世）是一位业余考古爱好者，他的好友、实业家阿格塞尔·拉格琉斯建立的瑞典中国研究会的基金会为安特生和师丹斯基的研究提供了充裕的资金保障。瑞典王储曾于 1926 年做环球旅行并于 10 月在北京有过停留，在此期间，安特生和拉格琉斯特地为王储的到来组织了一次科学会议，会议主持者为著名地质学家、中国地质调查所所长翁文灏。在古人类研究方面已经和安特生有过合作的、在约翰·D. 洛克菲勒基金会出资兴办的协和医科大学工作的解剖学家步达生（Davison Black）也参加了会议。安特生在会议中就周口店的考古发现做了报告，引起了与会者的广泛关注。安特生还在会议上倡议以步达生为代表的协和医科大学和翁文灏为所长的中国地质调查所联合跟进周口店的考古工作。这次会议后，步达生关于龙骨山牙齿化石的研究报告在《自然》杂志发表，周口店遗址的重要性得到了国际科学界的认可。"北京人"这一名称也出现在会后的新闻报道中，并从此在古人类学中广为使用，成为中国最著名猿人的代名词。在各方面有利因素的推动下，不仅瑞典王储继续提供经济援助，洛克菲勒基金会也大力支持，成立了以中国地质调查所首任所长丁文江为名誉主持人、步达生为荣誉主任的"新生代研究室"，专门进行周口店的考古研究。研究人员中除了安特生从瑞典、英国、法国、德国和美国召集来的科学家以外，包括杨钟健、裴文中、贾兰坡在内的中国年轻科学家也参与进来。发掘工作于 1926 年开始，直到日军侵华时才停止。

在北京周口店进行旨在搜寻古人类的发掘，师丹斯基在从 1921 年开始的几年时间里首先发现了两颗古人类牙齿化石，后经安特生倡议，在瑞典王储和洛克菲勒基金会的资助下，中国地质调查所牵头成立了由解剖学家步达生负责的联合科考队，于 1926 年开始了周口店遗址的正式发掘，并在挖出 3000 立方米洞穴堆积物后，于 1927 年 10 月 16 日由瑞典古生物学家安德斯·布林（Anders Bohlin）发现了又一枚完整的古人类下臼齿化石，步达生据此化石在《中国古生物志》上发表文章，在人科动物中建立了一个新种属，命名为中国猿人北京种，洛克菲勒基金会认可了这些工作的价值并追加了资助。在当时而言，北京猿人仅凭三颗牙齿化石就确立了自身在人类演化史中的位置，相比之下，此前与步达生师出同门的达特根据完整的"汤恩幼儿"头骨化石命名的非洲种南猿就颇有些生不逢时。最激动人心的发现是在 1929 年 12 月 2 日，裴文中发现了完整的古人类头骨，此后发掘工作一直持续，1930 年发现了破碎的头骨化石。1931 年法国考古学家阿贝·步日耶（Abbe Breuil）在周口店的实地调查中发现了包括骨器、角器在内的人工制品及用火的痕迹。1936 年 11 月，贾兰坡接连发现了三个北京人头骨化石。但在日本发动全面侵华战争之后，不仅发掘工作被迫中断，而且五具珍贵的头骨化石在太平洋战争爆发后转移途中全部失踪，至今未能找到。除此以外，在周口店还发现了其他一些人骨化石和大量石片、石器，现在对北京人头骨化石的研究很大程度上有赖于接替步达生担任新生代研究室荣誉主任的德国人类学家魏敦瑞（Franz Weidenreich）后来随身带到美国的石膏模型和相关资料。

北京猿人的发现让几十年前备受冷落的爪哇人重新获得了在人类演化谱系中应有的地位，颇有远见地在时空远隔的两种化石之间建立起可信而幸运的联系，魏敦瑞功不可没。此前包括步达生及其导师、英国人类学家史密斯都曾为皮尔唐人的骗局所蒙蔽，他们只是朦胧地觉察到北京人与爪哇人的相似性，错误地把太多的注意力放在北京猿人与皮尔唐人的比较上。但魏敦瑞早就觉察到皮尔唐人化石中的头骨及颌骨既不属于同一时代，也不属于同一物种，因此自从 1935 年来到北京之后，他的注意力就更多地集中于北京人化石和他之前在德国研究过的杜布瓦发现的爪哇直立人化石之间的相似性上。而从 1930 年开始，供职于荷兰地质调查所的古生物学博士 G. H. R. von. 孔尼华（Gustav Heinrich Ralph von

Koenigswald）在杜布瓦当年发现过爪哇人化石的特里尼尔进行考古工作，继荷兰地质学家科尼利厄斯·特尔·哈尔在梭罗河岸昂栋地点发现年代较晚的 11 块头骨化石之后，孔尼华因获得美国卡内基学会资助全力进行古人类化石的搜寻，于 1934 年 4 月在桑吉兰发现来自更新世早期的人骨化石，又在 1936 年于爪哇索埃腊巴查（Soerabaja）的莫乔凯托（Modjokerto）的下更新统地层发现了爪哇人幼年个体化石，1938 年，孔尼华发现了与杜布瓦在 45 年前发现的爪哇人在解剖学特征和地质年代上完全相同的头骨化石，获悉这些重要进展的魏敦瑞迅速和孔尼华取得了联系，进行了合作研究。正是由于孔尼华的一系列考古发现，使得魏敦瑞能从中找到越来越充分的解剖学证据，极为顺畅地表达关于北京人和爪哇人密切关联并处于同一演化阶段的看法，并完全肯定了爪哇人化石在北京猿人研究中所能起到的重要的参照作用。当魏敦瑞和孔尼华的合作研究成果发表于 1938 年的《自然》杂志时①，也意味着杜布瓦当年发现的爪哇人经过多年沉寂之后，借助北京猿人化石和新的爪哇人化石在相互对照的分析中并入同一类别，因而在人类演化史上重获新生。为了解释两种在不同地点发掘的古人类化石在解剖学特征上的一致性，魏敦瑞提出了影响深远的多地区演化假说，他的"这一观点认为，过去的某一时候（如同今天）人群之间曾发生基因交流，因而一个区域内（按他的术语，就是在同一'人种'内）个体的相似性就比不同区域内个体的相似程度要高。这一观点的推论就是，区域解剖学特征的差异随着时间推移会有进化的连续性，甚至跨越物种的界线"②，这意味着由于个体间的杂交繁殖，物种会超越原有界线，而不同地区的变种的差异会由于基因流动而缩小，这一观点成为 20 世纪 50 年代人类学界分类学革命的理论前提之一，迈尔正是在将奥多西·杜布赞斯基（Theodosius Dobzhansky）的单一原始人类物种论和魏敦瑞的古人类群体杂交论结合起来的基础上，提出将古人类化石分类中原本十分繁多的属名整合为一个，将已知的古人类

---

① 当时的文章为，"Discovery of an additional Pithecanthropus skull"，*Nature*，Vol. 142，No. 3598，1938，p. 715。

② ［美］诺埃尔·T. 博阿兹、拉塞尔·L. 乔昆：《龙骨山：冰河时代的直立人传奇》，陈淳等译，上海辞书出版社 2011 年版，第 67 页。

全部划归在人属当中，这就从多地区演化说中推出了单一物种假说，并在人属之下采用了一种简化的命名不同人种的规则，北京猿人和爪哇人都被归为过渡性的、处于南猿和智人之间的环节，定名直立人。

虽然从实际的化石特征尤其是脑量的对比来看，爪哇人要比北京人更为原始，但二者在直立人种当中的合并颇有些彼此成全的意味。"二战"之后，亚洲和非洲发现了更多与北京人和爪哇人相似度极高的古人类头骨化石，而东非发现的古人类盆骨、股骨和更多完整度很高的骨架化石则弥补了研究直立人身体的全面演化时缺少证据的遗憾。把这些证据相互结合起来，就可以把直立人所在的地质年代置于 190 万年至 5 万年间，其制造石器的能力已经有了很大提高，可以从脑量的增加和与长距离直立行走相关的身体结构的分析来肯定直立人所具有的灵巧性，他们所具有的制造石斧的能力可以强化这一判断。中国和印度尼西亚有可能是直立人在灭绝前的最后驻留之地，由于印度尼西亚的爪哇人化石更具独特性，亚洲直立人也许就终结于此，而非州的直立人则演化为早期智人中的海德堡人（Heidelbergman），而海德堡人又被认为是智人（包括尼安德特人）的祖先。

北京人和爪哇人互证对方的过程显示了构建"荒野记忆"所具有的以某种似乎预定的图示覆盖于偶然现身的古老证据之上的特征，正如塔特索尔在评价迈尔简化古人类属名之举时所说的那样，"在揭示人类演化故事的奥秘的时候，应该将我们人类这个物种投射回过去，这种思路确实有某种内在的吸引力，因为我们愿意相信，人类就像一些传说中的史诗英雄一样，一心一意地挣扎着摆脱了原始性，一步步地走向了完美的巅峰"①。发现于 1891 年的爪哇猿人实际上经过了 80 年，才作为直立人的重要成员成为古人类学家密切关注的对象。

在发现爪哇猿人之后，远东和非洲地区又有 12 具左右的直立人化石得以发掘，但其中都缺少面部骨骼。直到 1969 年，梭罗河谷桑吉兰地区一位耕种田地的农民用棍子敲到嵌在含沙岩泥土里一块骨化石的侧面，意外的撞击让骨头破了一个小洞，萨托诺获得了这具化石，经修复后得

---

① ［美］伊恩·塔特索尔：《地球的主人：探寻人类的起源》，贾拥民译，浙江大学出版社 2015 年版，第 104 页。

到一个头盖骨,名为"桑吉兰17号",也称猿人8号,测定年代约在80万年前,对应的颅腔容量约为1300毫升。这块偶然出现在包含现代人类起源线索的、可能有多种文化交融区域的骨骼化石成为爪哇猿人化石中保存得最好的原始人类头盖骨,也是其中唯一一块成年男性的头盖骨化石。如果按照北京直立猿人的重要研究者之一魏敦瑞倡导的多地区起源模型,约5万年前从爪哇迁入澳大利亚的现代人类的解剖学特征来自爪哇猿人向直立人演变过程中的不断传递,从东亚原始人类的演化来看,存在一个独立的谱系,其中爪哇猿人和北京猿人在化石证据上存在联系。由于"桑吉兰17号"化石所具有的独特性①,它在能够支持多地起源说的化石证据中占有重要位置。实际上,自此以后,在这处遗址发现古人类化石多达50种,却并不一定都属于直立人,其中有些年代距今较近,约在5万—10万年间,因而被归于早期智人和演化中的猿人,"包括桑邦甘马切(sambungmaneh)化石、昂栋(Ngandong)头骨和加威(Ngawi)头骨"②。1993年萨托诺和D. E. 泰勒再次从桑吉兰的农民手中获得一具近乎完整的直立人头骨,由于在形态上和桑吉兰17号相似,被认为可能是后者的雌性个体。世界上已知的原始人类化石有一半在此出土,化石的分析显示150万年前就有古人生活于此地,这对于爪哇人化石的研究中存在的认为亚洲所有人类历史都晚于100万年的刻板印象是一种挑战。③

1996年,美国学者卡尔·斯威轼(Carl Swlsher)采用电子共振方法和轴系方法测得两个发现爪哇人头骨的考古遗址地层的年龄为2.7万—5.3万年④,这两个地层并不相连,根据相互印证的数据推定的爪哇人所在年代比从前所测定的要短得多。将距今3.8万年的加里曼丹岛尼阿(Niah)洞的化石和距今2.2万年前的巴拉望岛塔邦(Tabon)洞化石及爪哇的瓦贾克(Wadjak)头骨进行对比分析后,可以推断"在印度尼西

---

① 这些特性包括:头盖骨两侧是平的,较粗壮并呈拱形;头盖骨底部很宽;脑的前面及壁部有减小的趋势;沿着头骨壁和脑后方存在明显的肌痕。
② D. E. 泰勒:《爪哇人类演化的新近图景》,张银运摘译,《人类学学报》1995年第4期,第313—323页。
③ [美]端·泰勒:《爪哇人类化石的分类》,吴新智编译,《人类学学报》1992年第4期,第285—291页。
④ 卫奇:《爪哇猿人生存到二万七千年前?》,《化石》1997年第2期,第5页。

亚解剖学上的现代智人是从昂栋人群发展而成的"①，而且直立人、尼安德特人和晚期智人在同一地区、同一时段的并存也得到了化石证据的支持，提醒人们重新审视非洲起源说主张的欧亚大陆古人类被外来者彻底取代因而他们的文化创造也就此终止的观点，并在新的考古记录、新的研究方法和新的化石解译技术的支持下探究亚洲现代人类的来源。

  匠人和直立人很可能是最早学会使用火②的古人类，尽管还有部分骨骼尤其是头骨有一些较为原始的特征，但这些古人类的身体结构已经完全适应了直立行走，应归于人属物种。他们的脑量在 750 立方厘米至 1225 立方厘米之间，最高值和智人脑量的最低值是持平的，因此可以肯定直立人已经有较为发达的智能。已经出土的与直立人相关的石器一般用燧石石核打制而成，包括手斧、手镐、薄刃斧、砍砸器、大型石刀③等不同形态，表明直立人能依照内心所想、根据自己所需来制造工具。这种石器不仅具有对称性的特点，而且能将多类型工具加以组合。由于这种类型的石器于 1847 年首次发现于法国北部亚眠市的圣阿舍利地区，因此被称为"阿舍利文化"（Africa Culture），测定年代距今 170 万—20 万年间，目前发现的年代最早的阿舍利手斧出现在非洲奥杜瓦伊峡谷，距今约为 150 万年。

  与只推崇实用性、以敲击出具有切割、刮削等基本功能的锋利石刃为要领的奥杜瓦伊石器不同，在跨越了大约 100 万年的时间后石器技术也有了显著变化，阿舍利文化中出现了明显是经过精心打磨和细致塑形的石器，已经表现出标准化加工的特征，最有代表性的就是作为两面器技术经典作品的手斧。由于经过了双面修整，呈现出明显对称的器形并贯注了易于掌握的原始人工学设计，手斧相比之前的石器，成为一种更先进的重型工具。其加工过程不再依赖单纯的石块之间的击打，而是用骨棒或木棒一类的软锤进行打制，在加工精度和器形控制方面有了更充分

---

① ［美］D. E. 泰勒：《爪哇人类演化的新近图景》，张银运摘译，《人类学学报》1995 年第 4 期，第 313—323 页。
② 证据来自于中国北京周口店与匈牙利盖赖切（Gerecse）的维特斯佐洛两个遗址。
③ 陈黎：《洛南盆地又见阿舍利石器，属首次集中现身东亚》，2018 年 5 月 17 日，http://news.hsw.cn/system/2013/01/26/051595767.shtml#0-tieba-1-18926-7eff13ea8df1a334a227e1223f8d0dd3，2013 年 1 月 26 日。

的能将预先设计融入工具本身的可能。作为史前时代第一种两面打制的、具有规则几何形状的石器,手斧的一端较尖较薄,另一端略宽略厚,有水滴形、扁桃形、卵圆形和心形等多种器形,这说明制造者在实用性之外有了更多的考虑。由于手斧在旧石器时代工具系统中的重要性,有无手斧甚至成为美国考古学家莫维斯(H. L. Movius)将旧大陆划分为先进的手斧文化圈(The Great Chopper – chopping – tool Complex)和落后的砍斫器文化圈(The Great Hand – axe Complex)的重要依据,前者主要包括非洲、欧洲、中东地区和印度半岛;后者则主要涉及大部分亚洲地区,这种以多地起源论为基础的观点很容易滑向种族优劣之争,也会产生早期人类在智力上在西方和东方有明显差异的推论,事实上提出了东亚尤其是中国的旧石器文化和西方旧石器文化的关系问题,而要回答这一问题就必须追究亚洲早期人类的来源。曾有学者认为中国在旧石器文化时期处于与西方相互隔绝的状态,因而保持了一种有别于阿舍利文化的平行而独立的文化传统[1]。也有学者认为,"在中国旧石器文化中,手斧即使不是完全缺乏,也是极为稀少的……至少就中国的材料而言,莫维斯的理论仍然是适用的"[2]。中国本土发掘出的手斧标本与典型的阿舍利手斧有根本不同[3],即便是这种手斧,也很可能是早期中西文化交流的结果[4]。而对中国境内已发表的手斧材料的区域特征的一项分析也表明,中国手斧遗址的数量确实偏少并以原手斧为主,与阿舍利手斧相似的手斧

---

[1] 高星、裴树文:《中国古人类石器技术与生存模式的考古学阐释》,《第四纪研究》2006年第4期,第504—513页。

[2] 林圣龙:《对九件手斧标本的再研究和关于莫维斯理论之拙见》,《人类学学报》1994年第3期,第189—208页。

[3] 戴尔俭:《旧大陆的手斧与东方远古文化传统》,《人类学学报》1985年第3期,第215—222页。安志敏:《中国的原手斧及其传统》,《人类学学报》1990年第4期,第303—311页。

[4] 黄慰文:《中国的手斧》,《人类学学报》1987年第1期,第61—68页。谢光茂:《关于百色手斧问题——兼论手斧的划分标准》,《人类学学报》2002年第1期,第65—73页。

只在洛南盆地等地点有零星发现①，从石料、坯材、尺寸、形制和加工技术来看，中国手斧只能算是阿舍利手斧的前身，"结合早期人类来自非洲的理论，中国发现的两面器技术更有可能是从非洲传入的，由此推测中国的原手斧文化也应来自于西方"②。也有学者认为，在中国的旧石器文化体系中确实存在手斧这一工具类型，"但中国的手斧在形态上、技术上、工具组合中所占的比例上和分布的地域范围上与旧大陆西侧有很大区别"③，关于洛南盆地中与阿舍利手斧相似的手斧及其他工具组合，即便以西方传入来解释其来源，也会因无法确立传播路线而赋予手斧在中国本土的起源与演化的可能性。在古人类的迁徙流动中，由于人数稀少采用较为分散的群落移动方式，文化的交流和传播过程中外来者及其文化与本土人群及文化相互融合的可能性高于替换取代的可能性，所以中国手斧很有可能是本土起源和外来影响相互结合的产物。

阿舍利手斧的重要影响从多方面体现出来，首先，手斧的工艺和材质在总体上促进了古人类智力的提升。如果要追究阿舍利石器在非洲的表现，也需要把手斧置于标志性的位置来考虑，与匠人的活动具有同步性。一开始手斧的制造还未摆脱奥杜瓦伊石器粗糙的风格，并且不被当作常用工具，但它的出现"标志着一个全新的制造工具观念已经形成了"④。手斧是由石核或较大石片经过双面磨平以呈现匀称的泪滴形状的石器，它在阿舍利工具中处于核心地位，具有很大的可塑性，在某些方面加以改制就可以转变为其他类型的工具：当石斧的锋利边缘加工得更突出时，它成为手镐；当边缘形状在加工时变得趋于方正时，则成为手

---

① 这项2008年的研究所依据的化石材料状况有了新的变化，据西安新闻网报道，"2011年商南张豁口出土了20000件原始人类石器，发现了包括手斧、手镐、薄刃斧、砍砸器、大型石刀等阿舍利石器组合"。参见陈黎《洛南盆地又见阿舍利石器 属首次集中现身东亚》，2018年5月17日，http://news.hsw.cn/system/2013/01/26/051595767.shtml#0-tieba-1-18926-7eff13ea8df1a334a227e1223f8d0dd3，2013年1月26日。

② 王佳音：《中国手斧的区域特征及中西比较》，《考古学研究》2008年第7期，第93—109页。

③ 高星：《中国旧石器时代石斧的特点与意义》，《人类学学报》2012年第2期，第97—110页。

④ ［美］伊恩·塔特索尔：《地球的主人：探寻人类的起源》，贾拥民译，浙江大学出版社2015年版，第145页。

锛。正由于手斧"表现出来的非常明显的多功能性，为它赢得了'旧石器时代的瑞士军刀'的绰号"①。手斧可能具有的包括切割、砍砸、刮削在内的广泛用途可以从对它的磨损和老化的具体表现的分析反映出来，这说明在石斧的加工和使用上体现了石器技术的进步。

除此以外，加工手斧所要用到的石料的选择比起奥杜瓦伊工具而言，在材质的选择之上附加了对于形状的要求，这是成功地制造手斧的重要物质条件。换句话说，手斧制造者不仅在打制石器之前就已经有了关于石器成品形状的内在观念，即似乎能够从选定的石块中看到石器造好的样子，也具备了能将足够匀称的石核准确筛选出来的眼光，这肯定是和古人类已经提高的心智能力有密切关系，他们已经能够更充分地以内在的尺度来衡量外部世界，并以具有创新精神的剥制石片技术有计划地完成石器的制作。由此可以推断，燧石、火山岩和硅质岩这些适合加工的石材并非随处可见，也是要在旷野中费时费力耐心翻捡搜寻才能找得到的，因此储备好用但沉重的石块，以免被其他人窃取，也让原始人类更有心计，这和下面所说到的成品石器的存放对智力及合作行为的促进所起的作用类似。手斧器形上的对称性表现至少说明制作者已经在观念上有了足够的觉知，不会仅仅出于偶然的原因耗费更多的精力和时间进行具有审美价值的加工行为，人们已经能够用具体的物品制造过程来表达对于抽象的"对称性"的理解，以此表达了对特定的几何形态的欣赏。通常来说，"对称性概念源于人们对世界的观察：大自然作为一个富于'美'的创意的设计师所创造的一切，都是那么匀称、和谐。自然界中的种种对称美反映在人们的头脑中，对称的潜意识遂成为一种启迪心灵的智慧，使人们在生活中模仿自然而不断创造出一个充满对称美的人工世界"②。如果在阿舍利石斧时期，已经能从原始人类的观察力、理解力和创造力凝聚而成的工具中看到对称性的考虑，这是智能提升的重要标志，和前述的标准化的技术表现进行对照，可以肯定关于对称性的加工导向是整个制作流程中必不可少的部分，也许在当时审美方面的感受并非居

---

① ［美］伊恩·塔特索尔：《地球的主人：探寻人类的起源》，贾拥民译，浙江大学出版社2015年版，第146页。

② 董春雨：《对称性与人类心智的冒险》，北京师范大学出版社2007年版，第36页。

于主要位置，它的意义主要在于以"概念型板"①的约束兼顾美观性，并有意识地以此强化工具的实用性。

其次，手斧的加工和使用促进了劳动中合作行为的发展。在从特定材质的石块上剥取以直觉性经验度量的一定规格的石片时，需要经过观察、规划、取材、设计和标记等前期准备，继之以一系列连续步骤所组合成的工艺流程。在寻找合适可用的石料的阶段，这些在智力上已有了内在领悟的原始人类应该采取了就地加工和携带石料返回栖息地或储藏地再行加工相结合的更具灵活性的劳作方式。由于石块非常沉重，必须依靠群体力量才能搬运取用，这肯定有助于合作行为的发展。根据古人类学家理查德·波茨（Richard Potts）的研究②，要对像角马（Wildebeest）③那样的大型食草动物完成剥皮割肉的过程，单个人的操作要用到重量在 0.5—1 公斤的石锤外加 50—100 个锋利石片，最小的总重量也在 4—9 公斤之间，但是加上收获的兽肉，每个人的负重明显不止于此。通过让身体状况良好的志愿者背负 5—10 公斤石块行进五公里的模拟实验证明，如果是在不似今天有平整路面的崎岖地表，仅仅跑动 100 米就会令人感到疲惫而被迫改为缓步行走以恢复体力。因此可以推断，石器的改进和工具效率的提高也意味着原始人在狩猎时，参与者要集体分担增加的重量，这无疑强化了在直立人之前就逐渐增进的合作性，因为营养的改善所引起的单个人的体质增强和体力的上升是跟不上因为石器工具的改进而导致的负重增加程度的。

相比于敲击所得的石块边缘的刃口，手斧是一种更有效率的重型工具，工具类型更为多样化，重量也相应变得更大，这使随身携带工具变得更为困难。这不仅是由于一直带着重物会大量消耗体力，还由于直立人未必有像今天人们使用的容量较大的袋状物来盛装石器，势必会更多地占用双手，降低行动速度。一个可行的对此加以改善的办法是在栖息地关联的邻近区域内开辟出承担工具室功能的地点，用于存放石料及做

---

① 陈宥成、曲彤丽：《两面器技术源流小考》，《华夏考古》2015 年第 1 期，第 18—25 页。
② Richard Potts, "Environmental and Behavioral Evidence Pertaining to the Evolution of Early Homo", *Current Anthropology*, Vol. 53, No. S6, 2012, pp. 299–317.
③ 又称牛羚，生活于非洲大草原，在生物学分类上划归牛科的狷羚亚科的角马属，体重可达 270 公斤。

好的工具，以保证在需要时随取随用。存于固定地点的石器可能被窥伺和盗用，工具的所有者必须有新的应对方法，古人类的规划能力和相互之间的交往、协作和沟通能力由此也进入一个快速成长期。

手斧提高了攻击能力，它的使用者敢于选择大型食草动物下手，这也对合作性提出了更高要求。整个旧大陆所发现的手斧及同类石器数量极多，持续使用并不断改进的历史长达100万年，在出土手斧类工具的地点，往往伴随大型哺乳动物的骨骼化石，数量之多超乎想象，德国的舍宁根遗址中发掘出的25000件残骨，其中90%来自大约20头野马的骨骼遗存[①]。对在英格兰博科斯格罗夫（Boxgrove）与阿舍利手斧同时出土的兽骨化石的分析则显示，除了善于奔跑、灵活快速的野马，力气更大、脾气暴躁因而更具危险性的犀牛、野牛也不能免于被驱赶至湖边断崖之下遭到围猎的命运。而对西班牙安布罗纳（Ambrona）和托拉尔瓦（Torralba）的动物化石的研究则为描绘人们合力宰杀陷于泥潭的大象的激战场景提供了证据。如果大量骨骼化石所代表的强壮善跑的食草巨兽确实是被握持手斧的古人类所击倒并吃掉的，这不得不使我们对匠人和直立人非同一般的狩猎能力深表钦佩，虽然越大的动物能提供越多的肉食，提升获取食物的效率，但考虑到对大型动物的捕猎难度更高，如果没有立足于更高的合作性的复杂技巧，这些平均身高仅有160厘米的原始人类是无法凭借有限个人的力量完成这一过程的。

最后，手斧为代表的阿舍利石器的加工促进了沟通能力的提高。在更为精细的石器制造中，需要以恰到好处的力度多次敲击石块来修整石核，以便进一步敲击得到石片，在奥古斯汀·富恩特斯（Agustin Fuentes）根据对古老石器的分析所还原的加工制作场景中，石核的固定是非常必要的，需要几个人相互配合协力抓稳，再由专人挥动石锤击打合适的部位。为防止飞溅的碎石伤人，加工者应该经历了一个不断寻求最佳角度和发力点以最大限度保证参与者安全的不平凡过程：石片剥离后，由专人负责整理，锤击者转动石核，大家协力开始又一次击打。这一过程不仅提高协作性，也让古人类能集中注意力，并对与劳作有关的延伸

---

[①] ［美］布莱恩·费根：《世界史前史》，杨宁等译，北京联合出版公司2017年版，第80页。

性的事务有着更周详的安排。"这些活动把大脑的多个区域都调动起来，共同参与空间和旋转的分析、信息处理、手眼协调，也有可能会参与这些概念的沟通。"① 当石器的制造工序进一步增加时，原生的石块和削制完成的石器之间的巨大差距被前所未有的谋划、交流和更灵活的手部动作所消除。自从珍妮·古道尔发表了充满感情的深入黑猩猩群落的研究报告之后，制造和使用工具就不再被普遍地视为人类的专利，但是如能详细考察石器从人手中诞生的流程，有关工具行为的殊荣恐怕依然只能由人类享有。如果我们真的认为人类并非唯一的利用身外之物作用于外部世界以满足自身需要的物种，那也必须意识到在通过创新工具、升级工具而不断提升工具复杂性以深入地掌控环境方面，人类配得上任何肯定和赞誉。

综合考虑手斧的多方面影响力，意味着我们尽一切可能在石器证据中搜索出能复原支撑古人类创新性行为的认知框架，但试图对这一背景因素加以理解的最大困难在于，不管现代人如何努力，对于手斧时代的想象总是多于事实，并且这种想象只能基于当下的经验。那种认为能将自己的认知充分地"代入"到祖先的认知情境中，通过深度的降级角色扮演获得浸入式体验的做法并不可靠。我们只知道（或假设）手斧制造者的智力水平在现代人之下，但到底低到何种程度？对此很难有非常具体的衡量标准，况且在这里还存在史蒂芬·平克所说的因为某些形式的工具被无情的自然力所毁坏而带来的选择困境。手斧所反映出的古人类智力状态如果处于从动物的心理向人的意识过渡阶段，可以用皮亚杰的儿童认知发展理论中对感知运动阶段和前运算阶段的描述来获得近似的理解，关键在于工具制造者已经具备运动图示，并有了以表象能力形成符号交流的可能性，否则手斧制造方法的传授和学习就非常令人困惑。张浩在此理论基础上把这一时期的思维发展看作从"直观的动作思维"到"具体的形象思维"的提高，他把这一变化的根源归结为劳动技能熟练后原本包含在劳动中的交往功能的分化即劳动的二重化②。平克则将人

---

① ［美］奥古斯汀·富恩特斯：《一切与创造有关——想象力如何创造人类》，贾丙波译，中信出版集团2018年版，第51页。

② 张浩：《思维发生学》，中国社会科学出版社1994年版，第105页。

类的心智能力概括为四个相互联系的方面：视觉感知、推理、情感和社会关系，能制造手斧的原始人类在这几个方面都有了比萌芽状态更多的进展，但现在并无对其中差距进行具体表达的方法，除了更小的脑容量、还未掌握语言等特征，可能居于洞穴在某些与食物短缺相关的情况下也并不拒绝吃掉同类的直立人肯定还有更多为我们所不知也无法知道的与特定智力水平有关的表现。但如果在这里再次借用一下托斯尝试重新制造石斧的实验的结果就会发现，处于现代社会中的知识更完备、体力更充沛，并且比原始人类更专注（至少更不容易受到未知危险的干扰）的实验参与者"用了几个月的时间才获得足够的技巧来制造与现在考古记录中所发现的同等质量的手斧"①，而人类学家迪特里希·斯托特（Dietrich Stout）和心理学家蒂埃里·夏米纳德（Thierry Chaminade）合作进行的一项研究也表明，让参与实验的大学生"在师从一位技艺娴熟的教师，借助语言、视频教程、书籍和拥有已经送到实验室或教室里的最好的石材的情况下"②，在这种精心设置的实验情境中，当然也不必担心敲击石块发出的响声会引来危险的猛兽，各方面保障如此完备，即便是这样，仅仅学会制造水平较低的奥杜瓦伊石器，就要用去很多个小时甚至几周的时间③。这说明并不具备现代人智能，也没有像今天如此发达的符号系统和信息媒介的情况下，原始人类是以与我们有根本区别的智力、经验和信息交流方式来制作手斧的，他们的劳作条件自然也比实验设置的情境要差得多。我们只能在确认阿舍利石器比奥杜瓦伊石器更为精细之后，推测直立人的认知能力出现了某种相对于南猿和能人的智力状况的飞跃，其中最重要的差别在于手斧制造过程对应着一整套与适度的力道相关的计划性规则，对应着将目标任务加以分解、继之以一系列更小操作的分层思考方式，对应着在相互协作中根据复杂的设计完成系统性

---

① ［美］理查德·利基：《人类的起源》，吴汝康、吴新智、林圣龙译，上海科学技术出版社 2007 年版，第 36 页。
② ［美］奥古斯汀·富恩特斯：《一切与创造有关——想象力如何创造人类》，贾丙波译，中信出版集团 2018 年版，第 47 页。
③ Dietrich Stout, Thierry Cham Inade, "Stone Tools, Language and the Brain in Human Evolution", *Philosophical Transactions of the Royal Society of London*, Series B, *Biological Sciences*, Vol. 367, No. 1585, 2012, pp. 75-87.

制作，这就意味着"对于什么是好的和合适的工具，大家已有了某种'集体认同'，在许多时候，这被认为是'早期原始人类'（proto-human）行为与'人类'行为之间的划界性标志"①。

正如塔特索尔所说，技术进步是据以把握原始人类物种认知能力状况的最佳线索②，尽管直立人还能制造薄刃斧、手镐等更多类型的工具，但手斧表现出的集实用性和美观性于一体的精致程度表明直立人时期的石器加工制作方面已经有了一种对朴素的工匠精神的追求，这是那个时代所能体现出的最高技术境界，也是当时人类的智力发展处于上升期的充分表达，也足以让我们对直立人双手的灵巧性以及所能具备的比能人更高的认知和思维水平做出肯定的判断：区别就在于能人在制造石器前心中并无规划，而直立人在制造石器前已在观念中有了石器成品的图样，他们能从未被加工的石块中"看到"有特定形状的制成品。更为复杂精巧的工具制造本身也是一种创新性活动，必然需要更多脑力和体力的投入，也需要更多、更有效的信息交流和沟通，围绕阿舍利手斧及同类工具反映出来自环境的选择压力促成人类内在尺度的进一步外化，这实际上是一种正反馈的形式。人类正在有意识地以使用工具为代价去获取更好生存条件的路途上加速疾行，不得不说，不仅是那些不时被用来果腹的动物，也包括自己的人科祖先，人类与其距离越来越大。

对于阿舍利手斧标志的原始人类认知能力出现飞跃、创造力集中爆发的判断，也存在诸多疑问：

第一，发明手斧意味着重要的技术进步，这究竟是一种原始人类的杰作还是处于不同分类等级的多个古人类物种共同参与的结果？能人、匠人和直立人曾在非洲同时存在，但石器技术的更替却耗时百万年之久。一般认为，匠人出现之后以更精细的双面加工技术制造出阿舍利工具并在迁徙中把先进技术带入欧亚大陆，但他们是否是手斧的最初制造者，对此尚无定论。直立人作为从匠人中分离出的支系，在手斧技术的

---

① ［美］伊恩·塔特索尔：《地球的主人：探寻人类的起源》，贾拥民译，浙江大学出版社2015年版，第148页。

② 同上。

延续中起到何种作用，做出了哪些具有创新性的工艺改进，也缺乏更多可供分析的证据。20世纪40年代，在肯尼亚内罗毕马加迪盐湖旁的奥罗格塞利耶（Olorgesailie）曾发现的距今50万年的手斧，同一地层中还发现了一些很不完整的古人类化石，看上去其体型比"图尔卡纳男孩"更小，推测脑量最高不超过800毫升，但他有可能是阿舍利工具的制造者。

第二，手斧的用途问题。似乎原始人类主要用手斧宰杀动物、切开兽皮和分割兽肉，但除此以外，很多研究者也认为手斧也用来对猎物发动突袭和植物根茎的挖掘，并有可能作为武器使用。手斧的数量和特异形态超出了对手斧的实用性的设定，有些手斧巨大而沉重，如坦桑尼亚艾斯米拉（Isimila）出土的手斧那样，完全超出了日常需用范围，有可能是用于特定仪式或纯粹出于游戏心理所造，甚至是社交聚会的展示和竞赛用品①，但这些猜测都需要更多证据，手斧功能的明晰将有助于揭示这一时期古人类生活的真实样貌。

第三，手斧的集中加工方式究竟是否和原始人类群体成员承担的角色有密切关系，是否意味着原始群落中已有一定的专业分工？奥杜瓦伊石器的加工和使用随造随用、随用随丢，石器通常不会大量集中出现于远离栖息地的宰割动物的地点，这在很大程度上是因为石块过于沉重不便携带。而阿舍利手斧的发掘显示这些工具大量地生产于特定区域，一般是在有着适用石材之处集中出现，也许只有较为细致的分工才能在石器产量和加工地点上呈现出以上特征。

即便如此，也依然说明，工具行为在匠人和直立人的机会主义生存策略实施中扮演着重要的角色。如果是和能人分享了石斧技能，并将这一过程以我们难以想象的时间方面的消耗保持很久，并呈现出地区差异，那将足以说明技术的发展深受环境因素和智力进展的制约。在用途方面，如果能有超越实用功能的工具形态出现，这些原始人类从中获得精神满足的可能性就很明显了。而对加工方式中的分工状况的猜测，则会指向更复杂的认知状态和沟通方式，这包括具备一定的地理知识和对动植物

---

① ［美］伊恩·塔特索尔：《地球的主人：探寻人类的起源》，贾拥民译，浙江大学出版社2015年版，第150页。

习性的掌握，以便更好地掌控环境条件，并以更大规模的有组织的短途巡游来获得更多食物，也为远迁各处积累经验。社会化程度的提高，意味着要以更有效率的交流方式处理更多信息和更复杂的人际关系，布莱恩·费根（Brian M. Fagan）援引莱斯利·艾诺（Lselie Aiello）和罗宾·邓巴的推测，脑量增大且布罗卡氏区已经成型的直立人也许已经有了初步的语言。[1]

## 五　小结

自从与达尔文齐名的华莱士提出著名的沙捞越定律（Sarawak Law）以来，早先所认为的人类这一原本秉承神意、分有神性的物种就和其他生物一样，降落并立足于从自然中获得源源不竭活力的生命之树的枝杈的特定位置上，实际上这一位置的确定性随着各类证据尤其是石器工具的涌现处于波动之中。在达尔文公布自然选择理论不久，立足于当时已有的解剖学和胚胎学证据，赫胥黎认为生理结构的相似已经可以证明之前林奈确认人类和黑猩猩在生物分类上同属一目的见解是合理的。自此以后，随着考古学证据的积累和科学的新发展提供的更新的遗传学证据、分子生物学证据，不仅已有的对于人类种群的自然归属的看法得到了证实，而且可对人类的种群发生的自然起点及与猿类分化之后种群内部演化过程进行树式和阶段式相结合的描述。对于智人以前的原始人类，化石证据和分子证据的相互印证提供了能够两足行走的亦猿亦人的初始印象，在更稳定、更直接的人类遗存范围内寻求可靠的证据链，建立人属内部的物种秩序，并对这些永远消失于远古荒野的人类祖先的生理结构、智力水平、行为特征和活动范围进行推断和重现。这一过程显示，石器工具证据在人种分类中发挥了极为关键的辨识作用。从早期人类演化中的石器的分析，已经可以看到人类行走姿势的改变引起的手足分工、脑量增加和智力提升都和工具行为息息相关，他们的内在尺度的逐步明晰并外化，围绕基本生存问题展开以狩猎采集为主要内容的劳动，形成人

---

[1]　[美]布莱恩·费根：《世界史前史》，杨宁等译，北京联合出版公司2017年版，第84页。

类特有的能将思想和行动相统一的适应机制，越来越明确地能以付出某种代价的方式获取更佳生存境况，将最初与猿类分化后面临自然挑战时的积极状态逐渐转化为具有进取性和创造性的精神趋向。

# 第 三 章

# 现代人类起源假说中的工具要素

根据理查德·利基的概括,像今天的人类一样的现代人的起源是人类史前时代中的关键事件,也是人类学中争论最激烈的部分。① 在人类演化史上最受瞩目的物种毫无疑问是现代人,即我们自己,一个正式的称谓是解剖学意义上的智人(Homo Sapiens),"从人类演化过程和解剖学角度被称为'晚期智人',他们拥有与现时地球上人群大体一致的肌肉与骨骼构造、大脑重量与结构,其行为方式有别于之前的人类"②,从智人这个名称所表达的直接含义就可以看出,"我们人类是非常聪明的,善于旁敲侧击、操纵和自我理解……流利的语言表达,人类创造力在艺术和宗教领域的全面发展,精湛的工具制作技巧——这些都是智人的标志。借助这些能力,人类最终完成了对全世界的开拓"③。但是对智人的界定还应该有更多为这个物种特有的属性的判定,"现代的智人,就是有鉴别和革新技术的能力,有艺术表达的能力,有内省的意识和道德观念的人"④。在这里特别强调智人所具有的格外发达的工具行为是必要的,如果不是因为能将内在尺度通过工具的制造和使用、通过技术的更新和升级外显出来,智人相对于其他物种而言是没有太多优势的,也就更没有理由给

---

① [美] 理查德·利基:《人类的起源》,吴汝康、吴新智、林圣龙译,上海科学技术出版社 2007 年版,第 71 页。
② 高星、张晓凌、杨东亚、沈辰、吴新智:《现代中国人起源与人类演化的区域性多样化模式》,《中国科学:地球科学》2010 年第 9 期,第 1288—1299 页。
③ [美] 布莱恩·费根:《世界史前史》,杨宁等译,北京联合出版公司 2017 年版,第 92—93 页。
④ [美] 理查德·利基:《人类的起源》,吴汝康、吴新智、林圣龙译,上海科学技术出版社 2007 年版,第 71 页。

自己这样颇为自负的命名。

# 一 现存的唯一人属物种（智人）

## （一）现代人的起源为何成为焦点

智人的崛起和尼安德特人在欧洲的出现处于同一时期，由于最早的智人化石发现于非洲大陆，而且对大量现代人进行 DNA 比对也显示这些现代人有一个共同的非洲祖先，基本可以确定智人就是从非洲扩散到世界其他地方的。目前有限的考古发掘及相关分析还未能提供足够的证据，加之智人的缘起很可能是某种系统性的基因调控事件的后果，使得智人直接祖先的化石暂付阙如。即便在刚出现时，智人在认知水平上并未大幅超越同时代的其他原始人类，但随着在不同时期所获得的独特性：身体形态和发达的符号认知系统，终使现代人明显有别于其他生物。

20 世纪 60 年代以来，在埃塞俄比亚北部奥莫盆地（Omo Basin）和南部赫尔托（Herto）先后发现了与现代人的骨骼结构极为相似的原始人类化石，特别是赫尔托出土的头骨，颅骨容量很大而脸部很小而平，几乎和现代人一模一样，这是迄今为止所知的最早的属于智人的考古记录。在两处地点发现的化石的地质年代经测定分别在 19.5 万年前和 16 万年前，这说明从人约 20 万年前开始，智人的最基本的颅骨结构就确定下来了，这一时间刚好与人类学家利用分子生物学测定的智人起源时间大致吻合。

在上述两个遗址与头骨同时出现的文化遗存既不丰富，也没有发现其中有创新性的工具，其中赫尔托出土的手斧和石核石器显示出由阿舍利文化时期向中石器时代（Middle Stone Age）过渡的特征。中石器时代对应着史前工具史当中的莫斯特文化形态，其共同点在于工具制造中常常用到预制石核技术。由于在石器技术的进步中新旧技术往往会在长时期内交织在一起，分离度比较低，所以对于中石器时代的时间节点的确认和智人起源的时间点并不一致，约为 20 万—30 万年前，这表明人类演化中自然特征的新变化与文化创新确实是不同步的。现代人最关心的智人起源的清晰程度之所以和人们对更古老的原始人类的了解差不多一样含糊，是因为有一些脑容量加大但在脸部结构上并不像现代人的古人类被纳入"早期智人"的分类中,并被认为曾在智人向非洲以外地区扩散过程中同时向外迁徙过。这些古人类与北非的一些考古证据有关,包括与尼安德特人同期的北非阿梯尔(Aterian)文化中"有柄尖状器"(可做矛尖与箭镞)的创造者和摩洛哥发现的距今 11 万—16 万年的头骨化石。摩洛哥发现的颅骨化石显示了高达 1400 毫升的脑量,但眉骨过高、前额后缩的面部特征与智人明显不同,即便如此,依然无法从形态学方面否定这些非洲的古人类曾在走出非洲的同时和智人有过基因交流。结合在地中海沿岸斯库尔遗址发现的距今 8 万—12 万年的身份不明的古人类化石和在以色列杰贝尔卡夫泽发现的距今 10 万年的既非尼安德特人也非智人遗留的人类骨架化石推测,有可能存在着一种介于尼安德特人与智人之间的原始人种,地中海边的古人类从生物特征上不像是智人与尼安德特人杂交繁衍的结果,更像是北非古人类及其后代与智人杂交的后代,这两支差异较小的古人类极有可能是在 12 万年前的丰水期分别穿越西奈半岛和尼罗河走廊北迁途中交汇并有了后代,他们使用的石器属于莫斯特文化。杰贝尔卡夫泽的颅骨化石与智人的相似程度非常高,对应着新出现的原始人类,也与莫斯特文化关系密切,他们与尼安德特人的行为差异不大。斯库尔遗址还发掘出颜料和穿串的贝壳,这是原始人类已经开始有意识地装饰自己的重要证据。解剖学意义上的现代人可能进行了多次从非洲向欧亚大陆迁移的尝试,由于缺少 6 万年前智人在地中海沿岸的活动证据,相反尼安德特人在这里留下了活动痕迹,所以即便在气候条件极为有利的情况下,还需要更高的认知水平和技术条件的支持,因此智人走出非洲的旅程不可能一次完成,经过多次的折返,肯定也有群落经历了有去无回的"悲情之旅",但在 100 多万年前从匠人走出非洲时就有的那种不安于现状的进取倾向,在智人时代更为明显了,即便是 6 万年前气候再度变得寒冷干燥,非洲智人外迁的路途一度断绝,但是 3 万年前曾在欧洲盛极一时的尼安德特人突然整体灭绝了,取而代之的是智人的喧哗与躁动。

通过分析现代人的 DNA 样本,行为学意义上的智人演化轨迹也得到了分子人类学研究的支持。源于非洲大陆东部或西南部的智人的最初成员先是在非洲大陆内部扩散,随后通过外迁欧亚走向世界其他地区。在此传播过程中,智人数量剧增,并在种群内部衍生出越来越多的谱系,每个谱系产生更多的变种,呈现出与遗传多样性有关的发展趋势。智人在非洲的演化历史最长,其他的演化谱系都是非洲人种的不同后代,这就足以证明智人种源于非洲。由于与技术演变(工具制造和使用)有关的文化创造比生物形态上的更新更容易在原始人类族群内部产生规模效应,分子人类学的这一结论得到了语言学和文化学的证据支持。分子生物学的研究还提供了一种更有争议的说法,把现代人的直接祖先尽数划归一个很小的、完全来自非洲的群体。由于与包括人类近亲即猿类在内的物种相比,现代人类的 DNA 结构差异较小[①],所以要么智人的演化在整个生物演化史中显得太短,还没有足够的时间产生更明显的多样性,要么就是因为智人的最初成员确实是规模很小的群体,实际上很可能是这两种情况兼而有之。在演化过程中,智人与已经灭绝的最近物种分离后,大约经历了万年,但是黑猩猩的两个种之间从相互分离至今已有万年,况且至今没有发现过黑猩猩的化石,对其可能有过的已灭绝的近亲的情况所知甚微,可以据此判断智人在演化史上是一个很年轻的物种。对人类 DNA 在世界范围内的变异情况的研究也显示,原始人类在晚更新世多次经历了濒临绝灭的危险之后存续至今,而在智人的体能和智能都已和今天的人类几乎一样时,可能面临最大的考验,出现了一段族群瓶颈(Population bottleneck)期,而对于智人陷入这段极为艰难的时期并以极小的人口基数开始扩散,成为这颗星球上数量最大的单一种群的说法,实际上来自智人迁徙的火变论解释。

　　从事科学报道的美国记者安·吉本斯(Ann Gibbons)在 1993 年试图以"多峇巨灾假说"再现这一过程,地质学家米切尔(Michael R. Rampino)和火山学家(Stephen Self)对这一假说持赞同态度,1998 年美国人类学家斯坦利·安布罗斯(Stanley Ambrose)对此做了进一步论证。[②] 根据这一假说,在大约 7.35 万年前,印度尼西亚苏门答腊岛的多峇火山发生了 2500 万年以来最猛烈的爆发,持续 7 天,释放了相当于 10 亿吨烈

---

[①] 比如,就线粒体 DNA 的多样性而言,现在全世界所有人类加起来都不及生活于西非的黑猩猩。

[②] Toba catastrophe theory, https://en.wikipedia.org/wiki/Toba_catastrophe_theory, 2018 - 10 - 16/2018 - 12 - 03.

性炸药的能量，周边2800平方公里的区域面目全非，距火山2万平方公里之内的区域被奔流的岩浆淹没，升腾的火山灰云高达32.5公里，完全阻断了阳光，全球地表温度因此骤降，持续6年平均下降5摄氏度，欧亚北部下降幅度更大，可能达到15摄氏度。俄罗斯科学研究院西伯利亚分部的一项研究显示，此次火山喷发高度达到2800—5300千米，可能导致地球上60%的生物灭绝。① 人类也因此次巨大灾变濒临灭绝，人口数量因为降温带来的食物短缺和难以适应寒冷环境而大幅减少，人类原有的基因方面的多样性遭到很大破坏，据推测当时人类的灾后幸存者中的育龄女性仅有不到1万人。② 而此后不久，又一轮冰期开始了，加剧了气候的寒冷程度，包括智人在内的古人类都因此人口锐减。非洲的智人也正是因为气候条件的恶化而再一次向外扩散，寻找新的乐土，像他们曾经数次走出非洲的先祖一样，但是此时的智人在智力水平和开拓能力上已有了质的飞跃。分子人类学家描绘出了一个具有符号化思维能力的新物种扩散至全球的轨迹，使用的数据集包括线粒体DNA、Y染色体及常染色体的若干多态性位点等③，提供了很高的精度，并再现了演化史上的若干细节，但人类走出非洲的复杂过程并不能由此得到全部说明，只能说目前的分子生物学证据和化石证据相互支持的程度很高。6万年前，当气候重又变得温暖时，更多的非洲智人外迁的路线也变得多样化，既有人选择通过小亚细亚进入印度，也有人沿着海岸进入东南亚，而且有证据显示5万年前人类已经到达澳大利亚，这意味着当时的非洲智人到达亚洲之后已经掌握了造船技术并具有高超的航海技能，只有这样才可以跨越将近100公里的海面。现代人移民的另一支则进入东亚，很可能又返回中

---

① 《揭秘印尼火山7万年前致60%生物灭亡原因》，2018年11月26日http://world.huanqiu.com/exclusive/2016-07/9207836.html，2016年7月21日。

② 费根和塔特索尔似乎都很认同这一假说提供的说明，但乍得·约斯特（Chad Yost）及其同事对马拉维湖岩心——这些岩心的年代可以追溯到托巴火山超级喷发时期——进行的一项研究显示，并不存在多峇火山喷发造成的酷寒，至少未从非洲范围看到足以威胁原始人类生存的影响。约翰·霍克斯认为，这一结论证实了来自其他研究的证据，即多峇火山喷发未对当时全球气候产生重大影响，因而并未导致当时人类数量的显著减少。参见［美］布莱恩·费根《世界史前史》，杨宁等译，北京联合出版公司2017年版，第98页。

③ 钱亚屏、初正韬、褚嘉：《现代人类的起源和迁移：来自母性遗传的证据》，《遗传》2000年第4期，第255—258页。

亚，并由此来到欧洲，这和匠人最初走出非洲进入欧亚的路线很接近。2万年前智人已能在极圈以内的西伯利亚地区活动，这应该也是凭借特定的技术因素才能做到的，相比尼安德特人畏避寒冷地带的生存策略，智人又一次充分发挥了自己先祖在走出舒适区的过程中曾经有过的知难而进的冒险精神。

那么现代智人的地理扩散难道仅仅是由于人口的自然增长的一个未可预料的后果吗？智人拥有的智力因素和不断改进、升级工具的能力本身会扩大活动范围、增加食物种类并培育冒险意图，考虑到对活动区域的领地意识已经渗透在交往活动中，以同类为食的习性也可能是群体间维持必要距离时所应考虑的因素，新产生的群体探索未知区域的动力未必只是来自于人口增长和群体规模的扩大。在各种因素的作用下，分散的古人群体面临不同的命运，有些是可以得到快速扩张的，有证据显示，某个原始人群体的一代人的活动范围扩大约20公里，在2500年里就能扩大到接近2500公里。在此过程中一再地显示出人类具有持续不断地深入利用环境条件的能力，这种能力以工具为尺度、以劳动为代价，其边界可以一直外扩到难以置信的地步。在这样一种智人的殖民进程中，可能会把智人塑造为"侵略者"，因为智人进入的对他们而言的新的区域，可能会居住有其他原始人类，比如欧洲的尼安德特人、东南亚的直立人和弗洛勒斯的霍比特人，但是这些古人类都已消失，并且除了将这些灭绝事件归因于智人的入侵，暂时无法找到其他的原因。以此情景对比一下智人产生之前不同种的原始人类曾经长期共存的状况，那么这些智人肯定具有某种"超能力"，才能以前所未有的速度在人类物种上完成彻底的替换，可以说智人是竞争的胜出者，也可以说智人对演化中除自己以外的原始人类物种并无发自心底的同情，那么究竟是什么使智人成为只把自己种群的扩张放在首位考虑，并有能力将这一想法付诸实行的超级"冷血动物"的呢？应该是发达的智能、改进的工具再加上语言的产生对沟通合作能力的显著提升所致。

分子生物学可以揭示智人化石的具体年代，但对于某些原始人化石的分析，不应该以分子证据为绝对理由而抱有偏见。如广西崇左江州区木榄山智人洞的古人类化石，为正在形成中的现代人。但是塔特索尔对此不以为然，他很乐意地认为从解剖特征分析，这些只有10万年历史的化石只能归属于"地方性的直立人"即北京人，他特别强调除了黎凡特地区的智人化石，至今没有发现比分子证据所显示的年代更早的智人化石。

### （二）多起源说和单一起源说

关于现代人争论有很多，但核心问题集中在现代人起源方面，"现代人起源于何时？这个过程又是如何发生的？是在很长时间以前逐渐地发生，还是急剧地发生于最近的时期？"[①] 20 世纪后半期以来，首先由于雷诺·普洛茨（Reiner Protsch）在 1975 年提出的现代人可被定义为一个独特实体且起源于非洲的论点，随后豪厄尔斯将这一问题放在扩散说对阵独立演化说的背景下加以考虑，同一时期在古人类学中其他关于现代人起源的方法也层出不穷，逐渐积累起对现代人起源问题的更多回答，并清晰地分为两个阵营：多地起源说（Multiregional Origin model）和单一起源说（Singleregional Origin model）[②]，至今未有定论。虽然看上去单一起源论在目前稍胜一等，但多源论也提出了令人无法完全忽视的论据。与这两种理论有关的三类证据互有联系，有时还能获得一定程度的相互证明和相互支持，但随着证据的积累，要在关于现代人演化的历史中获得一致意见的可能性实际上更低了。从最直接的化石证据来说，从解剖学角度所做的比较可以把现代人最初的演化时间限定在 50 万年以内，而符合这一时间界限的旧大陆的考古证据表明，现代人的演化以一种活跃而混乱的复杂方式进行着，需要从中找出使现代人具有特定解剖结构和特定行为的演化模式。

在追寻人类演化的"荒野记忆"的过程中，传统意义上经常依赖的两类证据分别是解剖学特征的变化即生物证据和人类的工具技术的提高即文化证据，这些证据来自对考古发现的各种骨骼化石和石器等文化遗存的现代分析，注重形态学和行为学特征的提炼，从中可以呈现出人类如何将逐渐明晰的内在尺度投射于外物，不断踏入未知领域，以付出特

---

① ［美］理查德·利基：《人类的起源》，吴汝康、吴新智、林圣龙译，上海科学技术出版社 2007 年版，第 72 页。

② 又称走出非洲说（Out of Africa Hypothesis）。

定代价并承担相应后果的途径获得自我提升的历程。但是这些证据一直集中于表现型方面，很多时候有把人类演化的最终动力归结为自然条件变化的倾向，在这种解释模式中，从最初与猿类分离开始，古人类似乎就被环境因素这种具有绝对的不可抗力的外因所牵引和驱使，即便说到行走姿势的改变、脑量的增加、技术的作用和食性的变化，起点依然只能是外在的选择压力。近几十年来，随着分子生物学的发展，在人类基因组研究中深藏人类演化的关键证据成为新的信念，分子人类学家相信通过有别于传统手段的DNA分析可以深入展现古老族群间内在的生物学关联，为更确切地编制人类演化史从微观层面提供来自人类自身的遗传学证据。

## 二　多地起源说：连续演化及石器工具证据

### （一）智人的连续性演化模式

有关现代人起源的传统观点是多地起源说，也称为现代人起源的烛台模式（Candelabra）①，主张在旧大陆的主要区域各自独立地发生了从早期人类（直立人）向现代人（分为早期智人和晚期智人）的转变，人类演化过程呈现为由人群流动形成的动态网络模型，按照这种观点提供的演化路径，欧洲现代人类是尼安德特人的后代，亚洲现代人则是原本居留此地的直立人演化而来，也就是说，世界上各地区现存的智人有多个源头，是各自拥有不同的演化史的，生活于不同区域的现代人基本处于长期隔绝的状态。在现代人种群内部存在的基因流动会筛选出适应性更强的解剖学特征，处于分散居住和小股迁徙模式中存活下来的种群将这些优选的特征进一步保留，其中某些人较早地变成了完全的现代人，他们所具有的生物和文化上的优势产生正反馈效应，在人口数量上快速增加，遵循的是一种连续性的演化模式。

曾在北京猿人乃至东亚直立人的研究中发挥重要作用的魏敦瑞是多地区起源假说最早的提出者，只不过当时这一观点不是针对现代人的起

---

①　[美] 理查德·利基：《人类的起源》，吴汝康、吴新智、林圣龙译，上海科学技术出版社2007年版，第72页。

源而言的，伍德把魏敦瑞的这一设定称为多地区起源弱假说（WMRH）。魏敦瑞在研究了周口店的猿人头骨化石后，认为北京猿人与现代蒙古人种具有共同的形态特征，因而二者有亲缘关系，由此推断世界范围内人类的演化可能以4条世系各自进行①，但这些地区性的演化并没有因地理隔绝而保持彼此间完全的独立性②，这一假说的核心要点就在于强调各地区古人类的变种间可能因为迁徙或近亲繁殖而发生基因流动，从而弱化了不同变种间的差异。正因为过去某时不同群体间发生了基因交流，同一种群内个体的相似性才高于不同种群内个体间的相似性，这可以用来解释某个人类种群中某些解剖学特征的连续性③。后来的一些多地区起源弱假说的支持者在承认存在基因流动的前提下，强调不同地区的智人变种依然保持了自身的独特性，成为在现代人范围内具有很高辨识度的群体。与这种观点不同，否认在不同地理区域的人种之间存在基因交流，因而这些人种完全是在相互隔绝的条件下独立地演化出后续的现代人类的观点，是多地区起源的强假说（SMRH）版本，以卡尔顿·库恩（Carleton Coon）的多源发生论最有代表性，他曾在20世纪60年代于魏敦瑞的人科动物多地区起源论基础上提出了5条独立的、从直立人时代开始的人种演化图谱，这些人种因为地理隔离在基因上也是隔离的，他们各自以不同速率演化并在不同的时间进入智人阶段，这一具有种族主义特征的、绝对化的静态描述被认为是对魏敦瑞提出的多源论的误解，已经在现代人的起源方面越来越难以有哪怕最基本的说服力了。

多起源论弱假说的最新版本由美国人类学家米尔福德·沃尔波夫（Milford Wolpoff）、中国古人类学家吴新智和澳大利亚人类学者艾伦·索恩（Alan Thorne）于1984年首次明确提出，依据了中国、印度尼西亚和澳大利亚的古人类化石，"指出现今世界各地人类与原先分布于亚、非、欧三大洲的早期智人乃至更早的直立人有连续演化的关系"，这种观点能

---

① 高星、张晓凌、杨东亚、沈辰、吴新智：《现代中国人起源与人类演化的区域性多样化模式》，《中国科学：地球科学》2010年第9期，第1288—1299页。

② ［美］约翰·霍克斯、米尔福德·沃尔波夫、陈淳：《现代人起源六十年之争》，《南方文物》2011年第3期，第158—165页。

③ ［美］诺埃尔·T. 博阿兹、拉塞尔·L. 乔昆：《龙骨山：冰河时代的直立人传奇》，陈淳、陈虹、沈辛成译，上海辞书出版社2011年版，第67页。

够成立的重要证据在于世界范围内发现的晚期猿人(包括匠人、直立人、海德堡人和尼安德特人)化石在解剖学特征方面和现代人种群相比较体现出了连续性,根据这种连续性可以在不同地区、不同时代的人种之间建立联系,比如从牙齿和头骨特征的连续性可以推测现代澳大利亚人可能是直立人的后裔,由于在面部特征上有明显的一致性,可以推断尼安德特人有很大可能是现代欧洲人的先祖,但是考虑到化石证据的出现毫无规律可言,加上远古时期复杂的环境变化和原始人群迁移路线多变性的综合影响,这种联系也并非固定不变。根据多地区起源说的假设,尼安德特人和欧洲早期现代人、直立人与亚洲早期现代人之间的界限并不是很清楚,这种划分如果考虑到原始人类的迁移在不同区域间、不同群体间造成的基因融合效应(Gene fusion effect),将出现时间较早的原始人类物种和后继的变种归入同类是可行的,而且这一具有更大包容性的类群必然是单一的智人种。除此之外,多起源论弱假说的持有者也把人类演化看作是自然选择和文化推动协同作用的结果,在自然选择背景下的全球性演变造就了智人物种,"这种自然选择是由语言、智力、技术等使我们成为现代人的适应性基因的扩散所形成的"[1]。

多地区起源说实际上把现代人的起源视为普遍发生在整个旧大陆的演化事件,假定某地区只要有直立人出没,便一定会有现代人后继出现。而对于世界范围内现代人类的不同群体在基因水平上的高度一致性,这一假说给出的是基因交流和选择性适应相互平衡的推测。

在对这一理论进行分析时,理查德·利基认为,依照这一模式得出的结论,从解剖结构方面判断,尼安德特人刚好够得上直立人和智人之间过渡人种的条件,旧大陆的所有现代人应当把尼安德特人奉为祖先。沃尔波夫有一个很有说服力的主张,他认为不是单纯地由生理结构方面的优势,而更多的是由新的文化能力将智人推向了演化舞台上最强者的位置,从南猿时期就有的石器考古证据证明了这一点,具有创新性的文化因素在人类演化中可以强化自然选择的力量,美国生物学家克里斯托弗·威尔斯更是认为包括语言、符号、集体认同在内的文化因素会成为

---

[1] Milford H. Wolpoff、Rachel Cspari:《东亚现代人的起源》,《人类学学报》2013年第4期,第377—410页。

加速人脑生长的力量，文化和大脑都是更复杂事物的产物，而且存在以下的正反馈过程：更大更聪明的脑产生更复杂的文化，而更为复杂的文化促使脑量增加、使大脑更聪明，如果这一过程是真实的，那将有助于规模更大的人群将遗传的变化迅速传播开来。

**（二）东亚现代人的连续演化及其工具证据**

多地起源说产生的重要影响之一便是关于东亚特别是对中国现代人类起源的"连续进化附带杂交"假说的提出。从发现北京猿人化石至今，在中国出土了更多频率较高地出现一系列连续性体质特征①的古人类化石，其中有些被认为属于北京猿人和智人之间的缺环②，并被吴汝康作为论证中国古人类体质演化连续性的证据。另外一些更新的发现则支持了吴新智关于中国古人类的连续演化和各时期原始人类之间在体质特征方面具有明确传承关系的推断③。吴新智还进一步比较了中国和欧洲的智人化石的体质特征，得出了"从直立人经早期智人到晚期智人，中国的古人类是连续进化的，与欧洲之间有一定程度的隔离"④的结论，认为中国古人类的演化存在一种以连续进化为主体，间以杂交的模式，并不存在外来原始人类大量入侵取代原住民的情况，为此他还提出了地理条件和文化交流方面的一些推测。1998 年，吴新智在根据之前对大荔人、金牛山人与和县人等中国境内直立人、直立人和智人过渡类型及智人化石的镶嵌特征分析的基础上，深入研究了山顶洞人、柳江人和资阳人等中国境内晚期智人的颅骨，明确提出"中国现代型人类的起源似乎可以概括为'连续进化附带杂交'的模式"⑤。在为这一假说所做的补充说明中，他特别强调局部的替代未必不存在，只起到次要作用的杂交可能会淡化

---

① 主要指上门齿铲形结构、颧骨位置、鼻形、下颌、枕骨等解剖学特征。
② 高星、张晓凌、杨东亚、沈辰、吴新智：《现代中国人起源与人类演化的区域性多样化模式》，《中国科学：地球科学》2010 年第 9 期，第 1288—1299 页。
③ 中国科学院古脊椎动物与古人类研究所编：《中国古人类论文集》，科学出版社 1978 年版，第 28—41 页。
④ 吴新智：《中国和欧洲早期智人的比较研究》，《人类学学报》1988 年第 7 期，第 287—293 页。
⑤ 吴新智：《从中国晚期智人颅牙特征看中国现代人起源》，《人类学学报》1998 年第 4 期，第 276—282 页。

人群替代的后果。吴新智并不主张以某种统一模式解释世界范围内所有现代人的起源,他倾向于保持一种具体问题具体分析的对不同地区加以区别对待的立场。

"连续进化附带杂交"假说关注的重点在于揭示中国乃至东亚地区现代人起源的过程和机制,强调这一区域从直立人到现代人类的演化链的完整性,因为与旧大陆西侧种群的隔离保持了自身特点,处于次要位置的基因交流无损于本土原生人群与少量外来者之间的融合关系,在此过程中会呈现出人群的局部分化、部分灭绝和区域流动的河网状格局,形成大的群体内部的多样性。[①]

这一假说在支持证据方面首先来自于对中国 70 余处考古地点提取的古人类颅骨和牙齿的分析,从中可以观察到三类表现:明显有别于东亚以外古人类化石的性状、中国直立人和智人间的形态镶嵌现象及可能来自于基因交流传入的西方人群的形态特征。其次是文化证据,即由特定模式的石器技术反映出的连续演化特征,在这一方面证据的分析中,吴新智从石器技术的关系方面对线粒体夏娃假说主张的替代方案提出了一个有力的反驳,他指出,在考古发掘中,中东和中国境内积累了大量的石器证据,虽然这些石器只能算是古人类存在的间接证据,但由这些石器中反映出来的技术模式的特点很难支持 6 万年前中国原始人类被来自非洲的智人所取代的观点。在以色列和巴勒斯坦地区的古代遗址,发现了很多以第三技术制造的石器,测定年代在 10 万年左右,根据线粒体夏娃假说,这些石器的制造者应该是走出非洲的智人所遗留,他们的后裔到达中国的时间约为 6 万年前,这些古人类肯定已经习惯以第三技术来加工石器。但到现在为止,中国境内发现的距今 3 万—6 万年的旧石器都用第一模式加工而成,如果当时中国当地的原住民是被这些从非洲远迁而来、已经掌握更先进的第三技术的智人所取代了,为什么非洲智人在取代了只掌握了第一技术的中国古人类之后,又在非常重要的石器制造中由较先进的第三技术回返至更原始的第一技术呢?高星等人对中国旧石器技术与古人类生存模式的研究也认为第一模式技术贯穿中国整个旧

---

[①] 高星、张晓凌、杨东亚、沈辰、吴新智:《现代中国人起源与人类演化的区域性多样化模式》,《中国科学:地球科学》2010 年第 9 期,第 1288—1299 页。

石器时代，这种在主流位置的技术影响表现出明显的整体性和持续性，其他模式的技术的零星出现"没有对第一模式的演化主线构成冲击和替代。因而中国旧石器文化传统表现为连续发展为主，间或有少量与西方技术的交流"①。单一起源说的主张者并未对这一质疑给出正面的回应②。

除了吴新智、高星等人所主张的观点之外，2018年11月《自然》在线发表的文章中对中国石器中第三技术和第四技术模式是由西方原始人类移民传入的观点进行了有力的反驳。勒瓦娄哇技术（Levallois technique）又称第三技术，源于30万年前的东非，属于莫斯特文化，是石器制造过程中的预制石核技术，是一种利用剥片技术制造石器的模式，盛行于旧石器时代中期，标志着中更新世以来人类演化的技术、认知和劳动能力的显著提升。用这种技术造出的石器具有集成各种工具功能的属性，被视为石器中的"瑞士军刀"。过去认为东亚出现这种技术的时间是4万—3万年前，文章提到中国的考古记录中一直未发现与西方同期出现的用第三技术加工的石器。在这项最新的研究成果披露之前，中国目前发现的最早的勒瓦娄哇石器出现在宁夏水洞沟，这一遗址在1923年由法国著名人类学家桑志华和德日进参与发掘。根据最新的研究报告，水洞沟遗址中发现的距今约4万年的石器"包括普通的打制石制品、细石器组合及磨制石制品。普通打制石制品又包括具有勒瓦娄哇风格的石核、

---

① 吴新智：《现代人起源的多地区进化说在中国的实证》，《第四纪研究》2006年第5期，第702—709页。高星、裴树文：《中国古人类石器技术与生存模式的考古学阐释》，《第四纪研究》2006年第4期，第506—513页。

② 对于这种在工具方面弃新技术不用而回到落后技术的原因，高星曾从人类文化适应性和石器原料的限制角度进行过讨论。有没有可能是西来的现代人群，因为到了新环境，不能找到适合以第三技术加工石器的石材，于是因地制宜，只能用适合以第一技术的石材来制作石器。高星认为，这种假设不能成立。原因在于，第一，中国的石材石料很丰富，并未达到可以限制发挥某些技术的程度；而且先进技术并非完全依赖某种石材，比如阿舍利手斧不一定必须用燧石，而在有燧石之处，也没有出现手斧，说明与材料无关。有确切证据（如水洞沟的石器）说明外来的石器制造者并未将出发地的优质石材随身携带至迁居地，而是利用当地就有的石料进行石器加工，材料不是决定采用何种技术的决定因素。第二，放弃原有文化传统的渐进性特征未能有证据支持。第三，即便种群和技术的替代都是很彻底的，也应该会有最早抵达的外来者留下先进技术的遗迹，然而并没有，故而可以反证连续说更具合理性。参见高星《更新世东亚人群连续演化的考古证据及相关问题论述》，《人类学学报》2014年第3期，第237—253页。

石片，石叶技术体系中的石核与石叶，以及具有传统风格的小石片组合"①。由于遗址内存在大量火塘遗迹和用火遗留物，说明这一地区古人类掌握了火的控制和使用，完全有条件对石料和石器进行热处理。经过热处理的石料的加工性能发生了改变，能够实现对石料的深度利用。更早的一项研究已经显示，热处理可以使剥取石叶和细石叶的效率提高4倍到5倍②，这是由于热处理后的石料呈现出一系列新的有利于加工的优势，包括"热处理后剥取的石片形态趋于规整，长度增加，窄薄形石片比例增加，同时石片延展更加平直，弯曲程度降低，羽翼状远端的比例也显著提高，更重要的是，石片远端崩断几率降低，石片边缘更加锋利，剥片过程中对石料破裂方向、应力延伸距离控制更加精准，打击石料所需的力度降低，更易在圆形石料上产生工作面等"③。但这次由澳大利亚人类学者组成的国际性研究团队在对贵州省黔西县观音洞旧石器遗址20世纪六七十年代发掘的2273件石器进行基于新的光释光测年技术④的分析之后，得出了全然不同的结论，他们发现，其中的45件人工制品具有勒瓦娄哇技术特征⑤，这说明在17万—8万年前，中国西南就有了这种石器技术。对这一源于西方的技术出现在观音洞的原因可以有三种解释：第一种解释是勒瓦娄哇技术在世界不同区域随着当地古人类的演化从先前的石器技术发展而来，并非原始人类的迁徙从西方带入，但是发生这种不约而同的技术契合的概率太低。第二种解释则是已经掌握了勒瓦娄

---

① 高星、王惠民、关莹：《水洞沟旧石器考古研究的新进展与新认识》，《人类学学报》2013年第5期，第121—132页。

② Inizan M. L., Lechevallier. M., Plumet P., " A Technological marker of the Penetration into North America: Pressure microblade Debitage, its Origin in the Paleolithic of North Asia and its diffusion", *Materials Research Society Symposium Proceedings*, Vol. 267, 1992, pp. 661 – 681.

③ 邵亚琪等：《热处理对水洞沟遗址石器原料力学性能的影响》，《人类学学报》2015年第3期，第330—337页。

④ 光释光测年法（optical stimulated luminescence dating，OSL），出现于20世纪80年代，是对沉积物最后一次曝光（或热）事件年代的测定，主要以石英和长石为测试对象，测年范围在数百年到100万年之间。21世纪以来，OSL测年法在测试技术和方法上有了很多改进，测试的准确性和精确度不断提高，广泛应用于第四纪地质与环境、考古、活动构造和古地震的研究。参见张克旗、吴中海、吕同艳、冯卉《光释光测年法——综述及进展》，《地质通报》2015年第1期，第183—203页。

⑤ Yue Hu et al., "Late Middle Pleistocene Levallois Stone - tool Technology in Southwest China", *Nature*, Vol. 565, No. 7737, 2019, pp. 82 – 85.

哇技术的外来者将先进技术带入，当时只有非洲智人和尼安德特人掌握了这种技术，由于暂未在观音洞发现古人类化石，所以无法确定这一技术传入的具体途径。第三种解释是参照之前在中国本土已经发现的具备勒瓦娄哇技术的古人类的情况，就近找到观音洞内石器技术的来源。与观音洞同处中国西南地区的贵州六盘水盘县大洞古文化遗址曾在1990—1991年发现距今19万—30万年、可能属于古老型智人的4颗牙齿化石和伴生的石制品中具有勒瓦娄哇特征的石片、石核及尖状石片①，不排除由此地的古人类将勒瓦娄哇技术带去观音洞的可能，或者观音洞与大洞的古人类存在演化上的连续性。2015年，刘武等人在湖南道县福岩洞发现的47枚距今8万至12万年的古人类牙齿化石，表明中国华南地区至少在10万年前已出现具有完全现代形态（fully modern morphology）的人类②，既然现代人类已经有了足够的活动空间，也很有可能是他们在掌握勒瓦娄哇技术之后将新的石器输入到观音洞一带。

这些立足于古老石器的研究成果表明，从工具行为入手，会对现代人类在世界不同地区的本土连续演化提供直接证据。如果不是只选择对自己的主张有利的证据的话，以石器为主的文化证据将能对现代人类的多地起源论尤其是东亚现代人的连续演化提供充分的支持。

## 三 单一起源说：替代论及工具方面的疑问

### （一）以工具证据摆脱欧洲中心论

根据伍德的观点，当我们在人类演化史上提到单一起源说时，早些时候并不是指与DNA分析结果有关的新观点，而是指古人类学中现代人起源的欧洲中心论，即那种认为欧洲大陆既诞生了人类文明，也是人属和智人种的缘起之地的具有种族主义优越感的不实之词③，其依据就在于

---

① 黄慰文、侯亚梅、斯信强：《盘县大洞的石器工业》，《人类学学报》1997年第3期，第171—192页。
② Wu Liu et al., "The Earliest Unequivocally Modern Humans in Southern China", Nature, Vol. 526, 2015, pp. 696-699.
③ ［英］伯纳德·伍德：《人类进化简史》，冯兴无、高星译，外语教学与研究出版社2015年版，第142页。

偶然于 19 世纪 20 年代在威尔士斯旺西高尔半岛巴维兰洞穴发现的现代人类化石以及 1868 年在法国多尔多涅省莱塞吉地区克罗马龙岩棚发现的智人化石。实际上欧洲比较早地发现古人类化石只是由于科考事业开展较早而已，与人类在欧洲的起源并无必然联系，将欧洲奉为人类文明中心的偏见也将达尔文、华莱士和海克尔等人关于人类可能起源于欧洲之外的猜测排除在科学界的主流见解之外，这种武断造成了不少对于考古记录的误判，包括爪哇人化石被误解为猿类、皮尔唐人的造假未被及时识别、非洲种南猿的化石的价值受到低估等失误。

但 19 世纪后半期在亚洲发现的比尼安德特人更古老的直立人化石之后，欧洲科学界的很多有识之士开始重视在亚洲找寻人类祖先的工作，积累了更多的考古证据。而另一些来自剑桥大学的考古学家不囿于成见，也在亚洲和非洲展开了持久的野外调查，并有了一系列足以刷新欧洲知识界观念的重要发现。20 世纪 20 年代以来利基夫妇在非洲多处地点发现古人类化石。1930—1932 年间，来自剑桥的考古学家多萝西·加洛特（Dorothy Garrod）在黎凡特地区卡梅尔山（Mount Carmel）的四个洞穴（原属巴勒斯坦，现在以色列境内）发现了尼安德特人和早期现代人类的遗骸，其中包括一具名为 Tabun I 的尼安德特女性骨骼，这被认为是迄今为止发现的最重要的人类化石之一，除此以外，还发现了贯穿整个旧石器时代的石制工具，为此她在 1937 年出版了《卡梅尔山的石器时代》（The Stone Age of Mount Carmel）一书，成为原始工具领域的开创性著作。同一时期，卡顿·汤普森在埃及发掘哈里杰绿洲遗址，发现了大量阿舍利石器，这些发现让更多的欧洲考古学家相信在人类演化的早期和现代人出现的阶段，在欧洲以外发生了很多值得谨慎对待的重大事件。1946 年，已经是剑桥大学有史以来第一位女教授的多萝西·加洛特（Dorothy Garrod）开设"世界史前史"课程，和另一位人类学家格雷厄姆·克拉克（Grahame Clark）一道，鼓励剑桥的学生们去非洲进行实地挖掘，所以在接下来的时间里，很多人已经接受了欧洲之外可能发生过人类演化的重大事件的观念。

20 世纪 80 年代以来，新的考古发现和分子生物学方法的介入形成一股强大的合力，驱散了考古学和人类学中欧洲中心论的迷雾，也催动了新兴交叉学科分子人类学的发展。越来越多的证据显示，曾被视为蛮荒之地、处于人类演化次要区域的非洲，才是人类真正的发祥地，原先立足于欧洲的单一起源说已经窘态毕现，取而代之的是定位于非洲的单一起源说。

非洲以外现代人的化石最初是在前面提及的黎凡特地区卡梅尔山的斯库尔洞穴以及卡夫泽洞穴发现的，地质年代经测定在 8 万—12 万年间，这一时间早于卡巴拉和阿木德发现的尼安德特人化石，卡夫泽洞穴的人类化石甚至比被确定为直立人的卡巴拉和阿木德的化石更早，这一分析结果使尼安德特人首次被发现后一直采用测年证据来证明尼安德特人是现代人直接祖先的假设难于成立。

20 世纪中期以来，在南非和东非发现了现代人化石，包括 1968 年于非洲南部柯莱希斯河口发现的头骨碎片，距今约 12 万年。在埃塞俄比亚奥莫地区基比什河附近发现的疑似现代人头骨有 20 万年历史。而提姆·怀特在埃塞俄比亚的斯亚贝巴东北部赫尔托村发现的长者智人化石也有 15 万—20 万年的历史，这些化石成为将非洲确定为智人发源地的有力证据。

最新的考古发现对上述的两方面证据形成了非常有益和及时的补充。根据《科学》杂志网站在 2018 年 1 月 25 日刊登的文章，以色列考古学家赫希科维茨（Hershkovitz）和美国人类学家罗孚·奎姆（Rolf Quam）等人从 2002 年起就在距海法市 12 公里的卡梅尔山坚持进行考古发掘，经过十多年的努力终于在米斯利亚（Misliya）洞穴发现了新的古人类颚骨化石，这块化石属于现代人类的上颌骨，上面带着几颗牙齿。研究人员对颚骨进行扫描并创建了 3D 虚拟模型，将其与其他原始人类化石进行比较后认为，"米斯利亚"洞穴的原始居民已能使用火，能制造和使用与非洲最早现代人类接近的石制工具，猎取大型野生动物。据三种独立的测年法测定的结果，这些化石的年龄在 17.5 万—20 万年间，这就将现代人类首次走出非洲的时间前推了约 5.5 万年，已知的人类起源史又一次被改写。参与研究的美国宾厄姆顿大学人类学教授罗尔夫·夸姆说，这是一个令人激动的发现，"提供了迄今最清晰的证据，表明我们的祖先离开非洲的时间比我们以前认为的要早得多"①。2017 年 6 月 7 日,马克斯·普朗克进化人类学研究所教授让 - 雅克·于布兰带领的研究团队在摩洛哥马拉喀什东北沿海城市萨菲东南约 55 公里处的伊古德山岩洞的古人类遗址发现属于智人的头骨、四肢骨和牙齿等化石,研究者推断这些化石分别来自 3 名成人、1 名青少年和 1 名 8 岁左右的儿童。与智人化石一同发现的还有羚羊、斑马等被猎杀的动物骨骸、可能被用于矛头和刀的石质工具,以及广泛用火的痕迹。通过热发光技术检测遗址处的取火燧石,科学家们推断出这些智人的生活年代距今约 30 万年。于布兰表示:"我们通常认为 20 万年前在东非某处出现了人类的摇篮。但新研究表明,智人约在 30 万年前就已散布在非洲大陆各地,也就是说早在智人走出非洲前,他们已开始在这片大陆上分散开来。"②

### (二) 未曾谋面的亚当和夏娃

当人类学研究中的欧洲中心论在来自非洲的新发现面前逐渐消散时,把非洲作为现代人发源地的呼声越来越高。20 世纪 70 年代,先是由 Protch 和 Howells 以在埃塞俄比亚发现的 16 万年前③的奥莫人化石为根据推测现代人源于非洲并由此扩散至世界各地。Johnson 和 Wallace 在 1983 年以 200 个来自高加索人、亚洲人和非洲人的样本建立线粒体演化模型,从中得出两种区别很大的对于现代人起源的解释。一种是以 mtDNA 的祖先单倍型在不同人群中的比例为依据做出判断,结果发现"亚洲人是最古老的,进而可以得出亚洲人出于亚洲的结论"④。另一种则以分子钟成立为前提,即假定不同人群的 mtDNA 以相同速率演化,则可以得出非洲人遗传多样性最高因而非洲人最为古老、最有可能是世界最早现代人类的推论。可见从分子生物学角度建立的第一个线粒体进化树实际上支持的

---

① 《以色列发现非洲以外最古老现代人类遗骸化石》,2018 年 9 月 16 日,https://baijiahao.baidu.com/s?id=1590633617108640480&wfr=spider&for=pc,2018 年 1 月 26 日。

② 《摩洛哥发现最古老的智人化石》,2018 年 5 月 6 日,http://baijiahao.baidu.com/s?id=1578931994237469549&wfr=spider&for=pc,2017 年 9 月 19 日。

③ 后经澳大利亚地质学家麦克杜格尔带领研究团队重新测定为 19.5 万年,前后误差为 5000 年。

④ 雷晓云、袁德健、张野、黄石:《基于 DNA 分子的现代人起源研究 35 年回顾与展望》,《人类学学报》2018 年第 2 期,第 270—283 页。

是现代人源自亚洲的结论，当然这一说法的成立取决于分子钟成立与否。

影响最大的、与古人类学的分析方法不同却与其有着紧密联系的、能说明智人源于非洲的分子生物学证据是在1987年的一项研究中出现的，这也是通常所说的智人单一起源说（也称"取代说"或"近期出自非洲说"①）的直接由来。加利福尼亚大学伯克利分校的三位分子生物学家丽贝卡·凯恩（Rebecca Cann）、马克·斯通金（Mark Stoneking）和艾伦·威尔逊（Allan Wilson）利用对只能通过女性卵细胞遗传的线粒体DNA的分析，为现存的全体人类重建了一个闻所未闻的女性元祖。这三位生物学家之所以将研究重心放在发生突变速率更高的线粒体（Mitochondrial DNA，mtDNA）上，是由于mtDNA在生殖细胞分裂时不会发生重组，也缺乏先天的修复机制，所以它的突变一经发生便会持续下去。对祖先来自5个地区②的147名现代人的合计133种mtDNA进行分析显示，在各大洲人群中，现代非洲人群的遗传多样性更丰富，单是撒哈拉以南非洲地区mtDNA的变异就比其他地区变异的总和还要多，所有这些变异都支持一个共同的非洲起源。这些结果与两种非洲现代人的可能有的基本状况相关联，或者体现出现代人在非洲的生存时间最长，或者在某个时期非洲现代人的数量大于其他地区的总和，或者这两种情况兼而有之，也就是说，人口数量和基因突变的可能性之间成正比。凯恩等人以非洲不同地区现代人群的mtDNA差异的形成期是20万年为由，预计现代人类也是20万年前起源于非洲，世界上所有现代人都是存活于14万—29万年前的一位非洲女性的后裔（并非某个固定的女性），现代人很可能在9万—8万年前走出非洲并将足迹踏遍整个世界。这种一经提出就引起轩然大波的观点特别强调，在现代人由非洲向外扩散的旅途中，未曾与任何原始人类有过基因交流，除了非洲直立人，其他古人类包括亚洲的原始人对现代人基因库并无贡献，除了这支现代人以外的所有原始人类物种都先后灭绝了，这样一种观点被伍德称为"走出非洲强假说"（Strong Recent Out of Africa Hypothesis，SROAH），以有别于那种赞同现代人类全都来自这位超级祖母但其后裔在走出非洲过程中也有不确定的基因流动的"走

---

① 吴新智：《人类起源与进化简说》，《自然杂志》2010年第2期，第63—66页。
② 分别是非洲、亚洲、高加索地区、澳大利亚和新几内亚。

出非洲弱假说"(Weak Recent Out of Aferica Hypothesis, WROAH)。"令人不解的是，Cann 等没有给出任何理由来解释为何 1983 年 Johnson 等提出的线粒体出亚洲模型不如他们的出非洲模型更有道理。"① 同年在《科学》杂志的相关报道中，美国科普作家罗杰·勒文（Roger Lewin）发表了题为 The Unmasking of Mitochondrial Eve 的文章，自此以后，凯恩等人假设的现代人母系遗传史的源头就被一个新的形象占据，"线粒体夏娃"（简称 Evemt – Eve）② 这个一半来自科学、一半来自神话的拼盘式名称不胫而走，成为人类学中知名度最高的语汇之一，标志着人类起源和扩散研究的新视角和新成果。

1989 年，为了克服凯恩等人的单倍体模型中样本数较少的不足，Excoffier 加大了研究样本的数量，对来自世界不同种族的大约 700 人的单倍型分布及频率进行综合分析，其中分布频率最高者可以被视为现代人祖先。尽管可能存在取样偏差（欧洲人样本数量是黄种人的 7 倍），但这一研究得出了欧洲才是现代人线粒体发源地的结论。如果从单倍型和祖先型的距离来看，碱基变异数量很少，这又支持了更早时候 Johnson 和 Wallace 的亚洲单一起源说结论。

20 世纪 90 年代以后，更多西方遗传学家采用和凯恩等人同样的研究方法进行同类研究，进一步为单一起源说增添证据，非洲单一起源说在分子进化领域处于主流地位。更多的人类学家试图在与现代人有关的问题上通过搭上"非洲起源说"这趟技术快车而解决在化石和考古材料上的困惑，在一些研究者就像考古学家们想从沉积层中挖出更多化石一样，继续依循凯恩等人的思路、尽一切可能要把现代人 mtDNA 地区差异研究的潜力充分挖掘出来的同时，另一些研究者开始关注基因组中只通过父系遗传的 Y 染色体③，一个模仿了"线粒体夏娃"的命名方式的"Y 染

---

① 雷晓云、袁德健、张野、黄石：《基于 DNA 分子的现代人起源研究 35 年回顾与展望》，《人类学学报》2018 年第 2 期，第 270—283 页。

② 其完整的、符合凯恩等人本意的称谓应该是 matrilineal most recent common ancestor (MR-CA)。

③ Y 染色体来自男性，来自女性的 X 染色体与之没有对应部分，因此 Y 染色体上的那一段 DNA 在生殖细胞裂变时不会发生重组，也就是说，Y 染色体和 mtDNA 都属于基因组中遗传过程只和特定性别有关的遗传物质。

色体亚当"的名称也被制造出来，用以指称一个可能生活于距今 6 万—34 万年的非洲男性现代人，他是现在所有人类的共同的父系祖先（与"线粒体夏娃"一样，这一名称并不是固定于某个人）。关于 Y 染色体的一项研究在 1997 年证明了非洲人具有最高的遗传多样性，Hammer 等人对来自世界 60 个地区和种族共 1500 人的 Y 染色体进行了分析，再次验证了之前已有的非洲人内部遗传多样性最高的结论，对于替代论的主张者来说，这一结论说明确实有人数很少的非洲现代人群体扩散至欧亚大陆并繁衍出后代，而欧亚地区的智人的遗传多样性可能因为经历了人口瓶颈而低于非洲。但是 Hammer 认为除了这个简单的理解，也许实际情况比较复杂，因为遗传多样性水平也受制于时间因素和基因交流状况。

除此以外，1995 年 Robert L. Dorit 等人分析了不同地区的 38 个样本，试图找到 Y 染色体中锌指蛋白（ZFY）对应基因序列中特定长度的内含子序列的差异，结果发现全部子序列相同，并不存在差异，这极有可能是各地区现代人来自同一祖先所致，这一研究计算出的 Y 染色体亚当的年龄是 33.8 万年，与线粒体夏娃的年代差异较大。与此同时 Hammer 对 Y 染色体 Alu 单倍型（YAP）的区域变异进行了研究，样本来自 8 个非洲人、2 个澳大利亚人、3 个日本人、2 个欧洲人和 4 只黑猩猩，结果显示 YAP 源于非洲并向欧亚迁移。其中艾伦·坦普尔顿（Alan Templeton）在 2002 年《自然》杂志发表的题为 Out of Africa again and again 的文章中主张的非洲现代人不止一次走出非洲并因此对其他地区现代人有基因贡献的观点令人印象深刻，他的这一结论立足于"对几例由现代人 mtDNA 和 Y 染色体的序列构建的系统发育树的统计学分析"[1]。被纳入研究范围的 27 个 Y 染色体中有 21 个被证实源于非洲，且非洲人 Y 染色体的变异性也同样大大超过世界其他地区所有人的染色体变异的总和，这就给 mtDNA 和 Y 染色体在研究结果上提供了互证的机会。

相对于多地起源说所主张的东亚现代人源于当地古人的观点，"Y 染色体亚当"的提出在亚洲现代人的起源上也得到了一些研究结果的支持。柯越海等人在 2001 年分析了来自南亚、东亚、中亚、西伯利亚和大洋洲

---

[1] Rebeeea L. Can 等：《线粒体 DNA 和人类进化》，范宗理译，《世界科学》1989 年第 3 期，第 37—64 页。

的 163 种人群的 12127 个男性样本中的 Y 染色体上的三个多态标志物，根据研究结果可以得出"现代东亚人的祖先是非洲人，而且，走出非洲的人来到东亚后，完全取代了早期的当地人，东亚地区的古人对现代东亚人的基因没有贡献"①的结论。但这一研究过程受到来自分析方法上的质疑，欧亚人的生理特征及不同地区古人之间的杂交导致非洲人基因组的变异的可能性未被充分地考虑。虽然在 Y 染色体的基本建模方面存在不能自洽的问题，但非洲起源说在亚洲现代人的唯一来源方面也拓展了自身的解释力，中国的现代人也被认为是非洲现代人迁入并替代原住民后演化而成，包括中国在内的东亚人类的连续进化模式在这项研究中被否定了。

可见，立足于分子人类学证据的非洲起源说的前提是假设人类基因变化速率具有恒定性，同时把人群的基因变异多样性和历史性做一种正向关联。其核心观点是把非洲确定为现代人类的唯一起源地，并计算出非洲现代人的起源时间约为 14 万—20 万年前，他们在非洲本土连续演化，在外迁扩散后完全取代了世界其他地区的古老人群，并未与之有任何基因交流。现代人在东亚的由南向北流动，约在 6 万年前进入中国并继续保持这一迁徙方向，中国本土的古人类已经灭绝于末次冰期，并未与外来的现代人有任何交集。

以"线粒体夏娃"和"Y 染色体亚当"这种通俗表达所展现的替代论主要依据了从分子生物学对现代人群基因的遗传变异的研究成果，从基因多样性回溯至可能的非洲基因库源头，除此以外，2010 年尼安德特人核基因组研究开始之前对从化石中提取的古人类的 DNA 进行提取并与现代人类 DNA 进行比较也提供了能将尼人排除在现代人基因组贡献者之外的证据，但是 2010 年 Green 等人利用克罗地亚的尼人化石首次绘制了尼人全基因草图之后，发现欧亚大陆现代人群与尼人共享的遗传变异数量多于尼人与北非现代人共享的遗传变异数量，显然，尼人并非如之前所认为的那样未对欧亚现代人有遗传贡献，欧亚人基因组中至少有 1%—4% 来自尼人，那种认为尼人被入侵的外来现代人当作完全的异种并对其

---

① 雷晓云、袁德健、张野、黄石：《基于 DNA 分子的现代人起源研究 35 年回顾与展望》，《人类学学报》2018 年第 2 期，第 270—283 页。

实施了种族灭绝的骇人假说很可能是一种太过于绝对化的想象。在对欧洲人的基因组与尼人的基因组进行比较之后，付巧妹等人所做的研究也把尼人的基因贡献定于2%的范围内，但另有一些研究者则认为这个比例要到3.4%—7.3%①，对中国周口店田园洞的早期现代人基因组数据的分析也发现了其中携带有4%—5%的尼人基因②。而Vernot在2014年对379个欧洲人和286个东亚人的基因片段进行拼接并与尼人基因组进行比较之后，更把尼人基因组留在欧亚现代人基因中的比例扩大至20%。虽然这些研究也可以从研究方法和数据解读方面加以质疑，但继续保持一种SROAH立场并否认尼人及其他古人类在现代人基因组中的贡献恐怕是很难了。而从2010年以来的多项研究还提供了新发现的在形态学上尚处于未知状态的古老型人类丹尼索瓦人和美拉尼西亚现代人、亚洲大陆人及美洲土著人之间有基因交流的证据。同时，原先由于材料限制难以探究的已灭绝的古人类之间的基因影响也在新技术的支持下获得了进展，不仅如此，关于早期现代人对丹尼索瓦人和尼安德特人的基因影响的研究也证实了基因的流动并非是单向的，其复杂性很可能被低估，"已灭绝的古老型人类与早期现代人在生活区域上有所重叠，他们相互之间的基因影响可能远远超过人们此前的认识"③。

这些研究成果提供的新认识使单一起源说得到修正，重新表达为更为温和的版本，认可现代人的基因贡献者主要由非洲人承担，但世界其他地区的古人类也对现代人的基因有所贡献，这种观点被称为同化论。在这样的背景下，再把现代人走出非洲一路杀伐成为其他物种克星然后独霸这颗星球的故事奉为金科玉律，显然就是深陷于胶柱鼓瑟的境地了。

### （三）在方法和工具方面的疑问

单一起源说的主张者也在考古学方面寻得一些与工具有关的证据。

---

① Lohse K. Frantz L. A., "Neandertal AdmIxture in Eurasia Confirmed by Maximum – likelihood analysis of Three Genomes", *Genetics*, Vol. 196, No. 4, 2014, pp. 1241 – 1251.

② Melinda A. Yang et al., "40,000 – Year – Old Individual from Asia Provides Insight into Early Population Structure in Eurasia", *Current Biology*, Vol. 27, 2017, pp. 1 – 7.

③ 张明、付巧妹：《史前古人类之间的基因交流及对当今现代人的影响》，《人类学学报》2018年第2期，第206—218页。

凯恩等人在发表于 1987 年的那篇著名的关于现代人的 mtDNA 元祖的文章中，以 8 万—9 万年前石叶工具在非洲的普遍使用完全领先于欧亚片状工具被石叶取代的时间，以此证明化石证据和分子证据的一致性。2002 年南非布隆博斯（Blombos）洞穴发掘出距今 7.7 万年处于中石器时代的两块赭石，因为石面上有近似现代几何图案的纹刻而成为具有抽象思维能力和形象表达能力的、表现出智人行为特征的人类已经出现在非洲的文化证据，结合 2006 年 Mellars 从南非布隆博斯洞穴、布姆普拉斯（Boomplaas）洞穴和克莱西斯河（Klasies River）遗址等数个地点发现的"石叶技术、软锤技术、端刮器等专门用于皮革加工的工具、加工骨器和木器的雕刻器、特定形制的骨器、复合工具、被用作装饰品的穿孔螺蚌壳和大量非原地产的赭石"[①] 等文化产品，这些包括劳动工具和早期艺术品的物品所关联的技术及认知发展至少已有 10 万年的历史，是现代人起源和演化过程中的创造物，在距今 6 万—8 万年间在技术水平和思维发展上得到强化，为数量不断增加的非洲现代人走向欧亚大陆提供了技术保障和智力支持。

具有明显的排他性的单一起源说还从遗传学证据（中国现代人群较低的遗传变异多样性和古老基因型的缺乏）、形态学证据（从直立人以来，中国古人类在体质形态方面没有连续演化的考古证据）、化石证据（认为中国没有足够的 5 万—10 万年间的人类化石并以年代的可靠性为由拒绝采信相关研究提供的化石与文化记录）和古地理学证据（末次冰期导致中国乃至东亚绝大多数生物灭绝）方面质疑了中国本土现代人类演化的连续性。

现代人类的单一起源说是从作为新科学的分子生物学出发，将最新的现代科技手段和已有深厚历史积淀的考古学、人类学研究相结合的产物。这种研究策略的创新点在于实现了从传统的体质人类学、考古学阶段向借助最新生物学方法的分子人类学、分子考古学阶段的跨越，原先关于人类起源和演化研究中"荒野记忆"的宏观视角转换为对以生物大分子为观察对象的微观领域的考察，研究者试图从超出日常观察尺度的

---

① 高星、张晓凌、杨东亚、沈辰、吴新智：《现代中国人起源与人类演化的区域性多样化模式》，《中国科学：地球科学》2010 年第 9 期，第 1288—1299 页。

分子层面找到人类在遗传物质方面的内在联系，并提取出存储于人类的生物结构深层的遗传信息，作为间接证据来探究群体水平上人类尤其是现代人类起源和演化的细节，重现人类族群发育和分化的图景，分析不同区域人群迁徙与融合的路径，对传统的基于形态相似性比较与分析方法的古人类学研究提供了利用新技术提供的新成果进行科学检验的机会。由于单一起源说的研究以现代生物学中已成公论并充分常识化、普及化、得到专业人士和公众较高认可度的科学原理为前提，并以可重复检测分析的生物学样本为基本材料，通过严格的实验程序并以能保证实验精确性的仪器、设备和其他技术手段为保障得到相关数据，以专业语言进行比日常语言更具规范性的定量表达，所以人们更倾向于认为比起围绕化石、石器等宏观物体展开的形态学和行为学的研究，以单一起源说为代表的相关成果的可信度更高，因此人类寻根意识的科学化程度获得了进一步提升。但是在肯定 DNA 研究所具备的优势和潜力的同时，必须看到其不足和局限。

从这种研究的方法来看，第一，在基本的前提方面必须保证分子钟假说和出于解释分子钟而提出的中性理论得到证实，而这一点无法得到保证。分子钟只是 20 世纪 60 年代对遗传等距离现象的一种就事论事的权宜之计，并非由任何科学原理推导的结果，却被误认为是具有普遍有效性的真实自然现象，而从提出之初就受到质疑的中性理论把分子钟作为最好的证据，虽然有部分内容可在有限范围得到验证，但与分子钟构成循环论证[①]。因此在分子钟前提下，以 DNA 的恒定的突变率来倒推演化时间时，对种内群体关系的估计实际上并不准确。已有研究者提出，"在中性理论仅仅是一个未被证实的具有巨大争议的假说的情况下，在遗传多样性还是长期未解之谜的状态下，就把由之推出的非洲说当成是一个确定事实，是不够客观和欠妥当的"[②]。第二，因为作为前提的假设条件是不确定的、未经确证的和特设的，使后续的分析及推论也具有不确定

---

[①] 胡涛波等：《遗传等距离现象：分子钟和中性理论的误读及其近半世纪后的重新解谜》，《中国科学：生命科学》2013 年第 4 期，第 275—282 页。

[②] 雷晓云、袁德健、张野、黄石：《基于 DNA 分子的现代人起源研究 35 年回顾与展望》，《人类学学报》2018 年第 2 期，第 270—283 页。

性,在现代人的女性元祖的生存年代断定方面过于宽泛,更无法确定现代人迁入欧亚的确切时间,并在走出非洲的次数上引出了新的争论。而用分子钟测算的现代人类的最后共祖的不同年代的差距竟然达到近 100 倍之多。第三,孤立地看待基因变异与分布,未能充分地考虑历史上不同地区生态环境变化和特定人群迁徙交融的影响。单一起源说以各地区人群基因变异的数据和解释为基础,并认为遗传多样性的高低与人群古老程度呈现正向关联,实际上这种情况只在以时间变化为决定性条件的情况下才能成立,一旦把差异明显的不同生态环境条件和受制于此的特定人群的生存方式考虑在内,情况就会非常复杂,例如 Schuster 在 2010 年发布的非洲人基因组测序结果显示,在南部非洲土著居民中,卡拉哈里沙漠里仍以游猎采集方式生活的布须曼人(Bushmen)与其他个体的基因差异程度甚至超过欧洲和亚洲人的基因差异平均值,研究者认为很可能对干旱气候和游猎采集的适应造成了布须曼人基因的多样性和特异性。分子证据的由今知古的回推所揭示的人类起源和演化图景往往是排除了历史当中的偶然未知因素扰动的理想化状态,事实上现代人类的迁徙流动的频繁程度和具体融合情况都具有不确定性,会因为基因的多次多向混合而丰富多样,2009 年由人类基因组组织机构(Human Genome Organization,HUGO)泛亚太地区 SNP[①] 联盟(Pan‐Asian SNP Consortium)公布的对亚洲人群历史移民路线的分析显示,由于亚洲南北人群基因交流频繁,北部人群的南迁对目的地土著居民的体质改变有明显作用[②]。

　　从研究过程中依据的生物材料和检测过程来看,从化石中提取遗传物质,不可避免地面临古 DNA 的高度损伤和降解问题,这是由古代 DNA 样本的种类、年代和环境因素所决定的。提取和保存方面的困难在具备高灵敏度的能将特定 DNA 片段扩增放大的聚合酶链式反应(PCR)技术面前得以降低,但是 PCR 技术会遇到来自外源 DNA 渗入和污染的问题,同时 PCR 技术扩增效率会受到 DNA 提取液的某些成分的抑制,并且 DNA 片段的扩增不能避免错误信息的产生。面对这些问题,只能通过引入更

---

① 单核苷酸多态性(single nucleotide polymorphism, SNP)。
② The HUGO Pan‐Asian SNP Consortium, "Mapping Human Genetic Diversity in Asia", *Science*, Vol. 326, No. 5959, 2009, pp. 1541–1545.

多的技术手段来为古DNA提供更完备的保存条件，通过优化实验的操作程序及加强外部管理来避免出现偏差，但技术手段本身的不完备性和参与研究者的主观状态的限制很容易使这些问题不能得到根本解决。正因如此，一些学者尝试以最新的分子生物学方法和更严格的统计学技术对凯恩等人的研究结果进行复核时，得出的结论有所不同，即便现代人线粒体DNA变异中的大部分源于非洲，但仍有证据显示，来自非洲以外的前现代直立人也为现代人类贡献了线粒体DNA。①

从这种研究与其他学科的关系来看，由于缺乏对多学科证据的比较、参照和引用，同时主观上排斥不利于单一起源说的考古学证据，与不同证据之间的相互支持不够，降低了研究结论的解释力。作为交叉学科研究所必需的自然科学、人文科学和社会科学的充分交流和贯通往往受到知识背景及专业壁垒的限制，尤其是"在实验阶段，考古学家和生物学家的知识分野和交流的贫乏，造成课题设计和技术手段之间存在着一定隔阂，使技术在解决问题上的有效性大打折扣"②。特别是在对待不同学科已有的、与单一起源说不同的证据方面，采取一种绝对否定和无视的态度，就更不可取。高星等研究者认为中国本土古人类连续演化被否定的重要理由便是末次冰期引起的气候恶化事件，③但由这一事件导致物种灭绝的推想并无古人类学、古环境学、古脊椎动物学及地质学的充分证据，相反，这些学科却提供了中国华北并未在末次冰期中陷入酷寒天气，人类和多种大型动物并未灭绝的化石证据。那种为人类设计出只能在恶劣自然条件下坐以待毙形象的呆板的看法，实际上否定了人在能动性和社会性前提之下具有的远超于动物的适应性，也忽视了人类从远古时期就开始萌发并愈来愈强的不屈从于不利环境的约束、以富有创造性的工具行为灵活应对各种困难、积极进取的性格特征。

单一起源说模式在说明东亚包括中国现代人的起源时，对于来自文化遗存的工具证据并未做出积极的回应。在中国发现的旧石器考古地点

---

① ［英］伯纳德·伍德：《人类进化简史》，冯兴无、高星译，外语教学与研究出版社2015年版，第149页。

② 金力、张帆、黄颖：《分子考古学》，《创新科技》2007年第12期，第44—45页。

③ 高星、张晓凌、杨东亚、沈辰、吴新智：《现代中国人起源与人类演化的区域性多样化模式》，《中国科学：地球科学》2010年第9期，第1288—1299页。

有 1000 余处，除了主流技术呈现明显的南北差异这一点上与西方世界类似之外，在石器技术的改进和提升的阶段性表现上与西方明显不同，只有奥杜瓦伊技术贯穿旧石器时期，处于主导地位，才能说明中国存在一种本土性的技术传统。林圣龙对旧石器文化中东西方技术模式的比较显示[1]，除了局部和少量的文化交流，工具证据不支持在中国旧石器文化发展中曾有过彻底的和大规模的文化传入甚至替代，那么在现代人群主体方面曾发生完全替代的设想就很难成立了。对中国旧石器时代北方和南方的工业传统的比较研究也显示[2]，不论是缓慢渐进的北方工业，还是高度稳定的南方工业，都呈现出连续性的特点，约在 3 万年前才有局部的外来因素引起突变，但随之出现的是新旧文化并行交融的局面，并没有发生完全取代的情况。另外一项关于"中国境内旧石器时代文化遗存的时空分布、埋藏情况、石器制作技术与使用功能、石制品类型—形态特征与演化趋势、对石器原料及其他资源的利用方式、区域文化传统的划分和特点"[3] 的研究认为，中国古人类具有一种专属的"综合行为模式"，对少量外来文化具有改造和同化作用，"连续进化附带杂交假说"可以从这种解释中获得较多支持。2003 年在重庆奉节兴隆洞发现了距今 14 万年的智人牙齿化石、动物化石和大量文化遗存，其中的一枚剑齿象门齿上有古人类有意识刻画的一组线条[4]，比南非布隆伯斯（Blombos）洞穴的赭石雕刻的年代要早近 7 万年。在石制品当中，同时发现了一个以石钟乳加工而成的可以发出单音的石哨，它可能是狩猎用具，更可能是最早的原始乐器。[5] 这两件与智人化石同时出现的原始艺术品反映了中国古人类的思维水平和创造能力已经到了可以进行初步的艺术创作的程度，如果与奉节人生活时代相当的非洲智人并未有同等智力程度的文化

---

[1] 林圣龙：《中西方旧石器文化中的技术模式的比较》，《人类学学报》1996 年第 1 期，第 1—20 页。

[2] 张森水：《中国北方旧石器工业的区域渐进与文化交流》，《人类学学报》1990 年第 9 期，第 322—333 页。

[3] 高星、裴树文：《中国古人类石器技术与生存模式的考古学阐释》，《第四纪研究》2006 年第 4 期，第 506—513 页。

[4] 高星、黄万波、徐自强等：《三峡兴隆洞出土 12—15 万年前的古人类化石和象牙刻划》，《科学通报》2003 年第 23 期，第 2466—2472 页。

[5] 王子初：《音乐考古拾意》，《大众考古》2014 年第 2 期，第 42—46 页。

制品的创作活动的话，仅仅根据现代人类的遗传学证据断定的替代论就是不可靠的。

## 四 小结

在回顾了人类的演化历程之后，毫无疑问分子生物学借助对DNA的解析对人类演化轨迹的重构给我们留下了至为深刻的印象，这一学科所做的分析也成为近年来炙手可热的对科学界还是从科普而言的时髦观点的基础，依照这种观点，人类通常所标榜的一系列"独特性"或许并不值得大书特书，因为人类演化的原动力也只不过来自于基因在变化环境中的自我复制，在这一点上和其他生物并无二致。但是，毕竟只有人类孜孜以求于对这一进程的全面而清晰的表达，并且，人确实具备了这种表达能力，所以，追问这种唯独只有人才有的能力从何而来的努力就不应该因为"基因机器"设定的普遍化而显得无足轻重。同时，在对人类演化的确切表达产生重要支持作用的证据及其链接中，虽然作为直接证据的骨骼化石证据无论是从化石数量、种类还是从具体化石的完整性而言都处于偏缺状态，但DNA证据的解释力并不能回答所有的疑问，反而是DNA证据本身的可靠性不断受到质疑，石化过程对核酸的降解作用以及在分析过程中的DNA污染问题一直令人困扰不已。而数量巨大的石器的出土，在描画人类演化史的全景方面，却起到了举足轻重的甚至是决定性的作用。

常常被忽略的一点是，这里存在一个事实上的重要前提，所有化石的挖掘、复原和分析都是依赖特定工具完成的，DNA的分析所借助的技术手段本身也是工具性的，所有人类演化的谱系的制定也是基于一定工具的产物。我们能够用以获得所有关于古人类资料的工具——不管这些工具多么先进——都是对数百万年前原始人类仅仅用来获取食物、保证基本生存条件的石制工具的经过大幅提升的形态。当人类成为工具制造者时，说明人类已经可以凭借内在的认知操纵外部物质世界，通过特有的"身体技能和心智能力"的高度融合，人类由动物式生存步入社会化生活，并在此意义上让自己的生活具备了习性与思想、行动与语言的双重维度。

在此，让我们暂时从人类演化的"荒野记忆"的漫长路途中跳出来，去考虑一个看似和人类起源和演化关系不大的问题：全程马拉松的长度为什么是固定的 26 英里 385 码（合 42.195 千米），而非另外一个长度？没有人会反对把马拉松的起源和公元前 490 年 9 月的马拉松战役联系起来，善跑的传令兵菲迪皮茨以生命的代价传递了战胜敌人的捷报并给后人留下了设定一个让人痴迷的体育项目的理由：他大概不歇气地跑了 42 公里又 200 米。不过在 1896 年的首届奥运会上在以这一史实为根据设置马拉松长跑项目时，比赛长度为 40 公里左右。但是在 1908 年的伦敦奥运会上，由于众所周知的原因，马拉松长跑的全程距离调整为现在比赛通用的长度。现在每年在世界各地举行的马拉松赛事有数百场，每场都有多达数万人参加，每年都有人在比赛中因体力消耗过度而丧生，但这并不能阻挡参赛者的热情。问题是，除去为了争夺桂冠和奖金的极少数职业运动员，人们为什么要把这 42 公里作为一个挑战去完成？为什么这个长度不可以是 35 公里或是 53 公里？没有任何科学家提供可靠的实验证据证明，42 公里是一个适合人类个体一次性完成的长跑里程，但是人们不需要科学证据，不需要更多解释，只以能顺利跑完这一长度为乐，更以此为荣，他们毫无疑问是为某种被他们认可的意义而奔跑。

人类对自身起源和演化过程的追溯与此极为类似。首先，想通过事实上极为偏缺和有限的考古学、行为学和遗传学证据重新描摹人类从古至今的足迹，实际上是在以由今知古的方式重建一段历史，也是在构建一种流浪于荒野的记忆。这一历史的长度有很大的弹性，基本无法长久地固定在某些时间点上，而是会经常根据由特定工具、技术和方法所得到的新证据发生变动。表面看起来，人类演化中时间点的修改并非人为设定某一阶段的长度，实际上这一切取决于我们如何去解译和分析证据，而非证据本身是怎样的。同时从化石证据的发现和古人类演化图谱的绘制来看，不仅不同时期化石的出现顺序和地点是偶然的、杂乱的，而且就已有的发现而言，往往以人类演化到智人阶段的化石记录更为集中。这种完全把人的由来归于自然原因的解释方式必须有一个可供参照的基础样本，这一样本只能是现代人类。其次，在以支系式和阶段式相结合的图示所表达的人类演化历程中，暗含着人类中心主义导向的与自我挑战、自我超越有关的自我评价。无论是直立行走、制造石器、刮骨食肉、远途迁徙、学会用火还是开口说话，能够成为今天人类的祖先的原始人始终是支系分化过程中最活跃、最不安分、最能与环境压力抗争的种群。从可能是最早的古人类到智人走出非洲扩散各处的演化史诗，我们很少像抨击工业社会的人类那样去责备原始人破坏了大自然原有的和谐与美好，相反，尽管很多人反对把演化和进步联系起来，但是所有关于人类演化过程的表述，不论是来自化石的，还是来自基因的，抑或是文化的，以及由多重因素组成的复合版本，都表明人类都行进在属于自己的意义之途中。最后，环境的力量就像是马拉松运动由之而来的史实一样，渐渐被置于并非具有决定性的层位中。古人类的扩散与动物的迁徙有很大区别，即便有些动物随季节或环境变化有迁徙的行为，但它们不会让自己繁殖成全球性的物种，而人类却能够在设法应对环境变化的同时让自己成为生态系统中最重要的变量，没有什么地方是人不想涉足的，只要人自己有去往某处的意图，人一定会朝着那个方向走出第一步。

在克服环境变化引起的不利于生存的气候条件并改变食性的过程中，智慧不断增长的原始人类在很大程度上是依靠以工具行为所标志的劳动来应对种种挑战，并通过合作等创新行为来扩大自己的势力范围的。以相对于我们日常经验而言几乎不可思议的大跨度的时间流动为背景，活跃着人类祖先并不安于现状、敢于尝试进入未知区域的身影，他们在智能、合作和沟通方面的优势逐步强化，他们因此获得了神经、生理和交往的独特技能，并萌发出同情心和爱的情感，转变为一个能自我推崇、以自我的内在尺度投放外界并改组和摆置外物的强大物种。

# 第四章

# 直立行走和工具行为

在不以自然选择理论看待人在自然界的地位之前，直立行走的姿态就在区分人和动物方面发挥着重要作用，受一些神话和宗教传说的影响，从显而易见的外部形态差异出发，人们可以想当然地认为，既然只有人类才能以两足站立并行进于大地之上，明显有别于其他用四肢匍匐于地面的各种动物，就说明人受到造物主的特别关照，仅此一点就能说明他的地位远在各种动物之上，但这种观点在19世纪以来在做出判断的基本方法和根据方面都发生了很大变化。人类社会普遍存在的寻根意识在进化论创立之后得到了科学化的表达，关于自己远古先祖的"荒野记忆"是以一些大事件为节点而成为具备内在联系的完整图像的。这些节点往往是一些兼有基因型的突变特征[①]和作为表型的飞跃性变化相统一的环节，其中最关键的、具有开创意义的事件便是直立行走姿势的出现。这种在整个自然界中独一无二的行走姿势已经取代了原先基于工具制造的标准，成为人与动物分界的标志，并与脑量的增加和智能的完善密切关联，同时也是人属动物所具备的受一系列复杂因素支配才能达成的被内在尺度制约的工具行为的前提。由于整个人类的历史资料在由近及远的视野中处于急剧缩减乃至踪迹难寻的状态，只能通过遗传学中DNA片段的对比，对人类和猿类从共同祖先中的分化提供一个大致的时间点（段）。从有可能是最早的原始人类留下的骨骸来看，这一分化在身体结

---

① "在某些情况下，物种的形成可能是由于染色体的重排而引起的基因型的大规模变化。研究者认为，这可能是高等灵长类物种形成的潜在机制。"参见［英］伯纳德·伍德《人类进化简史》，冯兴无、高星译，外语教学与研究出版社2015年版，第66页。

构和行为特征方面的表现是有迹可循的。在对进化旁支不确定的情况下，可以根据现有的人科成员构成情况推测，当时"有两类幸存者。一类固守于残存的树林中，得以继续原来的生活方式，这一类变为黑猩猩。因为固守原来的环境，它们的生活方式或形体都没有改变。另一类找到新的方式生存，它们学会利用树和树间的空间。它们凭借一种新的能力得以在地面生存，即双脚行走的能力"①。正是由于环境压力的直接作用，来自人和猿类共同祖先的某个物种通过两足行走发生了一次重大的适应性辐射（adaptive radiations），也由此抓住了在新的环境中积极应对挑战的机会，他们将踏入一片新的天地，这一重要改变的意义正如迈尔所说，"一旦一个物种获得一种新的能力，可以说它也就获得了打开自然界中不同生态灶或适应区大门的钥匙"②。

## 一 直立行走的起因和优势

### （一）直立行走的起因

关于直立行走所标志的新物种的重要分化的最初表述来自于达尔文，他认为"当灵长类这一大系列的动物的某个古老的成员，由于觅取生活资料的方式有了改变，或由于环境条件有了某种变动，变得不那么离不开树的同时，它原有而久已习惯了的行走的方式也就不免发生变化。而这些变化的方向不外两个，一是变得更为严格地四足行走，二是更稳定在两足行走的方式之上"③。从这一观点来看，外在环境的变化被视为促成两足行走的直接原因，但在达尔文的时代，并未把直立行走放在特别重要的位置来考虑，他更重视的是包括直立行走在内的人类所具有的几项重要特征的协调一致性，在这里他的看法比后来某些只强调某项身体结构变化重要性的观点要合理得多。"如果就人来说，能够在脚上站稳，

---

① ［美］尼古拉斯·韦德：《黎明之前》，陈华译，电子工业出版社2015年版，第15页。
② ［美］恩斯特·迈尔：《进化是什么》，田洺译，上海科学技术出版社2012年版，第189页。
③ ［英］达尔文：《人类的由来》，潘光旦、胡寿文译，商务印书馆1997年版，第68页。

而两手两臂能从此自由活动,是一个便利,而他在生命与生活的斗争中的卓越的成就也已经证明其为便利……直立而用双脚行走之后,他们就能更好地用石子、棍棒之类来进行自卫,来进攻所要捕食的鸟兽,或从别的方面觅取食物。"① 也正是在达尔文这里,出现了关于直立行走的起因的探讨,手的解放和对工具(武器也可以被看作特殊的工具)的使用被纳入这一考虑。但在这里需要深思,双手得到解放以便去执掌工具岂不是也可以被看作直立行走的后果吗?就连达尔文自己也承认,"臂与手的自由运用,就人的直立姿势而言,它一半是因,一半也是果,因而就其它结构的变化而言,看来它也发挥了间接的影响"②。所以从达尔文开始就试图弄清直立行走的成因,但是仅以上肢的解放作为理由是不够的。很多时候,是以直立行走产生的好处或利益作为直立行走的起因了。在众多可以作为直立行走起因的说法之中,只有和取得食物的方式发生改变的假设最有可能。

从各种关于直立行走如何发生的假说来看,可以分为以下几类:

第一,携物假说。这一假说的最早提出者是达尔文,直立行走可以让前肢不必再接触地面仅仅发挥和足部一样的功能,从而解放了双手,用于携带更多物品(包括食物和工具)或是幼儿,能以站姿摘取更高处的果实,这就扩大了获得食物的范围,增加了食物的获取量,这样做很可能是为了应对气候干冷、雨林萎缩的外部条件。按照这种思路,人类祖先不再伏地爬行的主要原因是为了在新的、更广阔的环境中更有效地获取食物,在此过程中不再拳行或跖行以便腾出双手拿东西并获得生存的优势,即通过对环境变化之后觅食策略的转变来说明直立行走的发生,从这个意义上来说,直立行走是一种典型的适应。③ 如果在这一假说中引入工具制造的话,可能不太恰当,因为早在能够制造工具之前几百万年,

---

① [英]达尔文:《人类的由来》,潘光旦、胡寿文译,商务印书馆1997年版,第69页。
② 同上书,第71页。
③ 这里所说的适应来自恩斯特·迈尔的界定,他认为,适应是指"受到选择青睐的生物的某种特性,它或者是一种结构,一种生理特性,一种行为,或者是生物具有的其他特征"。他特别反对把适应看作"一种基于某种目的的主动过程",对适应的评估往往表明适应是后天的、被动的。

人类先祖就已经可以直立行走了①，所以不能说人类直起身来是为了以双手制造工具，只能说能够以双手制造和使用工具是直立行走的重要后果。携物假说涉及动物的前肢功能转化为人手过程的讨论，在此很有必要提及，恩格斯在《作用》一文中就已经对达尔文的直立行走解放双手的观点进行过阐发，他认为人类的祖先在树上攀缘（援）时"手"和脚的功能就已经是有差别的，在地面行走时上肢无须像猿类那样用上肢支撑身体协助行走，猿类也能够被迫地偶尔以两足行走。他特别指出，"在猿类中，手和脚的使用也已经有某种分工了。正如我们已经说过的，在攀援时，手和脚的使用方式是不同的，手主要是用来摘取和抓住食物，就像低级哺乳动物用前爪所做的那样"②。接下来我们会看到，虽然恩格斯的阐述在当时而言也只是基于对猿类行为观察的猜测，但一些学者的研究结果却和他的看法不谋而合。首先，必须考虑很多动物共有的前肢取食方式的演变，可与包括狒狒、黑猩猩在内的很多灵长类动物具有的由前肢抓取食物凑近和放入口中的生活习性形成对照，狒狒为了提高获得食物的效率往往会用"手"来帮助自己进食并挖掘植物的根茎③，早期的人手就是从这种以前肢取食和进食的活动中逐渐完善起来的。为此凯文·亨特（Kevin Hunt）提出了对其他一些关于直立行走的猜测有重要影响的摄食姿势假说（Postural feeding hypothesis）④，他注意到，黑猩猩通常都是四足行走的，但在进食时会以两足行走，在地面上，它们会伸出上肢摘取高处垂挂的水果；在树上时，它们用两足直立的方式抓握头顶上的树枝。这些两足运动很显然已经成为它们固定的习惯，为它们获取更多食物提供了便利。这种动作在取食时的有效性，说明它极有可能由黑猩猩的树间吊臂动作演化而来，与此观点相关联，有学者试图从运动力学角度证明"树栖时期人类在树枝间或树之间习惯性的双臂摆飞行运动是

---

① 根据最新的考古发现，迄今为止最早的石器是 340 万前年制造的，而被认为是目前发现的最早人类的撒海尔人"图迈"的化石年代距今约 700 万年，其颅骨化石的枕骨大孔的方向表明，图迈已经可以直立行走，本书第二章第二节对这一问题有详细介绍。

② 中共中央编译局编：《马克思恩格斯文集》第 9 卷，人民出版社 2009 年版，第 551 页。

③ [美] 保罗·R. 埃力克：《人类的天性：基因、文化与人类前景》，李向慈、洪佼宜译，金城出版社 2014 年版，第 80 页。

④ Hunt, Kevin D., "The Postural Feeding Hypothesis: an Ecological model for the Evolution of Bipedalism," *South African Journal of Science*, Vol. 92, No. 2, 1996, pp. 77-90.

导致其直立行走的直接原因"①。其次，这一假说以早期人类抓取能力的演变为前提。② 狒狒可以用坐姿以上肢抓取食物，或在双手被占用时以双腿挪动较短距离，这种移动方式不仅省力，而且有利于它们在进食时保持身体的稳定性。黑猩猩可以用前肢摘食果实并制作捕食白蚁的钓竿，用石块砸开坚果，在此过程中往往会有两足站立或走动的时候，这说明某些灵长类动物前肢的抓握能力和两足移动存在关联，但是它们抓握的精度是很有限的，短暂的两足挪动和行进在它们的移动方式中往往也是处于次要的地位，但是这类活动可能会成为人类祖先适应完全的直立行走的预备条件。

第二，效能假说。考虑到气候变得干冷引起森林退化后，原本作为攀缘能手、适应树栖生活的早期人类被迫来到地面生活，在这种情况下，所面临的来自凶猛食肉动物的对于安全的威胁加剧了。人类要逃避猛兽的追捕，就必须选择更快速、更节省体力和更有效率的移动方式。罗德曼和麦克亨利的研究显示，如果黑猩猩以千米的时速爬行，在同等距离所耗能量，要比直立行走的人类多1/3。2007年美国人类学家曾经做过这样一个实验：让4名人类志愿者和5只大猩猩在跑步机上行进，分别记录这些研究对象的氧气和体力消耗的数据，分析结果表明，直立行走的人类志愿者比四足爬行的猩猩节省了至少75%的能量。韦德也认为直立行走比指节行走（Knuckle Walking）更有效率，他提供的数据是，"花同样的能量，黑猩猩一天只能用指关节行走6英里，但人则能走11英里"③。塔特索尔在讨论直立行走的起因时显然注意到了这一研究，但他认为这种比较方式隐含着移动者具体的身体构造、移动速度、移动的具体方式（跑或者走）及路况等不确定性因素，所以结论的可靠性值得怀疑。他提出，如果以单位能耗来衡量，现代人行走时的能源成本低于奔跑时，"因此，只要它们通常都不处于快速奔跑的状态，并且能够避免引起那些食肉动物的注意，也许早期原始人类是能够通过运用自己的两只脚，蹒跚

---

① 方翠熔：《人类直立行走起源于树栖双臂臂行猜想与相关古人体演化力学论证》，博士学位论文，重庆大学，2015年。
② ［美］保罗·R. 埃力克：《人类的天性：基因、文化与人类前景》，李向慈、洪佼宜译，金城出版社2014年版，第80页。
③ ［美］尼古拉斯·韦德：《黎明之前》，陈华译，电子工业出版社2015年版，第16页。

地直立行走来节约能源的"①。但是2014年的一项通过检测耗氧量对黑猩猩的新陈代谢率进行分析的研究提供的却是另一种结果：两足行走和四脚爬行的能量消耗很接近②，或者说，相对于四足爬行的黑猩猩，以双足行走的人类并没有节省多少能量，这意味着从身体的能耗而言，人类祖先由四足行走转向直立行走不会过于困难，这样一来，人类之所以要直立行走的原因就不是为了节约能耗，而有其他原因。甚至可以设想，早期人类置身于比现代人严峻得多的自然环境，直立行走或跑动时的能耗应该比爬行更高才对，所以人类的祖先就更不可能特意为了降低能耗选择直立行走这种更费力的移动方式了。

这一假设以获得基本生存条件中的安全保障作为分析问题的起点，可以看作是"热带草原假说"（savnana hypothesis）③的组成部分，直立行走主要被看作是早期人类进入热带草原之后首选的安全策略。但对始祖地猿"阿尔迪"的化石和莱托里足印的分析都显示，具有明显的镶嵌演化特征的早期人类并未采用一种"全日制"的直立行走方式，它们虽然在地面上觅食，却在夜间栖息时会重返树上，也许这种交替采用不同移动方式的做法就是一个逐步适应的过程。虽然能耗假说在现代实验证据方面并不一致，但从早期人类的安全需求来看是说得通的，因为直到今天人们面临迫近的危险时的第一反应依然是走为上策，能跑则跑，快速逃离，原始人类试图在食物并不充足、能量摄入有限的情况下选择某种更省力、更快捷的移动方式并无不妥。从这个假设关联的安全策略的考虑来说，在开阔的热带草原，采取站姿能获得更远的观察视野，及早发现远处的可能对自己产生威胁的猛兽，可以成为直立行走的又一原因。但在出于节能而选择直立行走的假设因证据不足难以成立的同时，为了扩展视野尽早发现天敌而采用两足支撑身体的立姿的假设也被否定了。

---

① ［美］伊恩·塔特索尔：《地球的主人：探寻人类的起源》，贾拥民译，浙江大学出版社2015年版，第20页。

② Herman Pontzera, David A. Raichlenc, Peter S. Rodman, "Bipedal and Quadrupedal Locomotion in Chimpanzees", *Journal of Human Evolution*, Vol. 66, 2014, pp. 64 – 82.

③ "热带草原假说"由奥利恩斯提出，他认为"自然选择已经在祖先身上塑造了特定的偏好、动机和决策规则来寻找那些资源丰富而且环境安全的地域用于居住。非洲的热带大草原一般被认为是人类的起源地，它正好满足这些条件"。参见［美］戴维·巴斯《进化心理学》，张勇、蒋柯译，商务印书馆2015年版，第89页。

因为发现早期古人类的化石的地点往往是在枝繁叶茂的森林当中，可见在能够借助树木提供的荫凉来降温的同时，直立行走就已经是在原始人类种群中通行的移动方式了，既然早期人类在进入视野开阔的稀树草原之前就已经惯于直立行走，那么也就不可能是在林木稠密的环境中为看清更远处而站起身来。

  第三，降温假说。在众多相互依赖的假设可能因为某个关键因素的疑问而不能成立时，有些观点转向这一问题关联的另一个重要方面，即对于体温调节和散热的需求，并试图从中发现直立行走的原因，这一由彼得·惠勒（Peter Wheeler）提出的假设也称为体温调节模型（thermo-regulatory model）[1]，乍看起来它是对于直立行走起因的众多解释中最简单的一种。惠勒认为，哺乳动物一般对体温高低是很敏感的，对人类来说尤其要避免过高体温对大脑的伤害，而在身体健康的情况下，体温的高低与环境的冷热有直接关系。在缺乏树荫的草原上，站立起来可以大幅减少在热带地区接受直射阳光的体表面积，从而降低对热量的吸收，同时，除了脚底可能依然难逃地面的灼热（这里是指脚掌由于长期和地面接触长出老茧而变得对一般的冷热不敏感的情况），身体的其他部位不仅不必再受到地面散热的熏蒸，反而暴露于在一定高度才能享受到的微风中，而且在直立状态头部离地越高，空气流速越大，凉爽的感觉更强。这种很有画面感的想象散发着一种机智而诙谐的气息，但这一假说必须以人类祖先已经处于森林退化的热带稀树大草原（Savanna，又根据音译称为"萨瓦纳"环境）为前提，否则既然有足以遮蔽炎热阳光的树荫，以站姿取得凉意的做法就毫无必要。针对这一假说另一种疑问来自于厚重体毛与散热关系的考察：如果已经没有厚重体毛的覆盖，散热问题应该得到很大程度解决。那么曾经像猿类一样浑身长毛的早期人类是为何变成两足无毛的生物的呢？除去证据严重不足的水猿说和包含明显矛盾的"避免寄生虫假说"，普遍认为人类体毛的消失是在直立行走之后，由于很多时候被阳光暴晒，过长的体毛不利散热，逐渐褪去。但是在人类改用站姿后，在引起体毛消失的选择压力方面，德斯蒙德·莫利斯提供

---

[1] P. E. Wheeler, "The Influence of ther Moregulatory Selection Pressures on Hominid Evolution", *Behavioral and Brain Sciences*, Vol. 13, No. 2, 1990, p. 366.

了一种与狩猎行为有关的猜想。他在对几种有代表性的关于人类没有厚长体毛、裸露皮肤对于生存产生有利影响的观点①进行对比之后，倾向于认为人类追赶猎物过程中因剧烈运动而体温骤升，产生了需要降温的自然选择压力，加上幼态持续机制②和褪去体毛确实能在一定程度上降温的原因的共同作用，"毛猿转化为裸猿……由于体毛脱落、体表汗腺增加，可以达到相当有效的降温目的；不是为了适应原有那种每分钟不停进食的生活，而是为了适应追捕猎物狂奔猛跑的生活"③。如果是单纯地强调直立行走之后日晒难耐的理由，可能面临来自环境条件的不利证据，但是把依靠工具进行的猎捕行为考虑进来，这一假说就变得很有说服力了。

第四，交流假说。这一假说也认可自达尔文以来就得到广泛认可的直立走姿使双手得到解放的观点，但对于不再用于行走的双手主要承担什么样的新功能的考虑，不是仅仅向工具行为靠拢，而是同时把双手看作能以一定手势"交谈"的凭借，这也为探索语言的起源提供了新的思路。罗宾·邓巴就认为，语言来自于猿类相互理毛以达到交往和沟通的行为，并且语言产生之初，即便只是某种具有内在语法的手势语，也未必是为了交流重要而关键的信息，仅仅是为了进行社交性闲聊。

除了以上这几种与人的身体结构、生理能力和行为特征变化有关的假说之外，塔特索尔还举出了另外两种关于与早期社会行为和家庭结构有关的假说：第一种可称为"威慑力增强假说"，即把站立的姿势设想为一种能够让自己显得更高大、更能对那些凶猛的食肉动物产生威慑力的条件。但这一假说的立论基础太过薄弱，证据也明显不足，没有任何理由能充分说明动物眼中的人类在站着和趴着时究竟有怎样的区别，况且掠食性动物的感觉系统中视觉的作用未必超过嗅觉，站起身来在这一方面产生的优势很难令人信服。正因如此，完全可以从相反的角度提出一种采取站姿的"和平示意假说"，直立身体不是为了恐吓别的动物，而是

---

① 这些观点包括：水猿假说、避免寄生虫假说、避免进食污染假说、用火取暖导致体毛褪去的假说、物种标记假说、性信号和性刺激假说、散热假说等。

② 莫利斯认为，用幼态持续机制解释体毛脱落并不能说明全部问题（比如婴儿的"胎毛"），只能提供一种线索，去进一步探寻失去体毛带来的对于生存独有的价值。

③ [英] 德斯蒙德·莫利斯：《裸猿》，何道宽译，复旦大学出版社2010年版，第48—49页。

为了在争抢有限食物的紧张氛围中向同类清楚地表明自己并无攻击之意，以便大家能减少暴力、和平相处，以共赢方式获取食物。第二种是以"一妻一夫制"的家庭形式为前提，设想由于采取了直立行走的移动方式，原始人中的男性可以走到更远处（这和前面说到的移动效能增加的假说相关）获得食物，并能将种类和数量更多的食物带回栖息地点（这和解放双手的携物假说相关）。这个假设的一个有所变化的版本是：既然站起身来能走得更远，并能携带更多物品，那么不论男女，都有这两方面能力的增强，所以所有家庭成员可以一同出行，男性负责收集食物和安全保障，女性则用双手怀抱幼儿跟随其后，这样就不必每次外出都必须返回原先的居住地，从而使人们活动的范围更大，这也许强化了人类喜欢探索新地点、接触新的事物、寻找新的生活环境的性格特征和精神追求。这一假说以某种特定的社会关系综合了某些已有的关于直立行走因何而为的假设，在解释力方面有所增强，但需要澄清更复杂的婚姻制度问题①。

从以上对于直立行走起因的探讨不难看出，对于人类为什么要选择这样一种姿势，有很多种充满矛盾的猜测。但是在这些说法中，有些时候很难把直立行走的起因和后果清晰地分开，甚至有把直立行走引起的后果当作原因的可能，因为其中的因果关系实在是太过微妙，有助于进行明确判断的证据实在太少，以至于这一问题很有可能也会成为人类演化史上永恒的谜题。比如直立行走能解放双手，使人能用手改造自然事物并制造工具的观点，由达尔文最早提出，并且他自己也承认，双手的解放也可以被视为直立行走的后果。虽然被人豢养的狗和猫也有偶尔两足立起的时候，但这种偶发的行为除了令人发笑之外并不会被认为有什么特别之处。从越来越受到动物权益保护者反对的马戏表演中，在很多动物身上都有直立行走的潜力，如果环境有所逼迫或它们自己乐意以此换取一点奖赏的话，只要体力允许，它们也会两足行走。这种情况也许能在一定程度上缓解我们非得找出直立行走的原因的执着，迈尔就认为，

---

① 这一假说中又引入了谢尔盖·伽伏利特（Sergey Gavrilets）和欧文·洛夫乔伊（Owen Lovejoy）关于一夫一妻制起源于战斗力弱的雄性向雌性提供食物以换取交配机会的假设，这种假设层层堆叠的情况，在关于早期人类的研究中很常见，也使问题的解决变得更为困难。

"灵长类转变成双足行走并不是像人们有时认为的那样很困难。我曾经在菲尼克斯（亚利桑那州）动物园里看到过美洲蜘蛛猿双足行走了很长一段距离"。以这样的观点，可以暂时搁置各种试图解开直立行走之谜的假设。塔特索尔似乎也是赞成这一态度的，虽然他列举了很多有关直立行走起因的猜测，但由于证据不足又将其一一否定，最终他给出了一个看上去不太伤脑筋的解释，"为什么早期原始人类必须站起身来？对于这个问题，唯一合理的答案是，对于那些每天花很多时间在地面上活动的早期原始人类来说，直立着以双足在地面上站立和走动，原本已经是一种最舒适的姿势了"①。与这种回归简约的看法相反，埃力克却认为，两足直立的走姿未必就那么值得肯定，人类的祖先选择以直立的姿势用双足行走其实是一件颇为令人困惑的现象，因为这种行走姿势实际上给现代人造成了很多病痛②，并且在运动方面缺乏效率，实在算不上是一种很好的行动模式，但作为一种已经固化下来达几百万年的独有的行走姿势，它应该是利大于弊，"不管两足行走的优势为何，这优势很可能得来全不费工夫，因为最初移居地面的人类祖先或许早已误打误撞，开始朝直立行走的方向迈进"③。

  以今天的眼光来看，当初所有的灵长类动物都以四肢着地运动，在速度上要明显优于两足行走或奔跑的方式，直立行走实际上在移动的速度和平衡性上并不占优势。但是与动物相比，直立行走使人的双手不再用来走路，可以让我们做出明确的判断，认为这一姿势对人类的携物能力是一个很大的提高，直立行走者能走得更远，带回更多食物，也可以因此去往更远处，这为人类日后能够远迁各处创造了条件。与此相联系，携物也可以变成携带幼儿的能力。但是这些说法因为直立行走和制造工具之间的漫长的时间差而难以成立。至于从能量学角度对人类直立行走和四足行走的能耗的比较研究，由于其中的某些变量很难确定，以及在

---

  ① ［美］伊恩·塔特索尔：《地球的主人：探寻人类的起源》，贾拥民译，浙江大学出版社2015年版，第23页。
  ② 一般认为，椎间盘突出、痔疮、疝气、静脉曲张、膝关节磨损以及难产都是直立行走的产物。
  ③ ［美］保罗·R. 埃力克：《人类的天性：基因、文化与人类前景》，李向慈、洪佼宜译，金城出版社2014年版，第79页。

实验中重建原始人类所处自然环境条件的困难，使这一研究的可靠性降低。将以立姿摘取高处的果实视为非必需能力而否定因取食习惯而选择直立的假设。直立可以增加威慑力，因为身形显得更高大。但是以上这些也许并非全是原因，已经站立起来的人类，会立即潜在地具有这种姿势所有的全部优势。有种最简单的解释：这种姿势最自然、最舒适。早期原始人类很可能在树上就已经不时直起身子。另外，化石证据表明，南猿往往采取了半树栖的生活方式，说明选择直立行走的姿势曾有一个过渡期。但目前对于这个决定性事件的解释依然是无法令人满意的。

### （二）直立行走的优势

关于直立行走缘起的诸种假说作为立足于现代人的两足行走经验所做的追加解释，其实已经展示了直立行走方式所具有的独特优势和附带的好处。其中之一便是由于解放了的双手对脑的演化的促进，对于已经能够掌握比演化论初创时代丰富得多的科学证据的身处现代社会的研究者，已经可以明确地承认，"直立行走和大脑增大是从猩猩到现代人进化的两个主要的遗传学进步"[①]。其实达尔文在公布自然选择理论后又将人的演化也纳入这一解释体系时，就已经相信直立行走和工具行为与脑量增大之间具有相互协调和促进的关系。虽然这种成为人类学核心观念的说法因为有"类型论"的嫌疑，且很容易将现代人类的智力特征预置于人科动物产生分支的最初阶段，在理查德·利基看来，这是将人类起源时并不具有的智能过早前置的谬误，受此误导，阿尔弗雷德·罗素·华莱士和罗伯特·布鲁姆都误入歧途，转向了神创论和目的论。

但是直立行走和人类的智能的逐渐提升的确是有多方面的相关性，除了以立姿改变脑部和脊柱的神经连接及供血状况，使人的感觉系统的侧重点发生转换[②]，直接影响了脑的结构和功能变化之外，主要是由于手的解放产生的工具行为促进了脑量增加和智力提升。通过对不同时期原

---

[①] [美]尼古拉斯·韦德：《黎明之前》，陈华译，电子工业出版社2015年版，第18页。
[②] 西格蒙德·弗洛伊德认为直立姿势使人类受到的嗅觉刺激减弱，嗅觉的敏感性降低，视觉刺激得到增强，这导致了羞耻感的产生，由此可以进一步考虑道德的起源。参见[奥]弗洛伊德《一种幻想的未来 文明及其不满》，严志军、张沫译，河北教育出版社2003年版，第88页。

始人类脑量的比较，可以发现，相对于黑猩猩450毫升左右的脑量，南方古猿脑量的提高并不明显，但是能人的最大脑量就已经达到800毫升，直立人的脑量比能人增加了50%，而智人的脑量是南猿的三倍有余，足以说明长期的直立行走有助于人类演化出更发达的大脑，因而具有发达的智能。"更大的脑绝不是装饰，而是使得其拥有者能够制造出更好的工具，并在这个星球上散布更多的同类的必要条件"[1]。史迪芬·平克（Steven Pinker）认为手是和视觉、群居及狩猎同样重要的使人类获得高度智能的有利因素，在他看来，"在令智能物有所值的世界上，手是起关键作用的杠杆。在人类谱系中，精确的手和精确的智能是共同进化的"[2]。如果把智能因素看作是内在尺度的源泉的话，毫无疑问，智能的提升和人类的双手获得解放的过程是同步的，人手就是将内在尺度投放于外界用于改造外物的元工具，并成为内在尺度最直接的具体的代言者和传递者，任何被制造出来的各类工具都是对手越来越精确的自然功能的模仿、延伸、扩充和强化，也都是内在尺度在有明确目的性和意识性的生存策略中的变体。在这个意义上，工具就越来越接近人的内在尺度，并在人类与工具须臾不可分离的切近关系中，成为尺度本身。一旦完成尺度的工具化，人就可以凭借工具表达内心的思想，衡量和取用外物，满足自身的需求，降低或克服种种恐惧，扩大活动范围，有更多的创新性行为，敢于和乐于走出舒适区，在优势积累中越来越成为来自猿类但却与猿类迥然有异的智慧物种。

直立行走对人类的演化产生的重大影响在人的生理结构方面引起的解剖学变化主要表现在以下方面：

第一，相比猿类，人类双腿间距更近，骨盆变窄，使得胎儿在出生时头骨很薄，还未发育成熟。这使得人类的幼儿在获得完善的智力和体能之前有很长的成长期，在能够独立生存之前所需要的上一代的照顾就更多，这在很大程度上造就了人类独特的社会关系、学习方式和文化传承。

---

[1] ［美］史蒂芬·平克：《心智探奇：人类心智的起源与进化》，郝耀伟译，浙江人民出版社2016年版，第201页。

[2] 同上书，第195页。

第二，脚的形状发生变化，猿类的脚和人手很相似，脚趾很长，具有抓握功能。而人类的脚趾变短并在同一方向并拢，特别是大脚趾，在形状上不仅变短而且变圆，能支撑起人体40%的重量，并能在两腿的跨步幅度上形成能量消耗和时间分配的合理的比例关系。埃克尔斯结合著名的莱托里足印①的扫描图像对两足行走的步态特征进行了详细分析，认为发达的大脚趾对于两腿的动作细节提供了恰到好处的推力②。至于这一特征是如何形成的，也许用达尔文的渐变理论无法很好地解释，而用斯蒂芬·杰·古尔德的"间断平衡理论"倒可以说明这种在短时期内形成的遗传突变，"有时物种的外观或解剖学构造，似乎会突然出现表面上所无法解释的跃进现象，仿佛某种演化开关被人开启"③。

第三，人手的变化刚好相反，相比于猿类，人的手掌变短而拇指变得更长，可以完成很多灵活而细腻的动作。从直立行走对人手演变的作用来看，虽然在完全直立行走之前，人类祖先就像猿类一样，能不时直起身来摘果取食，但上肢的完全解放和人手的真正形成应该是直立行走的结果而非原因。从生物器官的结构来进行比较，人手和蝙蝠的翅翼、海豹的鳍和鼠类的前爪都源于共同祖先的同一器官，但人手表现出了无与伦比的灵巧性，这当然与肢体本身的特殊构造有关，但是造就这种特殊构造的直接原因，应从直立行走姿势的选择所起的作用中去寻找。

有了这些方面的基本变化，结合直立行走得以发生的假说，直立行走对人类演化带来的积极影响则成为一个无法回避的问题。尽管有很多分析专门要找出惯于两脚行走的人类并不比爬行动物走得更舒适，还因此牺牲了站立的稳定性和快速奔跑时的平衡性，增加了很多病患发生的概率④，现代人的健康指南已经有了为使背部更舒服而故意以短暂定时的爬行作为健身方式的内容，但是人类这种理性的爬虫依然打算昂首挺身

---

① 本书第二章第二节对莱托里足印的重要意义有专门的论述。
② [澳]约翰·C.埃克尔斯：《脑的进化——自我意识的创生》，潘泓译，上海科技教育出版社2007年版，第57页。
③ [美]奇普·沃尔特：《重返人类演化现场》，蔡承志译，生活·读书·新知三联书店2014年版，第22页。
④ [美]保罗·R.埃力克：《人类的天性：基因、文化与人类前景》，李向慈、洪佼宜译，金城出版社2014年版，第79页。

走下去，因为总体而言，这种姿势带来的利益远远超过它可能引起的不便和不适。

第一，直立行走的最初发生是迫于环境变化的无奈之举，但这种行走方式确实给人类带来了很多好处，远大于它可能有的一些弊端。所以最笼统的一个说法就是，直立行走于当时的古人类而言是一种最舒服、最实用、最合适和最好的移动方式，"二足行走步态是人类独有的，而且也是地面行走最有效的方式"①。

第二，直立行走也是人类一系列冒险、创新和进取行为的开端。脚踏实地的两足直立行走是人类演化中的首次飞跃，也是直接的身体姿势的改变，这一选择不能不使对直立行走习以为常的我们怀疑，人类的祖先的身体也许真有冒险者的基因。在说到关于"人"这个名称是否应该被用于远古时期那些类人的动物时，理查德·利基认为，"使远古的霍米尼德与当时其他的猿相区别的直立行走的进化，使其他的许多进化便成为可能，最后出现了人属（Homo）"②。

第三，直立行走不仅是人和动物的最基本的分界线，也是具有人属特征的一系列表现的枢纽，从此人类演化过程中一个新的开关被启动，也为人类开启了一个全然不同的新世界。"用双脚走路的能力在古人类学术语中叫两足性，它是走向人类的第一个跃进。"③ 而迈出这重要的一步，在整个动物界就出现了一个全新的族群，"直立姿态和两足行走是人族最具特点的身体特征"④。南猿的半树栖的生活习性表明，这种起初只是显得很不熟练的行走方式，可能在很多方面还让刚刚直起身来的最早的原始人类不得不做一些必要的调整，但这种新的姿势带来的各种优势逐渐显露，其中也包括一种爬行者无法体会的舒适，全新的物种因此崛起，

---

① ［澳］约翰·C.埃克尔斯：《脑的进化——自我意识的创生》，潘泓译，上海科技教育出版社2007年版，第57页。
② ［美］理查德·利基：《人类的起源》，吴汝康、吴新智、林圣龙译，上海科学技术出版社2007年版，第5页。
③ ［美］尼古拉斯·韦德：《黎明之前》，陈华译，电子工业出版社2015年版，第16页。
④ ［美］布莱恩·费根：《世界史前史》，杨宁等译，北京联合出版公司2017年版，第42页。

对此斯蒂芬·杰·古尔德有一个很贴切的说法,"姿势造就人类"①。

第四,直立行走确实给人类带来了多方面的优势,"两足行走的形成,不仅是一种重大的生物学改变,而且也是一种重大的适应改变"②。两足行走者当然可以携带更多物品,可以在怀抱幼儿时兼顾其他活动,并拥有更直接的制造和使用工具的肢体条件。比起某些动物的虽然尖利但灵活度不够的前爪来说,能做出的复杂动作和完成的多种活动的人手显然更适于表达内在的感受。从社会关系的建立和表达来说,直立行走姿势也发挥了抑制攻击行为增进合作的效用,根据尼娜·雅布伦斯基(Nina G. Jablonski)和乔治·查普林(George Chaplin)在相关研究中提出的假设③,由于气候变化进入到食物短缺较为多见的稀树草原环境中的人类在面临激烈的生存竞争时,为了达到降低争斗以达到双赢的目的,以直立双足的姿势可以让竞争对手从更远处更清晰地看到自己并无敌意的表示和举动。

第五,仅就直立行走对工具能力的影响来说,人类的中枢神经系统由于身体姿势的重大调整而发生了适应新需求的改组,对身体运动的神经控制会变得既简化又更为精细,使肌肉、关节和皮肤感受的配合更具协调性。由于神经系统对肢体运动的响应方式的改变,人手获得了更多灵巧敏捷的动作特性,并在石器工具的进展中渐次展现出来。

结合上一节中涉及的各种与直立行走相关的假说,人类的祖先和其他动物尤其是自己的猿类近亲一样,都有直立行走的潜力,只不过人类更乐于尝试新的移动方式而已。而这种尝试所带来的不适远远小于各种好处,与此相关的一系列适应完全拉开了人和猿类的距离。

---

① [美]斯蒂芬·杰·古尔德:《自达尔文以来》,田洺译,海南出版社2008年版,第151页。

② [美]理查德·利基:《人类的起源》,吴汝康、吴新智、林圣龙译,上海科学技术出版社2007年版,第13页。

③ Nina G. Jablonski, George Chaplin, "Origin of Habitual Terrestrial Bipedalism in the Ancestor of the Hominidae", *Journal of Human Evolution*, Vol. 24, No. 4, 1993, pp. 259–280.

## 二　直立行走和工具制造的相互作用

### (一) 手是石器工具的原型

尽管人类对自己从来不吝任何赞美之词，包括对自己的身体器官以及这些器官当中最精妙的构造及其不可思议的机能，但我们似乎确实是受到直立行走姿势的制约，总是把最多的赞语给予至今对人类自己差不多依然处于黑箱状态的大脑，然而另一个器官却获得了不输于大脑能获得的褒奖，那就是手。"人之所以能在这世界上达成他今天的主宰一切的地位，主要是由于他能运用他的双手，没有这双手是不行的，它们能如此适应于人的意向，敏捷灵巧，动止自如。"① 这是达尔文的努力克制但依然感情充沛的赞美。恩格斯的从工具和劳动角度对手的论述看上去冷静了许多，但依然不能抑制赞叹之情的真诚流露，"手不仅是劳动的器官，它还是劳动的产物。只是由于劳动，由于总是要去适应新的动作，由于这样所引起的肌肉、韧带以及经过更长的时间引起的骨骼的特殊发育遗传下来，而且由于这些遗传下来的灵巧性不断以新的方式应用于新的越来越复杂的动作，人的手才达到这样高度的完善，以致像施魔法一样产生了拉斐尔的绘画、托瓦森的雕刻和帕格尼尼的音乐"②。人手的抓握能力比猿类及其他动物要完善和精准得多，已经和猿类上肢的摘取动作不可同日而语，"精度抓握和力度抓握的充分表现是人类的标志"③。而且必须明确的一点是，制造工具是和直立行走密切相关并且是继起于直立行走的行为。在不具备直立行走能力的动物那里，即便表现出了和人的工具行为类似的表现，也不能仅仅根据这种表面的相似认为那些动物也具备制造工具的能力，这可以免除我们由于语言的有限而不得不在某些时候将动物的前肢拟称为"手"时的困惑。

赫胥黎曾经很仔细地分析过人手的解剖学结构，他认为从人手的角

---

① ［英］达尔文：《人类的由来》，潘光旦、胡寿文译，商务印书馆1997年版，第68页。
② 中共中央编译局：《马克思恩格斯文集》第9卷，人民出版社2009年版，第552页。
③ ［美］约翰·内皮尔：《手》，拉塞尔·H. 塔特尔修订，陈淳译，上海科学教育出版社2001年版，第65页。

度，可以给人类下一个新的定义，即"唯一具有两只手的动物"①，也就是说，只有人是通过直立行走将使原本功能接近的手足有了分工，并具备不同的结构，在功能上产生很大差异。但离人最近的猿类是有四只手，或者说它们的手脚在结构上还没有明显差别，所以要在功能上做出人所能达成的动作是不可能的。他特别指出了人手构造中和猿类完全不同的拇指的重要性，"由于拇指的这一均衡性和可动性，也称之为'与其他手指的可对向性'，换句话说，它的末端很容易与其他任何一个手指的末端接触。我们内心的许多想法之所以能够实现，在很大程度上取决于这一可对向性"②。从这段话里可以看出，比起手能做到的更精细的动作，更重要的是——正如我们都熟悉的"十指连心"的说法——人的拇指在手灵活有力的运动中的"领导"作用固然值得特别关注，但是内心所思所想的外在表现依赖于此得以成形才是关键，从工具行为中人手的整体动作的完成来说，也是如此。"即使是制作一把粗制的石斧，也需要动手前在脑子里构思"③。从奥杜瓦伊石器开始，虽然用对现代技术迅速更新的司空见惯了的现代人的眼光去衡量，原始人类的工具变迁是缓慢的，但是手的动作精细度以稳定的渐进性提高的同时，人类整体的运动能力也处于上升阶段，想象力、创造力和象征性思维相互缠结着牵拉彼此，将人类带入技巧更为高超的境界，直至非实用性的艺术能从实用性的工具技能中分化出来。

手的解放和灵巧的工具行为对语言的产生也产生了极为重要的影响，这主要是由于大脑所具有的思维功能的提升和人手的灵巧程度有密切关系。"所有的语言学家都认为，人类对语言的控制和对手的控制都与大脑功能紧密地联系在一起。"④ 由于发声器官的完善和能够足以支持开口说话的智力条件的限制，古人类不大可能由沉默无语的状态一步跨越到喋

---

① ［英］赫胥黎：《人类在自然界的位置》，蔡重阳等译，北京大学出版社2010年版，第49页。

② 同上。

③ ［澳］约翰·C.埃克尔斯：《脑的进化——自我意识的创生》，潘泓译，上海科技教育出版社2007年版，第78页。

④ ［新西兰］斯蒂文·罗杰·费希尔：《语言的历史》，崔存明、胡红伟译，中央编译出版社2012年版，第31页。

喋不休的状态，那么因直立行走而得到解放的可以制造和使用工具的手本身就可以成为一种表意工具。显然，人们可以用手来指物、来唤起同伴的注意并以手势的组合表达更复杂的意思，即便在语言出现之后，手势也依然是语言的重要组成部分。复杂多样的手势所牵动的肌肉和神经活动，既能刺激手势发出者的智力活动，也能提高其他人的观察能力和理解能力。古人类在制作工具的过程中，不同的动作所调用的肌肉和神经元数量是不同的，"一次迅速而准确的敲击需要排好几十块肌肉的准确的启动顺序。一次可靠的投掷，需要激活的神经元数目为敲击动作的64倍之多"[①]。这种情况在手势的组合中同样能激发智能的增长，并逐步完成由具体的动作到抽象思维能力的过渡。

　　如果追究一下石器工具所蕴含的技术形态的原型，可以明显地看到人手功能的外化和延伸，手所具有和关联的机体能力在砸制石器时的应用似乎给坚硬的石块赋予了生命，它们变成了一种人对自身的模仿，也是对人体在生物构造的实用性方面与动物存在的差距的补偿。但是仅仅在这里按照自然主义的技术观对史前工具加以机械分析是不够的，无非只是让人类的演化史被堆积起来的石器填充为技术史，甚至以技术演化来取代人的演化。我们当然可以在承认技术连续性的情况下，认为远古石器的制造就是现今材料加工业的前身，钻木取火就是古人类的能源动力技术，阿尔塔米拉岩洞里的野牛壁画为当下的信息处理技术提供了最初的和最久远的线索。但是这种无所不在、穿越时空的工具行为的力量为何会成为人最根本也最主要的存在方式？实际上这种考虑有明显的"投影论"的痕迹，就像柏拉图的形象生动的"洞穴比喻"所展示的那样：人们首先看到总是真实之物的投影而非原型本身，同时可感之物并非只是理性的产物，而是人的欲望、意志和情感共同作用的结果。这说明技术的原型一定是和人类的内在精神状态更接近，更直接地体现内在尺度的基本要求。从这个意义上来说，以目前所能见到的最早的洛迈奎石器为起点，所有工具的原型都是经直立行走而得以完善的人手。

　　正如恩格斯所指出的，行走姿势改变引起的手足分工意味着，"具有

---

[①] 葛明德：《劳动在人类起源中发生作用的新证据》，《北京大学学报》（哲学社会科学版）1996年第3期，第47—53页。

决定意义的一步迈出了：手变得自由了，并能不断掌握新的技能，而由此获得的更大的灵活性便遗传下来，并且一代一代地增加着"①。手在工具行为和劳动中牵动着人类身体无比复杂的整体结构，对新动作的适应和对脑的刺激及身体其他部分所受到的反作用是同时发生的，在应对环境压力的过程中，人的创新能力也得以大幅增长，既更新了人类自身的形态，也更新了人与自然的关系。

**（二）不会直立行走就不会真正制造工具**

猕猴、狗、老鼠、蚕、黑猩猩、青蛙等几十种动物都曾被送上太空②，当然这与它们本身的意愿毫无关系，说得确切一点，它们是被人类采取了种种强制措施来做种种它们根本不明白也无法明白的事情，它们不过是来自不同物种的小白鼠而已。如果迄今为止并没有任何动物，包括与人类亲缘关系最近、智力程度也和人最接近的黑猩猩主动表现出对飞上太空这件事有兴趣，就像没有任何一只黑猩猩热衷于攀登珠峰一样，那么有什么理由认为动物会像人一样制造工具呢？我们都很明白现实当中并不存在能远离工具的影响、完全不借助工具就可正常生活的人，但是所有动物都没有表现出离开工具就寸步难行的情况，因此在工具行为方面为动物谋求和人相近的、具有连续性的能力未必是明智之举。

每每说起工具行为，那种将动物和人类置于同一处境的说法所引证的材料多来自于黑猩猩的觅食过程。不过在《人类的由来及性选择》中，达尔文用来记述动物使用工具的行为的内容所涉及的动物既包括黑猩猩，也涉及猴子、大象、狒狒。达尔文显然认为动物也是能使用工具的，他列举了亲历或听闻的一些动物的行为：黑猩猩以石块砸开有硬壳的果实、猴子用木棍开箱、大象折取树枝驱蝇、预感到会遭鞭打之痛的母猩猩以毯子或稻草来保护自己、狒狒以石块及稀泥攻击同类或人类，以此来说

---

① 中共中央编译局：《马克思恩格斯文集》第9卷，人民出版社2009年版，第552页。
② 其实从1957年一只名叫"莱卡"的小狗被装入卫星成为首位环绕地球的活物以来，搭乘各种航天器进入太空的动物还有鸡、鹌鹑、乌龟、蛇、海胆、鱼蝾螈、水母、蜜蜂、蜘蛛、蚕、蟋蟀、家蝇、小鼠、青蛙、蝾螈、果蝇、蜗牛、鲤鱼、青鳉、牡蛎蟾鱼、剑鱼、水母、蚂蚁、蝴蝶等。参见《盘点离开地球进入太空的那些动物》，2018年5月25日，http://www.qulishi.com/article/201805/284084.html，2018年6月10日。

明动物会使用工具和武器，并认为狒狒在袭击人类时所表现出的是合作行为，而藏匿自己专用的石头的猴子、藏起骨头的狗以及会筑巢的鸟儿应该已有了财产观念。但他又颇为赞同地引述其他研究者的观点说，"为了一种特殊的目的而造作出一件工具来是人所绝对独具的一个特点……这构成了人兽之间的一道宽广得无法衡量的鸿沟。这无疑地是人兽之间的一个重大的区别"①，以这一划分为前提，达尔文认为原始人使用火石制作石器时经历过一个由偶然的无目的状态到有目的、有意识的技术进步的过程。他还借用另外的研究者关于因打磨石块而发现取火方法的观点，来说明原始人的工具行为是以对自然事物在一定程度的观察和认知为基础的。也正是在这里，他还强调了人和动物的不同，"几种猿类，大概由于本能的指引，会为它们自己构造临时居住的平台。但很多的本能既然要受到理智的很大的控制，比较简单的一些本能有如平台的堆筑，可能很容易从比较纯粹的本能动作过渡成为自觉而有意识的动作"②。为了说明这一点，他举出人类畜养的狒狒在烈日下以草席覆头遮荫的行为，认为这可能就是人类的建筑和服装的雏形。从这些表述来看，达尔文把动物的工具行为置于本能的范畴，和人类的有目的、有意识的工具行为有根本差异，但二者又是有联系的，前者是后者的萌芽状态。

　　大众所熟知的黑猩猩用石块砸碎坚果，折起树叶舀饮溪水以及知名度最高的用去叶的、沾了唾液的树枝或草茎钓吃白蚁的很有技巧的行为，因为珍妮·古道尔在20世纪60年代于坦桑尼亚坦葛尼喀湖（Lake Tanganyika）东岸贡贝河国家公园（Gombe Stream Nationl park）深入猿群的研究和在《黑猩猩在召唤》等著作中对这项研究情况的详尽记录而得到了其他研究者的广泛引述。不可否认古道尔对猿类研究的高度投入和专注令人钦佩，但她那种充满感情色彩的、将类比和事实混为一谈的描述实在算不上一种很好的研究性态度。古道尔在和贡贝黑猩猩（Pan troglodytes schweinfurthii）共同生活的过程中，曾经通过连续8天的观察掌握了黑猩猩钓食白蚁过程中一个非常重要的、公布后令其他研究者大为惊奇并被广为转述的细节：黑猩猩会把枝条或草棍上的叶子捋掉作为备用之

---

① [英]达尔文：《人类的由来》，潘光旦、胡寿文译，商务印书馆1997年版，第122页。
② 同上书，第123页。

物,也正是因为看到这一点,古道尔断定"野生动物并不是简单地利用东西作为工具,而是实实在在的将它修整为适合自己需要的形式,因此,这是制造工具的萌芽"①。也正是基于这一观察,古道尔对之前普遍所认为的只有人才能制造工具的说法大为怀疑,"人类被认为是唯一能够制造工具的生物。实际上,有那么一个流行的定义:人乃是能够按照某种预定计划制造工具的生物。当然,黑猩猩制造工具是没有什么预定计划的。但是,既然在不同场合下,观察到了黑猩猩原始的制造工具的情景,不少学者都认为有必要给人下一个更为确切的定义。要不然,按照路易斯·利基的说法,我们就得承认黑猩猩也是人!"② 接下来古道尔便将这一想法电告路易斯·利基并因此得到了美国国家地理学会的继续资助。但是很显然,也许包括古道尔自己,大家都被某种因有新发现而伴生的振奋情绪所感染了,却忽略了对细节描述中的细节的进一步推敲。古道尔只是把黑猩猩的除枝摘叶的行为类比为制造工具的萌芽状态,并且她明确意识到黑猩猩的行为和人类的工具行为在有无计划性方面存在本质区别,她还描述了黑猩猩的另外一种粗略的工具制作:把咀嚼过的树叶当作吸水海绵或抹布来使用。除此以外,在她对黑猩猩生活的记述中,没有出现更新颖的类似于工具行为的观察记录了。显然,仅仅把这种与人类制作工具的行为相似的表现孤立地提取出来,用以说明工具能力非人所独有,未必是有说服力的,仅就黑猩猩这一行为背后究竟有无可供探寻的内在原因,古道尔没有给予说明。

此后,其他人类学家也进行过类似的研究,日本学者西天利贞就在1971年来到坦桑尼亚喀索盖地区,也想就古道尔所说的黑猩猩的"使用工具"的行为做一番实地考察。这里有一群经人工饲养后放归野外的黑猩猩,他同样观察到了黑猩猩用树枝伸进蚁穴的固定动作,并认为这些表现是这群(共23只)黑猩猩的共同的行为特征。他对黑猩猩的钓棒的类型和使用方式及时间进行了记录,结果发现,这些所谓工具的加工过程太过于简单,随用随弃,停留在黑猩猩手中的时间最长不过4分钟。除去对这种行为可能发生的时间点的猜测,他的结论是,"动物,不限于

---

① [英]珍妮·古多尔:《黑猩猩在召唤》,刘后一译,科学出版社1980年版,第42页。
② 同上书,第42—43页。

黑猩猩,都不会有'制作工具的工具'(第一次工具),也不做供将来使用的工具,也不会为其他同类个体制作工具。但是,决定性的又是最重要的区别,大概可以由巴洛托缪与伯赛尔所说的'人类是不断依靠工具来维持生存的唯一哺乳动物'这一定义来表达"[1]。

苏联学者格·赫鲁斯托夫则通过具体的实验对古道尔非常看重的黑猩猩的工具行为进行了一番深入研究,他有了一些新的发现:第一,只是在依靠自然器官达到自己的目的受阻时,黑猩猩才被迫采用工具方式,其工具行为具有明显的被迫、受动的特征。第二,黑猩猩能成功地用工具取得食物并把某些材料加工成可用于觅食的工具,但出于两方面的考虑依然不能说猿类就是能制造工具的动物,首先,黑猩猩使用工具没有任何社会性特征。其次,"这些活动的物体结构中缺少极为重要的构成物,就是说,黑猩猩用来对材料进行加工的,完全是自己的器官,而不是别的工具。只有出现了加工工具的工具之后,才算是真正开始了人类劳动的历史"[2]。当塞有食物的管子、木质圆盘和石块被同时放在黑猩猩面前时,它们无论如何也不肯利用石块来取得食物,虽然它们看上去似乎是聪明的,但在实验中黑猩猩们"一次也不曾想到可以利用其他工具,例如石块,来加工自己适用的工具。正是在这一点上,黑猩猩显示了同人类的本质的区别"[3]。古道尔曾经引用过这一实验的研究结果,但并没有说明在黑猩猩对待石块的态度上,赫鲁斯托夫的观察和她实地考察的结果迥异的原因。而彼得·沃森在对这一研究结果进行引述时,道出了个中玄机。他认为之所以不能将黑猩猩简单利用外物取食的表现和人类的工具行为相提并论,是因为二者体现出了与内在的心理机制相关的"预见性"的明显差异,"早期原始人类石器和其他灵长类动物制作的工具之间存在着两个重大区别。第一,有些工具的用途是制造其他工具,比如磨快棍棒的薄片。第二,早期原始人类必须能够'预见到'从周围的某一种粗糙的岩石中能够'提取'出某一工具"[4]。而对这一根本差

---

[1] 郑开琪、魏敦庸编:《猿猴社会》,知识出版社1982年版,第111页。
[2] 同上书,第121页。
[3] 同上书,第125页。
[4] [英]彼得·沃森:《人类思想史:浪漫灵魂》,姜情等译,中央编译出版社2011年版,第41页。

别,马克思早在达尔文正式发表自然选择理论之初,就已在研究人类劳动形式时做出了明确的判断:"人类劳动尚未摆脱最初的本能形式的状态已经是太古时代的事了。我们要考察的是专属于人的那种形式的劳动。蜘蛛的活动与织工的活动相似,蜜蜂建筑蜂房的本领使人间的许多建筑师感到惭愧。但是,最蹩脚的建筑师从一开始就比最灵巧的蜜蜂高明的地方,是他在用蜂蜡建筑蜂房以前,已经在自己的头脑中把它建成了。劳动过程结束时得到的结果,在这个过程开始时就已经在劳动者的表象中存在着,即已经观念地存在着。"①

实际上,如果猿类根本对石块不感兴趣的话,也就谈不上能像原始人类那样制造哪怕最粗糙的石器。这里有一个例外,松泽(Matsuzawa)就曾举出这样的例证:几内亚波索的黑猩猩在砸碎油椰子树果实时不仅以石块作为槌和砧,还会拿石头作为垫片来使石砧更稳固,这里已经出现了后设工具。他还发现黑猩猩会随身携带这些石块,也许它们确实很喜欢这些工具,埃力克认为"这种行为可视为初期的财产观念及事先规划"②。这种看法和达尔文对猩猩藏起自己用惯的石头的行为的判断颇为一致,都认为人类的复杂社会行为可在动物那里找到相应的萌芽表现。根据路易斯·利基和埃力克的记述③,在 20 世纪 80 年代,托马斯·温(Thomas Wynn)和威廉·麦克格鲁(William McGrew)似乎认为猿类也具备能人在制造工具时所必需的空间能力,他们企图以这种假设来否定奥杜瓦伊技术的独特性,将猿类和早期人类的智能拉到平齐的程度。但是人类学家托斯试着重现奥杜瓦伊石片制作过程的研究却表明,除非具备一种与超出于猿类的直觉相关的心智能力,并对石片的制作法则了然于胸,同时在认识能力和运动能力之间保持着高度的协调关系,否则是无法完成这些石器的加工的。在此有必要提及关于心理学家休·萨维奇·朗博(Sue Savage Rumbaugh)以黑猩猩坎兹为对象的关于人和动物

---

① 中共中央编译局:《马克思恩格斯文集》第 5 卷,人民出版社 2009 年版,第 208 页。
② [美]保罗·R. 埃力克:《人类的天性:基因、文化与人类前景》,李向慈、洪佼宜译,金城出版社 2014 年版,第 67 页。
③ 参见理查德·利基《人类的起源》,吴汝康、吴新智、林圣龙译,上海科学技术出版社 2007 年版,第 35 页;以及保罗·R. 埃力克《人类的天性:基因、文化与人类前景》,李向慈、洪佼宜译,金城出版社 2014 年版,第 87 页。

进行思想交流的实验，托斯是这项实验的合作者，他用了各种办法想教会坎兹打制石片，但遗憾的是，这只黑猩猩的表现让人失望，它根本无法掌握摔打石块的力度，也做不出任何具有实用价值的石器。在这里我们需要追究一下石器制作过程中的某些细节，来说明为什么黑猩猩无法在石器方面有所作为。以奥杜瓦伊石器为例，这种技术的核心在于把石片打薄，听上去并不难，但问题在于，对石片厚薄的把握在能人的加工过程中已经有了一种由制作者心领神会的立足于功能考虑的对于形状的把握，同时，在仅凭自然器官的力量来控制这些石片的原始工艺的话，必须要有足够的观察力和耐心，而这些方面都是黑猩猩在根本上所缺乏的。

直到 2009 年，美国学者克里克特·桑斯（Crickette Sanz）所发现的"黑猩猩会通过使用多种工具完成单一的任务"的现象，① 实际上和半个世纪前的"追猩族"所观察到的情况相比，并无太大新意。她在非洲中部古瓦卢固三角地带观察到这样的情景：黑猩猩会抓起大木棍拍打蚁穴使其裂开，再用沾上唾液的细枝伸入蚁穴以便吃到更多白蚁。如果黑猩猩的本能行为的意义被夸大和拔高，那么就意味着组织起像《猩球崛起》② 里的那样一支可与人类对抗的猿猴军团是完全可行的，但谁都知道，那绝无可能，"恺撒"的皮囊下不会真的有一颗黑猩猩的心在跳动。

如果对以上有关猿类的工具行为加以概括，不难发现：

第一，黑猩猩制作钓竿这样的"工具"纯属本能，表面看上去存在的学习过程其实未能起到充分的作用，因此它们的工具是单调的，绝不会尝试以自然器官之力难以处理的石块等自然物来制作工具。至于那种专门教会黑猩猩打制石器的实验，在设计的前提下就存在一个和人类祖先开始制作石器时的情景很不相同的部分：南猿或者能人去哪里寻找一

---

① ［美］奥古斯汀·富恩特斯：《一切与创造有关——想象力如何创造人类》，贾丙波译，中信出版集团 2018 年版，第 44 页。

② 《猩球崛起》（*Rise of the Planet of the Apes*）系列影片是由美国 20 世纪福克斯公司出品的科学幻想题材电影，首部作品诞生于 20 世纪 60 年代末。讲述未来世界原本被人类用于实验的黑猩猩，因注射某种对人类有害却对猿类有大幅提高智能作用的药物而变得聪明无比，其后代领导猿类反抗人类统治的故事。影片的主人公就是处于反抗者地位的猿类军团的首领，这只除了外形不像人其他方面都与人类无异甚至可以流利说话并具有高超领导才能和过人谋略的黑猩猩，名叫"恺撒"。

个比自己聪明得多的指导者,并且在这位耐心、宽容的教师的引导下重复学习工具技能?如果想以此方式洞悉原始人类开始制作工具的秘密,恐怕最终只能求助于设计论了。

第二,动物的所谓工具行为仅仅局限于获得食物这样一个单纯的目的,没有更复杂的内在心理和智能因素的支持,所以它们对于工具随用随弃,因此不存在对工具的复杂组合、识别、改进和升级。"动物也确有工具,蜘蛛的网不是一种工具吗?然而,蜘蛛靠自然能力来织网,而且它必须一次次织同样的网。人把一块木板放到一只猴子想去的溪边,猴子不会把木板当做桥来用,它缺乏发现先内在形式的'桥'的想象力,相反,人却生产出工具,发明了用于不同目的的不同工具。"① 尼古拉斯·托斯对于奥杜瓦伊石器的复制实验还证明,能人已经可以在没有其他辅助手段的条件下,携带制作石器的原料步行十多公里,在对黑猩猩的观察中未发现这种表现。相反地,即便黑猩猩能顺手利用近处的石块,也并不普遍地具有保存石块的行为。这也可以说明,为什么在分子生物学提供的黑猩猩和人类的分化时间是可靠的前提下,人类在100多万年以后就开始制造石器,并经过数次重要的技术革新成就了今天巨大而发达的工具系统,还能把自己的近亲作为实验对象,同时处心积虑地想要保护它们使之不至于灭绝,但黑猩猩至今仍处于工具的萌芽状态,依然只能以没有任何改进的去叶枝茎钓吃白蚁为享受。

第三,正因为黑猩猩并不会直立行走,只能做出本能的、萌芽状态的工具行为,对应的是根本不具备直立行走前提的、未被解放的、笨拙的上肢和缺乏制作工具所需的基本智能的状态,也就是说,黑猩猩永远只会重复寥寥几种简单的行为。布莱恩·费根在论及直立行走的重要性时曾有过非常中肯的看法,"就人类狩猎、采集和工具制作而言,两足行走是一个关键性的前提"② 也就是说,人类的工具行为是相对于前置条件的直立行走的一个后续行为,没有直立行走这个初始条件,即便在行为上与人类有一定相似性,也很难说黑猩猩会制造和使用工具。至于某些

---

① [德]兰德曼:《哲学人类学》,阎基译,贵州人民出版社1988年版,第243页。
② [美]布莱恩·费根:《世界史前史》,杨宁等译,北京联合出版公司2017年版,第43页。

时候表现得比黑猩猩更聪明的动物，或许它们也能利用外物解决一些问题，但也很难将其纳入工具制造者的范围。珍妮·古道尔曾经期待，再有数百万年时间，黑猩猩也可以完成重大演化而与现在截然不同，这种假定并无太大意义。这就像贾雷德·戴蒙德从错误的人和猿基因相似度极高的前提出发，本末倒置地把人称为第三种黑猩猩，的确如他自己所说近于臆测。

第四，从工具制作者和工具的关系而言，人类和工具之间从一开始就有较为密切的关系，而且这种密切程度随着时间的推移有增无减，以至于到了人离开工具就寸步难行的地步。对于动物而言，虽然有时可以通过所谓工具行为获得食物，"不过它们不像人类么依赖工具。珍妮·古道尔是第一个发现黑猩猩会使用工具的学者，它们有时使用石头，但还不到搞得环境中遍地都是石器的地步。但是250万年之前，东非的'原人'栖息地已出现大量粗糙的石器"[①]。也就是说，工具对于黑猩猩来说，不是一种生活必需品，有无工具对它们的生存状态没有什么决定性的影响，工具行为不是它们生存过程的关键因素。"对黑猩猩的生活作一番考察就可以看出，在关系到它生存的几个基本问题上，包括摄食、自卫，工具行为并没有成为它赖以生存的主要手段，而是一种不甚重要的补充。"[②]

第五，人类的工具行为呈现明显的阶段性，其组合、改进和升级的特征十分明显。仅就石器技术而言，从最早的粗陋的预制石核、在剥制石片方面具有随意性的奥杜瓦伊文化开始，就经历了追求对称性的更为精细、更轻薄、更规整器形的阿舍利文化阶段，更精致、更系统地修整石核并用捆绑或黏结方式为石器装上把手的中石器阶段（包括由两面器技术发展而来的勒瓦娄哇技术和尼安德特人的莫斯特文化）；交替使用软锤、硬锤击打加工技术、在加工原料中加入骨、角等材料并能生产和使用弓箭的旧石器晚期技术阶段以及加工复合工具并具有发达的艺术品制

---

[①] ［美］贾雷德·戴蒙德：《第三种黑猩猩：人类的身世与未来》，王道还译，上海译文出版社2012年版，第38页。

[②] 葛明德：《劳动在人类起源中发生作用的新证据》，《北京大学学报》（哲学社会科学版）1996年第3期，第47—53页。

造行为的奥瑞纳文化阶段;甚至因为在穴居的尼安德特人化石中发现了奥瑞纳风格的工具而引发了克鲁马农人和尼安德特人可能存在贸易往来的猜想。① 这种阶段性的进展刚开始也是经历了极为缓慢的提升,奥杜瓦伊石器曾在百万年的漫长时段里保持原有风格。直立人的工具维持原有技术水平达 100 万年之久,但是随后的技术更替的速度越来越快,及至 5 万年前的工具技术的"大跃进"(Creative Explosion or The Great Leap Forward)② 时代,智人借工具和语言之力几乎成为横扫全球的物种。此后的工具升级的步伐快到让人觉得古人类似乎过于迟钝地浪费了太多时间。但不得不承认,我们今天低头操作和端详的手机在本质上也是一种经过无数次改进的石片,这一技术形态方面的跨越所耗费的时间在最初的准备阶段确实是难以置信的缓慢,但是微小的变化逐步发生了,在经过 5 万年前的大飞跃之后,人类就一直在技术革新的路途上加速行进。而对于某只黑猩猩以及它的幼崽而言,它们的确能以代代相传的方式重复地做剥光树枝上的叶子这件事,但也仅限于重复,能以白蚁为美食的愿望没有发生改变。没有任何证据显示,动物的所谓工具行为在物种代际间有哪怕十分微小的不同,或者在某一个体的工具行为中,出现了像人类那样的顿悟式的技术方面的提高。也就是说,和人类技术的最大区别在于,某些动物的类工具的行为中并没有出现能随着时间的推移而变得更加复杂和趋于多元的迹象。

第六,特别需要说明的是,大约在 80 万年前,人类通过石器工具驯服了原本纯属自然现象的处于自然状态的火,这一工具行为方面的成就比其他与工具技能有关的表现更能清楚地表明人类和动物在工具行为方面的本质差别。首先,除人以外的动物对火都是充满恐惧的,唯独人能克服恐惧心理,能学会接近和熟悉神秘莫测、跃动不休、灼热危险的火

---

① [美] 恩斯特·迈尔:《进化是什么》,田洺译,上海科学技术出版社 2012 年版,第 234 页。

② 从英文原意来看,人类演化史上的技术"大跃进"是指这一时期开始,智人的创造力出现了相对于以往时代的大爆发。主要表现为工具的材质、种类、工艺更为多样、复杂和精致,因此人类的狩猎能力大幅提高,食物获取量显著增加,人口密度持续上升,更具技术性、更有象征性的继发性活动也大量涌现,其中就包括与语言沟通直接相关的航海活动。这一时期也有精神信仰和艺术行为集中出现的情况,普遍认为这和人类智能的重大进展具有互为因果的关系。

焰并对其掌控自如、为己所用,用火来给自己带来温暖、光明、熟食和更舒适的栖居体验。其次,对火的使用巩固和强化了人原有的工具能力,并且在形成人类的时间和空间观念方面功不可没。用火加热、烧灼包括石块在内的各种原料来加工石器①,因为火焰带来的亮光,人类可以在原本黑暗的夜晚继续某些白昼当中未完成的事务,这多半和工具行为有关。同时,借助于火的照明作用,人类可以探索某些原来因为黑暗而状况不明难以到达的区域,因而扩大了活动范围。在时间观念方面,有重要关联的是规划未来的能力,火的使用对此起到了明显的正向作用,而这方面观念的形成,和用火对食物的巨大影响关系极为密切。前文已经多次提到,人类食肉的历史很悠久,在没有能力用火加工熟食之前,必须赶在肉类腐烂之前尽快吃完,否则不仅在口感上明显变差而且会因为肉食的变质腐烂而威胁到健康和生存。但是有了火的作用,实际上在新的食物加工手段之外又提供了一种十分有效的食物储藏手段,烤熟或烧熟的肉类可以比它处在纯生的状态存放更久。在这种意义上,人把火这种危险的、让所有动物避之不及的自然物转化为自己工具系统的有机组成部分,在基本生存条件的完善方面是一个很重要的变化,实际上让食物的充足程度上升了,人们可以生育更多的后代,在将要做的事情里可以有比狩猎采集更长远的考虑,也因此有了闲暇,这可以用来解释为什么在工具行为中出现了越来越多的远离实用性的美学方面的追求。火的使用也为人类争取到了更多的休息时间来调整身体状态并增强体质。最后,火的使用提升了原始人类的智能。根据理查德·兰厄姆(Richard Wrangham)提出的烹饪假说②,相对于茹毛饮血、生吞大嚼的进食方式,享用烹熟的食物给人类带来了包括改善口感、帮助消化和杀菌消毒在内的诸多好处。将食物烹熟可以起到消毒和促进消化的作用,实际上提升了食品安全程度。有些富含淀粉的植物块茎如果仅仅被生食,不仅营养价值降低,还有中毒的危险,但是火在取食过程中的介入更新了人与食物的

---

① 本书中多处涉及火的使用在工具制造方面带来的对于加工效率和技能升级的正面影响,尤其是在对于现代人类的多地区起源说的介绍和讨论中,引述了考古界关于我国水洞沟遗址中用热处理技术加工石器的研究成果,以此说明火的驯服在工具行为的发展中具有极为重要的意义。

② [美]戴维·巴斯:《进化心理学》,张勇、蒋柯译,商务印书馆2015年版,第82页。

关系，实际上也是更新了人对自然、人对自身的认识。如同最早的古人类通过石器工具的使用完成食性转换，选择肉食获得更多营养，增进体质和脑量一样，用火来加工熟食，可以使原始人类获得更充足的营养和味觉的享受，这对脑量的增大和体能的增强会有明显的促进作用。正因为如此，耗能巨大的思维器官的显著增大的时间也可能是熟食出现的时间，这就意味着一般所认为人类开始用火的时间点很可能要向接近200万年前的时段做出调整。同时，可以很合理地推断，在火的使用方面对技巧的要求比其他的活动要高得多，这对智力的增长形成了新的选择压力。人们得考虑如何妥善地保存火种、生火以及免遭跳动着的灼热火焰的伤害，因为他们已经从自然引发的大火中来不及逃生的动物身上看到了自己所应该避免的遭遇，所以对火的驯化会让人变得更聪明，而这种才智的进展也会在其他工具行为中表现出来。此外，火的使用催生了只有人类才能从事的艺术活动。在原本只能于黑暗中摸索的单调乏味的时光带来了光与影相随而动的全新经验，在此场景中智能已经处于很高水平、很可能内在尺度的明晰程度与现代人相差无几的原始人类不可避免地会产生很多奇思妙想。那是在黑暗中苦熬时间的夜晚所没有的由光与影的跳跃引起的内心活动，艺术的灵感因而得到激发，惯用石器的双手也尝试着用木枝燃烧后的炭黑涂鸦，直到能将生活经验中常见的人与兽的形象极为传神地绘制于岩洞内壁，或是用黏土、石块把内心的冲动和感悟外化为某种具体的形状，法国拉斯科洞穴和肖维岩洞遗址中令人惊叹的原始艺术作品就是这种因火的使用而生发的创造力得以发挥的表现。同时，火的使用和从艺术活动体现出来的象征性思维一道在原始信仰、原始宗教（如萨满教）的建立中成为不可忽视的因素，虽然在这里无法以更多篇幅讨论这一问题，但是我们都很容易理解在受万物有灵观念支配的世界观里，所有形成以视觉为首的感官冲击并达到精神控制的仪式都要借助火才能够进行。

即便明确了在工具行为方面的本质差异，许多时候我们依然很容易被一些来自类似珍妮·古道尔这样的专业人士的引人入胜的讲述及相关的视频材料所打动，进而相信我们低估了作为人类近亲的黑猩猩的智力，这究竟是什么原因呢？就像古道尔与猿群朝夕相处一样，美国学者黛安娜·福斯埃受其影响，也曾于1969年来到非洲伏伦加山区实地研究大猩猩的生活，无论是在她自己看来，还是根据她的描述①，她都已经融入大猩猩群体，为不同的大猩猩起了名字，与它们保持亲密无间的关系。她试图提醒人们注意，这些大猩猩性情温柔又调皮，并特别强调关于大猩猩会攻击人的记载和传说都是虚假的，她还真诚地称这些大猩猩为"我的朋友"，呼吁给它们一个安宁的能得到悉心照顾的生活环境。而在德国一家动物园工作的贡蒂·沙尔普夫则充任了一只被亲生母亲遗弃的猩猩的母亲，时间持续 8 个月之久，她颇为深情地称这只猩猩为"我的第三个女儿"②。在对这些充满宽怀爱心的表现深有敬意的同时，也无法不同时想起日常生活中人们出于种种主观的理由对动物的智力和情感能力的不遗余力的赞美，但是这些很难被真正纳入科学范围成为有价值的证据。在这里我们发现了戴维·埃伦费尔德（David Ehrenfeld）所揭示的理性和情感关系的真相，他将其称为"情感和理性的二分法"③，并借用芒福德对这一思想渊源的回顾指出，从古希腊时期开始，在工具理性还未占据主导位置之前，来自艺术（如阿里斯托芬的喜剧）的情感表达还可以与理性的规划并驾齐驱，但是随着科学技术的力量具有支配性以来，情感遭到忽视、压制和排斥。人类并没有也无法把自己所具有的基本的心智能力很好地结合起来，当内在的尺度被投放于任何外物的时候，我们无法保证这一尺度是脱离感情约束的。古道尔及其后继者对猿类的看法毫无疑问是饱含感情的，被情感所引导并非一定会误入歧途，路易斯·利基在最初看上去纯属一意孤行但后来却成为考古学佳话的非洲之旅就是一个很好的证明，正如理查德·利基所说，"科学家常常不仅被理智也同样被感情所引导"④。只不过理查德·利基通过自己父亲不盲从于流俗的偏见而毅然奔赴非洲的经历证明的是情感的恰当而充分的投入对科学研究的正面价值。但是本着物以类聚、人以群分的基本信念，相信既然黑猩猩很像我们，解剖学和遗传学也证明了它们和人类的近亲关系，我们

---

① 郑开琪、魏敦庸编：《猿猴社会》，知识出版社 1982 年版，第 23—35 页。
② 同上书，第 193—198 页。
③ ［美］戴维·埃伦费尔德：《人道主义的僭妄》，李云龙译，国际文化出版公司 1988 年版，第 118 页。
④ ［美］理查德·利基：《人类的起源》，吴汝康、吴新智、林圣龙译，上海科学技术出版社 2007 年版，第 3 页。

就在看待它们各方面行为的时候带上了更多的感情色彩,过于强调它们在智力方面和人类的接近程度,这未免会使人和猿在工具问题上原本清晰的差别变得模糊起来。

显然,在事关演化过程与工具有关的事实的表述中,我们也在语义对应方面长期以来陷入一种误用的陷阱而难以自拔。首先,我们已经承认,目前我们所使用的具有特定语法结构、能够进行口头表达并能够以书面文字方式呈现的语言是人类独有的特征,这意味着语言当中的一部分词汇仅仅能用于对人类行为的描述,而无法在与相关实在对应的情况下描述其他物种的行为,即便能用于除人以外的动物,也只是一种类比的近似的使用,实属无奈之举。所以,黑猩猩不会制造工具,更谈不上劳动。在各种关于演化的书籍中频繁提及的古道尔观察到的黑猩猩用石头砸开坚果或使用浸过唾液的树枝伸入蚁穴钓吃白蚁的举动至多只能算是与人类的工具行为有一定相似性,但完全够不上有意识有目的的创造力的发挥,这与专属于人的工具行为相去甚远。如果说工具的制造和使用与人脑的完善、人类的语言及协作性社会关系的建立密切相关的话,在黑猩猩的生活中则完全不是这样,已经有实验证明教会黑猩猩掌握语言[①]是徒劳之举。这种情况是由于我们否认了人之为人确实有其特质的支持,仅从生物属性尤其是所谓基因的相似度来看待人类和黑猩猩的亲缘关系所致。与此类似但却包含着相反的情感状态的情形是,我们经常用"惊人的"这样的词汇来表达我们对动物表现出来的似乎很有智慧的行为的赞叹。这又暗含着一种对人的特质推崇过度因而对动物的生存状态有所贬抑的表现,否则就不会因为某些情态而顿生惊人之感,其实动物有某些在人看来很超常的表现,完全是由于我们对它们预置了一种高高在上的成见,这给了我们更新观念的机会,而非徒增感叹而已。无论如何,

---

[①] 至于关于坎兹的实验中,黑猩猩学会手语的结果,并不令人惊异,这种费时费力的交流方式偶然地发生于某些种类的动物的个体身上,并不带有普遍性。把某一动物的个体放入完全不同的种群内,可能发生的影响从智力和语言及更多方面适应性上是双向的。当我们看到某些"幸运"的黑猩猩受到格外用心的关照而比其同类更像人类时,也不应该忘记加尔各答的狼孩是怎样变成爬行动物的。如果人类对同类的内心状态所知甚少并且很难对其有更多揭示,又有什么理由期待和动物达成有效交流呢?如果对此太过乐观,就如同相信一只被赦免的火鸡明白"赦免"是什么意思一样滑稽。

动物和人的差异是客观存在的，即便因为低估了动物行为中的智能成分，也很难因为它们的某些本能的表现就诧异不已。

路易斯·利基曾经说过："石器是石化的人类行为"（Stone tools are fossilized human behavior），工具能力是人所独有的能力和行为的综合表现，猿类根本无法将内在尺度投放于外物，因此说它们能制造和使用工具，是我们试图在对这种基于本能的行为有更确定的理解的前提下的不够恰当的说法。而且在人与黑猩猩的相似性的态度上，并不需要从一个极端跳向另一极端。那么，究竟如何来界定某些动物能够利用外物来满足基本生理需求的行为呢？从已有的研究成果来看，将其称作萌芽状态的工具行为是恰当和公正的。

可见，制造工具是人属动物的标志性行为，任何动物都不会像人一样制造工具，正是工具行为集中体现出人类的文化特征，人类的起源和演化实际上体现了适应和改变环境的总体状态，包含着相关的具体方式。工具行为是莱斯利·怀特所说的人类特有的"体外适应方式"（Extrasomatic Means of Adaptation）的突出表现形式，"人类具有一种独一无二的能力，能够为事件和对象创造出可以被欣赏、破解和理解的意义，注入意识形态及其他，文化便是这种能力的结果"[1]。这种能力就表征着人的内在尺度，是直觉的决定、好奇心的发挥、时空观念的架设、智力衡量、情感表达和其他精神能力的综合表现。人类在工具行为中呈现出来的意识性、目的性和计划性，在动物行为那里找寻到的、可对应的是只和生存本能相关最初级的感觉和心理，而这些反应形式并不足以造就一种明确的、有意识的表达。"动物仅仅利用外部自然界，简单地通过自身的存在在自然界中引起变化；而人则通过他所作出的改变使自然界为自己的目的服务，来支配自然界。这便是人同其它动物的最终的本质的差别，而造成这一差别的又是劳动。"[2] 人们以代代相传却越来越精密的工具行为调整了自然安排给自己的位置，以此提升自己的智能，增进合作的机会，越来越娴熟地使用符号化系统进行沟通交流，在被跳动的火焰照亮

---

[1] ［美］布莱恩·费根：《世界史前史》，杨宁等译，北京联合出版公司2017年版，第27页。

[2] 中共中央编译局：《马克思恩格斯文集》第9卷，人民出版社2009年版，第559页。

的岩壁上画下狩猎的场景，这和通常所说的发挥能动性、探索和掌握自然规律的现代人类的形象具有很高的重合度，在明了这一切后，完全有理由承认，真正的工具行为是人类所特有和专属的表现。

### （三）"最古老"的石器之前还有更古老的石器

关于古老石器的发现历程似乎是一种心照不宣的用现时代的工具不断掘进未知的历史深处、让那些深藏于沉积层的史前工具重见天日的竞赛，这一过程的持续状态正如戴蒙德所说，"每当某个科学家宣布发现了'最早的 X'……这一宣布又刺激了其他科学家去发现更早的东西以便更胜一筹。事实上，必定有某个真正'最早的 X'，而所有宣布的更早的 X 都是假的。然而，我们将会看到，几乎对于任何 X 来说，对所谓更早的 X 每年都会有新的发现和宣布，并驳斥了前几年所宣布的某些或全部更早的 X"[①]。在人类演化的证据方面，新的发现推翻旧有的推断是常有的事，但是寻求更新更多证据的动力并不是单纯为了争强好胜，更早的骨骼化石和石器证据未必一定是假的，只是要重新断定它们在人类演化史中的位置而已，而那个最早的、最具根源性的、能牢牢占据"最早的 X"宝座的证据，只是理论上的存在，可以肯定它必定不能以实物的形式现身，也正因如此，用层出不穷的石器证据来探究人类的演化是一项充满悬念的、富有吸引力的工作。

如同古老人类的化石存在的时间一再前推一样，世界范围内石器的发现也不断地从历史深处掘出更多的秘藏，早先所认为的只是从能人开始，古人类才进入工具时代的说法，在新的发现面前很难再成立了，原来确定的 250 万—300 万年的旧石器时代的边界又前移了几十万年。虽然古人类的骨骼化石往往能作为直接证据用来重现演化现场的某些情景，但如有石器一类的文化遗存伴随出土，往往会对人类"荒野记忆"的构建加入更多可靠证据。不过骨头和石头并非总是能同时被发掘，甚至石器和留下石器痕迹的骨骼化石也并不总能同时出现。2010 年埃塞俄比亚迪基卡遗址距今 340 万年的动物骨骼化石上的石器痕迹引起了阿莱姆赛吉

---

[①] ［美］贾雷德·戴蒙德：《枪炮、病菌与钢铁》，谢延光译，上海译文出版社 2000 年版，第 6 页。

德及其团队追踪留下这些痕迹的石器的浓厚兴趣,却寻不可得,但由此得出这些痕迹是为了取得肉食所遗留,已经在关于人类祖先的"荒野记忆"中添加了新的内容。此前考古界已经在埃塞俄比亚中阿瓦什的布里地区掘出过的最早的有石器切痕的骨骼化石,这些样本的历史为250万年左右,其后不久在离布里很近的戈纳发现了260万年前的石器,二者之间建立了一个较为合理的证据链。虽然迪基卡的新发现仅限于骨骼上的痕迹,即便还未找到留下这些痕迹的石器,也可以推断比戈纳石器更早的时候,原始人已经开始使用石器餐具,这个时间差有近100万年。尽管可以设想出包括搜索不力、痕迹识别障碍、石器加工程度有限等好几种无法让在动物骨骼上留下痕迹的石器现身的可能,但阿莱姆赛吉德深信人类祖先猎取动物的时间表肯定要有大的变动。他的这一大胆而合理的想法在2011—2012年间由石溪大学的人类学家的一次考古迷途中变成了现实,他们极其偶然地在肯尼亚图尔卡纳湖边的洛迈奎地点发现了距今约340万年的20件各类石器,这些石器和迪基卡骨骼化石上的石器切痕是否有联系尚不得而知,但显然不能轻易断定它们之间毫无关系,也许进一步的研究会给出我们所期待的结果。

根据考古界的发现,原先一般认为,世界上最早的石器距今有260万年左右,发现于埃塞俄比亚的戈纳地点,与惊奇种南猿的发现地点很近,一度引发了南猿是否已经会制造和使用石器的争论,考虑到南猿并不具备能制造石器的自然器官条件,这些石器被认为可能是由能人或直立人所遗留。但是神奇的非洲大陆似乎是一个取之不尽,掘之不竭的考古宝库,就在曾经于20世纪80年代发现过匠人化石的肯尼亚图尔卡纳湖边,在纽约石溪大学图尔卡纳盆地研究所工作的法国人类学家索尼娅·哈尔曼德(Sonia Harmand)和同事杰森·刘易斯(Jason Lewis)及其考古团队的新发现又将石器的历史推前了80万年。他们从2011年开始,在一次针对肯尼亚平脸人的考古活动中迷失了方向,意外地在洛迈奎(Lomekwi)地点的地面上发现了一些石核、石片,挖掘工作在第二年继续进行,总共在沙地表面发现130件石器碎片,并从地下的可以很有保障地测得地质年代的沉积层中掘出20件保存完好的石片、石核和石砧。哈尔曼德在旧金山举行的古人类学会年会上报告了这一发现,并确认"这些史前石器显然是故意敲打后的产物而非岩石偶然破裂的结果"①。可以观察到制作过程中在石器上留下的明显的旋转痕迹，似乎暗示加工者在石器形态上有一个整体性的考虑。其实早在2010年，同一遗址曾发现骨骼化石，年份测定为距今约340万年前，令发现者惊奇的是，这批骨骼化石上有一些只在人为使用工具时才能留下的痕迹，但当时并未发现石器，因而难以确定究竟是何种工具造成这些痕迹。而这次发现石器后，哈尔曼德团队以古地磁法测得石器所在沉积层地质年代为距今约340万年，原先骨骼化石上的工具痕迹极有可能是新发现的工具留下的。

除了确认这些包括石头原料、刮削器和砍砸器等在内的疑似远古工具的石器是被敲打而成而非自然形成之外，哈尔曼德还有其他一些推测：

第一，关于这些石器的制造者。以前公认的最早的制造工具的古人类是能人，但这次发现的石器与能人时期的奥杜瓦伊石器有很大差别，且石器年代远在能人出现之前，所以其制造者并非人属动物，而更可能是阿法南猿或肯尼亚平脸人等早期猿人。哈尔曼德甚至提议以这些石器为基本素材命名一种新的原始文化形式——洛迈奎技术。

第二，石器制造方式反映出的制造者的智力状况。这些石器中的石片已经极为锋利，只有很强的抓握力和角度把控能力才能达到这一结果，由此推断当时的古人类体能和智能的状况已足以达到有意识地完成工具制造的程度。进一步的研究还发现了这批石器在制造中的一些耐人寻味的细节，比如通过有意剥离石片，获得锋刃和形状都比较特殊的功能更为多样的石核。前面提到，研究人员发现的20件完整石器中有体积较大的石砧，这实际上是用来加工较小石器的专用平台，对于拿稳石料并保证成品的形状具有重要作用。所有这些迹象表明，在当时的自然条件下，石器的加工应该已经是一种具有高度合作性的行为。

第三，由于同一遗址早先发现过留有石器痕迹的动物骨骼化石，那么把前后的发现结合起来形成的证据链再次把石器的用途引向和阿莱姆赛吉德对迪基卡骨骼化石的猜测一致的方面：制造这些石器是为了获取肉食。

---

① 赵熙熙：《肯尼亚发现最古老石器：距今330万年，或为更新纪灵长类动物所为》，《中国科学报》2015年4月20日第2版。

据此可以认为，这些最早石器的发现，"是我们的祖先已经跨越了创造性的临界点的一个明确信号"①，说明在 300 多万年前，原始人类已经能摆脱动物式的本能和懵然无知的偶然性的类工具行为，通过打制石器获得更多种类的新食物，这种在食性方面的变化显示了他们并非偶然地像黑猩猩那样在植食性为主的生存中只把吃肉作为一种从属性的和小范围的尝鲜行为。原始人类的食肉方式是大规模的和极富心机的，对肉食的渴望在相当长的时间内为创造力的迸发提供了充分的动力。在只是像黑猩猩那样食肉量较小的情况下，为了得到足够的营养和能量，不仅在植食性食物方面进食量较大②，在觅食、进食方面也要花费较多的时间。但是在大量吃肉之后，相比于从植物果实、块茎和枝叶中获得的食物，肉食更易产生饱腹感并能把这种状态保持更久，为人类提供更为持久的体力，原始人类可以有更多的时间用于改进石器工艺、探索周边环境，进行社交活动，而不是几乎把醒着的时候的注意力基本上都集中于食物上，这对于人类的内在尺度的更高程度的外化具有极大的促进作用。

　　这是否意味着，曾经被否定的人是工具制造者的定义方式有可能重新获得认可？当人从动物中分离出来的标志变更为直立行走时，工具的制造并不因此显得无足轻重，实际上人属动物的崛起的确认条件中应该加入工具制造的实际证据。路易斯·利基曾经根据能人制造工具的行为把这一时期古人类脑量的增加视为人属起源的标志。但在有了明确无误的石器记录之后，衡量古人类智力状况的脑量标准的下限有可能发生新的变化，因为早期猿人如果能有意打制石器的话，说明早先确立的脑量大小与智力水平的关系仍处于变动之中，路易斯·利基所看重的用以判别人属动物的功能性标准③依然有效。在直立行走的前提条件得以满足之后，正是石器所代表的原始文化，让人类真正成为一种有别于其他动物

---

　　①　［美］奥古斯汀·富恩特斯：《一切与创造有关——想象力如何创造人类》，贾丙波译，中信出版集团 2018 年版，第 19 页。

　　②　据古道尔提供的来自直接观察的证据，在得到充足食物供给的情况下，一只没有受到什么管束的成年黑猩猩一次可以任性地吃掉多达 50 根香蕉。

　　③　"能人"这一名称在字面含义直接推崇了会制造石器的灵巧双手所具有的功能，把具体的脑量数据置其次。实际上从能人系列化石所显示的脑量来看，在 500—800 毫升，如果这样的脑量并非不能有可以制造工具的智能的话，索尼娅·哈尔曼德关于"露西"也可能制造石器的估计未必不能成立。

的、能思考的、能逐渐将内在尺度外化的物种。

根据克拉克（G. Clark）的划分，旧石器技术分为五种模式：模式Ⅰ即奥杜瓦伊文化，和人类演化的能人形态对应；模式Ⅱ即阿舍利文化，与直立人阶段相对应；模式Ⅲ即中石器时代文化，在欧洲称为莫斯特技术，与尼安德特人有关，其代表性技术为勒瓦娄哇技术；模式Ⅳ即旧石器时代晚期技术，亦称石叶技术，在非洲较为罕见；模式Ⅴ即细石器技术。这几种技术模式各自的发展速度不尽相同，也并非在每一地区都会出现。这种始于1961年的石器技术模式划分已经成为考古界普遍接受的观点。从古人类工具行为的整体状态来看，"在更新世期间，旧大陆西侧可谓是狩猎采集人群石器技术革新的'轴心区域'……以东非为核心旧大陆西侧在石器打制技术革新方面遥遥领先于旧大陆东侧，也就是说更新世旧大陆东西两侧的石器技术发展存在严重的不平衡性"[①]。但这并不是说东亚地区石器技术的演化是在与西方处于隔离状态，相反地，东西方原始人群在演化中的文化和基因交流是以融合而非替代的方式发生过的，西方文化因素未成为主流，体现了东亚本地人群演化链条的连续性和整体性。

工具模式的阶段性演化提供的证据无疑也是人类演化史所能依赖的最直接的证据，因为各种石器在大跨度的时间变迁中得到了相比其他证据更周全的保藏，这也是充满偶然性和无限可能性的自然伟力的一部分。如果从人属的起源开始考虑人类的处境，毫无疑问工具和劳动一步步造就了人本身，这里不再有逻辑和事实上的矛盾。我们不能不去关注驱使原始人类不断革新工具的动力，如果仅仅是像黑猩猩一样以获得食物为最基本的目标，达到这个目标之后就可以安然而卧，但人类竟然要让石器变得更为锋利、尖锐、强大和精美，有些已经接近艺术追求的表现正一点点远离功利性目的。因此在看到这一切时，我们无法不对以下观点表示赞同："人类是一种有创造力和永不满足的动物，他从一开始起就力图改造他所处的环境，而不是使自己处处被动或像其他物种一样消失。第一个把砾石打出刃缘，而不是寻找有自然利刃的砾石的人，就已改变

---

① 陈宥成、曲彤丽：《旧石器时代旧大陆东西方的石器技术格局》，《中原文物》2017年第6期，第32—38页。

了它的生存环境。人类的整个历史就是他努力实行变革以顺应环境的。"①

我们对于人类演化中的工具的认知是被一件件不时掘出的石器所填充和刷新的，前述的一些最近的发现已经让这些无声、坚硬而独具匠心的史前作品告诉现代人，在可预计的追寻先祖足迹的时段，没有最古老的石器，只有更古老的石器。这里不排除某个时段石制品上的人工痕迹和自然痕迹的关系，"人类初期的一些石器，无论是对自然石块的短时使用还是对石块进行过零散的加工，乃至在更晚时期人们为某种用途而临时使用或进行过简单加工的石器，与自然破碎、破损的石头和其他动物制作和使用的'石器'在一些情况下是难以作有效区隔的，因为石头破碎的机理是一致的，在没有经过一定程序的加工、留下具有规律性痕迹的情况下，任何人的经验性判断都可能失之主观。因而'人类最初的石制品''第一件石器'只能存在于理论中，不可能真正被找到或辨认出"②。但是对石器的研究乃是一种基于新的工具系统的观察活动，是一种有序和有效的工具叠加。

当我们能通过手绘、铜版纸彩页、液晶屏幕和其他专业仪器等现代工具手段审视石器上跨越百万年而依然和人类内在尺度相对应的锋刃时，即便不是全然的敬畏，也会充满钦佩，亦有很多仍未廓清的迷惑，但更多、更早的石器类工具和据以观察这些石器的现代工具的叠加将会使我们愈来愈赞同以下看法，"作为一个物种，我们对自然界和我们在其中的位置有着一种好奇心。我们想知道，而且必须知道，我们是怎样成为今天这样的？我们的未来又是如何？我们找到的化石使我们的身体与过去的相联系，并要求我们去解释这些线索，其中蕴涵着对我们进化史的性质和过程的理解"③。

---

① ［法］弗朗索瓦·博尔德：《旧石器类型学和工艺技术》，陈淳译，《文物季刊》1992年第2期，第83—96页。

② 高星：《制作工具在人类演化中的地位与作用》，《人类学学报》2018年第3期，第331—340页。

③ ［美］理查德·利基：《人类的起源》，吴汝康、吴新智、林圣龙译，上海科学技术出版社2007年版，第6页。

## 三 小结

　　直立行走和工具行为一样，都经历了起初被视为人所独有的特征，却又因新的考古证据和生物学研究被置于和人类特质无关的范围内的评价过程。关于黑猩猩发自本能的类工具行为的观察素材披露之后，制造和使用工具不再被看作人的专属行为。在没有找到南方古猿持续的直立行走对脑量增大的促进作用因而似乎不能以增长的智能来说明工具行为的内在原因时，就连恩斯特·迈尔也倾向于建议不必把站起身来双足而行的姿势的影响力看得太重要。但是对几种可能是最早的原始人类的化石资料的分析，特别是石器工具历史的前推，相关新证据的影响力说明，经达尔文提出并得到恩格斯的强化表达，通过直立行走解放双手、提升智能，产生并不断推进工具行为的推理是可以得到确证的。新证据的力量，并不仅仅在于凭借重见天日的骨骼或石器经年代测定重新排布人类演化的时空位点，更在于从中发现工具、劳动和智能、基因、语言及文化的深层关系。

第 五 章

# 智能、语言和工具行为

在寻根意识科学化的过程中,语言的发生也获得了在科学范围得到根本性解释的可能。在相当长的时间里,人们对于语言的由来及相关的更多问题,曾经也像对待人自身的起源问题一样,不仅对其充满困惑,而且由于神创说的影响,语言也被视为神赐的、由人类专享的异能而蒙上了重重神秘的色彩。在自然选择理论最初公开的时代,西方学术界对语言从何而来的问题持一种过于谨慎的态度,无异于告诫人们,上帝的慷慨馈赠是不容许凡人去寻根究底的①,即便勉力去寻求谜底,也只能无功而返,徒留更多无谓争论。但是达尔文在开辟出一条全新的以自然原因解释人类由来的路径的同时,也把语言的演化放置于全新的研究视野中,既延续了18世纪以来对于语言起源探讨的一些有价值的观念,又开启了语言演化研究的科学模式。相关研究在语言的连续性和非连续性、语言的先天因素(原始母语、普遍语法、心理模块)和后天行为、交往和语言的关系探讨中展开,实际上确认了语言和智能的内在关系,而人类智能的完善是在工具行为和劳动的发展中达成的,这充分说明,寻根意识的科学化带动了语言发生学说的科学化。

---

① 尽管从公元前5世纪古希腊的希罗多德开始,就有了对于语言起源的猜测,苏格拉底和西塞罗也就语言发表过各自的并不系统的看法。但是对这一问题的专门研究直到18世纪才形成了足以与神创论抗衡的观点,主要来自孔狄亚克、卢梭和赫尔德,但这一时期对语言的探讨多停留于理性思辨的框架内,缺乏相关的自然科学证据的支持。1866年,巴黎语言协会因为疲于应付来自各方面的关于语言缘起的毫无根据的说法,发布了关于探讨语言起源的禁令,拒绝接受任何试图说明语言起源的论文,这一禁令的效力一直延续到20世纪初。

# 一 从工具行为揭示智能之谜

## （一）达尔文遗留的问题

从上一章的内容我们可以看到，无论是从原始人类演化中有代表性的工具行为的分析，还是从石器证据在现代人的起源理论中所起的令任何一方观点都难下断语的作用，都显示出工具在人以直立姿势为常态之后作为人之为人的标志性因素的不凡特性。依然像一些和动物建立亲密相处关系的人类学家那样感情用事，为动物的所谓工具能力发出赞叹并质疑能否把制造和使用工具看作人独有的行为的做法应该不怎么有说服力了。正如凯文·拉兰德和恩格斯在《作用》中关于劳动和手的关系的精彩评论的行文风格高度相似①的妙语所言，"和人类技术不同，动物使用工具的方式并没有随着时代的发展变得更加复杂、多元。公燕雀能发出嘤鸣之声，贾科莫·普契尼却能谱写出歌剧；黑猩猩钓取蚂蚁为食，高级餐馆的厨师却能烹饪各种美味；动物可以数到三，牛顿却能创立微积分，可见其他动物和人类的差距真是天壤之别。在认知能力和成就方面，人类与其他动物之间有着不可逾越的鸿沟"②。实际上工具行为的演化无疑表现出，得到不断升级的、能够组合、连接和相互助力的、越来越复杂的工具表明，人类凭借工具做什么是和他想什么、怎么想即内在尺度有着直接关系的，而脑中所想又在特定时期决定了人类说什么和怎么说。但是对于动物而言，它们能够借助某些身外之物达到生理层面的目的就已处于"休止"状态的行为很难说是有一种内在的来自心灵深处的缘由，否则这种行为就不会长期陷于停滞，并在动物个体的生存过程和群体表现中一直徘徊在固定的模式中。

相关研究者从类比的意义上所界定的动物的智力，主要涉及如何应

---

① 恩格斯的原话是，"由于这些遗传下来的灵巧性不断以新的方式应用于新的越来越复杂的动作，人的手才达到这样高度的完善，以至像施魔法一样产生了拉斐尔的绘画、托瓦森的雕刻和帕格尼尼的音乐"。参见中共中央编译局《马克思恩格斯文集》第9卷，人民出版社2009年版，第552页。

② ［英］凯文·拉兰德：《未完成的进化》，史耕山、张尚莲译，中信出版集团2018年版，第4页。

对外部环境、可否从已有经验获得行动策略以及能否进行符号化的、具有象征性的逻辑思考这样一些基本的方面。很显然，用我们熟悉的话语来概括，这里的核心要素在于追究动物的所作所为是否具有目的性、计划性和意识性，但是这些性质的衡量应该有心理的和工具的表征，否则就无法将心智处理信息的过程和某种处于封闭状态的本能行为区分开来。

此外，对智能发展的考察是以人类智力的表现为基准的。正如前文提及的，有一个经常被忽略的关键环节，在考察动物是否也像人类一样会制造和使用工具时，是人类深入动物的群落把动物作为观察对象，而不是反过来，这和所有的对动物的研究是没有区别的，是人类想从动物的行为中找到它们有自我意识或者能做出唯人能为之事的证据。人类对此有各种新奇的想法，一直以来处于兴趣有增无减的状态，但没有证据表明动物对此事有同样的关心。注意到这一常被有意无意忽略之处，并非多余，而是提醒我们，对于动物来说，尽管它们不可能有所觉察，但是的确有一种想法甚多、智力远在其上的智慧生物以指引者、主导者的身份为那些表现出类工具行为（也许这个说法更为确切）的动物制定好了行动方案，它们只能被操纵着却又表现出好似在按照它们自己本来的意愿从事某种活动的样子。但是，如果真能从中找到破解人类智能缘起的线索，我们不妨问一句，那位或那些比人类有着更高智慧的俯视着这一切的智者是谁、在哪里？所以，应该承认以下事实，"虽然我们不是世界上唯一一个使用身体以外的东西来改变周围世界的种族，但我们必定是创造和创新工具、提高工具复杂性和使用工具的大师"①。如果要进一步追究这种复杂性的起因，必须承认，现代人类虽然通常不会再用奥杜瓦伊石器和阿舍利手斧，但这些过时的工具不可能被人类以外的任何动物重现，在相对于黑猩猩的摆弄外物的行为的意义上，这些石器的制作工艺堪称精湛无比，令这些人类的近亲难以企及。更重要的是，工具的复杂化程度的提高并非无源之水，而是脑力运作和劳动协作共同作用的结果，制造和使用石器的作用绝不仅仅是增加了晚餐的丰盛程度那么简单，包括增进营养、脑量增大、掌控环境等一系列复杂的演化环节勾连

---

① ［美］奥古斯汀·富恩特斯：《一切与创造有关——想象力如何创造人类》，贾丙波译，中信出版集团2018年版，第52页。

接续，体现为必须以身体和大脑、行为和思想、个体和群体相互协调为基础的具有综合性特征的劳动，人类就在这种强大推力中成了能设置将动物纳入其中的实验程序的观察者，而动物却在原地徘徊。

可形成重要参照的还包括儿童智力的发育，大量的实验结果表明，儿童智力发育过程中，优先发展的往往是情绪智力的部分，而具备逻辑性的理性思维部分却以相对迟缓的速度成长。但是儿童往往可以通过玩具和游戏熟悉社会交往规则，模拟各类工具行为，在此过程中智能的发展会得到很大提高。如果把儿童智力的发展过程看作是人类智能演化的缩影，也可以从中看到人类智能所具有的与动物截然不同的潜能。有一种心理学研究的方法，是把黑猩猩的智力发育程度和儿童相提并论，其实这样做未必恰当，人类既不是某种无毛的猿类，黑猩猩也不是幼态的人类，相似的表面之下的内在差异在文化方面的绝对意义要比生理方面的不同明显得多。

因此我们由对于工具行为的思考进入到了被达尔文的自然选择解释体系绝少提及的领域，即智能和文化的演化。达尔文坦言他无法对心智演化提供更多见解，这说明对人类最具独特性方面的起源的探究十分困难，无所不至或者至少正筹划踏遍整个世界的人类的行为多样性不仅仅是遗传多样性的唯一后果，也不是人类中心论制造的自大的幻象。工具行为是人类文化能力的重要的、特有的表现，强调人类和某些动物具有一些相似性并不能弥合人类和动物在智力方面的巨大差别，也不能用简单的过渡性的阶段论来解释心智演化具有的连续性。如果说心智之谜没有在演化理论方面得到一个完整连贯的解释是达尔文的演化论交响曲中未竟的部分，那么通过工具行为和语言探索智能演化之谜将有希望为这一宏大乐曲补上关键的乐章。

### （二）工具和智能的同步演化

强调人类和自己的灵长类近亲在行为和智力上有诸多相似之处，这是从达尔文开始就有的一种研究策略和认识路径，动物的智能性和社会性一度被描述为和人类不相上下的状态，似乎人类只是出于一种虚构的优越感误解了这些应该和人类一样享有更高待遇的生物。这种现象的出现还有一个重要原因，就是如果不承认人类和猿类在智力、行为和生理结构上存在一致的连续性特征，就会被认为已经站在人类中心论的立场预设了人类处于某种优势位置。但是，不可否认的一点是，对人类演化中的任何关键因素的变化过程的解译，都是以现代人的全部特征为蓝本的，现代人的人性已成为制约这一研究体系的潜在目标，人类在多大程度上能给予动物在智力和行为上足够的认可，实际上不是取决于动物到底有多聪明，而是被人类强烈依赖属于自己的工具系统的观察行为所制约。

在人类和动物的智能的比较上，第一，根据传统的看法，从亚里士多德开始，就在自然哲学中从灵魂学的角度对不同的生命体做了层级的区分，人类灵魂和动物灵魂的区别就在于能否进行思考。以笛卡尔的机械论观点承接了这种划分，而且按照"清楚明白"的思想原则表达得更为充分，人和动物因为精神能力方面的差别得到了一个相比从前更绝对的划分。动物被看作只受到本能驱动、没有自由意志的机械，根本不可能有推理能力和其他更高级的心智能力，人与动物在这一点上判然有别，这一倾向和西方世界文艺复兴以来对人的尊严和价值的肯定密切关联。正是对"理性人"的形象的塑造使一个发现的时代围绕人的发现来运转，因此也导致了进一步的对理性之外的精神能力的关注，这种关注的后果给了非理性因素在人性把握和科学界定方面的足够空间。人们很容易便能注意到感觉、感情、情绪甚至某些看上去似乎有一种内在知觉起作用的行为是某些动物也具备的，古代世界延续下来的人与动物的分界开始变得模糊了。第二，从达尔文开始，对启蒙时代以来推崇人的特殊形象和至高价值的观念因为人有一个动物性来源的解释而变得松散了。就像希腊古典哲学时代的几位思想巨人们以自己沉思所得的概念、命题和观念为后世提供了思想的原型，同时也制约了后人的思想范围、限定了思想者的基本偏好和形象一样，达尔文的演化论学说的巨大影响力也产生了同样的效应。秉承演化论精神的后继者不仅深深服膺达尔文解释万物起源及人之由来的至简模式，也深受达尔文以"在心理官能上人类和高等哺乳动物之间并没有基本差别"[①] 的信念试图证明人和动物的心智能力

---

① ［英］达尔文：《人类的由来及性选择》，叶笃庄、杨习之译，北京大学出版社2009年版，第42页。

差异不大的热情的感召,对动物可能具有比我们原以为的程度更高的智力的判断大都由此而来。虽然达尔文相信人在各方面都是有一种渐变状态和连续性的,但是通过他对人类和动物心理的比较以及对人和动物表情的对比可以看到,即便他对人类能否对自身的本能范围的表情加以认识表示怀疑,并且也注意到在感性特征方面人与猿类的某些差别——比如类人猿也许不会哭泣——因而某些表情是人类专有的这一事实,他也还是得出了一个比今天的很多动物习性研究者更审慎的结论,认为表情问题的研究不能证实关于人类起源于某种比较低等的动物类型的结论,也很难支持几个人种具有种的或者亚种的统一性的说法。在关于心理能力的比较方面,达尔文也表示,"当我们把高等动物、特别是人类的以记忆力、预见力、推理力和想象力为基础的心理能力活动和低于人类的动物以本能来执行的完全相似的活动加以比较时,我们也许容易对前者的心理能力估价得过低;在低等动物的场合中,执行这等活动的能力是通过心理器官在各个连续世代中的变异性和自然选择逐步被获得的,而与动物所表现的任何有意识的智力无关"[①]。他特别提到人类智力活动所具有的在实践的模仿中学习不断提高能力而动物却在本能活动中自始至终维持同一水平的事实,以此体现人类和动物的重要区别。这说明那种企图步达尔文后尘把人类和动物的智能差异进一步缩小的做法是在一定程度上误解了达尔文的本意。第三,回顾一下本书中对人类演化过程中关于食性改变的讨论,没有人会否认茹毛饮血的习性和现代人的饮食习惯相去甚远,但也没有人觉得有必要去责备南猿或能人何以不能一直保持植食性,也许这种刻意强调动物具有和人一样可以获得充分沟通的情感状态的做法是在为现代社会追加的动物权利寻找某种自然的根据。这种看似充满善意和悲悯之心的做法实际上正在把原本属于人类的道德强加于动物,其情其状和某人对自家宠物几通人性的赞叹并无本质不同。这种态度已经把人和动物智力差别的缩小延伸至道德领域,但恐怕都是人类一厢情愿的误解。正如某些研究者提醒的,对动物具有一定程度的情感表现予以认可,并不意味着把某些道听途说的奇谈怪论当作科学证据,

---

[①] [英]达尔文:《人类的由来及性选择》,叶笃庄、杨习之译,北京大学出版社 2009 年版,第 44 页。

"科学文献中关于动物行为表现的描述是,它们对他者的痛苦无动于衷,甚至还会利用弱者。在其他物种中,'道德'倾向的表达是少有发生的"。以上我们说明了关于人类和动物智能比较研究的几种情况,分别是从古典式的层级观念走向模糊分层,继而呈现为演化中的连续性特征并且已经由于界限的模糊而迁移至道德领域,但是并无确定证据支持这样一种将认知能力泛化的倾向。相反,虽然关于人类认知的演化材料相对匮乏,但人和动物在行为表面的相似性和连续性并不是抹平差异的理由。正因如此,凯文认为,"无论是通过放大其他动物的智力能力,还是通过夸大人类的动物本能,我们都可以发现,人类行为和其它动物行为之间有着太多表面上的相似之处。人类可能与黑猩猩关系最为亲近,但我们终究不是黑猩猩,黑猩猩也不是人类。任何通过展示人类与其他生物在心智能力上的连续性来'证明'人类进化的议题已不再有意义"[①]。

但是对动物和人类的智能比较方面已经获得了一些进展。由戴维·普雷马克和盖伊·伍德拉夫提出的"心理理论"认为,"人类具有一种天生的能力,能够理解其他人有着不同的欲望、意图、信念、心理状态,我们也有能力构建有着一定准确度的理论,阐释这些欲望、意图、信念和心理状态"[②]。换句话说,这一理论认为人类具备从对行为的观察便可推知行为发出者内在心理状态的心智能力,并产生了两方面的疑问:第一,这一推断过程能否应用于动物,就像达尔文在动物表情研究中所做的那样,如何确认人类对动物行为可能具有内在心理原因的推测不是和讲童话故事一样采用了拟人化的方式?第二,如果拟人化方式得到确认,将意味着人类独具心理理论所说的透过现象推知心理本质的能力。塞塞莉娅·海斯(Cecelia M. Heyes)、波维内利、珍妮弗·冯克(Jennifer Vonk)和迈克尔·托马塞洛(Michael Tomasello)在相关研究中得出了不同的结论。相对于其他几位研究者对黑猩猩的行为是否具有心理过程内核持有的不确定态度,托马塞洛认为黑猩猩已经具备意图顺序(inten-

---

[①] [英]凯文·拉兰德:《未完成的进化》,史耕山、张尚莲译,中信出版集团2018年版,第16页。

[②] [美]迈克尔·加扎尼加:《人类的荣耀》,彭雅伦译,北京联合出版公司2016年版,第48页。

sionality）中低层次的部分。

　　人类的智能从文化、道德和语言表现出来，文化作为对于人类生活样式最基本的概括，在人类演化史中是和石器工具的制造和使用具有同等含义的。如果从工具史来反映人类演化历程，其可靠程度并不输于骨骼化石证据和生物分子证据。不仅如此，出土的石器作为最基本的、完整性更好的文化遗存，一旦确认其具备了人工制品的基本特征，往往能对其他两类证据形成非常重要的互证关系。工具行为之所以能起到这样的作用，在很大程度上是由于在语言产生之前，能够将人类演化历程中内在的方面充分展示出来的，除了能行走各处的双脚，便是一经人手摆置就似乎被注入了活力的石器。一片从砾石上剥离的石叶在本质上和一块会发光的电子屏幕并无不同，工具行为可以使我们看到，"人类通过现场装配、针对于情境的复杂性为链来实现他们的目标。他们通过使用世界因果结构的认知模型来计划行为"[1]。而能够使人做出这些明显有别于猿类的并且比猿类更高明的行为的原因，就在于人有独特而强大的智能。

　　能够使人类在智能方面傲然而立的最关键、最核心的器官条件是大脑。在300万年的时间里，人脑容量增大了4倍，并成为人体中以所占总体重量的比例而言消耗能量最多的部分。"更大的脑绝不只是装饰，而是使得其拥有者能够制造出更好的工具，并在这个星球上散布更多的同类的必要条件。"[2] 和同等体格的猿类相比，现代人的脑是它们脑量的3倍，获得这样一个高度发达的能思维的物质器官的最明显的代价之一，便是相比其他动物的幼崽，人类婴儿在发育过程中获得独立生存能力的时间大幅延迟。只有人演化出了这样硕大发达的脑，也就是说只有人类获得了智能，成为既能有所为又能有所思的动物。平克把智能定义为"在面对障碍时利用事物如何运转的知识达到目的"[3] 的能力，这一能力的获得是漫长的演化过程造就的，需要四个方面因素的支持：视觉能力、群居生活、手的形成、狩猎，毫无疑问贯穿这些要素的就是工具行为。而智

---

[1] ［美］史迪芬·平克：《心智探奇：人类心智的起源与进化》，郝耀伟译，浙江人民出版社2016年版，第188页。
[2] 同上书，第201页。
[3] 同上书，第192页。

人时代大量的洞穴艺术创作行为得以涌现的时期，更说明符号化和象征性思维的形成处于急速上升期，安德烈·勒鲁瓦-古尔汉（Andre Leroi-Gourhan）认为洞穴艺术可以被看作是一种意识形态体系，甚至可以称之为"洞穴宗教"。而史蒂文·米森则认为艺术行为表明原始人类大脑中的"自然历史智力、技术智力和社会智力"已经整合在一起，具有现代人类完备智能的大脑已趋于完成，"原始艺术显示了丰富的技能，充满了情感，它本身就最有力地证明了大脑的最后一次重组"[1]。

这些理论中包含的定义和要素分析并不同于传统的灵魂学说、庸俗唯物主义的大脑分泌物理论、机械论的能量流动假说或者一种内在机制并不清晰的结构功能主义解释，而是基于信息论的心智计算理论，这种理论的核心观点是"把思维看作一种信息加工过程，把智能的本质看作是计算"[2]。在对于智能本质的解释力方面，计算理论所具有的优势是能够对心物的互相作用及心智的内在机制给出一种最简化的信息处理过程的解释。依照这种观点，人类之所以能够以制造、使用和升级工具变得越来越成为自然中的异类，是因为除了一个因姿势变化而使身体器官表现出新颖功能的转换之外，这个身体之中还有一种能对所有行为加以组织整合的心智程序。

智能的演化和原始人类工具演化是同步的。首先，从脑的变化来看，的确存在脑量增加和智能提升的明显的相关性，这方面的一个解释是，"在学习如何制作奥杜威工具的过程中，大脑后部的视觉皮层会产生不同的活动模式，这说明工具制作的行为塑造大脑对刺激的反应方式，而学习（当制作石器时）可以改变大脑活动。较为复杂的工具制作活动对大脑影响最为明显，这些受影响的区域在顶叶的缘上回和前额皮质的右侧额下回。这些大脑区域与设计复杂的行动、高级认知有关，也可能与语言技能的发展有关"[3]。其次，对于不同时期代表性工具行为的分析，显

---

[1] ［英］彼得·沃森：《人类思想史：浪漫灵魂》，姜倩等译，中央编译出版社2011年版，第55页。

[2] 李建会：《走向计算主义：数字时代人工创造生命的哲学》，中国书籍出版社2004年版，第210页。

[3] ［美］奥古斯汀·富恩特斯：《一切与创造有关——想象力如何创造人类》，贾丙波译，中信出版集团2018年版，第48页。

示出石器的加工技术、形态和用途、对劳动协作行为的促进、获得食物和其他物品丰富性的提升以及活动范围的扩大,和智能的提升存在正反馈关联。由于工具本身代表和引导了文化,文化演化和智能演化在此也获得了一致性。"制造工具不只是造出工具,还让我们的大脑重新组构,所以大脑才能仿效我们制造工具的双手,依循双手和世界互动的方式来理解这个世界。"①

但是,工具行为是向着逐步升级的、逐渐具备精细工序的、更为得心应手的方面发展的。这件重要的事实提示我们,如同现代人智力的发挥总是对应着语言的运用一样,越来越擅长从石块中"抽取出"自己想要的实物形态的原始人类绝不可能总是处于哑口无言的内省式的苦工状态,他们不会一直处于只看不说的状态。以下几点理由会支持这一判断:第一,工具行为中心灵模板的出现需要以有效的方式传授工艺、学习技能和交流经验。以发现于肯尼亚洛迈奎地点的石器开始,有人造痕迹的石制品起初确实是极为粗糙和随意的,有不知其所为的漫无所依之感,这暗示着古人类的心智状态还不够完善。从规划性、设计性较低的奥杜瓦伊石器发展到阿舍利手斧时期,虽然耗费了漫长的百万年时光,但是水滴状两面器和初步的组合工具已经是将内心设想好的形态从石块中生产出来,必须以特定的规则保证其完成,而这些规则不可能在无法明确交流的情况下仅以个人内心活动的方式孤立地封闭于个体之中。而莫斯特文化时期大量出现的组合工具和多种材质加工,以及奥瑞纳文化时期经过精心设计的多功能工具和艺术创造固然表明了心智水平的大幅提高,但是外化的智能是如何转化为不断提高的工具技能的?第二,工具技能的复杂化意味着狩猎采集的活动要求更高的群体协作,而在默然无声中充分达到协作的目的是不可想象的。尤其是在充满变化和具有各种威胁生存的因素的自然环境中,和兽类搏斗的原始人类要如何向同伴准确传达自己在危急情况下的意愿?第三,考古学中对于大脑结构和工具行为关系的研究显示,不仅能人的颅骨化石内腔已有布罗卡氏区的印痕,而且从那时开始,原始人类的大脑就已经出现了与工具制造中惯用一侧手

---

① [美]奇普·沃尔特:《重返人类演化现场》,蔡承志译,生活·读书·新知三联书店2014年版,第70页。

臂相关的不对称性，语言管控集中的左脑体积要更大，同时脑的体积增加了三倍多，这种思维器官方面的变化难道不会让古人类在沟通方式上有所作为？所以，在工具和智能不断进步的同时，语言能力应该也在持续的选择压力下出现了。

## 二 "非说不可"的秘密

恩格斯曾在《作用》一文中论及语言的产生，"随着手的发展，随着劳动开始的人对自然的支配，在每一新的进展中扩大了人的眼界。他们在自然对象中不断地发现新的、以往所不知道的属性。另一方面，劳动的发展必然促使社会成员更紧密地互相结合起来，因为劳动的发展使互相支持和共同协作的场合增多了，并且使每个人都清楚地意识到这种共同协作的好处。一句话，这些正在生成中的人，已经达到彼此间不得不说些什么的地步了"①。这是关于语言起源于劳动协作中的沟通需求的最初表述：语言是被工具行为和劳动中的智能进步与协作关系的合力催生出来的，从发生学意义而言具有"非说不可"的难以抑制的性质，这一观点包含的洞见在理查德·利基的语言观里得以重现②。虽然利基本人并未提及这一事实，但是这种在语言的演化压力方面主张的远期发生论的观点与恩格斯的观点很接近。虽然语言的近期发生论认为语言的产生比起工具的出现和脑的完善要晚得多，因此恩格斯把语言和劳动看作人脑形成的两个主要的推动力的说法在考古学证据和逻辑关系上无法获得更多支持，但至少我们得到了关于语言是和受内在尺度支配的工具行为紧密缠结的基本线索，可以去对那个让原始人类"非说不可"的理由探究一番。

---

① 中共中央编译局：《马克思恩格斯文集》第 9 卷，人民出版社 2009 年版，第 553 页。
② 利基认为，"狩猎和采集是一种比猿的（行为）更具有挑战意义的生存方式。随着这种挑战方式日益复杂，社会和经济协调的需要也增加。在这种情况下，有效的沟通变得越来越有价值。自然选择会因此稳步地提高语言能力。结果，古猿声音的组成部分——可能类似现代猿的喘气、表示蔑视的不满的叫声和哼哼声——会扩大，而它的表达会变得更有结构性。像我们今天所知道的，语言是因狩猎和采集的迫切需要而出现的，或者似乎是如此"。参见［美］理查德·利基《人类的起源》，吴汝康、吴新智、林圣龙译，上海科学技术出版社 2007 年版，第 110—111 页。

### （一）侧耳倾听：原始人类的语言

语言是否是人类独有的能力？这个问题也会像直立行走、工具、智能一样给人类带来困惑。如果把语言看作是广义的信息交流手段和传播媒介，那么语言将包括很多内容，我们无法不认为动物也有自己的"语言"。除在有了现代科学仪器支持之后才能检测出的人类听觉频率之外的生物声波交流方式，蚂蚁的基于分泌物的信息素、蜜蜂的8字形舞蹈、鸟类的鸣叫及某些鸟类对人类语言的表面化的模仿，还有包括大象、鲸鱼和海豚在内的哺乳动物发出的频率各不相同因而只有借助现代科技手段才能让人类"听到"和听清的声音，都可以被看作动物的"语言"。而试图教会黑猩猩和倭黑猩猩语言的实验，似乎证明了人类及其近亲不仅在基因层面有高度相似性，在语言能力上也比人类和其他动物的距离更近。然而，人类的语言，和这种宽大为怀的语言观所表达的主题并不一致。在最宽泛的意义上使用语言概念时，也许就像在动物那里寻找工具能力和智能表现一样，是忽视了某些关键的前置要素的感情用事的结果。

当初达尔文在说到语言问题时，既把语言看作人和低等动物的区别，也赞同把语言视为特属于人类的基于本能的技艺，人类语言无疑是有音节的。达尔文把这种语言的起源"归因于：对各种自然声音其他动物叫声以及人类自己的本能呼喊的模仿及其修正变异，并辅以手势和姿势"①。他更进一步地猜测早期人类在像今天的人们一样说话之前，会先发出如猿类那样的近乎歌唱的音调。达尔文实际上针对语言的起源提出了两个假设。第一个假设以听觉器官和语言器官的密切关系为基础，以能够倾听为前提来说明语言的产生，这已经在很大程度上得到了现代科学的证明，而听觉器官和发声器官的完善及正常功能的发挥，又都和脑的完善及大脑内部的模块化的结构和功能相关。很显然，这一点即便从常理推测也是成立的，石器工具的制造中有基于模仿的学习行为，观察和倾听在石器工艺的改进和传承中一定十分重要，只有在侧耳倾听的过程中，手眼相随，才能在某个未知的时段造就恩格斯猜测的不可抑制的话语冲动。第二个假设被称为语言起源的乐源论，很显然发声器官的完善和脑

---

① ［英］达尔文：《人类的由来》，潘光旦、胡寿文译，商务印书馆1997年版，第56页。

的完善存在因果关系，布罗卡氏区①和韦尼克氏区②的发现揭示了脑部结构中特定区域和人类语言的关系，这两处语言中枢将人们内在的想法加以转化，并将无声的用以描述事物和表达沟通意愿的符号和声音连接，这需要向发声器官发出精准的指令。韦尼克氏区控制着人们对语言的理解，以保证逻辑有序地说话，而布罗卡氏区对面部肌肉和手部动作有控制作用，这两个区域在人脑中的位置靠近镜像神经元的关联部位，这也许是语言、表情、肢体动作和工具制造密切关联的重要理由。可见，如果把智能看成人所独有的能力的话，意味着能制造越来越复杂精巧工具的人类在埋头苦干中越来越擅长对付那些让其他动物视若无物的坚硬石头时，有一种活跃的内心状态和外在活动相对应。而人类这种无时不有的思想状态本身存在一种内在言说的机制，这实际上意味着脑必须完善到一定程度。发达的脑，是语言产生的至关重要的内在条件，在语法的逻辑依据和生物器官基础方面提供了最关键的支持。

目前关于人类语言出现的时间节点存在两种不同的看法：一种可以称之为远期发生论，将语言的产生前推至人属动物出现之时。另一种则可以称之为近期发生论，这种更为确定的观点把语言这一革命性能力出现的时间定格于 5 万—7 万年前，与当时出现的"技术大跃进"处于同一时期。在对技术跃进原因的解释上，无论是生态环境的变化导致的文化演进，还是偶然性的基因突变导致大脑发生快速的遗传改组，都在语言和更为精细的工具制造和劳动之间建立了可靠的联系。

前文已经提及，根据最新的考古发现，最早的石器出现于 340 万年前。很显然，没有证据表明能制造工具的原始人类在那时能一边砸制石块一边聊些什么，因为即便是对于 260 万年前的能人，要肯定地说他们能在制造工具的同时开口讲话，犹嫌证据不足，但并非证据全无。最有价值的证据在于能人颅骨化石腔内压痕中发现的布罗卡氏区凸起，立足于布罗卡氏区和语言能力关联的相关理论，起初这一发现成为猜测能人可能已经掌握语言的重要证据，但语言能力与大脑整体结构相关，况且 20

---

① 即位于大脑左半球的语言中枢，主控语言的发音、语法和言语的动机，由德国医生布罗卡于 1861 年发现。

② 位于大脑左半球，主控语言理解的能力，由德国医生韦尼克于 1874 年发现。

世纪晚些时候的一些研究发现能人的脊柱区域缺少能有效控制呼吸气流的神经组织，能人的喉头结构还不是成熟的发声器官，因此在确定能人具有能制造工具的巧手的同时，对其语言能力却很难有太高的估计。在人属出现以后，直立人的语言能力是因为爪哇人的工具制造能力得到确认的。有证据显示他们曾扎制竹筏漂过宽度约为17公里的海峡。他们能够进行复杂计划和思想并具有强大社会组织能力，解剖学上可以进行短暂发声的脊柱结构的存在，特别是必须有语言支持方可顺利进行的横渡海峡的行为，显示直立人在80万—100万年前就可能已在有组织的群体行为中具备了语言能力。虽然脑量很大却在智力方面并不占优势的尼安德特人也可能有了某种初步的吟唱式语言，这都和发达的工具行为有所关联。

　　可以说，语言是在石器工具的制造和使用持续了很久之后才产生的。当古人类的智力得到了提升，同时工具不断得以改进，人类的活动范围持续扩大，被纳入工具作用范围的自然物种类也呈现激增态势，以至于人们必须以集体协作的方式才能完成特定形式的劳动。尤其是像造筏航海这样的以单纯的沉默无声的观察模仿乃至手势交流无法完成的活动，必须用有声的语言交流才能在起伏不定的海面之上达成有效沟通，以便齐心协力登陆新的区域。这在一定程度上支持了恩格斯对于语言如何从劳动协作中产生的假设：的确存在某种无形而迫切的与环境和特定活动密切相关的选择压力，在此情境之下不说话就不足以成功渡海。由于最新的考古证据显示人类到达澳大利亚的时间在6.5万—8万年前，不仅4.5万年前灭绝大型动物的"未被觉察的过度杀戮"①的罪责不应该由这些不安分的智人承担，而且语言近期发生的时间也要前推2万年左右。最近的一项研究强化了这一判断，肖恩·乌尔姆（Sean Ulm）利用澳大利亚西北部最有可能成为登陆点区域的海洋气象资料建立了先民迁徙路线的计算机模型，对模拟出的几百条路径加以对比分析，认为澳大利亚本土居民的祖先要通过航海行为跨越的海域总宽度实际上接近于150公里，这一区域的海水深度也达到100米左右。这就是说，除非有着严密的

---

① 《人类殖民澳洲2000年就致当地85%大型动物灭绝》，2018年3月5日，http://tech.163.com/17/0209/01/CCPVN8KN00097U81.html#，2017年2月9日。

计划、充分的筹备和及时有效的沟通，并以多艘航船编制船队的方式进行配合默契的航行，否则不可能完成这一越洋迁徙的壮举，"人类首次到达澳大利亚应当是有组织、协同完成的移民行为，而非一次偶然事件"①。如果计划性的、高协作度的航海行为得到确认的话，不仅使语言和劳动协作有着密切甚至直接关系的假设获得了可能成立的证据，而且在语言和智人确定的行为意图之间也建立了更可靠的联系，为现代人类的工具技术"大跃进"赋予更多的意义。"原始人类的交际行为结晶成为语言，正是以下四条证据背后的原因所在：人口的首次激增、艺术大爆炸、工具的爆炸性发展以及穿越横亘于亚洲与澳大利亚之间的激流深海。"② 这说明对于语言的产生不是只具备发声器官条件和协作需求就足够了，必须有内在尺度的支持，人类日益增强的智能包含着一个特定的逻辑结构，由此决定了人类开口言说时说什么以及怎么说，要受到语法的限制，这也是下一节在论及与人类近亲有关的语言实验时所要涉及的重要方面。

如果要对原始人类的语言的发展进行一个虽不够确切，但能够大致呈现其发展脉络的描述的话，借用阶段性的人类演化图谱是可行的，虽然这样做可能会产生一些可在支系式描述中加以避免的误解。由于猿类本身是有它自己的啼叫声并能借助这些声音表达一些本能层面的意思，所以在人猿分化之后，最早的古人类在直立行走之处，应该也沿袭了用叫声表意的习性。在最新的石器证据的支持下，工具制造的范围已经向前扩展到南猿阶段。南猿的叫声和手势很可能达不到今天所说的语言所要求的程度，这是因为语言是和智能发展的水平及劳动协作能力密切关联的，南猿只是在生理、心理和行为方面处于语言出现的准备阶段。

当具有确定的工具行为的能人出现时，他们的脑量有了提升，虽然在程度上不够显著，但根据邓巴的脑量和群体成员数量关系假说的推测，这一时期古人类的智力表现、群体规模、合作能力和交往活动都多于从前。而且正如前文提及的，能人颅骨化石提供的一个重要的解剖学特

---

① 闫勇：《人类首次到达澳大利亚并非偶然》，《中国社会科学报》2018年5月25日第3版。

② [美] 李讷：《人类进化中的"缺失环节"和语言的起源》，《哲学研究》2004年第2期，第162—177页。

征——布罗卡氏区腔内压痕——表明这一时期的原始人类已经具备了以语言进行交流的神经通路和大脑皮层区域,虽然这些"硬件"条件的出现并不意味着语言必然会在此时产生,因为只靠某一方面的生理特征是不足以完成开口讲话这看似简单实则由多个器官配合的思想表达活动的,况且这种颅内特殊的压痕在其他灵长类动物当中也有所发现。进一步的对能人乃至直立人的上半身骨骼化石的分析就说明了这一点,他们的胸椎上还存在着无法对呼吸气流自如控制的特殊结构,这让清晰连贯的发音变得不大可能。此外,能人喉部的解剖结构与现代人类也有明显区别,所以,会制造石器的开始具有一双巧手的能人还是只能像南猿一样发出和口头语言相比完全不同的叫声,语言的神经通路、脑部结构和其他身体器官还未能形成整体的协调状态。

寻找人类演化证据的过程充满了戏剧性,经过一番曲折的发现之旅,脑量更大、解剖特征更接近智人的直立人被纳入人类演化图谱中,其工具能力、迁徙能力以及对环境的适应性很可能由于语言能力而得到了空前提升。如果非洲以外的直立人是匠人迅速扩散的后裔,那么爪哇人的由来可从直立人的迁居获得来源上的说明,这一事件大约发生于200万年前,很难说这时候的直立人是如何到达印度尼西亚的,也许他们抓住了海平面下降的大好时机。虽然受到质疑,但是以下观点已经把一些多方面的证据串联起来了:直立人已经具备某种可表达确定意义、达成有效沟通并在复杂环境条件下增强协作以达成特定目标的语言,尽管这种语言和现代人类的语言仍有较大差别。相关的证据包括20世纪90年代弗罗勒斯岛的直立人以航海方式穿越华莱士线(wallaces line)[①]的工具遗迹、以色列的石器工具遗址、意大利的切普拉诺头骨化石、西班牙阿塔普埃尔卡山遗址以及德国的舍宁根遗址和比尔青斯雷本遗址中发掘出的各类工具,总的数量超过1万种。在耶拿的古人类居所中,不同材质的工具汇集一处,某些骨制品上出现了可被认为是最早的几何符号的线条状刻痕,这和初步的抽象思维水平和符号化思维能力存在关联。这种智力方面的提升发生于50万年前,相关的证据并非是孤立的,英国博克斯格罗

---

① 由以和达尔文不约而同地创制出演化论观点而著称的著名生物学家阿尔弗莱德·罗素·华莱士在19世纪60年代提出,用以区分动物地理区划中的东洋区和澳洲区。

夫遗址的考古证据显示人们熟练地掌握了围猎技巧①，他们经过周密计划，齐心协力将一些大型动物逼入绝境加以猎杀。"这是合作狩猎，规模远远超过黑猩猩在森林中猎杀猴子。用这样的方式狩猎，有计划、有合作以及伏击，语言是很关键的。"② 而西班牙发现的距今 30 万年以前的古人类化石已经具有和现代人类大致相同的颅骨结构，说明其脑量与现代人类相差无几，其他生理特征也并不让人感到陌生。考虑到化石证据提供的这一时期的欧洲原始人类具有多样化的种群形态，说明他们之间的迁徙行为和基因流动有极高的相关性。但是这一时期的气候状况并不利于获取充分的食物，人类已经习惯了肉食，当狩猎采集的生存方式受到环境和气候条件的阻碍时，可行的适应性表现就是以工具的改进和协作程度的提升来增强觅食效率。环境压力越大，原始人类以言语方式达成更有效的沟通的可能性越大，因此有一种观点倾向于认为清晰的口头语言产生于气候相对恶劣的北欧地区，并通过人群扩散和基因交换其他地区流动。最有可能的行为学证据依然和古人类造筏横渡海面、穿过华莱士线到达澳大利亚的活动有关。这里提供的并非是单一的解剖学证据，而是对人类的智力、工具和组织性的综合判断。语言得以产生的条件远比其他行为复杂，需要以发达的工具和智力条件作为前提，以特定的神经通路和大脑结构作为物质基础，但这一基础显然并非现成的存在，而是缓慢累积的结果，似乎是由环境压力触发并受到不断矫正。人类大脑的完善还为言语提供了内在逻辑的理由，但仅有这些还不够，构造特别的发声器官也处在同样的演化过程中，而这一过程牵引着人类身体的整体结构。要对直立人获得语言能力的诸种基础条件逐一还原是不可能的，但是现有的证据已经把发声器官的完善、大脑思维能力的提高和具体活动提出的协作要求整合在一起，它们共同促成语言的发生。和实物相对应有确切含义的语词以及把对事物之间的联系加以表达的句法作为语言的一般特征是在言语的音素组合中逐渐形成的，这个变化的动力也要考

---

① ［美］布莱恩·费根：《世界史前史》，杨宁等译，北京联合出版公司 2017 年版，第 83 页。

② ［新西兰］斯蒂文·罗杰·费希尔：《语言的历史》，崔存明、胡红伟译，中央编译出版社 2012 年版，第 26 页。

虑到外部条件的刺激所引起的智能的演进。费希尔举例说，语言形态和发音的不同既能容纳更多的对实物的指称，同时也能以语言形式来表达古人类逐渐明晰的时间观念，人类的语言是从至少三个元音的组合中扩展成为不同的语系的。在这一点上，他与威廉姆·凯尔文（William H. Calvin）的观点具有一致性。凯尔文在说明古人类的投掷动作和智能发展的关系时，指出黑猩猩虽然也会有发声表意的行为，但它们不具备把三个音组合在一起形成词汇的能力，只有人类可以串联意义不明的发音，并使之成为有特定含义的词汇。这一本领独特性说明在人脑内已经具备了排序能力和计划能力，这也说明和人类的逻辑思维能力密切相关的处于核心位置的智能表达是在工具行为中逐渐具备了某种可与"天赋"相提并论的内在结构，并以此制约语言的表达模式。在这种以音素组合表征语言共性的说法中，还意味着有些发音是基础性的，只要把更多的发音穿插在基础音素的组合中，就能够完成更多的词汇创造。直立人在制造和使用工具的过程中，对自身与事物的关系有了新的感受，这种感受意味着空间观念的转换，在语言上表现为归类和修饰，语句的基本构成和几种不同的语气也许已经在当时人们开口讲话的时候有了初步的形式。在关于语言的成因方面，通过在实际沟通中发生的作用及相关的选择压力来说明语言趋于完善的观点实际上可被归为功能主义分析，这和天赋论的自主性的、可以进行社会遗传的语言结构的说法结合起来，有望为语言的产生找到内在和外在、恒定和变异的要素相统一的解释路径。总的来说，100万年前的直立人已经具备说出简单语句的可能。

随着尼安德特人的完整的基因图谱的测定，这个与智人有过基因交流[①]因而在文化和语言方面也存在交融的演化旁支现在已经不再被看成独立的人种，而是被划入古智人的亚种。[②] 尼安德特人从40万年前就与现代人类从共同祖先中分离，之后长期活跃在欧洲大陆，这是对大约4万年前的腿骨化石中提取的古人类DNA进行分析的结果。他们很可能是直立人衍生的后代，但是种群规模一直很有限。尼安德特人的体型因为要

---

[①] 齐芳：《古DNA研究揭示现代人类祖先曾与尼安德特人"混血"》，《光明日报》2015年6月24日第5版。

[②] 秘彩莉等：《尼安德特人基因组学研究进展》，《遗传》2012年第6期，第659—665页。

适应气候的变化,也曾经历过很大的演变,这使他们能在寒冷地带长期生存。作为最早被发现的原始人类,早先根据已有的化石提供的证据还原出的形象往往把他们与呆傻粗笨的穴居人联系在一起,这并不符合尼安德特人的实际的智力状况和工具行为水平。根据颅骨化石的分析,尼安德特人不仅体格强健,而且善于在狩猎中合作,其脑容量比现代人类更大,说明他们在智力方面应该有独到之处,这从他们制造的复合性的专用工具就可反映出来。这些工具属于莫斯特模式,已将石制箭镞和木棍组合在一起,可以在近距离对大型动物产生更大杀伤力。在欧洲大陆的一些尼安德特人遗址发掘出的工具还包括手斧、尖状器和锯齿形石片以及更多用途不明的石器,有些经过分析已经明确了其剥取兽肉以便进一步加工储存和从植物纤维中榨取汁液的功能。更为复杂的和精心设计的工具让尼安德特人成为极为成功的狩猎采集者,他们对周边环境有了规律性的掌握,根据季节变化中动植物的生长状况来制定狩猎的方案。他们也学会了以弧形刮削器剥制动物皮革(但是牙齿化石中的印痕也显示他们不时用牙齿撕咬兽皮,这也许是在进一步的精细加工中培养出来的技巧),已经可以用兽皮制作衣服。这种工具行为和当时古智人的工具能力是很难截然分开的,从工具的多样性可以看到工具行为的精确度和专门化程度都有了很大提高,这种情况很可能和处于上升期的智力发展和文化因素相关。尼安德特人也和之前的匠人一样,在气候条件和环境压力的影响下多次迁徙,他们的远足踪迹比早先认为的只延伸到中东境内的范围要更远。2017年的一项研究就显示,在河南许昌灵井遗址发现的距今10.5万—12.5万年前的"许昌人"很可能就是当时中国北方本土原始人类和尼安德特人基因交流的后代[①],此前的其他研究也表明尼安德特人在9万年前与早期智人有过频繁的、直接的来往。无论是在基本的繁衍行为,还是工具行为,以及在语言方面,都曾有难以因为尼安德特人数量有限而被忽视的改变,甚至可能从中产生最早的一批具备双语能力的古人类。

某些意味独特的考古证据显示,尼安德特人在种群内部成员关系的

---

① 吴秀杰、占扬:《中国发现新型古人类化石——许昌人》,《前沿科学》2018年第1期,第51—54页。

处理上和生活的文化特征方面有一些无法忽略的重要表现。法国西南部莱赛齐耶（Les Eyzies）的拉费拉西（La Ferrassie）人遗址从19世纪末到20世纪80年代中期一直有古智人和尼安德特人的化石和文化遗存得以发掘，其中的某些遗骸的集中情况显示是被人特意埋葬在一处的，墓穴中有一些似乎与方位有关的特殊设计，并标记有特定的符号，这可以成为宗教观念萌生的证据，也很难排除这种行为和某种更复杂的原始信仰体系的关联。某些骨骼化石还表明因腿脚不便而行动受限的人得到了食物的供给和其他方面的照顾①，这也可以视为尼安德特人的智力提升和社会交流得到强化的证据。此外，工具中夹杂的具有明显审美价值的装饰性多于实用性的贝壳制品，有些被认为是用来佩戴的，而另一些用来盛装化妆用品。2015年的一项研究还显示，尼安德特人在13万年前就已经能够对鹰爪进行打磨和串联，以其作为项链和手镯一类首饰使用②，这比原有的古人类饰品的10万年历史更悠久，而且从数量、工艺来看，这并非偶发性行为，而是当时尼安德特人种群中普遍盛行的做法。除非认知能力和符号化思维水平达到一定的程度，否则他们不会制作这样的与抽象审美意义相联系的物件。这表明尼安德特人绝非只知施展蛮力的"笨人"，尽管他们在3万年前的消失依然是未解之谜③，但是从以上越来越多的新证据来看，他们在退出历史舞台之前，发达的智力和强健的体魄在工具行为和文化发展中发挥了很大作用，在这种情况下，设想他们已经具备初步的语言能力是可能的，虽然似乎缺乏直接的证据。而2007年的一项研究④则提供了超越大脑容量、工具行为和原始信仰这些间接证据

---

① 伊拉克沙尼达尔（Shaniar）遗址洞穴发掘的尼安德特人骨骼化石显示，一位老年男性身有残疾，那么他肯定是在族群其他人的照料下才能过活的。参见［美］伊恩·塔特索尔《地球的主人：探寻人类的起源》，贾拥民译，浙江人民出版社2015年版，第193页。

② 《尼安德特人13万年前用鹰爪造出人类最早首饰》，2017年6月3日，http://www.cankaoxiaoxi.com/world/20150405/731497.shtml，2015年4月5日。

③ 关于尼安德特人的消失，大致有族内冲突灭绝说、环境灭绝说和智人替代说等一些假设，也可能是由几种因素共同作用导致的结果，但目前尚无定论。由于尼安德特人是智人演化的旁支，很多带有明显的价值倾向的判断被加在已经无法为自己进行辩解的尼人身上，其中就包括族内食人之风可能导致的灭绝以及基因交流给现代人留下的多种致病基因等。

④ 《尼安德特人具有现代人类语言基因》，2017年6月3日，http://www.lifeomics.com/?p=18393，2007年10月22日。

的基因证据,在很多动物身上也存在但唯独在人类机体中发生变异的 Foxp2 基因原本被认为是智人所特有的,但是这一在 12 万年前发生变异的"语言基因"已经由斯万特·帕波(Svante Pääbo)从提取于 4 万多年前的尼安德特人骨骼上的 DNA 分析中发现。显然不能由一个孤立的、可能遭到现代人类 DNA 污染的基因证据就断言尼安德特人已掌握语言,但结合他们的脑量、智能、信仰、工具和群体文化状况,他们只能在沉默无声中善待彼此、合力围猎并装饰自己的可能性大大降低了。塔特索尔根据对莫斯特工具的分析,一方面承认这些以"预制"石核技术制成的燧石工具"必定出自一个集智慧和灵巧于一身的物种"①,也看到了尼安德特人以组合、捆绑和黏结方式制作复合工具的能力;另一方面又认为这些工具中体现的工艺未免过于单调、刻板和缺乏创新,因此将他们排除在能够以符号化方式进行思维和交流的物种之外。而另一些解剖学证据却将尼安德特人的语言能力变成了一个不容忽视的器官功能和文化现象,否则就"没有任何其他的东西能解释他们复杂的工具制造水平和高水平的社会形态"②。这些证据中来自以色列的 6 万年前尼安德特人化石的完整舌骨确定地说明了现代人类才有的、足以使之巧舌如簧的关键骨骼已经出现于这些被认为不懂得用脑、缺乏象征性理解力的笨人口腔中了,也许他们所说的话并不比其他智人更少和更含糊。舌骨的证据自然也作为单一的器官条件受到了质疑,不过除了舌骨之外,一些更细致的观察让与现代人类宽度相仿的舌部神经通路也从尼安德特人的化石中显现出来了。作为有丰富经验的狩猎采集者,积累了相当多的动植物知识,既然发出连续喉音的生理条件和智力保障都有了,他们为什么不能像史蒂文·米森所设想的,以遵循一定韵律的哼唱开始尚处于初级阶段的语言交流呢?人们经常把原始人类最早的语言与孩童的咿呀学语进行类比,由于孩童的大脑发育程度和语言学习进度具有同步性,那么思维过程的复杂性和语言表达的复杂程度应该也是同步增进关系。对于已经会用火

---

① [美]伊恩·塔特索尔:《地球的主人:探寻人类的起源》,贾拥民译,浙江人民出版社 2015 年版,第 200 页。

② [新西兰]斯蒂文·罗杰·费希尔:《语言的历史》,崔存明、胡红伟译,中央编译出版社 2012 年版,第 32 页。

且具有疑似宗教观念并普遍使用装饰物的尼安德特人来说，他们已经在狩猎采集之外有了超出生存必需层面的目标设定，相关活动的规划过程在没有语言的情况下是难以完成的。费希尔设想，尼安德特人的巨大脑量所具有的智能使他们已经具备了某种程度的自我意识，需要借助特定词汇来获得对自我的进一步确认。如果从首次制造石器开始，就已经体现了原始人类的智力的飞跃，具有能通过人类特有的认知方式体现内心状态的潜力，那么尼安德特人的自我认知水平一定是有理由被放置在塔特索尔所说"'自我意识'光谱"更靠近"符号化的自我意识"①的这一端。正因如此，各种语词的细分已经让某些词汇不与实物相对应，而仅仅是为了将很多词语连缀成语句，并以此表达思想，这一过程体现出句法的产生及作用，成为语言表达的具体规则。"早期的人类，把句法当成他们独特的有声语言的核心。这种人类句法是在当人类同时拥有在这个水平上处理语言的神经通路和建立在手势语言基础上的控制送气的器官的时候才会产生"②，尼安德特人已经具备了几乎所有能掌握这些在语言表达中起着关键作用的句法的智力条件和器官条件。以目前并无太多选择的智人语言的句法作为参照，尼安德特人应该在原始人类的语言演变中处于承先启后的位置。

关于现代人类起源的不同理论也把语言的发生置于两种区别很大的考量之中，这就是前面提到过的远期发生论和近期发生论。除了时间的巨大差异，还涉及语言最初的共同形式的复杂变化。不管怎样，就如同人类的非洲始祖一样，语言之根也应该存在于非洲。虽然无法判断在超过100万年的演变中，伴随着智力的提升、工具的改进，人类的迁徙和基因的交流到底给语言注入了哪些新的成分，但可以肯定智人阶段的语言比之前的时代更具活力。能够对智人的语言状况进行推测的最有说服力的间接证据还是得从一些包括多种工具在内的人工制品中去寻找，这些物件因为具备某些更具创造性的特征被看作是人类具有抽象思维能力和

---

① ［美］伊恩·塔特索尔：《地球的主人：探寻人类的起源》，贾拥民译，浙江人民出版社2015年版，第78页。
② ［新西兰］斯蒂文·罗杰·费希尔：《语言的历史》，崔存明、胡红伟译，中央编译出版社2012年版，第33页。

形象表达能力的表现。在 2002 年南非布隆博斯（Blombos）洞穴出土的 2 块赭石表面有一些人工刻画的纹理，近似现代几何图案，测得年代距今约 7 万年。2006 年南非又在布姆普拉斯（Boomplaas）洞穴和克莱西斯河（Klasies River）遗址等地点发现了好几种对皮革、兽骨和木料分别进行加工的专用工具及一些复合工具，还有一些打孔的贝壳和从别处带来的赭石，应该是被用来做装饰品、染料和"画笔"。这些物品——包括劳动工具和早期艺术品——所关联的技术及认知发展至少已持续进行 10 万年，并在距今 6 万—8 万年时得到进一步提升，与此同时非洲智人的数量正处于稳定增长期，他们因此获得了向欧亚大陆迁徙的技术优势和智力保障。有研究者认为，这些物品体现的非同寻常的文化表达方式意味着象征性认知能力的发挥。这应该对应着非洲智人演化过程中的基因变化，很可能是分子层面的结构重组，形成了新的内在驱动，已经能够以更接近今天人类所习惯的符号化的途径来处理和交流信息。由于尼安德特人的身体结构状况已经否定了脑容量大小和智力高低的绝对关系，所以在合理考虑脑量增大这一条件的推动作用的同时，应该把神经结构的更新看作符号化思维能力获得重大进展的内在原因。能够从天然赭石中获取色料，这种能力是和抽象性观念具有一致性的。由于智人制造工具已经不是仅仅为了直接用于狩猎采集，也可能用于竞赛和交换，取自赭石的染色技术可以使工具的美观性得以增强。如果尼安德特人已有一定的信仰表达，智人不会在此方面无所作为。很可能这一时期的智人拥有了自己的特定仪式，能进行初步的艺术活动，而能够有此闲暇，是更完备的关于环境的知识和狩猎采集技能提高了获取必要生活资料的效率，更得益于他们拥有发达的语言。经过工具技术的大跃进时期，智人扩散到澳大利亚，我们已经知道由于这一远迁之举必须借助具有高度协作要求的航海作业才能完成，语言的作用就更加突出了。澳大利亚发现的约 1 万年前的人工制品不仅在制作材料上更加多样，涉及的内容也更为广泛。在具体表现上也有了更具艺术特质的绘画、雕塑等形式，一些古老的乐器出现了，这时的语言已经以今天的人们所习以为常的符号推理方式将人脑内的想法流畅地表达出来，人类越来越成为明显有别于猿类的智慧生物了。

尽管现在无法找到最原始的人类语言的形式（这当然不是指黑猩猩

的叫声），但是从人类的各种语言能够相互翻译、儿童可以从一开始学习语言时迅速掌握并非自己母语的语言，以及脱离必要社会环境处于语言习得期的儿童会丧失语言能力连带智力严重受损这样一些事实可以推知，人类的语言的确存在某些共性，整个人类的多样化的语言表达也是来自同样的原始样式。随着原本不具备语言功能的原始大脑发生结构上的调整，大脑皮层和脑区实际上成为全新的器官，这一器官既包含符号性的思维体系，又通过复杂的神经通路和人类身体的其他器官联结，其中的有机联系是在由工具的制造、使用和改进所牵引的原始人类基本的劳动形式——狩猎采集中逐步建立的。"当用片石技术制造石器，成为原始人的一种基本生存策略时，必然产生出一种选择力量，选择大脑把动作有序地组织起来的功能。这种核心功能一旦产生就不仅仅对投击动作有意义，它会同时增强语言功能及其他的智能行为……语言功能的增强，在这里是一顿免费午餐。语言的出现，对原始人工具行为和原始人的生存有重大的意义和影响，由此而产生新的选择力量去推动工具行为的发展和脑的扩大。看来，工具行为和语言的交互作用使原始人科成员的脑突破了猿脑的阈限，向智能的脑的方向发展。"[①] 这一过程将人类的语言和大脑的精妙构造及意识功能融合在一起，在演化过程中更大的脑量使人类逐步具备了独特的信号系统。原始人类在语言方面经历的复杂化的过程实际上是由身体姿态变化、手部动作反复叠加、工具行为持续强化、大脑容量不断扩增、发声器官共同演化的结果。语言的初始形式只不过是与动物的本能行为难以区分的感觉能力的发挥，但在工具行为引导的协作需求的压力之下，信息交流的重要性体现了人类生存过程中增强的社会性。人脑和其他语言器官的各项功能之间并非简单的单向因果关系，而是一种互为因果、互相促进的动态关联，内在的意识活动和外在的手势、体态、表情及语音在工具的升级中也形成了更为恰当的匹配。如同工具行为本身在技术工艺方面具有连续提升的巨大空间一样，语言也获得同步的促进，在日益复杂的社会行为的塑造中，象征性、想象力所引导的精神能量使人类的感知能力进入新的信号系统参与的复合状态，而

---

[①] 葛明德：《劳动在人类起源中发生作用的新证据》，《北京大学学报》（哲学社会科学版）1996年第3期，第47—53页。

包括猿类在内的其他动物还将长期停留在单纯的感觉层面。

从动物式的叫声、手势语到表意丰富的口语，在社会体系的成长中支持人类变成具有独特文化表现的生物。直立人可能具有的语言能力是不得不进行劳动协作以到达新的区域时的应急之举，保证了人类社会活动具有的计划性、组织性。迁徙过程中对自然环境认知的深化和扩充以及不同种群间的基因交流给人类的交往带来了活力，促进了工具技术的改进并提升了狩猎技巧，语言成为将这些方面整合在一起的纽带。与此同时，符号化思维伴随着闲暇时艺术创造和装饰行为中审美追求的浮现，也给语言的发展带来了更复杂的语法和更明确的表达。虽然直立人和尼安德特人都已成为演化旁支，但他们也为智人的语言贡献了某些经过深入融合而遭到忽视的成分，如同最近才被揭示的基因方面的成分一样。这样的过程持续了十多万年，当智人的数量越来越多，并通过经常性的迁徙各处流动时，各种不确定性因素都对语言的变化产生影响。语言处于随时波动的状态，几乎和环境、气候一样充满着变数，就像难以确切说明物种的消亡一样，很多语言、语系也已经在荒野中消散于无形，即便如此，在智人自封万物灵长的世界中，也依然有4000—6000种语言可以作为文化发展具有无可置疑的多样性的证据。具有同种语言的原始人类更容易获得必要信息的沟通、物品交换和基因交流，但是在语言不通的情况下，很可能通过回退到手势语阶段来为信息交流创造必要的条件，这说明语言演化与基因遗传间存在反馈关系。语言的发展也是一个在变化中追求平衡和稳定的过程。在没有书面文字能够存储语言表达的信息之前，语言随着人类生存疆界的调整不断地添加和损失着语词，智人的语言所具有的发音的清晰度不尽相同，发音方式也有很大差别，这种多样性可以显示出那种单一的原始语言经过了多次漂变。智人的活动范围扩大也是和语言的作用密不可分的。物品交换和技能传授在有了语言之后变得更快捷便利，语言的某些方面保持了长期的独立性，但人群间的信息交流不可避免地改变着语言的初始状态，使之融合、调整和传播更多的信息。原始人类迁徙的过程把基因、工具和语言一道携往新的区域，而且工具的扩散往往和语言的扩散具有协同关系，这是由于语言的出现降低了技能传授的成本，提升了人类的社会学习效率，加速了文化积累和传播的速度。当智人的几百个语系和上千种语言在全球各处分布时，开始于1.2万年前左右的气候回暖的变化所导致的海平面上升把语言不同的人们分隔开来。人们致力于在定居中驯化动植物，传统的狩猎采集生活发生了革命性转变，协作劳动的形式更为稳固，"社会复杂性增加了。人类数代人在一个地方居住，用泥砖建成的第一个城镇出现了。地方语言变成了更具有影响力的语言，并且被外部地区认作特定地理区域的'语言'"。①

这样看来，人类语言的起源无法不和动物以特定鸣叫声、表情和体态姿势传递信息的方式发生自然性的关联（这当然并不意味着语言只能以这一种方式发生），但只有随着脑量的增大、智力的发展、工具行为的升级和种群规模的扩大，在劳动的协作性需求上升到一定程度时，清晰有效、具有初步句法支撑的语言表达才可能出现。语言的使用提升了协作效能，狩猎采集技能的效率大幅提升，人类获得了进行艺术创作的闲暇，符号化思维因此获得重大进展。大脑受到了与之前活动影响显著不同的刺激，内部结构发生改变并可能引发进一步的基因重组（如Foxp2），与内在思想状态相关的符号化的语言成为人所独有的文化现象，也是人所独具的信息沟通方式，并被看作具有理智能力的人类和仅具有本能的动物的本质区别。

语言的演变体现出了明显的层次性。约翰·C. 埃克尔斯（John C. Eccles）根据比勒（Bühler）和波普尔（Popper）的分类方法，认为可以把人的语言看作由人类与动物共有的低级形式和专属于人类的高级形式组成的具有四个层级并各自具有特定表意功能的系统。② 这几个层次（功能）分别是处于低层的表情性功能或症候性功能和发布性或通报性功能，高层的功能则包括描述性功能和辩论性功能。低级形式主要通过与表情相结合的叫声表现出来，而人所独有的高级形式属于社会沟通的范畴，描述功能所表达的并非全是事实，也不可避免地涉及谎言。处于最高层次的辩论功能在种群演化和个体发育中出现得最晚，很显然它是与

---

① ［新西兰］斯蒂文·罗杰·费希尔：《语言的历史》，崔存明、胡红伟译，中央编译出版社2012年版，第39页。

② ［澳］约翰·C. 埃克尔斯：《脑的进化——自我意识的创生》，潘弘译，上海科技教育出版社2007年版，第80页。

专属于人的内在尺度的逻辑思维能力相关联的。从人类种系的语言发生过程和个体语言的进展具有同构性的理解出发，可以推知以下特征：第一，这几个语言层次的出现遵循着明确的由低到高的顺序，正如后文要提及的语言发展存在过渡形式的观点所表明的，特别是在现代人的正常语言表达中已退居其次但却不可能被完全取消的手势语，极有可能作为语言的最重要中介形式发挥不可替代的作用，并可以作为语言演变的直接证据来看待。第二，语言形式的顺序性伴随着低层次形式对更高层级的渗透性，最高级的形式因此具有了将其他功能加以整合的复杂性，手势、体态和表情所能起到的作用逐渐减少，这说明语言的思想内容倾向于排除某些感性因素的介入。第三，语言的口头表达也具有明显的层次性，分别是依照一定词法具有适宜容量的词库、具有递归性质的句法和保证有意义的理解沟通的语义及语意标准，这主要是为了免除语义在符合语法的情况下却流于语意不可理解的窘境[①]。第四，人类语言的学习过程中，逻辑的内核和实用性的表达是统一的，语言水平标志着人类认知能力的不断提升，这不仅包括对环境的相关知识的表达，更是表征自我的符号化思维的体现。

为了更好地理解这一问题，正如在工具行为方面无法完全否认相似性和连续性的作用，必须要对动物的行为深入剖析一样，在语言能力方面，同样要对与人类近亲有关的研究进行必要的讨论。我们将会发现，尽管被寄予厚望，但并不真能制造工具的黑猩猩其实也学不会说人话，而它们之所以做不到这两件重要的事情，除了生理结构的基础条件差异之外，智力水平和意识状态对应的内在尺度的区别才是关键。

### （二）人猿语言特训的启示

在说到这一问题的时候，最容易关联到的是人类和黑猩猩的相似度及曾经有过的教授黑猩猩学习人类语言的实验。之所以黑猩猩被选中来做这种实验，除了从解剖结构、形态学、行为方面确认了人类和它们的近亲关

---

[①] 为了说明这一点，乔姆斯基曾在《句法结构》中提出过一个著名的例子："无色的绿色思想愤怒地睡去"（Colorless green ideas sleep furiously）这句话在语法上没有任何错误，句中每个词的语义也是清楚明白的，但整个句子依常理令人无法理解。

系外，分子生物学提供了来自 DNA 方面的人和黑猩猩高度相似的数据。尽管前文已对这种相似度方面的误解做了一些澄清，在此还需再做一点必要的说明，因为人们很难不对这种看上去最具科学性的基因证据深信不疑。但是，在已经有大量的学者很轻易地对人与黑猩猩在基因上 98.5% 的相似度这一说法深信不疑的同时，也出现了不同的声音。拉兰德提示说，如果 DNA 数据显示了人类和黑猩猩 98.5% 的相似度，就意味着二者之间的 1.5% 的差异度，这些以精确数字表达的看似很可靠的数据其实根本不足以作为证据来使用。他从核苷酸变化引起的功能变异、基因拷贝数的匹配关系、基因剪接的显著差异、不同物种间的基因排列组合差异等几个方面说明了人与黑猩猩基因差异的更全面的状况。他特别提醒人们注意，人类基因图谱中，脑部基因表达因阳性选择而大幅上调，实际上黑猩猩的脑部的基因表达不是和人，而是和短尾猴更相似。这和从生理结构方面获得的关于脑的比较结果是一致的，黑猩猩的脑的特征和猴子更近，此外从脑量大小和脑的结构组织来说，人脑和黑猩猩的脑也有明显差异。"这意味着人类和黑猩猩在生物学上并不十分相似，因此他们在行为和认知上也不应该是相似的。"[①] 最能体现这种差异的方面在于沟通方式，虽然猿类比有些社会性特征较为突出的动物如蜜蜂和白蚁更多地借助于信号进行沟通，但把这类信号和人类的语言相比会发现：

第一，在时间和空间的约束力方面，动物的信号系统停留在很小的范围，无法以回忆或预见的方式对超出当前时刻和区域的事件进行反映并将这些信息传递给同伴，其认识程度相当于通常所说的感觉到知觉之间的状态。

第二，如同工具行为一样，动物不是缺少信号系统，而是在其个体的全部生命过程中以及在其整个物种的漫长历史中，这种信号长久地固化在一种毫无进展的单一状态里，因而无法表达复杂的意思。本质上属于一种封闭性的信号系统，它们无法讨论"一与多的关系问题"，也不会写出质能公式，而人类的语言几乎是一种可具有无限变化和新意迭出的开放系统，这种性质在工具系统和工具行为中也是一样的。可以肯定地

---

① ［英］凯文·拉兰德：《未完成的进化》，史耕山、张尚莲译，中信出版集团 2018 年版，第 20 页。

说，当今的人类已经和工具高度融合了。这并不仅仅是指在物质形态上的物理边界的消失或调整，更多的时候是一种物理形态的无损式操作，它将人类的内在尺度的蕴藏更多地释放和投射出来，这种效果仅仅在一个音乐爱好者戴上高保真耳机或是使用虚拟现实设备时就已经表露无遗，更不用说在范围更广的领域了。

认为动物自有某种人类还未曾洞悉其奥妙的复杂沟通方式，很可能也是高估动物的智能表现的结果。如果按照演化阶梯论的图谱，把所有生物按照从低级到高级的顺序排成一列，特别是将不同演化阶段的人类依次排列而让现代人类占据代表当下状态的端点的做法未必合理的话，把人类语言和动物的交流方式做如此排列也未必成立。人类语言是独特的，对动物交流沟通方式的任何可与人类语言相比拟的做法只是从类比意义上的猜测，并不代表其中存在一条基于演化的逻辑通道并能将其呈现为具体的排序。因此，在瓦解这种不恰当排序造成的连续性印象之后，联系对人类和黑猩猩的相似度的误解和由解剖学提供的猿类的喉头结构并不能发出语言所需要的复杂声音的证据，那种试图通过教会黑猩猩说话，从而证明语言只不过是具有亲缘关系的动物的沟通方式连续性演化后果的实验的失败就不怎么令人感到奇怪了。①

应该得到谨慎对待的恰好是这种语言特训实验，让在智慧程度上远超猿类之上的群体当中某些训练有素的专业性人士特意去教会黑猩猩学习语言，试想这种情境如果降临在人类的某个幸运或是不幸的个体身上，那将会是怎样的结果？虽然并不是所有的人都会对这一幕存在心理上的

---

① 就模仿能力的表现而言，有种观点认为这是人与动物可以在沟通方式上获得最大限度一致性的关键，但事实却具有讽刺意味。20世纪40年代，美国心理学家凯斯和海耶斯自称教会一只小黑猩猩四个单词的发音，但并未得到其他观察者确认，这种认识和现实生活中宠物的主人们极力称赞自己养的动物多么"通人性"、多么"懂事"大概属于同一层次。另外，心理学家夫妇温斯罗普和卢埃拉·凯洛格曾经在自己儿子7个月大时，收养了一只与自己儿子年龄相仿的黑猩猩，想以此营造一种能使黑猩猩更快学会人类语言的环境。但经过几年想必是有趣但也不乏艰难的努力，黑猩猩没能开口讲话，倒是他们的儿子成功地模仿了黑猩猩的声音，大概是为了防止自己的孩子被黑猩猩"带偏"（事实上这正说明人有着更强、更主动和更明确的学习能力），结果这两位可敬的心理学家只好终止这一实验。参见［英］凯文·拉兰德《未完成的进化》，史耕山、张尚莲译，中信出版集团2018年版，第23页。

抗拒①，但想必期待得到此类神秘启示的愿望并不会比某些自觉担负特殊使命者期待被外星人摄入飞碟的想法更强烈。如果能合理地想象这一幕加诸人类的情景并深感不适的话，也许就不会对试图教会黑猩猩说话抱有太大希望，即便某些受到特殊照顾的个体"学会"了手语，也很难说这是一种在普遍意义上可以认可的模式。在论及试图教会人猿语言却很可能纯属徒劳的情况时，布斯克斯的概括是简短而犀利的，"事实表明，研究者们过分地高估了猴子们的能力，他们所看见的，是他们所乐于见到的"②。

如果要对智能、语言和演化的关系加以探究，与其把注意力放在如何教会黑猩猩学会说人话的几乎已经不再有研究潜力的实验中，不妨更多地关注一下似乎已经被人遗忘的加尔各答狼孩的例子。这当然不是说要将人作为实验对象，而是充分利用虽因偶然性而出现，但要比挑选出某些猿类来特训更自然的因而具有更强参照性的关于人类如何获得语言和智能的生动例证。在智能的演化方面，本来就是人类的阿玛拉和卡玛拉的遭遇理应比一只从猿群里特选出来的黑猩猩的受试过程更有说服力。他们不仅没有受到人类语言的浸染（所以他们在被发现的时候，只会发出动物的嚎叫，即便重新开始学习人类语言，也明显地在掌握程度上大幅落后于同年龄的处于正常环境中的儿童），也与社会环境的熏陶无缘，还缺少所有儿童都喜欢的玩具。玩具是儿童化的工具，也可将其视为对成年之后的工具和劳动行为的预演，涉及的能力包括对空间、色彩、组合、旋转、形状的感知和判断，同时也是对语言能力和某些非理性能力的培养过程。玩玩具也是一种工具的制造和使用，无论是非工业化时代的玩具，还是工业化时代的塑料组合玩具和电子玩具，都能对儿童的智力发展起到不可替代的重要作用。儿童在摆弄玩具的过程中，不论是独

---

① "地球动物园"假说认为地球人是外星人的实验和观察对象，《三体》一类的科幻作品设想有更高智慧的外星人会光临地球来掠夺资源，还有大量类似《第三类接触》的文艺作品设想文明程度领先地球数个量级的外星生物会乐于让地球人获得比醍醐灌顶更高的智能提升的体验，凡此种种，都可以视为人类以动物作为实验对象寻求智能和沟通方式连续性的尝试所折射的心理的别样表达。

② ［荷］克里斯·布斯克斯：《进化思维》，徐纪贵译，四川人民出版社2010年版，第146页。

自玩耍还是和同伴一起游戏，总能获得演练语言、规划和交往能力的机会。如果把儿童智力发展和人类智力的演化形成做一个对比的话，不乏相似之处，这也可以成为以工具演化说明智能演化的例证。

在这里必须明确，受到怀疑和否认的并非有些动物尤其是猿类完全不具备语言的潜质，而是它们在同等的自然选择条件下将这种潜质转化为适应性现实的能力。如同能否直立行走一样，偶尔能直起身来和长久地两足行走既可能出于目前还无法解释的内在差别，更可能是一经采用便只可能获得强化而不可能回返的状态。

语言意味着遵守特定规则的符号化思维的表达和交流，之所以生物学家和心理学家们试图教会黑猩猩人类语言的多次实验都无功而终，关键在于，就人类的语言而论，说什么及怎么说是和想什么及怎么想的心智状态相互对应的。至于20世纪70年代末赫伯特·特勒斯发表的教会一只黑猩猩学会手语的研究结果，初看激动人心，但根本经不起仔细推敲。他明确指出黑猩猩除了在与食物有直接关系的情境中能以教过的手势要求食物之外，无法用新的手势组合表达复杂的含义，完全不具备造句能力。史蒂芬·平克和拉兰德一样，认为所谓黑猩猩能学会口语只是一个没有抓住"语法"这一关键点的表面化的错觉。至于最著名的黑猩猩习语者坎兹，虽然在极富耐心的心理学家苏·萨维奇-南姆博的教导下学会了图形字（lexigram）这种人工符号系统，但是依然不能说这就能够作为一个来自猿类的普遍证据说明黑猩猩在语言能力方面具备与人类相关的演化意义上的连续性。正如平克所分析的，人类的训练者一厢情愿地对黑猩猩的手势进行主观随意的"翻译"，并把这些手势当作训练中被教会的技能，实际上众多的手势只是动物当中普遍存在的本能的行为特征的一部分，它们被放置在特殊的实验设定中，得到了过度的解读，被赋予了它原本所没有的意义。试图在语言领域给动物构筑一条可与人类平等相处的绿色通道，只是又一次地证明了人类中心思维方式无所不在的威力而已。之所以说人类语言是复杂的和独特的，就在于语言是字词、语法与意义的高度统一，受到一整套逻辑准则的支配，这种逻辑是人类内在尺度中最关键的部分，也决定了人类语言不可能在除人以外的动物中获得真实的理解、掌握和使用，"除人类以外的动物尚未见能使用一套沟通系统，含恣意符号、符号的限用位置规则（句法），及增加符号扩充意义的规则"①。

从这个意义上来说，既没有理由高估动物的语言能力，也不能够把人的语言和动物的鸣叫、手势等简单的交流系统混为一谈。其中的根本区别在于语法，人类的语言因此具有几乎无穷尽的语意变化，并具有表达能力的多向性和语意结构方面丰富的层次性，这些都是动物的沟通方式所不具备的。人类语言的另一特有之处在于它和大脑的关系，这首先不是指脑的意识机能和语言的内在一致性，而是指在大脑皮层的功能划分中，左脑外侧特定区域的细胞群组和神经构造属于"语言区"（即布洛卡氏区）②，这对于那种认为人类语言和动物的鸣叫没有本质差异的观点是一种强有力的反驳，这也可以用来解释为什么黑猩猩没有和语言能力配套的发声器官③，而且在神经通路和 Foxp2 基因突变方面。人类和动物之间并非只存在生理结构的程度方面的差异，智力内核的有无决定了黑猩猩即便经过再多的教导和训练也只能在语言方面获得极其有限的进展。各个方面的因素的限制都无法让刻意为之、有一个具备更高智慧的指导者主导的语言特训的相关努力除了证明我们有差别的善意之外还能产生更多的效用。对此，平克直言不讳地指出，来自"好心的"训练者的一面之词的可信度太低，其行为主义的训练方法的科学性缺乏足够的保证，同时，人们往往忽略了另一个重要的事实："和动物长期相处的人很容易

---

① ［美］保罗·R. 埃力克：《人类的天性：基因、文化与人类前景》，李向慈、洪佼宜译，金城出版社 2014 年版，第 136 页。

② 实际上，也有少部分人对语言能力进行控制的大脑机能区域集中于右脑，或者同时由另一半大脑也参与控制语言。人类大脑长期演化的结果造就了大多数人以左脑特定区域控制语言的器官状态。至于造就这一状态的在身体姿势方面的原因，很可能要追溯到直立行走和双手制造工具的行为，正是这些人类特有的、经常性采用的身体姿态和一整套动作决定了内脏位置、肌肉和神经构造以及人类对运动和时空进行感知的具体方式，进而形成对称性的身体结构和与对称性相关的空间观念，并由此发展出对外部环境进行衡量的对称性认知框架。要把大脑的语言功能在内的各方面能力准确地描绘出来，就好像要把一盘已经拌好的菜肴所包含的各种原料逆向地分离、还原出来，这一过程可以通过很多近似的模型来描述，但很难说已有的脑部结构模板或语言基因的假说就能呈现大脑的物质器官方面的真实情况。

③ 通过对黑猩猩与成年人的喉头结构与鼻腔、口腔关系的解剖学研究可以发现，黑猩猩的喉部构造在吞咽食物和呼吸时更安全，但是并不利于连续性的送气和发声。人类成年后的喉部构造以付出进食时可能被呛到的代价获得了清晰、流畅发音的优势，这是演化过程中与发声构造的选择偏好的基因代代遗传的结果。

高估动物的沟通能力"①。古道尔和其他一些热衷于教会黑猩猩人类手势语并认为在某些个体身上达成这一目标的研究者都在较深的程度上陷入了这种"洞穴假象"和"种族假象"的混合效应之中而难以自拔。②

尽管可以在较为公允的层面认可黑猩猩某些习性和行为的趣味性，但关键在于，我们无法把动物实际上并未理解也不可能掌握的语言能力强加于它们，并以这样一种方式提高动物的地位或者为动物争取某些方面的权利，这种看上去尽显宽容之心的平权之举恰好表明了人类沙文主义情绪的泛滥。平克和拉兰德不约而同地指出了黑猩猩所代表的动物在语言学习方面所面临的最大问题在于语法。据此而论黑猩猩根本不可能真正学会手势语，它们的手势表达杂乱无章，需要教导者想方设法去进行大量的记录和辨析，已经让语言本应具有的提升信息沟通效率的优点丧失殆尽。在语言能力方面，这些黑猩猩甚至无法接近同样处于语言初学阶段的人类幼童所能达到的最低水平，这些用表面的好意强迫动物按照人类的方式进行沟通的闹剧进行得越多越久，就越是证明了由于根本上受限于内在尺度，再加上器官条件的约束，黑猩猩无法学会人类特有的符号化的、系统性的语言。

从以人类近亲为对象所进行的语言学习的实验所得到的结果来看，以语言作为人和动物本质区别的判断其实并没有真正被颠覆。上述语言层次中的高级形式的表现未能在黑猩猩的习语过程中得到确认，同时也排除了仅仅由于生理结构上发声器官和人类的区别所造成的语言能力的

---

① [美] 史蒂芬·平克：《语言本能：人类语言进化的奥秘》，欧阳明亮译，浙江人民出版社2015年版，第355页。

② 人类总是按照自己的心理趋向和文化趣味把动物生硬地拉进自己的错觉之中，这方面的误判往往要经过更为深入的、确定从动物本身视角的实验才能得到部分纠正。例如，两只吻鲈（Helostoma temminkii，俗称 kissing fish）的嘴部触碰其实是一条鱼对侵入自己领地的另一条鱼的警戒和攻击行为，但在某些多情的人类看来却意味着鱼类也会表达爱情。很多鸟类（比如枭）会在遇到令它们感到危险的情况时瞳孔变大，这绝不是像有些人想的那样做出某种可爱的样子讨好人类。还有黑猩猩的"微笑"表情，目前的研究所揭示的真实含义却是"惊恐"。达尔文曾在《人类和动物的表情》一书中列举了很多动物的表情并推测其要表达何种情绪和感受，主要是为了证明他一开始设定的三条原理：有用的联合性习惯原理、精神状态的外显对立原理和神经系统的直接作用原理，其中罗列的灵长类动物的表情及说明也未免存在很多过于主观的推测，这主要是由于达尔文的研究经历让他笃信动物和人类之间的相似性，但他并不能提供更多的中介性的证据。

严重欠缺，已经有学者很明确地承认了类似实验的失败，并对这一实验设置耗费的巨额成本和实际取得的有限成效表示失望。更有学者直率地称这种实验本身就是一场立足于人类演化的阶段式（实际上是梯级式）图谱的闹剧。乔姆斯基和约翰·C.埃克尔斯都认为对于人和动物在语言方面所存在的量和质的差异关系判定的失误是人猿语言学习实验最终流于无效的思想根源[1]。平克则认为想当然地把受偶然性支配的在物种关系上的接近状况作为语言能力也应该有较为接近的表现，是把生物学意义上的连续性简单地等同于文化上的连续性。实际上，现存的物种之间并非线性的阶段连缀的更替和升级关系，动物的交流方式和人类的沟通方式之间也许并没有某些人期待的连续性和可通约性。"人类的语言拥有一系列特征，这些特征在其他动物身上完全看不到，如指涉性、符号的相对独立性、创造性、语音知觉的范畴性以及词序的一致性、层级性、无限性和递归性，等等。"[2]

但是仅仅把黑猩猩无法学会人语的原因归于语法、智能和发声器官甚至是相关的基因突变的缺乏或无能，并没有说明这一问题的根本症结。既然有共同的祖先，那么种群分化后的差异为什么越来越大呢？直立行走肯定是不能绕开的重要原因，但接踵而至的变化是能以丰富动作牵动肌肉和神经的运动进而促进智力完善的双手的解放，而人手随后所做的最多的事情就是制造和使用工具，甚至人手本身就是元工具。在这个意义上，有无工具行为和有无语言的问题是等价的。用平克的话来说，是控制神经连接的基因形成能够对知觉和行为发生影响的新回路，人类祖先的大脑开始重新布线[3]，因此人类语言的历史很可能并非过去认为的那样生发于数万年前，而是伴随着来自南猿时代400万年之久的悠远回响。

---

[1]〔澳〕约翰·C.埃克尔斯：《脑的进化——自我意识的创生》，潘泓译，上海科技教育出版社2007年版，第91页。

[2]〔美〕史蒂芬·平克：《语言本能：人类语言进化的奥秘》，欧阳明亮译，浙江人民出版社2015年版，第365页。

[3]〔美〕史蒂芬·平克：《语言本能：人类语言进化的奥秘》，欧阳明亮译，浙江人民出版社2015年版，第369—370页。

## 三 物质外壳和思想内核在工具行为中的统一

### (一) 语言基因和语言本能

"人类会给他接触到的每一样事物,都赋予符号的意义。"① 承认人类用语言这种符号系统来进行沟通,仅仅说明了语言本质的某些方面。从语言的社会和历史作用特别是在对类意识的保存和传承方面来看,"语言是交换知识的手段"②,这里已经预设了知识保存的前提。思维至此,大概没有人会否认工具中凝结了太多的知识,并且也会承认语言的独特性和人类独有的智能具有统一性,那么语言究竟是如何发生的呢?对这个问题的思考,已经从行为学、解剖学和人类学方面获得了一些有价值的见解,并和工具行为紧密关联。

在达尔文的时代,对人类语言发生的探究总是无法摆脱和动物行为的比较。达尔文本人热衷于在动物的鸣叫中找到语言的起源,他关于语言的叙事总是难以摆脱早年环球考察时动物学研究经历所带来的丰富联想,某种类猿动物对于熟悉的大型食肉猛兽的叫声进行模仿以达到向同类预警的效果被认为是人类语言形成的第一步。同时期还有一些研究者认为语言源自劳动时强烈的发力所自然引起的呼号③,也可能与劳动过程中具有浓厚感情色彩的起初意义不明的随意呼喊有关。语言的起源还有一些类似的更为直白的想象所联结的说法,比如模仿一切与人类有关的动物或其他事物的叫声及发声,用大家都能识别的声音来指称相应的事物,这些认为语言源于拟声指物的观点被称为"汪汪说"(bow - wow theory)和"叮咚说"(ding - dong theory)。埃力克设想,如果现代人类的语言与人猿祖先的沟通方式有关,说明在人类演化过程中的语言形成具

---

① [英]克里斯·麦克马纳斯:《右手,左手:大脑、身体、原子和文化中不对称性的起源》,胡新和译,北京理工大学出版社2007年版,第425页。

② [美]史蒂芬·平克:《心智探奇:人类心智的起源与进化》,郝耀伟译,浙江人民出版社2016年版,第191页。

③ 不仅是需要体力付出的劳动行为,也包括有体力支持的其他一些活动比如体育比赛的参与者,也常常有发力时的呼喊,可以想象一下网球运动员在击球时发出的短促有力的喊声。这种在发力、用力时起到助力作用的呼喊往往是单音节的组合,和成熟的、复杂的口头语言相去甚远,也许这一表现正说明它很可能是语言的最原始的形式之一。

有连续性。"我们有足够的理由相信，随着人类的竞争，人属的头脑逐渐变大，社会相互作用日益密切，语言随着原人一起演化。"① 他提出人类具有的特殊喉头结构为语言的出现提供了因直立行走而发生的生理结构变化的证据，并且手势很可能在语言的发生阶段发挥关键作用。德里克·比克顿和艾伦·沃克都提出，直立人也许已经掌握了一种以手势的组合和简单的哼唱为基本表达架构的原始母语，而手势和哼唱是因包括狩猎、采集在内的活动中的信息沟通的普遍需求而产生的。如果按照现代人类源于非洲大陆的假设，语言随着现代智人走出非洲的脚步扩散到世界各处，人类的语言毫无疑问也有共同起源，这会把非洲智人的扩散和劳动关联起来：如果没有工具制造和使用能力提高这一条件的支持，并因此具备更强的狩猎能力、加工和携带食物的能力，由非洲进入欧亚的长途跋涉难以为继。由此看来，关于语言起源的探讨很容易就会转移到工具和劳动的作用方面，并从语言演变和人类种群演化的同构性涉及对于相关的先天因素的讨论。

对于大脑结构的完善和发声器官的演化，一直作为语言产生的生理结构方面的关键条件得到关注，声道、喉头的结构和脊柱的神经连接及肌肉运动对语言的准确发声来说必不可少。但是仅仅能发声是不够的，还要发出有意义的声音，这就有赖于大脑结构中特定区域的语言掌控能力的发挥。有一种观点认为，与语言相关的诸种条件都已经在智人出现时形成了，但对于这一优势集聚的原因却语焉不详。② 此外，就如同相信现代人类有一个共同的祖先一样，达尔文设想人类种族的完全谱系和世界上所有语言的完整谱系之间存在分类学上的对应关系，语言的演化也有一个像人类演化树一样的不断分权的结构。但是由于口头语言的出现和书面文字的产生在时间上存在一个对二者的有机联系进行明确界定时难以逾越的跨度，再加上语言变化的速度相对于人类的演化的速度而言要快得多，试图从语言的形式要素中寻找语言的根源显得极为困难。虽

---

① ［美］保罗·R. 埃力克：《人类的天性：基因、文化与人类前景》，李向慈、洪佼宜译，金城出版社2014年版，第145页。
② ［美］伊恩·塔特索尔：《地球的主人：探寻人类的起源》，贾拥民译，浙江大学出版社2015年版，第238页。

然一些研究者已经对多种语言中存在的和英语中的某些语词同源的表达进行了研究，但依然无法肯定地拿出巴比伦塔被毁之前人类只用一种"原始母语"或"单一的原始语言"即"原始世界语"（Proto - World Language）① 交流的可靠证据。就像我们相信存在人类的共同祖先却无法真正将其找出来一样，那种单一的最初的语言、所有语言的母语形式即便存在，也已经永远散佚在遥远的时代了。如果达尔文的设想是正确的，那就意味着语言的差异和人类基因的差异应该存在一定对应关系，这可以构成语言和基因在分布形态方面相互参照拾遗补阙的理由。然而实际情况是，对于存在语言的共同形态的判断由于口头语言未能留下可供分析的记录，一种致力于在考古学证据、遗传学证据和语言学证据之间形成统一理解的学科综合远未达到进化论综合所企及的程度。奥尔森提示说，如果从对协作性要求极高因而很有可能发生于语言产生之后的航海活动的进行来推测语言的使用情况，可以肯定起初某种语言的使用者数量较小且具有明显的方言性质。当使用某种语言的种群规模扩大并产生分化后，基因状况和语言要素都有可能发生大的变化。只要种群间的空间距离保持足够长的时间，无论是从生理特征、文化表现还是语言交流方面来看，都有可能出现难以置信的区别。关于这一点，只要看一下世界范围内不同区域的人群的外形特征和大约 5000 种语言的使用就可以得到证明。当然，如果从语言学角度深入分析词汇和语法中的相同之处，也许可以发现不同语言的共通之处，这样就可以划分出基本语系和更多种子语系。除了语言的分化，受到人群迁徙过程中基因交流的影响，原本处于不同地区持不同语言的人群也会相互融合，不同的语言也会在某种主导性的语言的作用下汇合起来，形成新的原型语言。除了语言随移民一起流入某地区并在人群融合中孕育出新语言外，一种语言也可能因某种有意为之的外在强加的行为而进入特定的文化。

关于现代人类起源的两种理论在语言和基因的关系上也提供了加深理解的契机。就像把人类的共同祖先定位于非洲一样，"替代论"或"单一起源说"也仅仅以非洲作为现代人类的唯一发源地，线粒体和 Y 染色

---

① ［美］史蒂夫·奥尔森：《人类基因的历史地图》，霍达文译，生活·读书·新知三联书店 2006 年版，第 138 页。

体方面的基因物质的遗传学分析出示的证据从不同的性别方面对应了现代人的非洲祖先。尽管存在男女两性在迁徙比例方面的差异,并且从生存年代判断其中涉及的"亚当"和"夏娃"在时间上可能重合但在空间上很可能素不相识①,但是这一理论也为语言可能存在一个共同来源的假说提供了支持。如果现代人类皆是非洲的同一种群扩散开来的结果,那么全球的所有语系也就是某种非洲语言经过分化、融合及变形所致,这种理论更有利于语言的近期发生论。而另一种多起源论看重的是各地区人群中在生理特征、工具行为和基因交流的连续性。如果这种理论揭示了现代人类在各地区独立演化并不时发生基因交流的实况的话,语言又何尝不是如此呢?某些历史更悠久的语系很可能在百万年的时间尺度内发生了极为复杂的变化。如果考虑到尼安德特人本身可能已经掌握某种吟唱式语言,但最终又被沟通能力更强和更具合作能力的智人取代的假说,而有证据表明智人又和尼安德特人发生过基因交流,现今非洲之外的人类有至少1%的尼安德特人血统,那么就没有理由否认现代人类的语言中可能保留了来自其他种群语言的成分。人类进入欧洲的时间不仅从考古证据的分析中显露出来,基因分析也让约5万年前原本来自非洲的古人类穿越中东地区进入欧洲的路径的可信度得到了提高。

这意味着,作为公共符号系统的语言也许具有某种更深刻的与生俱来的理由。简·赫斯特在1990年的一项针对某个存在语言障碍家族②的研究对此打开了一条基因通道,8年之后,赫斯特认为自己找到了可能导致语言问题的Foxp2基因。"Foxp2基因已经在人类、黑猩猩、大猩猩、猩猩、恒河猴和老鼠中进行了测序……参与包括肺、肠系统和心血管系统以及多个大脑区域在内的身体结构的发育。"③ 其他一些遗传学家的后续研究证明,这一基因的缺损将会导致大脑内布罗卡氏区神经元数量骤

---

① 木遥:《科学家称亚当和夏娃没有见过面》,2018年1月6日,http://tech.ifeng.com/discovery/geography/detail_ 2012_ 08/14/16782615_ 0. shtml?_ from_ ralated,2012年8月14日。

② 出于隐私保护的需要,此类家族的具体信息一般不会被披露,已知的最著名的Foxp2基因突变引起语言障碍(语法能力缺失、脸部、唇部控制失调)的家族病案来自英国和巴基斯坦,称为KE家庭。

③ Michael C. Corballis, "How Language Evolved", *Acta Psychologica Sinica*, Vol. 39, No. 3, 2007, pp. 415–430.

减。根据对很多动物尤其是灵长类动物普遍具有的 Foxp2 基因的历史的追溯，发现在大约 500 万年前人与猿的分离期，这一基因加速了演化。沃尔夫冈·恩纳德和斯万特·帕博通过对一些现代人类 Foxp2 基因变化的分析，认为人类获得这一基因突变后形态的最近时间是在 20 万年前。结合语言起源的近期发生论观点，可以推断，"在语言的进化过程中，社会中会有语言能力相差很多的两种人。当每一个基因变异发生时，如果它提供某种改善语言的能力，它的携带者就会留下更多的后代。当最后的基因，也许就是 Foxp2，席卷整个古人类时，现代语言的能力应运而生"[①]。理查德·克雷恩（Richard Klein）也借助这一发现来解释人类文化发展所出现的突破性变化。他提出，即便突变基因的数量很少，也可能和数量巨大的基因突变一样，在人类的文化创造力方面产生不可低估的推动。他乐观地认为这种突变造就了"一组语言和创作基因"[②]，人类的社会性的信息沟通和交往能力突然跃进到全新的状态。德里克·比克顿更是将语言方面的基因突变和现代人类单一起源说所设定的线粒体夏娃联系起来，认为在现代人类的母系祖先的生理结构中曾有的基因突变作用于大脑中和语言有关的区域，相关的神经通路和发声器官也因此成形。

语言基因的发现，把语言这一人类演化中的创新事件的驱动力来源和遗传结构的突变联系起来。但是处于主流的渐变论立场的反对意见却认为众多基因的有序编排决定了人的整体结构，某个基因不可能具有这种决定性的力量，至于那种从拥有 Foxp2 基因的角度认为尼安德特人也具有语言能力的说法，就更是把语言产生的必要条件当作了充分条件[③]。迈克尔·加扎尼加（Michael S. Gazzaniga）也指出，Foxp2 蛋白数量会影响到和语言能力有关的神经结构的健康状态，但这只是研究人员基于特殊病案所做的假设。[④] 现在已有的研究成果确实证明了很多哺乳动物都具有

---

① ［美］尼古拉斯·韦德：《黎明之前》，陈华译，电子工业出版社 2015 年版，第 46 页。
② ［英］彼得·沃森：《人类思想史：浪漫灵魂》，姜倩等译，中央编译出版社 2011 年版，第 55 页。
③ ［美］伊恩·塔特索尔：《地球的主人：探寻人类的起源》，贾拥民译，浙江人民出版社 2015 年版，第 236 页。
④ ［美］迈克尔·加扎尼加：《人类的荣耀》，彭雅伦译，北京联合出版公司 2016 年版，第 32 页。

Foxp2 基因，但只有人类的 Foxp2 基因中发生了在时间上和语言最早出现的时段相一致的突变。如果这一突变在人类的演化速度、选择方向上造就了某种竞争的优势，就很难把时间上的接近视为巧合，与工具行为密切相关的动作的刺激很可能是这一基因发生变化并引起脑量增大和智力增长的重要原因。不过把语言形成的根本原因归为基因力量的说法还是不够严谨，因为在演化过程中，人类大脑皮层中的基因表达绝大部分是处于不断地增强和优化之中的，而且不同的基因确实对应着具体的功能。Foxp2 基因很有可能只是和人类语言功能的某一方面功能（比如清晰的发声）对应，在对这一特殊的方面尚无法清楚揭示之前，除非能够证明 Foxp2 基因在语言的发生发展中起到了决定性作用，否则很难直接称之为语言基因。

可见，从基因角度探讨语言问题大致在三个方面展开：第一，采用类比的方式，把不同语言中的共通之处或最基本的要素视为语言本身的"基因"，来考察语言的演变。采取这种研究角度，在很大程度上是由于我们相信就像基因能够遗传给后代一样，语言也是可遗传的，只不过它是一种文化遗传。道金斯正是从这种共同点出发，设定出了文化传递的基本单位模因（meme）。第二，通过遗传学上的基因图谱分析来对特定地区的人口流动状况进行判断，并和语言学的研究结果进行对照，从而对某种语言的产生和发展的历史状况加以追溯。第三，从对于人类的基因图谱的一般分析入手，寻求在人类的生理构成中普遍具有的足以产生语言的某种先天的、物质性的原因。而这些方面都无一例外地强化了基因在理解语言能力方面的工具特征。

相比之下，更早出现的另一种观点是从本能角度来探讨语言的发生，显然更注重天赋的作用。达尔文最早提出了这方面的一些猜测，他引述某些研究者的论点，认为语言如同酿酒、烤面包和书写一样都属于经过学习才能具备的技艺，"然而，语言和一切普通技艺都大不相同，因为人类有一种说话的本能倾向，如我们幼儿的咿呀学语就是这样；同时却没有一个幼儿有酿酒、烤面包或书写的本能倾向。再者，现在没有一位语言学家还假定任何语言是被审慎地创造出来的；它是经过许多阶梯缓慢地、无意识地发展起来的"①。很显然，在达尔文看来，追求某种技艺在动物界是作为一种普遍的行为倾向而存在的。其实达尔文在这里将某些具体的人类活动和普遍性的语言能力相提并论并不恰当，但他确实在人类的独特性方面扩充了"本能"这一概念的含义。正因如此，威廉·詹姆斯（William James）才可以大胆地把思想也划入本能的范围，即是说，人类不仅有动物所具有的那些很容易滑向兽性冲动的生物本能，也有人所独有的社会性、思想性本能。正是在这个意义上，语言可以被视为人类的本能。埃里克·雷纳伯格关于人类存在语言学习关键期的研究成果说明了人类语言能力所具有的这种独特本能。依照这一假说，12岁是人类有效语言学习的年龄方面的"分水岭"②，也就是说，如果不能在此年龄之前有正常的语言学习经验，即便智力和其他能力的发展是正常的，则一个人将永久性地失去较好地掌握语言的良机。美国女孩基尼和印度狼孩阿玛拉、卡玛拉的真实故事可作为这方面的明证，但是狼孩的经历似乎并不完全支持这一假说，更有可能的情况是，语言能力很难与思想状态剥离开来。人的语言和动物的鸣叫之所以不能等量齐观，原因在于其中存在着无法抹平的能否形成普遍概念、以思想内核决定言说方式的根本差别。

如果说从文化现象的考察角度，可以把语言的产生看成需要智能发

---

① ［英］达尔文：《人类的由来及性选择》，叶笃庄、杨习之译，北京大学出版社2009年版，第55页。

② 史蒂芬·平克援引其他一些研究者的观点，认为幼儿学习语言的最佳年龄应该是6岁之前。很多研究者也承认，人在年纪较小的时候往往流露出更多的语言学习的天分，不受学习中错误行为的困扰、乐于与其他人进行沟通、拥有纯净的语言背景被认为是儿童具有语言学习优势的一些理由，但这些方面都不很可靠。平克在对一些成人和儿童语言学习的情况进行对比分析之后，提出大脑的成熟程度和语言能力有某种内在关联。大脑越成熟，其代谢率就越低，神经元数量趋于减少，人类进入青春期后这两个方面的变化会达到最大值，此后不再有更高的语言学习能力。这似乎说明儿童的大脑回路有一种和语言学习相对应的可塑性处于峰值的关键期，这种能力往往是失不再来的，只在语言学习可能带来最大效能的情况下才可能发挥出来，其他时候则因为耗能过多被弱化。即便需要在成年之后学习母语之外的其他语言，这种曾经有过的语言优势也不会重新启动，原因在于从自然选择的过程来看，这一机制更青睐年轻的、更具活力的、更有可能在基因复制方面充分发挥作用的生命体。在这个意义上来说，曾经活力充沛者要在年龄渐长时付出身体机能的衰退的必然代价，在超过一定年龄后，幼儿时期擅长语言学习的能力也要付出语言学习的天赋能力与日俱减的代价。参见［美］史蒂芬·平克《语言本能：人类语言进化的奥秘》，欧阳明亮译，浙江人民出版社2015年版，第304—311页。

展和认知提升再加上身体器官条件的统一作用才能实现的社会过程,那么从人类天性与环境作用的互动关系就可能提供一种对于语言的天赋能力和后天习得技能之间的新观点。乔姆斯基试图提供一种与语言相关的生理器官相对应的精神器官的设定,把语言归于生而就有的天性的有机组成部分。这就意味着,语言的发生并非是和人类生理器官的演化同步展露出来的适应能力,而是人特有的精神现象所呈现出来的未解之谜,并且人们很可能在以特定的思想和语言考察这一切时,并不会找到期待之中的答案。乔姆斯基的这一观点有其可取之处,这主要是指他从与思想内核有关的普遍结构方面来理解语言表达意旨的设定,但把语言视为永恒难解的谜样事物,这就成了将语言孤立看待的不可知论。乔姆斯基和古尔德一样,认为语言遵循的内在逻辑和基本表达都具有先天性,因而并不认为语言是由自然选择所造就的。在他看来,语言像是一种脑量增大、智能增长之后的副产品,人类几乎没有付出什么代价就轻而易举地获得了语言,但这种说法很显然是不够确切的。古尔德甚至用了所谓的"反向适应"的说法来表达他对于语言是一种很有用的意外收获的观点。按照他的解释,反向适应的情况出现于一种非目的论的功能主义分析之中,很多时候都是来自人类对器官或物品的功能的随意性的、具有创造力的添加,但是新开发出来的用途并不在初始设计之中。语言出现的原理也是一样的,高度发达的人脑产生了许多始料未及的功能并且设计出大量并非为生存所必需的活动,这种偶然性的结果往往被人们看作人类精神能力不可避免的产物。古尔德实际上反对一种将自然选择理论泛化和教条化的解释倾向。在语言的产生机制方面,他和理查德·列旺廷用建筑物穹顶和圆拱对接时自然形成的"拱肩"形空间来形容语言的生成,"我们的语言,并不是适应性的、目标明确的进化的一种技巧,而只不过是我们的精神建筑的一个中心的副产品而已"[①]。在平克看来,乔姆斯基、古尔德和列旺廷不把自然选择的作用看成是语言起源的唯一性解释,这种态度虽然在提醒人们勿将自然选择理论套用于所有的适应性状方面有可取之处,但在急切的拒斥中甚至带上了一点草率。固然应当

---

[①] [荷] 克里斯·布斯克斯:《进化思维》,徐纪贵译,四川人民出版社 2010 年版,第 139 页。

在自然选择之外寻找更多的解释模式,给那些容易被忽视的偶然进程比如漂变或偶发事件造成的适应给予一席之地,但是究竟以何种力量、因素或作用机制作为替代性解释的有效组成部分,他们并没有提出很好的方案。

某些时候生物的器官所具有的适应性功能在整个生物史中似乎是次要的。但是我们都承认,至少从表面上来看,生物的具有特定功能的身体构造很像是某种精妙而复杂的设计,如果这确实是自然原因造就的,如何用一种简洁有力的理论来进行解释,从而免遭威廉·佩利式的智设论诘问呢?迄今为止只有自然选择理论能从容应对这一问题,复杂而完美的器官及其功能完全可以摆脱神秘的超自然力的作用,在缓慢的渐进累积中演变成形①,语言的产生也是一样。在平克看来,如果语言确属人之专有的本能,那它也是由句法、词法、心灵词库、发音规则、知觉系统和语言学习机制等一整套部件构成并由神经通路、基因结构所组织和保障的远超动物性本能的社会本能。"语言本能也是一个足以引起我们赞叹的、拥有如此完善的构造和相互适应性的器官,因此也被深深地打上了大自然设计者——自然选择的烙印。"② 平克以此反对乔姆斯基试图用物理规律解释人脑的特殊生理构造的方式,在他看来,这种尝试毫无疑问具有机械论色彩,没有任何物理规律能够强大到将10亿个神经细胞组装成一个遵循特定逻辑规则、进行信息处理和沟通的能力超群并在体积和能耗方面不够完善的物质器官,某些病理学方面的证据甚至能够证明大脑不必非得有目前的结构才足以使人具有正常的思维和语言能力,某

---

① 这方面常举的例证是视觉器官的形成,眼睛实际上是一种具有感光和视觉功能的极为精密的自然装置,它能将图像的采集、光线的调整、对事物形状、远近的识别整合成知觉。这一强大的器官是每一代具有视觉器官的生物逐渐改进的结果,如果每一代都因此获得适应的优势,能更好地生存繁衍下去,偶然性的优势的出现都可以被固化、保留和遗传。眼睛方面的细微的进步是极其缓慢的耗时极多的过程,正因如此才可以形成似乎是某种有意志的设计者造就的奇迹般的复杂器官。

② [美] 史蒂芬·平克:《语言本能:人类语言进化的奥秘》,欧阳明亮译,浙江人民出版社2015年版,第380页。

些看似不无道理的关于语言本能的假说只是一种想象①。从人类学习语言的过程和语言自身的变化来看，语言肯定是和人类演化的其他方面一样处于渐进过程的约束之下，并在三个方面表现出自然选择的作用：

第一，人类总体上语言的渐变是和某些个体的语法方面的突变同时发生的，这时候人所具有的智能的所有方面都会被来自个体突变的压力调动起来，将新的表达规则储存于大脑中，使那些在语言的理解、沟通和表达方面有优势的个体成为自然选择中的优胜者。人类的语言能力也因此得以增强，语言优势就是选择优势和生存优势。

第二，语言的演化在最初的原始形式和现代人的语言系统之间存在连续性的中介形式，这种形式并非把语言的复杂构成机械地拆解为简化的部件，而是指数量有限的符号、词汇和规则。这很可能是指原始人类共同使用过的原始母语，即语言像人类物种一样发生分化之前的形式，语法也粗糙到只能到"我张三，你李四"这样的表达程度。这种估计并不依赖太多的考古证据和基因分析的支持，只需要从现存的多样性的语言形式和语言事件中提取一些样本就足以说明语言和工具一样，经历了一个由简单到复杂的多样性并存的选择过程。

第三，语言演化的过程和工具行为、信息沟通、相互协作、物品交换的关系是围绕目的和手段的基本架构展开的。狩猎采集的效率、信息沟通的准确性、协作和交换带来的便利，还有智能提升带来的竞争及社会交往的目标设定都对语言的进展构成了明确的选择压力，因此，原始人类对语言表达的实用性要求和现代人区别不大。语言的演化是从整体上而非在每一琐碎的方面与适应性的方向保持一致，这是一个耗时漫长但潜力无穷的过程，正如我们常说的话——"难以言表"，但是往往很快就会有相应的语言表达在一定程度上弥补这种不足，人们对于语言的普遍需求把语言变成了选择优势，已经习惯于借助语言能力从群体中筛选出强者。

---

① 平克所举的例子来自威廉·卡尔文（William Calvin），后者以狩猎行为中母亲们用左手抱紧幼儿使之受到心跳声的安抚的想象来解释人类用左脑控制右手和语言能力的原因。很显然，卡尔文所说的女性以左手抱紧孩子以右手投掷石块参与狩猎的情况与考古证据不符，但是她们承担了几乎所有的与采集有关的事务，如果考虑到这一点，卡尔文的玩笑般的说法并非毫无道理，把左脑和语言的关系仅仅归于概率也并不十分恰当。

从对于语言的基因论和本能论的探讨可以看出，只有在工具能力得到现代技术支持的背景下，从人类演化过程遗留的工具行为方面的证据，才能对语言能力的天赋论展开基本的设想。在语言能力的生物学基础方面添加比思维器官、发声器官更多的物质条件，并以基因突变来解释人所独具的语言本能。已有的研究确实表明，人类大脑中基因表达的变化速率比起包括黑猩猩在内的其他灵长类动物要快得多，这种情况在人类的认知能力大幅提升之前就已出现。语言本能论实际上表现出了面对无法再现的语言证据时的无力感：与其去追究一种根本不可能以直接的、有形的证据支持的人类专属能力的起源，不如根据对相似情境的观察（比如儿童学习语言的过程、感官有障碍者的沟通等），设定一种内在的、先天的因素作为问题讨论的逻辑起点。Foxp2 基因的发现为这一设定找到了对它而言至关重要的物质基础，这一联系的建立目前仍未尘埃落定。推测存在某种随人类向四方扩散而分化的原始母语，这只不过是从文化演化的意义上借用了基因的说法。但是要把符号性思维的发生完全归因于某种基因内部的氨基酸变化，实际上是过分夸大了特例所对应的突变在自然选择中的作用，况且对 Foxp2 基因的生物学功能分析还远远不够说明和语言有关的大脑皮层的变化。语言显然有一定的遗传基因基础和语言被某种基因突变所决定是两码事。工具行为引起的语言的变化也可以作用于基因，现代人类出现时间的重新确定也会改变对于某种基因突变所产生的影响力的估计。正因为这样，语言本能的提法实际上把受逻辑结构支配的、有语法规则贯穿其中的语言能力神秘化了，语言基因的存在尚处于不确定状态，也并不足以提供把某种天赋建基于先天的物质因素的充分理由。与其说是某种基因突变导致了语言能力的出现，还不如说是起初与基因并无直接关系的沟通方式的变化引起了某种基因的突变，这种变化很可能在现代人类的融合了手语和表情但却具有更高级形式的语言表达中发挥了一定的作用。

### （二）工具、劳动、合作和语言的共同演化

在论及人类的独特性时，托马塞洛和加扎尼加一样对此持肯定态度，主张人类和其他物种之间存在一条无法逾越的界限。他们都认为人类是一种独一无二的存在，人类的好奇心所探问的是意义问题，内在的精神

追求是以一系列独特的行为表达出来的。托马塞洛认为其基本表现是"创造出新物品（artifact）和行为惯例（behavioral practice）"①，其中的主要内容便是工具的复杂化，包含着一种只进不退、不断累积相关效能的"棘轮效应"。在人类的工具行为的演变中，产生了一整套以最基本的生活资料的享用方式为核心内容的规则系统，由此产生的技能和动机促成了人类的合作行为。在他看来，人类具有主动向他人传递信息和对他人行为进行模仿的本能，这似乎暗示人类的合作行为是和智力的完善同步展现出来的，"所有那些最令人印象深刻的认知成就，包括从复杂的技术到语言和数学符号，再到社会制度，都不是个体独自行动的产物，而是个体之间相互作用的产物"②。

从工具的制造和使用的具体过程来看，自300多万年前第一件石器工具出现开始，人类凭借自然器官和心智能力的配合所完成的整个活动就是一个综合的表现，而非只能把与工具关联的各方面因素分开考虑的支离破碎的状态。"工具完全用手工操作……其复杂程度倒并不重要。例如，在使用工具时，人的手和眼睛要作复杂的动作，其在功能上无异于一台复杂的机器"③，正是动作的复杂程度所需要的身体各部分的协调性，说明人类的工具行为具有远超于本能的更多的内在蕴涵。在有形的、具体的工具行为背后有支配这一切的无形的、抽象的内在尺度，这是一类人类独有的能标示人类特殊存在的文化智力，不仅包括通常所说的目的性和计划性，还包括特殊的认知图示、沟通技巧和协作方式。也就是说，"硬性的"工具行为具有一种"软性的"智能内核，这种情形类似于计算机系统的硬件和软件的关系④。

从古人类工具行为所具有的智能因素的内在原因而言，"工具的制造

---

① ［美］迈克尔·托马塞洛：《我们为什么要合作：先天与后天之争的新理论》，苏彦捷译，北京师范大学出版社2017年版，第1页。
② 同上书，第1、6页。
③ ［美］刘易斯·芒福德：《技术与文明》，陈允明、王克仁、李华山译，中国建筑工业出版社2009年版，第13页。
④ 这里所做的只是一个便于理解的比喻，实际上并非人的工具行为类似于电脑，而是电脑的工作原理类似于人脑，电脑也是一种工具系统，其工作原理恰好是对人类工具行为的展开过程的在一定科学原理和技术背景之下的模拟。

和使用是为了努力实现目标而对物体间因果关系知识的应用"①。在没有语言的情况下，石器技术依然可以因理解力的个体提升而得到同步改进，石器制造者可以通过观察以及手势获得技术交流，而且不排除原始人类会在喉头发出单一的声音以及在地面上画出某种图形或放置标志物来达到传递信息的目的。但在这种情况下石器行为可能长期徘徊在某一固定水平，能人和直立人的石器技能都曾经在缺乏有效的语言推力的情况下经历了百万年的同态重复。在智力进步的前提下，人的手可以做出将内心所思表达出来的多种指示符号②，"手势是原始语言相当重要的一部分，可能与使用工具，双手逐渐灵巧的演化有关，因为手势及用手操作工具的神经肌肉元素非常类似"③。这说明人类语言的最初形式是和工具行为的复杂化密不可分的，而这种复杂化势必要求更丰富的信息沟通，手势可以花样翻新，但很可能赶不上快速增长的沟通需求。"狩猎者是出色的工匠和优秀的业余生物学家，他们对生活周期、自然生态以及赖以生存的动植物了如指掌。对于这样一种生活模式，语言是非常有用的工具。"④特别值得注意的是，如果工具制造得越来越精致，比如阿舍利手斧比起奥杜瓦伊石器，明显更薄、更具对称性，制造石器、使用石器凭借个人的力量无法完成，必须以群体协作的方式进行，需要传递的信息也会变得更为复杂，这对口头语言的产生构成一种明确的选择压力。

因此，语言在人的起源和演化过程中，是伴随着群体协作生活方式的展开而逐渐完善的。费根在语言和合作行为的关系上采取了和恩格斯一样的思路。他说："合作是一种团结在一起解决生存问题和潜在矛盾的能力，是人类的一项重要特质。我们人类的独一无二之处在于拥有一套

---

① ［美］史蒂芬·平克：《心智探奇：人类心智的起源与进化》，郝耀伟译，浙江人民出版社2016年版，第191页。

② 在现代人的生活范围，有很多时候由于某些活动条件的限制或者宗教信仰的内心需求，无法以有声的口头语言进行交流，这时手势语就发挥了重要作用。比如在某些军事活动中，处于秘密行动的考虑，参与者往往以一套事先约定好的手势语进行交谈，如果把这种情况看作是类似于口头语言还没有产生之时的人类交流场景，也许可以得到一些关于原始人类语言状况的启示。

③ ［美］保罗·R. 埃力克：《人类的天性：基因、文化与人类前景》，李向慈、洪佼宜译，金城出版社2014年版，第148页。

④ ［美］史蒂芬·平克：《语言本能：人类语言进化的奥秘》，欧阳明亮译，浙江人民出版社2015年版，第385页。

口头上的、象征性的语言,它能够使我们将内心最深处的感觉与他人共享。"① 由于直立行走和工具制造技术的改进,获取食物的方式变化改善了直立人的营养状况,使脑容量和脑结构以及喉头结构也发生变化,直立人开始有"嘟囔"式的含混不清的"语言"交流。达尔文曾在《人类的由来及性选择》中提出了语言源于原始人类和猿啼差不多的近于歌唱音调的"乐源性"假说。英国学者史蒂文·米森从这种论点出发,猜测尼安德特人已经可以发出和智人一样的各种声音,他们掌握了一种吟唱式语言,但这并不意味着他们有足够的认知能力。这种观点依然建立在低估尼安德特人智力水平的基础上,似乎想要否认语言和智能之间的内在关联,而近年来有关尼安德特人的一些新的研究已经把尼安德特人从原先智力低下、粗鲁迟钝的形象中拯救出来了。他们比自己的远古智人祖先拥有更先进和更完备的工具技能和社会文化,虽然也有证据显示他们仍具食人之风,但这不是贬低其智力水平的理由,其语言能力是和一定的艺术活动中反映出来的象征性、符号化思维方式紧密相关的。

在语言和演化的关系研究受到重视以来,语言不再被视为单纯的符号沟通工具,而是人类天性与文化互动的结果。与 B. F. 斯金纳为代表的行为主义经验论解释不同,A. N. 乔姆斯基主张天性论,认为人脑中具备一种先天的、可被经验唤醒的语法规则,因而语言不是演化过程的产物,而是人类本能的体现。斯蒂芬·杰·古尔德对此观点表示赞同,但认为不应高估自然选择的作用及其普遍适应性,语言也许并非明确演化的结果,只是演化过程中的副产品,类似于建筑物中拱肩的出现。反对的意见则强调语言的复杂性,史蒂芬·平克则认为,语言过程是多项功能和要素的渐进式协调,只有用自然选择才能加以解释,大脑中的语言中枢也只是一种适应性结构。人类语言具有和其他复杂适应性类似的特定机能,与认知中推理活动的社会性具有一致性,这种演化适应可在进化博弈论和分子进化论中得到证实。也有学者主张语言首先表现为人类的沟通手段,而非一开始就是思维工具,是人类社会交往行为激烈变动的产物,但这种观点忽视了交往行为不可能在毫无内在想法的情况下以语言

---

① [美]布莱恩·费根:《世界史前史》,杨宁等译,北京联合出版公司2017年版,第66页。

交流的方式发生。这种解释看上去以交往行为的发生回答了"既然语言非常有用,为何只有人才有语言"的问题,不过从动物也具有交往行为方面依然不能提供令人满意的说明。罗宾·邓巴基于动物群体的大小与脑体积大小成正比的发现,认为工具的制造和使用强化了群体生活,日益密切的交往需要借助声音和语词来调节,并不仅仅是为了交流有用信息。安德鲁·怀顿则注意到了语言处于和意识的竞争关系中,唯独人具备了自我意识和换位思考能力,在此意义上,语言有助于人们发现同类的真实想法和达成有效沟通,从而更好地在同类中保护自己,维持自己在群体中的合理位置并调节和其他个体的关系。以上的种种观点都将语言和社会协作行为、交往行为联系在一起,而劳动中越来越多的合作恰好可以解释人的社会属性的逐渐形成。"语言不只是用于沟通而已,它与我们的思维也密不可分。"[①] 如果说语言的产生是劳动协作中某种具有"非说不可"性质的力量促成的,那么原始人类开口说话一定是先埋头于从石块中以特殊的角度和力度取得自己想要的形状之后很久才打算说点什么,一旦能够说话,所发出的声音、配合的手势和表情就皆有内心状态提供的理由。人们除了相互交谈,也会自言自语,不排除原始人类的工具制造在进入"学徒模式"之前(那意味着还没有进行大规模的石器工艺传授和学习),也许有一个人会边砸着石块边自顾自地说着什么,因为他心里有一些只能在进行具体劳作时才会闪现的想法,有一些关于他生活于其中的环境以及他本人的某种愿望的图像出现在脑海中。

把语言看作是思维的物质外壳似乎已成为一种古旧的观点,但是最近的一些关于语言和思维关系的研究却表明,如果更多考虑工具行为所引起的诸多变化,这一看法还远未到仅仅该被封存在教科书式教条中的时候。

首先,工具行为在语言的产生中起到了触动并加速大脑中与语言相关区域的演化。由于语言的发声过程需要唇舌有非常准确协调的运动,否则就会口齿不清而含义不明,而只有人类才是口齿伶俐的,个中原因很可能与制造工具时手眼相随、手脑相通的行为机制有关。迪特里希·

---

[①] [美] 保罗·R. 埃力克:《人类的天性:基因、文化与人类前景》,李向慈、洪佼宜译,金城出版社2014年版,第135页。

斯托特（Dietrich Stout）为了检验这一设想，完成了一项通过脑部扫描来重现工具制造中认知能力变化状况的实验。他的结论是，"那些参与复制旧石器时代工具的人中，他们大脑中控制语言的区域活动最强烈，而在复制晚期阿舍利工具的人的脑中，控制语言区域的活动显示了与语言相关的语法的重叠，包括沿着额叶底部的额下回，即同其他类人猿相比，人脑中一个快速演化的区域"[①]。

其次，独特的工具行为，尤其是像以火为工具提升生存体验的行为，是根本无法在其他灵长类动物尤其是黑猩猩的生存过程中找到任何类似表现的，很显然这是由于对火的驯服及使用需要极高的智能条件。而对火的使用显然在工具行为出现很久以后，再次以全新的方式刷新了工具所维系的群体活动方式，增强了群体力量，让群体活动进一步多样化，并使合作行为更为普遍，在此过程中沟通的加强对语言的形成有重要影响。即便从最低限度来考虑对火的驯服，也能体现出在工具行为方面人与动物的根本差异，这是由于火更具不确定性并对接触者的安全产生即时的威胁，在操控方面比起很多物理性质极为稳定的自然物来说难度要大得多。但是人类可以用火加工熟食，把火从其他动物所认为的危险事物转化成对自身安全的保护性力量，同时利用其他动物对火的恐惧来强化狩猎策略，并以火作为照明工具增大活动范围。这样，对火的操控和使用完全可以和直立行走和石器的发明一样位列原始人类最基本、最重要创意的行列。[②]

最后，处于核心地位的劳动即狩猎采集活动的强化与食性的改变，和脑力增强及语言的作用的关系逐步得到确认。这方面的尚无最终答案但已明显出现观点倾斜的争论所关心的重要问题之一，便是在植物根茎和肉食当中，究竟哪种食物更有助于原始人类大脑的完善，从而在智能和语言方面获得决定性进展，进而在认知和沟通方面和其他动物之间划出一条无法逾越的鸿沟？肉食的选择对人类的演化的影响是不容否认的，"喜爱食肉是人区别于猿的主要特征之一，这一习惯彻底改变了人类的生

---

① 邓雪梅：《解说石器中发生的故事》，《世界科学》2014 年第 6 期，第 44—46、49 页。
② ［英］彼得·沃森：《人类思想史：浪漫灵魂》，姜倩等译，中央编译出版社 2011 年版，第 45 页。

活方式。狩猎涉及团队协作、劳动分工、成年男性分配食物、更广阔的兴趣、领地的大扩张以及使用工具"①。更重要的是，无论是以获取植物类食物为主的采集活动，还是以获得肉食为主的狩猎，都对合作行为产生了更大需求，而频繁的劳动合作在没有语言参与的情况下几乎是不可能持续发生的。

如果从人类的社会经验的传递来看，工具行为毫无疑问是社会经验内容的重要来源和组成部分。人类之所以能够不断升级工具，是因为旧有的工具所关联的一整套经验模式在语言的表达中能够不断传承，这样形成的代际技术交流就使得下一代人无须在工具方面从头开始，而是以上一代人已有的工具为新的起点，进行升级换代的创造。"人们可以分享思想，这种思想转而变成行为模式被一遍遍重复——这一点在史前史最初的一百多万年里始终流行的石手斧这一多功能工具上得到了很好的体现。"②

但是我们必须要深入地追问工具的升级和语言表达能力之间发生了怎样的互动关系，这时候，合作、沟通和共享的作用就显示出唯有语言能够承担的功能。手势语曾被认为是用来理解更为复杂的语言形式的中介表达，这不仅是由于至今人们还频繁地使用手势语，而且由于这种语言形式是借助于作为元工具的手来编制和表意的。它可以在有声语言受限的情况下在信息传播和沟通方面起到不可低估的作用，这似乎在以下事实方面形成了一种极具导向性的提示：手势语也许是前文所说的"原始母语"或"原始共同语"的重要形式。考虑到和工具行为的直接关联，手势语的发起人所在的区域必然是一个已经深受工具作用的环境，这些区域作为考古证据的聚集地被发掘时，常常以堆叠的石器工具显示出集体生活的痕迹。正是在这种合作意向明确的充满技术影响力的氛围中，人手除了打制石块之外还用来传递暂时无法以声音表达的内心想法。用不易被自然力磨灭的石器工具来推测原始人类的语言状况存在一种证据

---

① [美]约翰·S.艾伦：《肠子，脑子，厨子：人类与食物的演化关系》，陶凌寅译，清华大学出版社2013年版，第52页。

② [美]布莱恩·费根：《世界史前史》，杨宁等译，北京联合出版公司2017年版，第16页。

选择上难以避免的偏差，平克将这种情况和人们因为缺乏其他有力证据而片面缩小证据范围的举动相提并论，认为这样也许会严重影响对语言实际产生时间的正确判断。这种忧虑不无道理，但却低估了石器在所有工具中的独特价值，那就是在狩猎中人类往往在最流行、最耐用的工具方面倾注更多的注意力。正因如此，无论如何我们只能从石器工具方面去推测语言的最初状态，精巧的制作工艺、更高的认知能力和复杂的语言表达之间可以形成一个顺畅的证据链。

从工具行为本身对合作与沟通的导向来说，仅仅在制造的阶段就有几个方面值得注意：

第一，工具制造起初通过观察和模仿就可以达成技能的学习，但随着工具的复杂化，某些技术细节和制作窍门只有借助比手势、表情在表意方面更得力的表达方式才能在群体中传播，所以确实存在来自工具技艺方面的、使原始人类试图进行更深入、更全面交流的选择压力。

第二，某些重型工具如两面器（手斧）的制作过程是单凭个人的力量无法胜任的，这一类工具的出现就是通力协作各自承担某一方面的事务才能完成。但是如何在多人参与的工具制作中分配任务并有一个技巧娴熟、经验丰富的人担任主导者，这需要一种更有效的沟通手段。

第三，工具制作进入到程序化、标准化阶段时，调动人们多方面能力的运用，尤其是使人们的感官能力和身体动作的协调配合达到越来越和谐的状态，这意味着大脑中与此相关的区域得到了激活。在现代人重制奥杜瓦伊石器的实验中，与制作活动同步进行的脑部扫描表明，工具制作持续的时间长短和制作技巧的熟练程度的差异都在人脑的内在活动方面产生了明显的影响。把认知表达和行动过程推向凭借语言介入的生态构建，即工具行为和思维器官的互动状态在人类和环境之间形成了一种只有人类才能理解和掌控的关系。这种关系正是我们今天无法超越的主客二分模式的缘起，只不过在当时的条件下，主体客体化和客体主体化的双向互动过程还处于并不明晰的初步构建阶段。

而从工具行为引起的认知状态和心理结构的变化来看，显然，石器工具的使用和劳动的展开实际上完成了一项重要的事务，即对于注意力的引导。就和单纯的手势一样，如果某些动作的配合可以在群体中以稳定的形式多次重复，就可以让某一类活动在事关生存的基本层面产生明显的效果，并让这些动作成为沟通手段的首选项，逐渐营造出普遍认可的"沟通情境"，对于工具来说也一样。托马塞洛认为，"对于人类而言，沟通情境不单是周遭环境里的一切……而是与社会互动'有关'的东西，换言之，每个参与互动的成员认为相关的，而且参与者也知道对方也视为相关的东西——而对方也知道自己会视此为相关，所以原则上会无限推演下去"①。这种情境构成人们普遍认可的共同基础，并在思维中形成一套内在的框架，无论是感知经验的集合，还是和共同目标相关的认知和行动顺序以及以此为前提的抽象思维的出现，都指向可理解的具有共同需求和背景的信息交换。由于注意力集中于某种工具的使用，设法对工具进行改进往往能提供更充足的劳动成果，这就提升了享用劳动所得的体验，并引发更有效率的行动计划方面的期待。从前述的原始人类对族群内丧失劳动能力的成员也提供必要食物供给和其他照料的情况可以推断，共享猎物在古人类生活中属于常态，这也意味着必须经过一定的沟通协调，才能在具体的食物分配方式上达成一致意见。可见，一旦开始制造和使用工具，随着注意力得不到集中的散漫状态得以克服，人类活动的互利互惠性也得到了增强，并向合作的方向延伸。相比之下，黑猩猩的活动也有团体性，然而却由于缺乏注意力的集中而无法形成一致的、明确的目标，其沟通手段也始终停留于满足个体自我需求的简单信号的范围内，它们对互惠的表达十分有限。但在人类通过对工具的掌控而形成的具有共同关注对象和共同目标的互利性群体中，通过有情感投入的互惠行为，对于群体的认同加深了，个体意图在工具行为对于注意力的集中和利益回报的期待提升中转换为共享意图。这时候，在群体中出现的更倾向于在集体活动中帮助其他个体行为并乐于分享食物的个体将在相对稳定的环境条件下，有更大的概率获得自然选择的青睐，这种生存优势将会有一个长期的积累和扩展。也就是说，合作行为最初是偶发的具有认知领悟和利益感受的小范围的表现。但这是一个易于引起模仿的能增强群体生存的良好体验的信号，自然选择会将其中显现的"创

---

① [美] 迈克尔·托马塞洛：《人类沟通的起源》，蔡雅菁译，商务印书馆2012年版，第51页。

造共同目标和共同关注点的能力"① 保留下来，善于合作者也将获得更好的声望，使之激发出群体成员的共同兴趣和将内在的想法进行交流的行为模式。沟通的主要内容在于向其他个体提出求助的请求和对其他个体的求助请求做出回应，这种请求所要表达的是内心的欲求。由于此时的个体目标指向欲求的满足，使这一表达必须寻求明确地得到理解的渠道。初级的形式依然是对身体器官能力的直接发挥，即表情、身体姿势和手势的使用，以目示意、以手指物都是很便捷的沟通手段，但对于不在眼前的事物、不具共同经验的活动或是某种复杂情境及活动过程的描述，这种表达很可能是低能无效的。此时就需要建立共同的符号表达系统，以便能深入"读取"交流者内心的真实想法，通过互助来达到互利互惠。公开性的口头语言最初是作为手势语的辅助手段出现的，由于有共同的内在理解的基础和与人类特殊的身体姿态及发声器官的作用，人与动物共有的发声能力成为人所特有的沟通手段。可以说，工具行为的对注意力的集中造就了原始人类共同的生存结构和利益关系，形成了互利互惠的共享机制。在此过程中，互助性的合作行为越来越普遍，"合作导致个体对群体的依赖，体现在三个方面：一是生产力得到显著的提升，二是老弱病残等也获得了生存的保障，三是个体之间形成稳定的情感。在长期的交流过程中，初民的语言发声器官也得到了进化，能够发出复杂的音符"②。可见，合作沟通意愿的强化，必然需要一种表达能力更广的、更具抽象性、更能体现人类内在精神表达的共同符号系统，如果把语言也当作工具来看待，它也是一种与具有确定物理成分和可见物质形态的工具硬件相区别的软件，这种区别从能否在考古证据中找到保存完好的、可直接观察的记录就可以直接体现出来。

在此可以回顾一下恩格斯在考古证据非常稀少的情况下所做的关于语言和劳动中合作行为关系的推测，"随着手的发展，随着劳动而开始的人对自然的支配，在每一新的进展中扩大了人的眼界。他们在自然对象

---

① [美]迈克尔·托马塞洛：《人类沟通的起源》，蔡雅菁译，商务印书馆2012年版，第136页。
② 高剑平、胡善男：《论元工具语言——基于历史唯物主义的视野》，《自然辩证法研究》2016年第11期，第87—92页。

中不断地发现新的、以往所不知道的属性。另一方面，劳动的发展必然促使社会成员更紧密地互相结合起来，因为劳动的发展使互相支持和共同协作的场合增多了，并且使每个人都清楚地意识到这种共同协作的好处。一句话，这些正在生成中的人，已经达到了彼此间不得不说些什么的地步了"[1]。实际上，这段话里所表达的工具行为、劳动、合作和语言的关系的展开过程，虽然是粗线条的、概要性的，但是和一些后继的研究者在有了多方面的、更充足的证据之后所做的推论具有高度一致性。无论如何，工具行为在语言的产生和演变中起到了独特的作用。正因为工具行为只能专属于人类，由它所引发的语言也成为人类所独有的内在需求的交换和告知方式，并在工具的演化中伴随合作行为的普遍化，由具体的指物手势演变为复杂程度越来越高的共同符号系统。

通过对一些有关语言本质和语言演化的有代表性的观点的比对，既可以看到将语言视为由自然选择的塑造的适应性本能的观点，其一般观念可以表述为："我们可以通过调节呼出的气流，将无数清晰完整的想法从自己的脑中传送到他人脑中。这种天赋显然对繁殖十分有利"[2]，语言能力在此是和脑量的增大、智能的飞跃和基因传递的最大化目的密切相关的人类的专能。认识达到特定水平，内在尺度能够充分展露是语言产生的前提，语言是内心所思所想和各种活动的中介，这种语言观往往对应着前述的近期发生论。除此以外，也可以看到另一种从信息沟通的连续性角度来推测语言起源的思路。类似于从动物利用外物的行为中去寻找工具行为的初级表现、与人类的工具行相对应的做法，试图说明开始于口语的语言只不过是动物普遍都有的交流活动的高级形式而已，从人属的演化而言，将被归于远期发生论。这两种对于语言发生过程的假设，除了时间节点，无论是语言发生的基本缘由，还是在语言与思想的关系方面，都存在较大差异。近期发生论倾向于认为人类的思维能力发展到一定程度之后才有语言，那么语言肯定是能思想的人类独有的能力，这种看法也和工具行为是人类所专属的观点相一致。远期发生论则把语言

---

[1] 中共中央编译局：《马克思恩格斯文集》第9卷，人民出版社2009年版，第553页。
[2] ［美］史蒂芬·平克：《语言本能：人类语言进化的奥秘》，欧阳明亮译，浙江人民出版社2015年版，第380页。

能力的物种范围大大扩充了，脑量的增大和意识的完善则反过来成为由语言能力造就的结果，因此促进语言演化的选择压力就只能从生存策略的实施过程去寻找。于是以狩猎采集为主的劳动过程中的合作需求成为这一问题的要点，但是合作不仅是为了提高劳动效率，也是为了应对复杂化、多样化的社会关系，是为了适应与自然环境相对的社会环境。

从这两种观点中找到语言发生的确切理由是困难的，因为语言本身不会以实体方式在考古证据中保留下来，但是给语言一个思想的内核却可以将语言演变的不同看法的距离拉近，这种努力已经和众所周知的、由维特根斯坦引发的"语言转向"（Linguistic Turn）联系起来了。弗雷格更进一步地把"对思维内容和认识能力的探讨，转向对语言表达形式和语言内部框架的考虑"[①]，而整个语言系统表达的事实和思维过程对应的世界实际上存在着同构性。这当然并非不同语言观争论的决胜局，但对人类语言、智能和工具行为关系的探讨实际上已经进入到语言和世界具有同构关系的判断之中。

而对于原始共同语的假定使得与巴别塔有关的神话传说获得了某种象征意义，人类物种的分化和信息沟通手段的分化也具有同步性。对于信息沟通最主要的选择压力来自于劳动中的合作需求。由于人类必须齐心协力完成与自然力的对决，以有限的、阶段性的胜利来延续生存，最有效的、最实用的语言表达将会被更多的人采用。这说明语言的演变也面临一种关联劳动效率的淘汰机制，人们倾向于弃用掌握起来难度大、占用思想资源高而且沟通效率偏低的语言。在制造和使用工具的过程中，起初只是沉默无声的效率很低的苦干甚至是蛮干、自发的观察和本能的模仿，即便如此世界已经在原始人类内在尺度的逐步投射中潜移默化地成为人属的领地，如果说这一切可被称为改造的话，那么语言的产生则是对世界的再造。这意味着，人类将自己的内在尺度以一种以逻辑形式为基础的符号化的思维和沟通方式表达出来，无论是人类历史和语言的共时关系还是历时关系，都可以在语言中显现。

对语言和思维的关系也可以因此在"语言反映思想"还是"语言决定思想"的不同观点当中获得新的理解。经过以上的分析，已经很难否

---

① [美]汉斯·D. 斯鲁格:《弗雷格》,江怡译,中国社会科学出版社1989年版,第3页。

认，语言是沟通需求和社会关系处理中的选择压力的产物，但是"语言不只是用于沟通而已，它与我们的思维也密不可分"①。不过语言所能表达出来形成有效交流的思维内容，起初只是对工具行为的辅助和补充，只是内在精神活动的一小部分。很多时候，我们无法也不会将具体的活动完全转换为语言，也没有足够丰富的口头语言进行完全的内心想法的表达和沟通，但是我们有远比沟通性的语言丰富的内心语言，对应着智力活动多方面、多层次地展开。"人的社会智力、工具的使用和语言都依赖于脑量以及相关的信息加工能力的量的增加，没有哪一个能够充分成熟地突然出现，就像智慧女神密涅瓦（Minerva）那样突然从宙斯（Zeus）头上出现。更可能的是，像脑量的增加一样，这些智力能力中的每一项一定是逐渐进化的。此外，因为这些能力是互相依赖的，没有一个能够孤立地达到现代的复杂水平。"② 语言的发生不应该被看成一个必须能够明确找出和工具行为、思维器官、发声器官和思想内核之间位序的独立事件，它更像是自然选择将众多的物质性因素集结在一起的产物，而能够充分体现这一过程的最重要的证据并非语言本身，而是脑的结构（专司语言能力的区域、脑的不对称性、手脑的关联）、人的发声器官（声道、咽喉、颅底）的特殊构造和工具行为、劳动协作、艺术创造（工具行为的延伸和变体）中呈现的用心程度，很显然，那种只关注数万年前智人语言能力爆发的观点很可能是片面的，语言更可能是在工具、劳动与合作共同演化中萌生并成了今天的样式。

## 四 小结

如同站立起来只用双足行走，使双手自由地支配外物、让内在尺度"包裹"石块，以特有的预见性从中"抽取"出有用的形态一样，语言的发生也代表着人类演化中的重要节点。自南猿出现以来，好动的原始人

---

① ［美］保罗·R. 埃力克：《人类的天性：基因、文化与人类前景》，李向慈、洪佼宜译，金城出版社2014年版，第135页。

② ［美］理查德·利基：《人类的起源》，吴汝康、吴新智、林圣龙译，上海科学技术出版社2007年版，第122—123页。

类发起的具有明显冒险性质、几乎挑战了各种地理环境条件的迁徙，必须依靠有充分有效信息沟通的合作以群体方式进行。很多证据显示，在工具行为和智能优势得到充分发挥的同时，应该有种更强大的力量助推了这一切，这种力量最有可能得自语言。劳动能将包括语言在内的诸多优势整合起来，语言既是劳动的重要组成部分，同时又可以成为强化劳动协作、提升劳动效率的比有形的石器工具更高明的工具系统。由于人类语言具有的象征思维基础、符号表达方式和专门的语法要素，人猿的语言特训并未像成功培植物种演化的生命之树那样建立起自然界不同沟通方式的连续性图像。没有充分的证据表明，语言是由先天因素决定或者说它是人类的本能，事实上，如果我们承认：（1）语言表达的是内心的感情和想法；（2）语言需要身体当中特定器官（主要指思维器官和发声器官）能力的支持；（3）语言受制于、对应于和牵引着象征性思维方式（这关乎语法、公共符号和无障碍理解）；（4）出于合作沟通（包括工具技能学习）和社会交往的需求而产生，又在这几种因素的共同作用中经过迭代而不断得到增益。那么，以下说法就在揭示工具、劳动、合作和语言的共同演化方面超越了这一说法最初提出的时代，"首先是劳动，然后是语言和劳动一起，成了两个最主要的推动力，在它们的影响下，猿脑就逐渐过渡到人脑……脑和为它服务的感官、越来越清楚的意识以及抽象能力和推理能力的发展，又反作用于劳动和语言，为这二者的进一步发展不断提供新的推动力"[①]。

现在能够确定的是，人类智能的增长、语言能力的提高和工具行为的升级之间关系密切。工具行为和智能处于同步的演化之中，尽管人类的工具行为必定是内在尺度外化的表现，是内心需求和想法的表达，但是工具行为最初的发生很可能只是因直立行走自然触发的，而手部的动作积累会改变脑部结构，使脑部某些区域处于活跃状态，引导心智活动复杂化，也为语言的产生储备了器官优化的效能。"工具行为和语言的交互作用使原始人科成员的脑突破了猿脑的阈限，向智能的脑的方向发

---

[①] 中共中央编译局：《马克思恩格斯文集》第9卷，人民出版社2009年版，第554页。

展",① 人类的理解力、想象力和创造力在此过程中彼此牵连,不仅助力人类的生存,而且使人类能将内在的期待、向往进一步表达出来,并始终保持对未知事物和未知地域的兴趣。从工具行为中显示出的尤为特殊之处在于:人类会主动去做突破原有的生理和认知限度之事,而且全程意识到自己面临的是怎样一种危险与机遇并存的状况。人类并不是只被自然选择的力量所牵动,更多的时候是在自身所具有的一经发动便永不枯竭的内驱力的推动下,由行为适应转为文化适应,走向(更确切地说,是创造)真正属于自己的世界。

---

① 葛明德:《劳动在人类起源中发生作用的新证据》,《北京大学学报》(哲学社会科学版)1996年第3期,第47—53页。

# 第 六 章

# 基因和文化在工具行为中的共同演化

对于人类演化过程的探究显示,无论是化石证据还是行为证据,都已经和遗传学证据形成了较为明确的相互支持,不同证据之间的互证性关系越来越紧密。由于分子生物学的发展,在微观层面对先天性的遗传颗粒提供的间接证据的解释力得到了迅速扩展。根据马特·里德利(Matt Ridley)的概括,20世纪以来,基因获得过至少5个定义[1],而这些定义在含义上相互勾连并且不乏重叠之处。从这些定义来看,基因概念的使用者普遍倾向于把"基因"看作"是遗传、演化、疾病、发育或新陈代谢的单位"[2],但是,从演化论的角度来看,基因的真正含义应该是选择的基本单位。理查德·道金斯更是据此将人重新定义为基因的载体,甚至人们未曾怀疑过的基本伦理关系和深沉情感都由此得到一种来自生物学的过于冷静的解译,基本的家庭关系中的舐犊之情也不过是受基因制约的为了自身繁殖的亲代投资行为。基因的自我复制实际上符合达尔文提出的性选择理论中包含的和适者生存同样重要的判断:适者繁殖,因此人类的众多文化实践的发生原因都可以被解释为提升基因生存概率的

---

[1] 分别是遗传单位(孟德尔);可互换的部分(德里弗斯);OGOD定义:基因和疾病的关系(阿奇巴尔德·加洛德);基因的自我表达(詹姆斯·沃森和弗朗西斯·克里克);开关和发育单位(弗朗索瓦·雅各布和雅克·莫诺)。参见[英]马特·里德利《先天,后天:环境、基因及什么使我们成为人》,陈虎平、严成芬译,北京理工大学出版社2005年版,第243—246页。

[2] [英]马特·里德利:《先天,后天:环境、基因及什么使我们成为人》,陈虎平、严成芬译,北京理工大学出版社2005年版,第246页。

手段，这样基因就可以被道金斯转译为本能的单位，并因此衍生出一种颇具唯物主义风格的基因决定论。总的来说，作为只能在微观尺度下显现的生物细胞核中染色体上的DNA片段，基因代表了生物演变过程中内在的、先天的因素，人们关心和争论的，是基因与后天因素即环境到底是何种关系，到底是哪种因素对人类的演化起到决定作用？但是在人类选择两足行走并制造工具之后，人和环境的关系就必须放置于文化中去考虑，随着技术进展在后来加入的基因证据本身，就更具有强烈的工具色彩。本章将从工具行为的角度，探讨基因和文化的共同演化问题。

## 一 微观图景中的演化足迹

### （一）基因、环境和迁徙

虽然处于证据相当缺乏的研究背景之下，恩格斯在《作用》一文中还是极为敏锐地将走姿变化、双手解放、语言生成、食性转换、迁徙流动及人与环境关系的处理置于人类演化的广阔视域中进行了综合性考察。除了对环境条件的分析，恩格斯更看重人自身的生理条件的变化和对自身存在的预见性、目的性和计划性的觉察。在当时的科学背景下，他还无法用基因论的观点来分析手足分工后的新形态对机体特定部分的影响和对整个机体的反作用，但他已经肯定地指出了得到自由的、能做许多复杂新动作的双手所具备的灵活性经过生物遗传的增益之后，能在智力创造方面具有强大的技能驱动力，从而明确地涉及人类演化中的先天因素与后天因素、自然属性和社会（文化）属性的关系问题。如今这些问题关涉的基本方面因为有了微观层面的科学研究提供的新证据，已经在基因与环境的关系中展开了新的讨论。那种只看重其中一个方面的影响力的看法正被具有辩证法色彩的新观点所取代，"判断行为是由基因还是环境决定的并没有意义，地球表面上每一个有机体的每一个行为（就这一点而言，还可以是每一种生理机能或形态），都是由储存于这个不断发展的有机体中的基因信息与他所在的环境特征交互作用的结果"[①]。

---

[①] ［美］彼得·里克森等：《基因之外：文化如何改变人类演化》，陈姝等译，浙江大学出版社2017年版，第11页。

对尝试打制石器的古人类而言，环境的变化不仅仅指自然原因引起的一系列后果，更意味着工具行为逐渐增长的影响力。当原始人类首次凭借手中的哪怕在现代人看来最粗糙的石器获取食物，并能够设法改进石器工艺时，周边的自然环境就已经在原始人类发生初步变化的认知中转变为自然性逐步降低、属人的性质逐渐上升的另一种环境了。这种环境当然还谈不上是完全的社会环境，但可以看作是人化自然即文化形成的初始环节。尽管只是远古广袤荒野上微不足道的一步，但这一开端说明人类已经进入了"人以自身的活动来中介、调整和控制人和自然之间的物质变换的过程"[①]。

前一章已经对语言基因有过简单的讨论，在关于人类为什么具有无比精妙而发达的思维器官的问题上，也有一种基因论的解释。布鲁斯·拉恩（Bruce Lahn）在其研究中发现，在人类演化过程中，两种能使脑变小的致病基因在现代人类形成和扩散的过程中发生了剧变，成为早期人类脑量大增的根本原因，而人类的大脑依然在演化之中。据此可以推断，也许所有在人类演化中增强了生存适应性的基因就处于持续的"积极正向选择"[②]状态中。但是脑的增大与直立行走之后发生的工具行为也有着密切的关系，因此基因变化与工具行为代表的文化变化之间的关系应该受到更多关注。

这充分表明了环境相对于基因，也即通常所说的后天因素相对于先天因素所起的作用。在对于人类文明史的考察中，地理环境决定论作为一种典型的外因论受到批评。但在论及人类演化历程时，既然人类要为自己找到一个自然方面的初始原因，自然环境因素似乎常被放在首位来考虑，不论是直立行走的缘由，还是早期人类面临的多种选择压力，都与源于自然环境的生存威胁有关。但是在人类的形成方面只强调环境因素会产生一个明显的疑问，就是同样的环境条件下，为什么由一种共同的祖先分化出的物种只有一支成为人类？在遗传学的研究还没有揭示内在原因之前，这足以让环境因素在受到重视的同时又因为上述疑问削弱

---

[①] 中共中央编译局：《马克思恩格斯文集》第5卷，人民出版社2009年版，第207—208页。

[②] ［美］迈克尔·加扎尼加：《人类的荣耀》，彭雅伦译，北京联合出版公司2016年版，第13页。

其解释力。现在这一疑虑已经退散了很多，我们都知道不同的基因型在同一环境中会呈现为不同的表现型，实际上即便在一定观察尺度下完全相同的基因型，也在微观层面有与突变相关的差异，这里存在的不是完全的，而只能是有限的和相对的相同，是保持有不易觉察的差异的相似。环境条件同样也是在微观的尺度上存在令人意想不到的差异，尽管在宏观的方面几无差别。在这种情况下，基因和环境的相互作用能产生何种结果就很难只从环境方面去寻找原因了。根据道金斯的观点，包括人类在内的生物，都是基因复制自己的载体，那么充斥着尽力拷贝自己的基因机器的世界是不是能够将环境力量置于自己的控制之下呢？

这里有两个新的例证可以较为直观地展示基因和环境之间的关系，尽管依然存在现有证据不够充分的问题，但是其中的工具行为的影响很容易被注意到。已有的分子生物学研究成果提供了通过对西伯利亚人和印第安人的基因比较显示其历史关联的全新视角：在旧石器时代，西伯利亚人是在环境变化允许的情况下，通过因海平面降低而凸露出的白令海峡大陆桥进入美洲的。这样的移民活动在新石器时期到来之前的三万年的时间里发生过多次，那时的东亚人已经学会驯化狗，这些驯化的动物实际上也是一种活的工具，成为人类狩猎、觅食、定居和迁徙的帮手。但是在高纬度地区的活动意味着必须要应对另一种挑战，即应对来自寒冷气候的压力。实际上，并不是所有的古人类都会选择通过白令海峡的迁徙路径，也并非所有尝试穿越白令大陆桥的古人类都能成功，只有具备"线粒体 DNA 的 A、B、C、D 和 X 族谱的人才能到达美洲"[①]，而成功地在寒冷地带生存下来的人类属于非洲现代人类线粒体的古老族谱中的 L3，这种谱系的线粒体本身就具备能够以耗费较少能量产生更多热量的优势。也就是说，这种线粒体的携带者更耐寒，实际上，西伯利亚人和因纽特人及其他北极圈附近的人类所具有耐寒线粒体谱系的个体比例远大于其他地区的居民，而这些天赋异禀、不惧严寒者又是凭借狩猎这种基本的劳动形式维持生存的。此外，近期的一项关于现代人类扩散过程中与尼安德特人、丹尼索瓦人基因交流的研究表明，来自其他人种的基因提高了现代人类的环境适应能力，以生活在缺氧的高原环境的藏族

---

① ［美］尼古拉斯·韦德：《黎明之前》，陈华译，电子工业出版社 2015 年版，第 108 页。

而言,他们身体中存在一种"低氧诱导因子 Epas1 基因变体"①,这种能够明显提升血红蛋白含量、提高呼吸效能的基因变化对应的正向自然选择,赋予了藏族人在高海拔地区的适应性,这说明基因交换能够为现代人带来适应极端自然环境的能力。但是还存在另一种可能,即同一种基因会随着环境的变化,表现出之前并不具有的功能。这里存在一种推论是,为藏族人提供 Epas1 基因的丹尼索瓦人还未跨入智人阶段(也可能是由于证据太少无法对他们的生活实况进行更多描述),未能有大范围的迁徙,因而他们的身体并不会具备对极端寒冷条件的生理适应性。但在环境条件转换的情况下,自然选择的结果让同种基因中潜藏的能增进摄氧能力和运动耐力的优势得以发挥。必须指出的是,作为工具使用并将其中的某些品种作为食物来源的动物也在高海拔地区获得了对特殊环境更为适应的基因。这说明,由于不同环境条件下,食物的种类数量以及人们以特定的工具实际取得食物的方式作用于基因并有了表现型方面的明显特征,而"代谢和结构的差异影响我们耗尽体能的速度,因此在进化过程中,在不同环境的人身上出现了不同的代谢方式和结构"②。

现代人类在极寒地带和缺氧条件下的生存足以说明,在物种已经分化的前提下,先天因素是第一位的,这就是人类的近亲依然只能徘徊在热带地区而绝不会向茫茫雪野涉足哪怕小小一步的原因。但是人类是如何证明自己具有某种可超越环境限制的内在因素的呢?显而易见的活动是从南猿时代就开始的迁徙,现在已有的关于南猿与工具行为有所关联的猜测,以及以后的较为明确的石器证据的支持,都表明范围越大、路程越远、途经的环境条件越复杂多变的迁徙,对工具的依赖程度就越高。迁徙是劳动的重要组成部分,原始人类是以一边劳动一边扩散的方式来进行远古时期的迁徙活动的。

试图在现代社会复兴受到批评的地理环境决定论观点的学者中最有代表性的是贾雷德·戴蒙德,他试图对很多人感到疑惑的不同地区人类

---

① 张明、付巧妹:《史前古人类之间的基因交流及对当今现代人的影响》,《人类学学报》2018 年第 2 期,第 206—218 页。
② [英]亚历山大·H. 哈考特:《我们人类的进化:从走出非洲到主宰地球》,李虎、谢庶洁译,中信出版集团 2017 年版,第 149 页。

社会生活水平的显著差异究竟源于先天还是后天因素的问题给出一个合理解释。很显然，相比很多依然在工具行为上基本以石器为主的种族，欧亚地区的技术进展大为领先，在明显的差异中形成了资源掠夺的格局，并进一步造就了更多的不平等。戴蒙德提示说，也许一开始人们注意到的是欧洲人的体能和经济方面的优势，这些优势相互之间又提供了更多有力的支持，说明并非先天的生理方面的优势为残酷的社会竞争提供了基础条件，而是环境条件让人们有了高下之分。即便是某些生理方面的优势，也是得益于环境。比如某些地区有种类更多的可供驯化的动植物，可以使这一地区的居民较早地从古老的狩猎活动转向收益更大的农业，并因处于物种多样性环境中而携带寄生虫、感染多种疾病，却因祸得福地逐渐获得了很强的免疫力。这些人群一旦侵入那些虽然从自身智力条件而言并不逊色却未能获得有效免疫力的人群所在的地区，就可能在适应辐射方面几乎没有阻力，这也是看上去很单纯的聪明人会被并不显得更聪明的野蛮人置于绝境的重要原因。另一位对环境因素特别看重的学者是伊恩·莫里斯，他从原始人类的觅食环境的限制条件出发，认为处于狩猎采集时代的古人类的行为特征、分工状况、技术水平、价值观念都被环境所决定①。对于定居时代的人们的生活，莫里斯提出了一个值得玩味的"幸运纬度带"的说法，"随着越来越多的人定居下来，更密集地利用村落周围的动植物，有选择地耕种和照管它们，人类无意识地（且非常缓慢地）施加了选择压力，改变了食源的基因结构"②。这在很大程度上又回到了突出环境的决定作用的思路上，同时也说明环境的力量并非保持在固定的位置。

但是很显然，只用单一的外在原因来解释人类的演化过程是很难令人信服的，虽然看上去地理环境因素在无穷前推的思维模式中会成为无可置疑的初始条件，但我们必须在人类演化切实发生的范围内追究动力所在。如果真回到孟德斯鸠式的把某一地区人类的性格和行为特点全都归因于外在环境的思维模式，就意味着基因并没有发挥太大作用，但是

---

① ［美］伊恩·莫里斯：《人类的演变：采集者农夫与大工业时代》，马睿译，中信出版集团2016年版，第36—50页。

② 同上书，第162页。

如果承认所有现代人类都有共同的起源,那么在同一地区的种群为什么会出现较大的认知差异呢?特别是在迁徙的过程中所遭遇的未知阻碍,往往让前途未卜的远行者倍感艰辛,而能够在全新地带扩散开来、殖民成功的原始人类,实际上更多借助的是已经具有的工具能力和性格中不肯轻易退却的精神力量。针对戴蒙德过于倚重环境作用从而认为有些地区首先出现了增进群落扩张能力的农业的观点,尼古拉斯·韦德认为,相比农业的出现,定居性的生活方式应该是更早出现的重要选择,而栖居方式的重大变化是内在的适应性经过生物遗传累积的结果。定居更可能让野生动物和植物的大规模驯化成为可能,动植物的基因得到改变,人类从自己驯养的动物和播种的植物中获得食物,自己的基因也进一步发生改变。但是必须注意,定居和农业的出现比起迁徙的历史要短暂得多,人们长期在由工具行为引导的狩猎采集活动中以此为生,甚至可以说,对动植物的驯化、培育、养殖和收获是特殊形式的狩猎采集。

除了韦德之外,包括哈考特在内的很多学者都以乳糖耐受性为例说明了因畜牧业从农业中分离出来而出现的可有效吸收乳糖的基因表达与环境和文化的关系。在对这一有代表性的重要例证进行详述之前,不妨来看一个类似的关于酒精过敏症的例子,这也构成基因与文化关系的一个很好的说明。有数据显示,东亚地区人口中约有30%对酒精(其实是其中的乙醛)过敏,根本原因在于这部分人体内缺乏将有害甚至致命的乙醛转化为无害成分的生物酶,不仅如此,他们体内反而存在着将乙醛从酒精中分解出来的生理能力,所以很多时候看上去很喜欢喝酒的中国人更多地体会到的不是酒精带来的醺醺然的享受,而是在身心方面饱受酒精的折磨,饮酒于他们而言全无好处。可以肯定,在基因层面,东亚人有一种明显不同于乐于豪饮的国度的人群所特有的生理代谢系统。除了相对而言更为滞后的经济能力和特殊的宗教信仰方面的解释,有学者提出,从酿酒需要耗费大量粮食这一前提出发,这是东亚人在有限的粮食产量之下演化出的一种通过减少酒精消耗以有效节约粮食的生理机制。当然,这一例证关联的事实具有较为明显的地区差异,而且饮酒并非人类维持生存所必需,那么在基本的食物摄取行为中能看到类似的关系吗?答案是肯定的,相比而言,因纽特人明显有违现代社会健康饮食理念的高脂肪饮食结构也能提供来自环境巨大影响的证据,众所周知,提倡少肉低脂以新鲜蔬果为主的饮食习惯已成为大家普遍认可的常识的组成部分，尽管很多人未能完全身体力行，但这并不妨碍他们在观念上表示赞同。但是，北极寒冷的气候条件并不能提供哪怕最基本数量的蔬菜水果，这一地区的居民——以因纽特人为代表——实际上以超出其他地区接近1倍的脂肪和蛋白质的摄入来为自己提供能量。有数据显示，赤道附近的人们日常饮食中肉类比例为40%左右，但在北极圈附近，这一比例上升至90%[①]。让肉类占据餐食的几乎全部内容在现代人看起来是极其危险的，然而北极地区的居民的健康状况良好程度超过绝大多数喜欢吃肉的西欧人[②]。原因很可能是由于因纽特人所食之肉多来自野生动物而非工业化条件下大规模人工饲养的产物，同时他们在很大程度上保持了生食的习惯，因而摄入了更多未被破坏的天然维生素和海洋鱼类中的不饱和脂肪。还必须注意到，这一地区的居民为了捕获各种动物，在低温条件下保持着高强度的运动状态，形成了饮食和运动之间的良性互动关系。一个更近的关于环境和基因关系的例证来自公元9世纪以来日本人的体质变化，他们体内独有的能够消化海藻的基因，也完全不是肠道菌群突变的产物，而是因为长期处于海藻大量繁殖的环境下，由外部菌群进入体内循环并驻留下来的结果。其中令人感到惊异的方面在于，特定的能够对付海藻的基因竟然可以承受来自胃酸的压力，并最终成功地在消化系统菌群中长期存留，这使得日本人在其独特的饮食习惯中能充分吸收来自海藻的营养，而来自其他地区的尝鲜者除了增加阅历在营养方面是难

---

① 除了个别地区由于道德和宗教观念的约束而形成的素食习惯之外，人类普遍对各类肉食来者不拒。对于其中的原因，很难说是单纯由环境引起。恩格斯认为在从猿向人的演化过程中，肉食以更有效率的方式提供了更多营养和能量，让"正在形成中的人"更快地脱离动物界，"除吃植物外也要吃肉的习惯则大大促进了正在生成中的人的体力和独立性"（中共中央编译局：《马克思恩格斯文集》第9卷，人民出版社2009年版，第556页）。同时，食肉对人脑的完善在营养学方面意义重大。值得注意的是，在他看来，食肉的起因主要在于渔猎工具的出现。20世纪中期以后特别是最近几年的石器工具的新发现表明，恩格斯在考古证据还十分缺乏的时代关于肉食起源的说法基本是正确的。如果不是借助石器的帮助，包括南猿和能人在内的早期人类是无法取得肉食的。但是，食肉习惯必须考虑环境的限制，很可能还有某些心理上的原因，比如即便在植物性食物十分容易获得且数量有保障的前提下，男性狩猎者出于炫耀、竞争心理和性选择的原因，会以向具有危险性的大型动物发起攻击为荣。

② 但加拿大政府的一项统计也显示，因纽特人的平均寿命比加拿大整个地区要低，少12—15岁，但这很可能是由于高寒地带严酷的生活条件所致，并非一定是由饮食方式引起。

以有太多收获的,因为海洋菌群的基因没有在他们的肠胃中实现横向转移。近期一项有关不同人群在智力方面是否存在先天差异的激烈争论也再次把基因与环境的关系问题置于公众关注的焦点范围,DNA 结构的发现者之一詹姆斯·沃森因为过于强调基因的力量,在智商测试显示的白人和黑人的智力差异方面发表具有明显种族歧视的言论,被冷泉港实验室剥夺了所有的荣誉。在相关的报道中,智力和基因的相关性即便有也可以微弱到忽略不计的程度,特定文化体系中的智商测验反映出的智力状况不足为凭,智力差异主要是由后天因素即环境条件所决定,基因即便要发生作用,也无法凌驾于自然之上,"更有优势的基因能够帮助个体获得更有利的环境,而更有利的环境将进一步放大基因的优势"①。

这一问题可以通过对"环境"的分层界定而获得新的解释,除了通常所说的自然环境和社会环境,还可以有外在环境和内在环境(如体内环境和体外环境)的划分,但是所有的有差别的、生理方面的优势都是处于不同地理环境中的人们以特定的工具行为、具体的劳动分工重构自己内在环境的过程。某些人群为何选择留在酷寒地带,目前很难有可信的解释。但可以肯定,在基因层面,他们一定已经具备了可以在严寒下安之若素的选择优势。如果基因和环境是一种难以机械地、把其中一个的作用无条件地夸大的互动关系的话,那么究竟是什么将二者有效地连接起来呢?通过以上分析可以看出,能够使这两方面重要因素充分发挥作用的具体活动是迁徙,而能够成功地进行迁徙的关键又在于工具和劳动。不仅整个生物世界很难用刻板的决定论的模式去概括,人类的演化过程也不是被某种已经确定下来的先天因素所固化的,环境的力量就和人类一直以来不甘于滞留在某一区域的心理特点一样,是被某种持久而多变的活动性所支配的。环境因素充满着偶然性,但是从人类以砍砸的方式制作石器开始,整个世界就被纳入了这种由内在尺度的初步的外化而生成的朴拙技术所构造的座架中。先天和后天的条件之间不是一种某一方面一直处于决定性位置的关系,而是在工具行为产生之后的种群扩散中,两者不断化合、取得平衡并以此塑造人类新的体质从而使其具备

---

① 《让沃森声名扫地的"智商理论",从科学上就错了》,2019 年 1 月 26 日,https://mp.weixin.qq.com/s/fm_KjlBgWqI89ZueIAIMOg,2019 年 1 月 17 日。

更高智能和更独特交流方式的过程。如果在某种特殊的环境条件下，人类的生存受到威胁，既可能在生理方面产生内在的适应，也有可能以寻找新的栖息地的方式应对来自外界的挑战。从这个意义上而言，只是由于源于久远的石器时代的现代技术的加速更新，时间尺度已经由日常经验无法把握的数百万年精确到另一个细微的端点，以至于我们觉察不出自己是否还处于渐进性的演化之中。但是很显然，工业化的食物链结构、基因技术、化学药物以及人机交互和结合正在让人类的精神和肉体处于"第二自然"的强力选择中。我们比过去更容易、更乐于和更难以避免进行迁徙，同时也不能免于更频繁的基因交流。在全球性的人口流动中，基因和环境的关系正成为新的历史构建。

### (二) 作为历史分析工具的基因

在第四章关于现代人类起源的两种明显对立的假说的分析中，我们已经领略了基因分析的证据所带来的强烈震撼。来自基因的解释几乎已经成为很多研究用以说明人类来源的确定不疑的观点，如果不是因为来自石器工具方面的证据可以支持另一种更具多样性的判断，单一的、排他性的替代论将会以看上去更具客观性的基因证据终结关于智人由来的争论。当然问题不可能如此简单，基因分析从根本上而言也遵循相似性思维的基本方法，同时基因本身就是一种构建人类演化历史的工具，这种工具在迄今为止的庞大工具系统中可能暂居极为强力的位置，但不可能完全取代与其他工具行为有关的证据所起到的作用。

有一种观点认为，相对于考古证据有限、在很多方面只能依靠基于现代人的常识进行合理想象和推测的旧石器时代演化图景，新石器时代更有希望为我们提供一幅人类可以在很大程度上摆脱环境的巨大压力，进而掌控自己命运、进行自我创造的生存画卷。根据斯宾塞·韦尔斯的概括[①]，这时出现了以下变化：

第一，学会有选择地种植谷物让人们可以超越早先漫长的狩猎采集生涯所限定的生存边界，原先在迁徙路线中不断变动的栖居地点让位于

---

① [美] 斯宾塞·韦尔斯：《出非洲记——人类祖先的迁徙史诗》，杜红译，东方出版社2004年版，第123页。

世代存留的定居点，人类生活当中的稳定性和确定性因素增加了。

第二，固定的食物来源和基本趋于稳定增加的粮食产量刺激了人口的增长。从古至今生活于地球的大约 1070 亿人中，绝大部分是从新石器时代之后才降生于世的，但那时候的地球总人口也许还不足 1000 万，而旧石器时代分布于不同地区的人口累计也许仅仅有几百万人，所以定居和农业之中包含的更明确、更集中的劳动形式让人类在群体规模上更有优势。在大约 20 万年前走出非洲向欧亚扩散的过程中，虽然人类的迁徙历程具有撼动人心的史诗般的力量，但是规模较小的人群在严苛的自然环境下寻得乐土的希望很是渺茫，我们就是那些幸存者的后代。但居无定所的时代结束时，农业创造了新的奇迹①。

第三，工具方面的全新变化创造了革新生活方式的力量。前文述及的活动在高寒地带的人类和环境的关系已经证明了新工具在看上去不利于生存的自然条件下显著提高人类适应性的作用。这种生效于大约 2 万年前的工具驱动模式在 1 万年前借助一系列因农业活动需要而获得改进和提升的工具系统促成了又一次大的进步，使农业成为理解人类加速演化脚步的关键。没有人会否认，人类演化的大书会因越来越多的细节的描写而变得更加生动、具体和可信。相比从前过多的大段语焉不详的猜测，只有承认工具和劳动所产生的动力，人类为何是以今天这样一种不可与工具和劳动有须臾分离的生活状态才可以得到根本的理解。工具并非束缚，劳动也并非苦役，而是人之为人的选择，从这个意义上说劳动选择了人，是有一定道理的。

---

① 在此笔者并不打算接受尤瓦尔·赫拉利关于"农业革命只是一场骗局和陷阱"的并不新颖却因其大胆的行文风格受到追捧的观点。（参见［以色列］尤瓦尔·赫拉利《人类简史：从动物到上帝》，林俊宏译，中信出版社 2014 年版，第 79 页）据莫里斯的记述，马歇尔·萨林斯的名作《原始富裕社会》中已经明确提出了人类为何甘愿对轻松自在的狩猎采集弃之不顾却转而投身农耕生活的压迫的问题。贾雷德·戴蒙德则声称农业是人类犯下的糟糕错误。赫拉利这一观点的立论基础在于强调旧石器时代的食物多样而丰富、无须繁重劳动任务和免遭饥饿疾病威胁的自由美好的生活方式，但是没有充分的证据表明持续了 300 万年左右的狩猎采集方式给人类带来了比定居和农业更好的生活质量。莫里斯试图解释，气候变化带来的最近冰期之后的回暖加上某些特定区域（他称之为"幸运纬度带"）的丰饶物产的吸引，人类这时候的智力水平和工具行为模式已经可以把在远古时期就有的机会主义选择变得更为明确，农业革命是很多方面的偶然性形成合力造就某种不可逆的必然趋势的结果。参见伊恩·莫里斯，《人类的演变：采集者、农夫与大工业时代》，马睿译，中信出版集团 2016 年版，第 158—167 页。

而农业的出现，给包括人类在内的生物基因库带来了有史以来最大的变化。在旧石器时代，人类最基本的劳动形式就是狩猎采集，而且是以较小的种群规模进行迁徙，由于自然环境的压力，产量不确定（通常较少）的食物所能养活的人口数量非常有限。但是得到农业和定居带来的充分保障条件之后，人类不再频繁采取点对点的线性移动方式，而是采取以定居点为圆心、在一定半径的更大区域内依照较为稳妥的方案活动：他们有了自己亲手建造的家园，他们在茫茫荒野中为自己规划了明确的、更有安全性的活动范围。只有在人口数量增加到一定规模之后，才有必要为了获取更为充足的食物而拓展生存空间，这种迁徙往往使基因的流动现象在一定时期密集发生。

重要的是，基因研究已经能够在传统的生理特征和文化表现之外提供相似性的证据，提供关于不同地区、不同族群居民历史由来的新的解释。这一类的研究通常是对特定地区的古人类骨骼化石中提取的基因样本进行测序，并和现生人类进行比较，以相似程度高低来判定其演化路径。

其中最受关注的问题是确定智人走出非洲后的去向，现代人类到达不同地区的时间各不相同，学界在相关问题上长期处于困惑之中。比如，对于人类进入澳洲的时间，一度是通过放射性碳和激光断代这样一些基本方法加以测定。大约5万年前由于航海技术的进展再加上语言交流的力量，合作程度得到提高，人类从东南亚和巴布亚新几内亚地区出发，能够穿越宽度为十多公里的一片海域，一路辗转进入澳大利亚，并因为暂时无法适应内陆自然条件而活动于沿海地区。但是由于研究人员在澳大利亚北部"麦德杰德比比"地区发现了包括石斧在内的一批工具，人类到达澳洲的时间向前推进了大约1.5万年[1]。但这种揭示人类史前活动轨迹的分析如果能和基因分析相结合，则能提供更为精准的历史定位，关于人类在美洲的最早活动就在这种新的分析方法所提供的证据条件下有了新的描述。

但并非人类在所有地区的迁徙状况都能以这种方式得到越来越清晰的历史图像，对于美洲的远古人群而言，生理特征和社会文化方面的相

---

[1] 侯丽编译：《最新考古发现，人类6.5万年前到达澳洲北部》，《中国社会科学报》2017年7月26日第3版。

似性往往不足以用来判定其血缘关系。对于美洲原住民的历史，长期以来是以建立于 19 世纪的"古美洲人假说"（The Paleoamerican hypothesiss）作为基本的解释模型。根据这一假说，在美洲最早出现的是"古美洲人"（paleamericans）种群，他们的历史甚至超越了美洲土著人群的祖先，并在生理特征、工具行为和社会文化的其他方面表现出很大的特异性。这一假说的考古证据来自美国内华达州法伦以东 21 公里处的灵洞（Spirit Cave）和巴西米纳斯吉拉斯州圣湖（Lagoa Santa）遗址中外形独特的颅骨化石和文化遗存。1940 年考古学家惠勒夫妇（Sydney and Georgia Wheeler）在灵洞挖掘出的文物有 67 件，对骨骼的质谱分析法（mass spectrometry）显示的年代是 9400 年前。圣湖地区在 20 世纪 70 年代发现的巴西古人类化石经测定距今约 1.1 万年。但是 2015 年埃斯克·威勒斯列夫（Eske Willerslev）对出土的古人类遗骸所作的 DNA 分析呈现出和南美土著居民的高度一致性。2018 年 11 月，这些古人类 DNA 样本和其他美洲古人类基因材料经过 J. 维克托·莫雷诺－迈亚尔（J. Victor Moreno－Mayar）的测序，也呈现出高度的相似性。一些研究者曾经根据灵洞中的工具与其他地区工具的差别，断定落基山脉两侧的原始人类分属不同种群，但是迈亚尔的基因测定却提供了具有明显文化差异的人群具有相似基因的新格局，"从基因的角度看，并不存在一个不同于当今美洲原住民祖先的所谓'古美洲人'的古代族群。这次研究的结果也说明，长期以来的'古美洲人假说'无法得到基因测试结果的支持"[①]。不过，随后的研究又提供了更多耐人寻味、未必只让基因的力量具有绝对的解释力。前面说过，对于所有地区古人类基因上的联系，合理的解释必须考虑人群的流动，美洲原始人的情况也不例外。大卫·梅尔策（David Meltzer）就是这样认为的，迈克尔等人所揭示的基因相似性意味着美洲原住民同根同源，但他们却遍布美洲大陆，这恰好说明快速的迁徙造就了美洲人的分布状况。根据对原始人类化石的放射性碳定年法分析，已灭绝的、善用石制带凹槽的矛尖猎杀大型哺乳动物的北美克洛维斯人（古印第安人）比巴西古人类早出现约 2000 年，无论是从活动区域还是文化差异，原先很难认为他们之间有

---

① 闫勇编译：《基因研究推翻"古美洲人假说"》，《中国社会科学报》2018 年 11 月 21 日第 3 版。

亲缘关系，但是新近发现的基因相似性把他们联系在一起。从较短的年代差异来看，古印第安人的迁徙速度很快，这些原始人类很可能凭借强有力的箭头武器，一路挺进到资源较为丰富的中美洲和南美洲的开阔地带，在此过程中，狩猎采集的优势得到了充分的发挥。基因分析还表明，墨西哥地区在 8000 年前也出现了一支向南北两个方向分开扩散的群落，虽然速度相对缓慢，却和南美、北美已有的人群发生了基因交流。

在对于特定区域内的人群基因变异状况的分析总是符合这样的趋势，"一个人群的历史越长，累积的变异越多"①，这也和较大的种群规模相关，能在与环境力量的对抗中生存下来并能够长期繁衍扩增的种群，基因的交流和突变的可能性显然更高。也就是说，人群遗传多样性的高低和其历史的长短是一种正相关的状态。直接而有限的化石证据所提供的关于人类演化的时空位点往往是相互隔断的，所谓演化缺环的困惑就与此有关，而基因证据可将这些位点连缀起来，显示出人群迁徙的具体路径和基因流动的细节。

## 二　文化和基因的共同演化

### （一）文化和基因的互动

初看起来基因和文化②的概念划分格局只不过是盛行于人类思想领域的二分法的众多产物之一，某些学者认为这也受制于人类的能思维的本

---

① ［美］斯宾塞·韦尔斯：《出非洲记——人类祖先的迁徙史诗》，杜红译，东方出版社 2004 年版，第 75 页。
② 一般而言，文化是指文明化，并在与人类天性相对的意义上成为所有人所独具和独创的后天因素的总和。由于在人类演化过程中，自然环境和社会环境的分界线越来越模糊，人类的自然属性和社会属性也在文化中具有了统一性，文化就成为人类生活方式的同义语，以世代积累知识并对所有智力成果进行共享为基本特征，而这些智力成果的增长具体表现为工具的制造、使用、升级和劳动水平的提升，在一个更广阔漫长的社会视域中，就是内在尺度外化之后引发的技术迭代。由于工具技能在人类生存策略实施过程中具有无可替代的重要性，在考古学、古人类学和史前史的研究中，工具行为和文化是等价的，对特定时期、特定水平的工具往往冠以文化之名，并以其分辨人属的种类。从 340 万年前最早的时期开始，以工具为主要标示的原始人类经历的不同的文化发展阶段分别是：奥杜瓦伊文化，阿舍利文化，莫斯特文化，奥瑞纳文化。这些文化形态之间并非简单的前后相继关系，由于直立人和智人有过同时存在的时期，文化形态之间也是一种复杂的交叠并存关系。

性，实际上是被基因控制的结果。将我们面对的同时也是置身其中的世界划分为诸多两两对立的方面进行把握的思维方式，几乎在所有的文化中都可以找到类似的表现。一个最简单的对于这种思维格局起源的说法是将其归于对包含对立特征的自然现象的观察。但人类之所以能对此类现象加以注意，并对其进行特定的思维考察和语言表达，和来自于工具制造过程中对于力和反作用力的直接感受难以分离，也和狩猎采集活动中对自然环境条件的利用及方位的判断有关，火的使用则使人们萌生了最初的光明与黑暗形成鲜明对照的认知模式。更有学者认为，人类是天生的分类学家[①]，不管面对怎样的动物和植物，只要是动态的生命体，就可以和漫长演化过程中形成的认知偏好形成良好的匹配关系，这些镌刻在生存经验中的印象和与基本的生理需求相关的习性一道，充分展现了基因和文化的互动关系。

"每个人都是他的环境，特别是他的文化环境，与影响社会行为的那些基因之间的一种交互作用所塑造的。"[②] 基因和环境作用孰轻孰重的问题，由于智能越来越强的人类凭借工具行为所具备的无所不至的扩散能力而转化成为基因和文化的关系问题。或者说，在人类演化过程中，随着工具升级和智能提高的相互促进的攀升状态的影响，环境和基因的关系就转换为文化和基因的关系。文化一般是指人类特有的生活方式，其基本特征体现为世代积累技术和知识并对所有智力成果进行社会性共享，所有这些智力成果的增长方式主要体现于工具的制造、使用和升级，造就更加复杂多样的劳动形式。在一个与人类演化相关的广阔漫长的社会视域中，文化演进的动力来自内在尺度外化之后引发的技术迭代，在此意义上可以说文化连带着甚至等同于不同时期的工具技术形态。[③] 人类以采集、狩猎、驯化和迁徙改变了环境和其中的动植物，所有生物的基因

---

[①] [美]迈克尔·加扎尼加：《人类的荣耀》，彭雅伦译，北京联合出版公司2016年版，第291页。

[②] [英]马特·里德利：《先天，后天：基因、经验和什么使我们成为人》，陈虎平、严成芬译，北京理工大学出版社2005年版，第289页。

[③] 在考古学和史前史研究中，能人的工具制造和使用被称为"奥杜瓦伊文化"，直立人时期的工具技能被冠以"阿舍利文化"之名，尼安德特人的工具行为则被纳入"莫斯特文化"的概括之中，克鲁马农人以石叶加工为基础的工具创新延伸出"奥瑞纳文化"的新技术阶段。

都在此过程中发生了复杂变化，人自身的基因也在与社会文化的适应性互动中发生了变化。"人类的行为、文化和技术在一定程度上由基因塑造……人类基因组的结构同样受到文化的深刻影响。"①

对于注重营养和食物多样性的现代人而言，这方面的一个便于理解的著名例证来自对"乳糖不耐受性"的考察。和其他哺乳动物不同，由于定居和驯养产奶动物的生产活动的影响，人类是唯一一种成年之后还以饮用各种动物性乳汁的方式来获取某些方面营养的哺乳动物。处于婴幼儿期时，受LCT基因决定的乳糖酶在人体当中的分泌很充足，但断乳之后，乳糖酶就不再大量产生（这个年龄一般固定在3岁），似乎相关的基因就此停止运作了，其常见的后果就是普遍发生于成年人当中的因饮用牛奶而产生的一系列消化系统的不适症状，尤以远东地区人群发生率较高。然而并非所有地区的人群都因此对牛乳避之不及，绝大部分北欧、部分中东和东南亚的居民都可以对奶类甘之如饴而无任何生理不适。现在已经可以通过对乳糖酶基因的研究解释这种差别，产生乳糖耐受力的生理原因是乳糖酶基因中的活性控制区域的突变。很显然，某些地区人群的基因之所以会发生这种突变，是由于在相当长的时期内有以充足供应的新鲜牛奶为食的结果，而要做到这一点的前提便是必须驯养特殊种类的动物。通过计算机建立数学模型分析乳糖耐受程度不同的人群迁徙状况时也显示，劳动内容不同的人群——这主要指人们是以狩猎采集、种植业还是畜牧业为生——在乳糖耐受力方面确实有很大不同。在那些食谱中加入了牛奶的人群中，相应的基因被LCT基因所取代。

当然这一问题的展开也呈现了一些更复杂的情况，乳糖酶有时候并不是因为饮用牛奶而产生，比如坦桑尼亚长期保持狩猎采集生活方式的原住民就因为要吸收来自植物中的根皮苷，而乳糖酶正好可以分解这种成分，他们的基因就有了相应的变异，这说明基因在不同的文化条件下可以发生趋同的调整，并能在适应性方面具备潜能。也有一些地区的牧民虽能享用牛奶，但体内并无乳糖酶，而是由于他们肠内菌群的特殊构成。更有趣的是，研究人员对一些测定年代处于新石器时期的陶瓷容器

---

① ［英］凯文·拉兰德：《未完成的进化》，史耕山、张尚莲译，中信出版集团2018年版，第229页。

碎片上残留物质的分析发现，近7000年前的东欧人已学会制作奶酪，世界上还有其他一些地区的居民也在稍晚些时候掌握了这种能通过加热搅拌将乳糖转化为其他糖类的乳酪加工技术，这样他们就在继续保持不耐乳糖体质的情况下，也能得到乳品中的丰富营养[①]。

在不以乳品为主要食物来源的地区，当人们主要从淀粉类食物中吸收不同于乳糖的多糖成分时，体内会分泌能分解淀粉的淀粉酶，受控于AMY1基因。很显然，根据这种关系可以推论，如果淀粉类食物摄入量差异较大，理论上AMY1基因数量也应该不同，而相关的研究完全证实了这一假设，通常以淀粉类食物为主的人群体内的AMY1基因数量比肉食为主或杂食性地区的人群体内的同种基因多出大约1/3。很多地区的居民惯于从植物块茎中获取淀粉，这似乎是从南猿时代就遗留下来的一种食物选择方案，但这种摄食方式会导致使人免遭紫外线伤害的维生素$B_9$（又称叶酸）缺乏，而特别令人感到欣慰的是，长期食用块茎类食物者体内可以促进维生素$B_9$合成的基因处于活跃状态。不难看出，食性这种重要的文化表现是怎样深入地影响了基因的运作，但为了特别说明工具行为在这一关系中扮演的角色，有必要提及一个细节，那就是对块茎食物中不易消化成分及毒性的处理。大自然提供的食物似乎并不是完美的，植物块茎固然可以较好地满足人类脑量增长和智力活动的高耗能需求，但其中的淀粉细胞膜在生食时难以消化，含有的生氰糖苷（cyanogentic glycosides）又会危及生命。人类在演化中发明了借助火的使用进行块茎的烹熟操作，并通过捣碎、浸泡和晾晒去除有毒成分，这些技能也许不像工业化时代的技术那么成熟，但已经通过特定工具行为形成了质朴而规范的操作流程，使某些种类的食物摄取成为重要的文化现象，并在微观层次和基因发生深刻而复杂的互动。

通过对与乳糖消化能力相关的文化现象的历史变迁的考察，可以得到以下结论：

第一，某些看起来由演化选择的适应器实际上是人类文化选择的结

---

[①] 类似的情况在现代乳业中也有非常普遍的表现，很多中国人都是无法消化乳糖的，但他们依然可以享用牛奶制品，这一方面是由于牛奶的深加工技术已经可以从乳清中分离出乳糖，另一方面可以将牛奶加工为酸奶，使乳糖转化为乳酸，免除了乳糖不耐受性可能带来的身体不适。

果，人类的自然属性会在工具行为的演进中添加新的因素，生理结构和体质特征的变化都可以在微观层面找到来自基因的解释。由基因控制的生理表现并非一直就有，而是随着文化的发展，发生了基因突变。在这个意义上，"我们把文化定义为偏好和信念的集合，这些偏好和信念是通过遗传以外的方式获得的。文化本身就是一种进化力量，而不仅仅是基因和自然环境相互作用的结果"①。

第二，现今的人类依然处于演化之中，因为人类的基因组依然在不断更新，而这种更新的压力在很大程度上来自环境和文化的双重作用。但是由于环境因素的自然性的降低，很多时候人的生物属性的变化已经不再是单纯的自然选择所造成，而是文化的选择压力的产物。

第三，具有共同起源的人类的不同群体在基因层面对同一文化刺激会做出不同反应，说明文化多样性和人类自身的多样性具有一致性，也说明自然属性和社会属性是在文化生态位中得到统一的。

第四，基因之所以随文化改变，根本上是由于基因要适应环境变化，而对人类来说，环境和文化已经难分彼此了，此时的环境不是纯粹的只能给人类演化单方面施压的自然环境，而是经过改造的、打上越来越多人类文化烙印的社会环境。

在对这一关系进行评价方面，亚历山大·哈考特提示说，"这种人类基因对环境改变（乳品业）的适应（乳糖酶的持久性）是一种'基因—文化互动'，或'生态位构建'（niche construction）"②。这说明，在以特定的劳动方式改变环境的同时，人类也改变了自己，这种自我塑造的力量的主动性一开始是由自然执掌和随机生发的，但是随着文化的发展，自然力的作用降低了，人在基因与文化的互动中具有了更多的选择的主动性和自身演化方向的确定性。

文化和基因的互动也催生了一种通过类比的方式把基因遗传的原理应用于文化传承与发展的假设，在理查德·道金斯所提供的"文化因子"

---

① Samuel Bowles and Herbert Gintis, *A Cooperative Species: Human Reciprocity and its Evolution*, Princeton and Oxford: Princeton University Press, 2011, p.13.

② [英] 亚历山大·H. 哈考特：《我们人类的进化：从走出非洲到主宰地球》，中信出版集团 2017 年版，第 241 页。

假说之中，名噪一时的模因的概念对应着可由模仿而复制传播的文化单位。虽然这种假设颇有争议，有将复杂的精神现象过于简化处理的嫌疑，但是它显示出基因遗传和文化演化的紧密关系，再一次证明了文化和基因处于共同演化之中。

### (二) 工具行为和基因

很多研究者已经达成共识，在大约 5 万年前，此时已是旧石器时代晚期，人类在工具制造和使用方面进入了一次加速革新的超常状态，贾雷德·戴蒙德将这种突然驶上快车道的技术质变称为"大跃进"时期。理查德·克林以三个方面的重要变化来描述史前工具技术"大跃进"的盛况：第一，工具种类多样化，制作工具的材料来源和工具类型更为丰富，人类在工具行为中表现出来的创新能力相对于之前的 100 万年几乎是爆发性的。比如克鲁马农人制出了锋利程度 10 倍于从前的石刀。第二，各类组合工具层出不穷，功能细分的各类工具中体现出了多种前所未有的特殊用意和精妙设计，比如弓箭的出现，对于狩猎效能的提高和狩猎者安全的保障有了更充分的总体考虑，说明人类在工具制造方面对于制作工艺有了明确的意识和追求，这是智力大幅提升的重要表现。第三，人类对于狩猎所得的各类资源的利用水平有了大幅提高，这也是从复杂程度和丰富程度提高的工具行为中反映出来的。在石器工具刚刚兴起之时，远古人类只能以一种粗放的方式来处理动物的尸骸，但在"大跃进"时期来临之后，人类对狩猎所得有了更细致的分类和恰当的使用。这一时期的工具中已经有了骨针，说明人类已经可以将兽皮缝制为衣物，某些地区的岩洞壁画中也出现了相关内容。这些变化不仅体现为行为学特征，也在基因层面有所表现，这里的证据来自对人口数量激增之后留下的线粒体 DNA 证据的分析，5 万年前从非洲到欧亚大陆的智人的扩散、人口数量增长和工具技能的重大进展具有一致性。

立足于这一背景，工具行为和基因的关系并不是指生物遗传的具体过程已经被某些现代技术因素所操控，这里将在上文中已经对手—脑关系及语言基因作用讨论的基础上，来简要说明工具的制造和使用通过推动脑量的扩增，改变了人类的生物遗传状态。很显然，在人类演化过程中，文化的重要内容和阶段性标志都与工具有关，通过工具能具体地反映出一定时期的劳动水平，工具是内在尺度外化投放于外物的结果，它本身就在不断的升级过程中成为内在尺度的代言者，成为最直接的尺度本身。工具行为作为文化的基本内容具有明显的传承性，那么为什么唯独在人类的生物遗传过程中产生了文化，根本的原因就在于逐渐明晰的内在尺度，这是猿脑转变为人脑的漫长过程的最重要结果。但是正如恩格斯所说，脑的完善得到了来自起始于工具行为的劳动和语言的共同推力，而语言和劳动是共生共进的关系，工具行为又必须和触发脑部神经元反应的手部动作联系起来分析，这就建立了一条寻求工具行为和基因关系的可靠路径。

20世纪90年代，在对于灵长类动物的行为机制进行研究时，贾科莫·里佐拉蒂（Giacomo Rizzolatti）发现了它们脑内存在着既能记录自主行动状态又能被其他个体行动的具体展开过程所触动的镜像神经元（mirror neuron），能将对于特定动作的知觉和动作控制能力加以集成控制。也就是说，仅仅观看某个动作，而不是自己去做它，观看者的大脑特定区域就发生有关联的活跃反应。通过由人类志愿者参与的进一步实验，人类大脑中的镜像神经元的激活过程比单纯的动作感知增加了对动作意图的理解，"我们有一个理解动作及动作意图的镜像系统，而它也与通过模仿和情绪识别来进行学习有关"[①]。镜像神经元所在的脑区在前额叶皮层的F5区，很凑巧的是，在管控语言能力方面有关键作用的布罗卡氏区位于同一脑区，这似乎为说明手、脑及发声器官的神经联系找到了行为刺激的缘由。由于大脑的神经回路是通过基因遗传来传递的，那就意味着镜像神经元被激活的过程提供了可对后天习得的行为进行基因解释的可能。这也说明，"在系统发育和个体发育中，人类的智能首先是解决动作问题，只是在后来才逐渐开始思考更抽象的问题。在人类起源中，可能是大脑对投击运动的计划曾经促进了语言、音乐和智能的发展"[②]。

这种来自动作的智能发生解释模式在语言基因的研究中似乎找到了

---

① ［美］迈克尔·加扎尼加：《人类的荣耀》，彭雅伦译，北京联合出版公司2016年版，第209页。
② 葛明德：《劳动在人类起源中发生作用的新证据》，《北京大学学报》（哲学社会科学版）1996年第3期，第47—53页。

契合点，因为受到 Foxp2 基因变化的影响，人类拥有了语言沟通所必需的清晰发音的条件。虽然这是来自病理学研究的发现，但对 KE 家庭成员 DNA 中蛋白质分子的特殊变化的分析，除了一般性地说明 Foxp2 和语言能力特别是和布罗卡氏区神经元数量的关系以外，也进一步说明了很可能是特定的动作让人体内的 Foxp2 基因发生了突变。结合直立行走起因中基于社会交往需求对手势的运用的假设，也考虑到布罗卡氏区在口语和手势方面的控制作用，Foxp2 基因和手势表达的关系初露端倪。里德利认为，从脑部对发声和语言的控制区域的差别、利手和脑部大小的对应及手势语言的经常性应用的事实，结合化石证据中显示的直立行走解放了双手的重大影响，可以发现在直立行走、手势和语言之间有确定的关联。对阿法南猿的骨骼化石的分析显示，南猿投掷石块的精准技能是脑部各个区域相互协调的结果，长期的手部动作受制于并作用于大脑左侧的运动区域，塑造了人脑对符号交流的识别和适应，"手的姿势开始代表两种不同类型的词，根据形状的物体，根据运动的动作，由此发明了名词和动词的区别，这在所有语言中都深刻存在"[①]。

从以上对于镜像神经元和 Foxp2 基因的分析可以看出，手部动作改变了生物遗传的脑部结构，为智能的提高和语言的发生创造了条件，而手的最频繁的动作表达几乎都与工具行为有关。在自然环境的压力之下选择直立行走，很可能是"冒险基因"在起作用，但早期人类一旦直起身来，手足分工的一系列未可预料的后果就以工具行为改变了原有的先天因素，在人的生物构成中发生了基因的"选择性清洗"，形成并推动着文化进行棘轮式运转，永无止息。"人类的文化能力并不是孤立地进化，而是与认知和行为的核心要素经历复杂的协同进化，这些核心要素包括我们的语言、知识教授、智力、观点采纳、计算能力、合作能力、工具使用、记忆力以及对自然的控制。"[②] 而能将这诸项核心要素整合于一体的，正是劳动。

---

[①] [英] 马特·里德利：《先天，后天：基因、经验和什么使我们成为人》，陈虎平、严成芬译，北京理工大学出版社 2005 年版，第 227—228 页。

[②] [英] 凯文·拉兰德：《未完成的进化》，史耕山、张尚莲译，中信出版集团 2018 年版，第 317 页。

### (三) 工具行为在文化和基因共同演化中的作用

尽管对于文化可以有很多界定，但毫无疑问，行为方式、生活方式的总体状态都可以纳入这一概念的广义表达之中。然而从人类演化的过程来看，考古学上通常所说的文化却起始于对于特定时段石器工具的分析，这说明人类文化的核心要素在于人类能够将内在尺度投放于外物，并由此延伸出一整套日渐复杂的工具系统和工具行为。正如费根所言，"文化（culture）是一个被人类学家发展出来以描述人类所使用的不同适应系统的概念。文化可以被看作一个社会关于信仰和行为的传统体系，这种体系被个体和社会集团的成员所理解，并呈现于个人和集体的行为当中。它也是我们对环境的适应方式的组成部分。工具和住所也是文化的组成部分"①。事实上，根据石器工具产生以来人类文化方面表现出的加速变化的趋势，工具应该是文化最主要的组成甚至是核心的组成，因为住所本身也可以被看成是一种特殊的工具，而且是诸种工具最大量、最大限度集成的形式。当人类能够从天然的草窝、树荫和岩洞中走出，进入自己建造的居所，毫无疑问这种人工修筑的栖身之所也有一个从粗陋走向精致的过程，而且其演变早已超越了动物的始终缺乏变化的巢穴。作为工具的住所，实际上是将原先自然形式的栖息地、储藏所和工具棚在一定的智力条件和技术条件下进行了合并，人类通过每日都要回返的固定住所，进一步确认和强化了自身的独特存在。

从生存策略的基本方面而言，狩猎采集活动是其中的最主要的形式。在对于原始人类生存状况的还原性描述中，狩猎采集活动的无可替代的支柱作用已经由最初的假说成为得到普遍认可的事实。至少从 19 世纪以来，不论是达尔文还是恩格斯，在他们看来，人类在迈入农业时代、能够驯化一些动植物获得来自固定地点的食物供给之前的数百万年时间里的生活情景，都是和荒野中追逐猎物和耐心搜寻其他自然馈赠的活动高度一致的，古人类也因此拥有了远超其他物种的生态位宽度（niche breadth）。20 世纪以来众多的考古学家、演化心理学家和社会生物学家也

---

① ［美］布莱恩·费根：《世界史前史》，杨宁等译，北京联合出版公司 2017 年版，第 16 页。

同样并不怀疑狩猎采集活动在人类演化进程中的基本作用，几乎所有与人类演化中的重大问题相关的讨论都和狩猎采集活动结下了不解之缘，甚至要以此作为基本境域才能展开。可以肯定地说，狩猎采集确实是目前所知的原始人类最基本的劳动形式，以此为背景，可以解释稳定牢靠的互惠利他行为、社会交往和劳动中的性别分工的缘起。

工具行为在现代社会的发展，从行为原型上依然未走出采集行为模式的约束。根据让·鲍德里亚（Jean Baudrillard）在《消费社会》中的看法，现代社会中无处不在的购买行为是人们使用工具来确认自身存在的主要方式。与此同时，人们更注重附加在物品之上的舒适感、身份感、优越感等无形的要素，而这些要素有时并非是和人们真实的需求相关的，而是源自特定的商业文化的宣传和灌输，所以人们实际上是在把玩和摆弄这些消费主义模板中早已订制好的元素。看似人们在进行自由的购物，实际上这些从固定格式的货架上拣选、采购和运送贴有条码的物品的行为本身和数百万年前的古人类从一片固定的、受限的区域里摘取野果、挖出根茎和收集昆虫没有本质的区别。正是因为有这些特征的相似性，很多时候，现代人好似是"超市里的原始人"，这意味着，我们与自己的只会摆弄石器的祖先的根本区别并不在于生理特征，自然属性方面并没有被不可想象的鸿沟区分开来，最根本的生理需求、心理偏好和情感状态甚至还停留在远古时期的模式中，所不同者在于以工具技能更新、知识积累和创造为主要内容的文化。

人类演化中文化棘轮的转动牵引着很多彼此依赖同时不断相互促进并紧密扣合的因素，它们往往处于两两相对的关系状态，这种概括的边界并不绝对，能够反映出工具行为及由此展开的劳动的核心位置和整合作用。我们已经知道，语言的产生和发展是由工具行为在文化和基因的共同演化反馈推进的，这一反馈的作用不止于此。工具行为本身就是文化的重要构成，石器的制造从一开始就以手部的特定动作作用于人的生物遗传结构，在基因层面改变了脑的大小和功能，使猿脑向人脑逐渐转化，这种转化在语言产生之后加速完成。基因和文化的共同演化以一个重要的事实为前提：文化看上去是演化的必然结果，甚至是受基因决定的，但是，文化也是一些偶然形成的适应性充分化合的产物。基因在环境设定的生存竞赛中承担了设置起点的作用，却无力限制人类将工具行为的影响输送到文化创造过程中所能达到的边界。同时，基因遗传和文化传承的相互作用也越来越明显：基因对应着自然属性，影响着人类文化创造的基本样式，文化始终具有属人的特征。另外，工具行为和升级后的技能及产品改变了环境和人自身，几乎覆盖整个生态圈，已经失去自然性的环境能决定基因的存留及变化方式。

　　对于工具行为在文化和基因的共同演化中的作用可以从三个方面来考虑：分别是工具行为和基因的相互关系、工具行为在文化演变中的作用以及工具行为在文化和基因的共同演化中的反馈。上一节已经说明，工具行为和基因的关系的确有一个生物基础方面的触发点，它是环境变化中早期人类选择直立行走的直接后果，石器加工的最初形态展开之后，以特定动作的积累引起了脑量的变化，从而在智能方面逐步把人类带入了具有预见性、目的性和计划性的全新状态。随着工具的升级和劳动分工及协作需求的上升，很可能由基因突变形成的脑部结构和功能的变化为语言的发生提供了思维器官和发声器官条件。虽然 Foxp2 基因不应该是导致语言产生的全部基因条件，但在将语言所能调动的基因及其变化过程完全揭示之前，这是一个可能带来突破的理论入口。

　　关于工具行为在文化演变中的作用的考察，通常会把工具行为看作一个和文化相对的方面，但这样做并不恰当。本文已经不止一次提到这样一个事实：在考察人类演化时，直到 5 万年前的技术大跃进时期，甚至在农业产生之前，工具和文化都是同一概念。在这一时间段内，人类的全部文化创造和文化内容无不从工具行为开始、受工具行为制约、由工具行为展现、依工具行为深入。前文在论及文化和基因的互动关系时，是以食物结构方面的一些引起体质和地区差异的现象作为例证的，除此以外，分工、共享、合作和交换也都和工具行为密不可分，成为文化演化过程中的重要内容。很多关于文化的界定偏重于智力活动、认知能力、心理状态、知识形态和精神财富方面的总体表现，但是往往忽视了这些方面都有着一定的行为前提和物质基础，同时也都受到生物遗传条件的限制，当然必须承认生物遗传的机体设计并不是固定的，这方面最明显的例证就是脑的变化和语言的出现。可见，虽然可以在表述过程中从工具行为、基因和文化的关系中建立自由组合的方案，但是最终都要返回到先天与后天、自然与社会的二分法的关系模式中，其中并不存在一次成形、固定不变的因素，这些因素中的每一个都和对方互为条件，它们的存在和变动都缠结在一起，处于永远无法摆脱彼此的互惠共生状态。

帕斯卡尔曾把人比作能思想的芦苇，说明他并不否认从身体条件方面相对于自然力而言，人是脆弱的。但是也许人类很可能在演化过程中变得越来越脆弱，因为远离狩猎之后，自然选择不再偏好强健的基因①，更不用说不同时期的社会中都存在着以软弱为美的文化选择的诱导。而从200万年前开始的肌球蛋白基因MYH16的缺失，使人类颚肌不再那么发达，咬合力和咀嚼能力大为下降，造成这一基因变化的原因在于烹饪的发明使人们不必再去费太大力气猛嚼生肉。② 由于基因分析技术的进展，这样的证据会越来越多，用以说明文化（社会生活方式）演化作用于基因型从而在表现型上也出现一些新特征的情况。劳动中的合作行为、被有些人认为只不过是"伪装的自私"的利他行为也获得了在保留天生的同情心的同时可被纳入文化意义上的社会本能的解释。尽管这与恩斯特·迈尔所设想的过于理想化的伦理演化模式不尽相同，但都属于运用基因和文化共同演化模式的结果。在20世纪60年代由保罗·埃力克（Paul Ehrlich）和彼得·雷文（Peter Raven）提出的原本用来说明动植物之间演化关系的共同演化模式已经成为对于基因和文化并行关系的最新说明。在这种解释中，文化的适应性来自受制于基因遗传的心理机制，并能改变环境，使原有的基因发生重组，而"不管是人为的或是天然的选择所改变的遗传信息都会分别传给子代"，③ 因此适应于人为环境的基因将会以几何级数扩散，并对文化产生反作用，使特定的文化行为在相当长的时期保持稳定性。但这种说法并未揭示文化和基因共同演化源之所出的心理机制是如何形成的。如同要解决语言因何而生的困惑，尽可以去寻找脑量增大、结构重组和功能增强的基因表达，但是仅止于此是不够的。凯文·拉兰德对利手性中的右利偏好所关联的右旋等位基因的

---

① ［美］彼得·里克森等：《基因之外：文化如何改变人类演化》，陈姝等译，浙江大学出版社2017年版，第232页。

② ［英］凯文·拉兰德：《未完成的进化》，史耕山、张尚莲译，中信出版集团2018年版，第226页。

③ ［美］保罗·R. 埃力克：《人类的天性：基因、文化与人类前景》，李向慈、洪佼宜译，金城出版社2014年版，第19页。

研究和尼古拉斯·托斯再造奥杜瓦伊石器的实验显示出的右利偏好造成脑半球的不对称性,都说明工具行为中手势与动作的积累是智能提升并产生语言的前提,而智能增进之后会在工具行为中以对工具的升级显示出明显的正反馈作用,而且这种反馈会在智能状况和工具形态之间反复叠加,这一渐进过程进行到一定程度就会发生突破性变化,但不是仅在某一个方面,而是表现为被工具行为所贯通的基因和文化两方面的互利性进展,而这一过程会在此基础上进入新一轮的运转。所以工具行为在文化和基因的共同演化中的反馈处于两种增益循环之中:(1)工具技能和语言的进步使作为基本生存策略的劳动方式不断推陈出新,产生新的文化,促使猿脑过渡为人脑,相应的基因表达也会更改。而感知系统和思维器官的完善所关联的又会将更大的推力加诸工具和语言,成为新的循环起始。(2)由于劳动中的分工、共享和协作的需求,新的交流方式和生活方式改变了社会结构和社会关系,新的文化推动意识及群体智能的完善和新基因的扩散,分工、共享与合作及道德演化成为可能,成为另一循环的开端。

## 三 小结

在某种意义上,最初由格雷戈尔·孟德尔(Gregor Johann Mendel)设想的作为最小遗传单位的"遗传因子",是将西方思想传统的原子论迁移到了生物遗传领域,这使我们想到深藏其中不易觉察的万物相通、同理同构的信念。如果世界可以由某种至小的、不可再分的基本单位构成,生命有机体的代代延续也应该遵循同样的原理。如同经过科学化的过程的原子,已经不仅仅是思辨哲学中的不可再分的精微颗粒,而是指物质构成的特定层次,完全科学化的"遗传因子"被称为基因,也不再是对独立的遗传颗粒的思想设定,而是成为可由实验证明的具体可感的遗传物质片段,这种既不混合也不分裂的遗传单元会在生物繁殖过程中完整地传递下去,并能决定生物的结构和行为。基因论使演化论获得了更为坚实的生物学基础,也把先天因素、生物属性放置在与环境因素、社会属性和文化表现相对的方面。如果能将基因论所揭示的生物遗传本质和最早由泰勒斯提出的"万物充满着神灵"的朴素观念相联系,又可以在与环境影响相对的意义上充实内因论。直立行走看似是由外部环境的压力决定的独特性状，但是只有从人猿共同祖先分化出来的一支选择了这种姿势，没有内因的支持是难以做到的。工具行为的发生和智能的提升也是如此，经过前文的讨论，我们已经看到，猿类似乎缺乏能将它们处于萌芽状态的类工具行为向人类所能达到的工具行为程度推进哪怕小小一步的内在力量的驱动。同样，在演化过程中，原始人类一方面有着对某种生态位的偏好，另一方面却没有像自己的近亲一样固守于特定区域，种群的扩散和基因的融合交流从未完全停止。通过以上分析可以看出，工具行为能够使人类演化中的内因和外因、先天因素和后天因素、生物遗传和文化实践统一起来，使之形成相互依赖相互促进的关系，同时交织着基因的流动和文化的传承。在以工具行为联结和贯通彼此并以提升智能要素的方式不断反馈适应效能的过程中，文化与基因的共同演化会继续构建环境并增强人类的适应性，人类以此创造并延续着遗传多样性和文化多样性相统一的历史。

# 结　语

## 人类的演化：从"失乐园"到"得家园"

　　根据古气象学和古地理学提供的远古气候资料展示的遥远的自然图景，500万—1000万年前，这颗后来遍布人类足迹的星球正处于酷寒时期，同时还因为冰川的增多锁定了很多本可挥发循环的水分，天气处于令各种生物难耐的干旱之中，有很多动物因此走向灭绝，在人类还没有能力以特定工具把它们作为资源对象和研究对象之前就退出了大自然设定的、充满各种不确定因素的舞台。人类只不过是这一森林大幅退化为林地时期的幸存者中的一支，但不是固守旧有生存方式、只成为包括黑猩猩在内的大猿的那一类，而是尝试新的生存方式，向林中空地以双脚行走的方式迈出决定性步伐的、不甘受盲目的力量摆布的一类。从庞杂散乱的化石证据中浮现的最早的人类先祖形象是亦猿亦人的，这说明最早的人类在面对自然变化带来的选择压力时，首先陷于一种必须从无路处找路的身体性的困惑之中，他们内在的趋向自我保存的方面作为先天因素，让他们将体内最具活力的自然属性发挥出来，他们作为人的特征逐渐明晰起来，这是在一个和人类文明史占据的时间相比显得过于漫长、已经完全超出日常经验的时段内发生的故事，"这所有（特征的）混杂、匹配现象，显示出族群一再隔绝，独立演化，接着又凝聚结合的过程。要想厘清所有现象实在非常困难"①。

　　维系着人类普遍的寻根意识的人类起源和演化的难题，在人猿揖别

---

① ［美］奇普·沃尔特：《重返人类演化现场》，蔡承志译，生活·读书·新知三联书店2014年版，第7页。

和智人的演化原因方面历来争议颇多。自然环境、社会劳动和生物基因都已被用来说明人类远祖如何耗时数百万年，成为万物灵长。在有限的考古证据与还原论和相似性思维的约束下，人类演化原因总是难以摆脱关于环境、行为和基因的相互影响和改变的复杂关联。本书认为，人既是演化过程的最特别的产物，又能有意识地通过劳动左右自身和其他生物的演化进程，始于工具行为的劳动，实际上是人类在演化过程中逐渐获得的诸种适应性（器）的集合。

我们可以看到，近年来关于人类起源和进化的研究有很多新成果，但是在人类起源方面依然没有令人满意的解释，反而陷入了单一起源说和多起源说的争论。在人类进化的动力问题上，基因决定论、环境决定论、脑导引模式和动作引导模式也各执一词，每一项都未能单独提供令人信服的说明。在人类起源和进化的研究中，通过化石材料推断出南方古猿、直立人、能人和智人的外貌特征，涉及直立行走的判定、脑容量大小的比对、性别分工差异和性选择的探究、意识的起源和完善、工具制造能力包括火的使用的判断、饮食结构的推定、原始艺术和精神生活的猜想、喉头结构与语言能力的估计、语言的起源和发展这样一些重大问题。分子生物学中关于DNA结构的发现，又进一步在包括遗传程序和遗传信息在内的微观层次的生物特征方面为追溯人的来源开辟了新的领域。以劳动及其作用作为线索，可以对这些方面进行整体的把握，进一步探索人类起源和进化的动因，为自然辩证法的经典命题提供更多逻辑和事实的证明。

在新证据的支持下解读"劳动创造了人本身"的经典命题，意味着劳动不再被看作一种可以从自然环境的变化中剥离出来的专门性活动。劳动起始于工具行为，以某种前所未有的方式对自然材料进行加工和转化，体现出将人类从动物界提升出来的创造性，因此劳动作为人类生活的首要基本条件，处于人类起源和演化的理论考察的逻辑起点上。同时，"人本身"并非仅指智人而言，以石器加工为主的工具技术的改进和人类进化的形态都具有很明显的阶段性，但这种阶段性又很难被纳入线性的描述中，更不是一种简单的前后相继的递进状态，人类的树状演化只是在机械和简化的表述中进入直观的阶梯模式。人之为人的那些特性并非一次备齐，在演化的时间表里，无论是从化石还是基因方面，至今没有建立完整无缺的证据链，而塑造人类形象的独有特性所依赖的恰好是分布着缺环的演化链，所以"人本身"也应该包括这些不断积累的、需要依照新的证据加以修正的特性。事实上，现有的对于人化的具体阶段的认识并未固化，随时有可能因为偶然出现的考古材料而重新排序。在大脑完善、智能演化、语言交流和劳动协作的关系方面，石器技术的研究进展也在不断调整原有的排序。从奥杜瓦伊文化、阿舍利文化、莫斯特文化再到奥瑞纳文化，代表性的石器经历了从粗糙的、只追求实用性的砍砸器、刮削器到精巧的手斧，再到工艺精湛的、具有美学价值的黑曜石工具，人的认知状态也完成了由初步的双手协调能力到事先规划能力再到情绪控制能力、视觉想象能力和分层思维能力、工作记忆、创造力的飞跃。在此过程中，人手、思维能力、发声器官、语言也和工具的不同形态一样呈现出阶段性，但是技术水平不同的石器和人类先祖化石的并存也常常与现有的地质年代轮廓不符，在这种情况下，就更有必要从整体的、综合的角度看待劳动在人类演化中的推动作用。

与人类演化有关的化石记录是依照一定的尺度来排列的，这个尺度具有很大的变动性。同时，由于分子生物学所遵循的另一种尺度提供了微观层次的证据，不同层次的证据之间既具有互证的关系，又不可避免地具有竞争性，这说明从"尺度"的意义上来追问劳动的作用是必要的。人类演化的历程也是人类认识自身的尺度不断发生变化的过程，古希腊哲人曾言"人是万物的尺度"，但在人类演化过程中，人只是人自己的尺度。这种尺度一方面因为劳动形式的变化而不断更新，另一方面劳动本身也成为衡量人类社会发展的基本尺度。

处于演化过程中的人类，从与猿类分化的那一刻起，就被盲目的力量逐出了自然乐园，被抛入了永无止息、运转不休的生态和社会的竞技场中，但并非单纯地比拼体力，而是进行智力的较量，更多时候是二者兼而有之的凭借工具和劳动进行的生存竞争和自我超越。人类从远古以两足立姿走来的漫长经历，就是以工具为尺度，以劳动为代价，以不断的创新和进取为自己构筑理想家园的过程。在现代科学技术强力席卷全球的时代，致力于文化创造的人类并没有停下演化的脚步，依然行进在从"失乐园"到"得家园"的演化路途中。

如果对全书主旨再做一概括的话，可以有以下几方面的说明：

（1）经典命题会焕发新的生机。在经过一番文本梳理及结合新的科学证据的综合分析之后，看起来未免显得陈旧的"劳动创造了人本身"的经典命题，实际上是哲学研究的思想资源非常集中的"富矿"，贯通了包括马克思主义哲学基本原理、自然辩证法、生物学哲学、科学技术哲学、语言哲学、文化哲学、考古学、人类学和心理学在内的多个学科。在近年来考古学、人类学、认知科学、古生物学和分子生物学迅速积累新证据的有利条件下，具有不可低估的理论潜力。这一命题的产生是和达尔文的理论创新分不开的，它是受到演化论学说为标志的科学革命和知识更新的力量所推动的重要思想成就。在我国关于人类起源和演化的基本认识方面，这一命题不仅是"劳动创造了人"的主流哲学观念的理论基础，形成了对相关问题进行深入探究的基本架构并曾引起激烈的学术争论，也在科学普及领域和常识层面强烈影响着人们关于自身由来的看法。但是恩格斯提出这一命题的时代，各方面的科学证据的积累还不够充分，未能展开更为深入、系统的论述，只是对工具行为和劳动在人类演化中的作用提出了概括性的、原则性的表述。由于意识形态的偏见，西方学术界对这一命题的思想价值重视程度严重不足，而国内学术界在20世纪八九十年代对劳动造人说曾有很激烈的学术讨论，然而限于时代条件，对最新的考古学、人类学、心理学、语言学、分子生物学等学科的证据把握不够，未能把这一问题的研究推向更加广泛和深入的程度。本书立足于这样的背景，认为得到广泛传播和关注的演化论是"寻根意识科学化"的突出成就，从这一革命性理论出发，结合最新的科学证据，可以对"劳动创造了人本身"这一经典哲学命题的理论价值进行深入挖掘，全方位展现其包含的真知灼见所具有的理论预见性。（2）以工具行为入手探究劳动创造人的过程，就是构建"荒野记忆"（工具行为视角的原始人类自然史）。在科学证据的范围方面和当下最新的研究进展相对接，以开启劳动的、将人类和其他动物区分开来的工具行为作为切入点，较为系统地概括了基于人类中心论角度的以构建"荒野记忆"为主要编史方式的人类起源和演化历程的基本内容，表达了一种国内学术界较少涉及的工具行为视角的人类自然史观念，注重分析最新的考古发现及关于人类起源特别是现代人类起源的最新论点的哲学意义，这些意义的呈现是和对处于交流互鉴状态的人类文化的共同基础的时代性关注密切相关的。

(3) 在事关终极关怀的根本追问中对劳动创造人的过程进行综合性解释。对劳动在人类起源、演变中的作用这样的包含着终极关怀的根本性问题的探讨，应对已有的相关知识和材料进行综合性解释。因此本书选取了环境变化、直立行走、手足分工、食性转变、脑量增大、意识完善、协作沟通、语言生成、迁徙扩散、基因突变、文化创造这些和工具行为密切关联、在近年来不断有新发现、新进展的方面进行综合考察，以必须依赖"内在尺度"的逐步明晰而不断提升的工具行为的发展过程将这些方面统一、联通起来。(4) 重视内因论分析，重返辩证思维方式。本书并未追随20世纪中期以来逐渐盛行的"去中心化"思维模式，而是倾向于认为或明或暗的人类中心论立场是不可被超越和消解的。同时，本书对于那种执意要在与人类演化关联的诸多因素中找到最具决定性方面的追问方式，以及在牵动人类知识全局的情感和理性的张力中只拉伸其中一端的偏执也保持了足够的警惕，这样做是为了表明历史悠久的内因论和唯物辩证法的基本思维方式的重要性。(5) 以人类特有的与内在尺度相关的智能飞跃为界，确立分析相关科学证据的侧重点，为今人普遍推崇的精神品质的古老来源找到可行的解释。在据以研究人类演化和起源的"三驾马车"式的证据格局（骨骼化石、石器工具和基因证据）中，选择了一条以石器工具的技术演变（包括其成因和影响）为主线的重视文化遗存的研究进路，从而把劳动理解为人类演化中诸多适应性的集合，是适应机制、动力机制和代价机制的综合体现，这样就在新的科学证据条件下，呼应了一个半世纪前恩格斯提出的劳动造人说的经典命题，肯定了其所包含的诸多基本观点所具有的科学性及其理论的开放性和强大生命力，明确地表达了对工具行为在人类演化中和一系列重要因素相互扭结生成、彼此勾连牵引，让人类的生物形态和社会形象越来越生动具体，在劳动中不断激发出人类的创造力和进取心，促使人类持续进行文化创新并以技术的进步和文化的交流保持文化多样性，以自然选择和文化选择相结合的方式使自己依然处于并长期保持演化状态，实际上为现实生活中人们普遍推崇的精神品质及社会文化的演变找到了一条探究其古老源头的路径。(6) 这项研究的一个重要意义在于表明人是唯一能够明确地意识到自己能以付出特定代价的方式给自己和世界带来希望的物种。在一个不断强调人是这个星球上最具威胁性和破坏性的物种，同时这一物种的种种相互矛盾的行为还无法得到很好调整的时代，这一物种内部及这一物种和其他物种的冲突可能升级扩大并导致毁灭性后果的忧虑似乎在加深。工具行为在人类演化中的作用的研究却表明，是从动物界脱颖而出的人类给整个地球生态圈带来了更多活力。自然的伟力给人类划定了一个起跑线，人类以工具行为所标志的文化选择带动着自然和自我向有着更多可能性的方向运转。把劳动理解为演化"代价"的最重要的组成部分，并赋予"代价"以积极的历史和文化意义，可以构建一种合理的"代价论"。人类从充满威胁和机遇的荒野饱经艰辛走来，能以和内在尺度相对应、为人类所独有的劳动成就自身的历史演变过程表明，能产生人类这样的智慧物种的世界，正是以人类在劳动中所表现出的无尽智慧来防范和解决各种危机的，这种自然塑造和自我塑造同属一体的演变维系着人类的希望和整个世界的未来。

在此有必要再强调一下本书最主要的创新点，虽然这些论点不乏浅陋之处，但是和以上基本论点对照就会发现，它们还有必要也有更多机会得到进一步的表述：（1）对人类起源和演化的探究，从演化论角度明确地将其界定为"寻根意识的科学化"，并对其最基本的特征进行了初步概括。（2）认为以随机出现的化石证据的分析与排布所重现的人类史前史，实际上是根据现代人类的生活经验和自我认知构建出的一种"荒野记忆"。以工具问题作为基本线索和关键因素，可以把直立行走、脑量增大、智能完善、语言沟通、文化传承和基因传递诸方面统一起来，从综合性角度具体地、历史地、动态地和整体地理解劳动在人类演化中的驱动作用。（3）在动物尤其是黑猩猩能否制造和使用工具的问题的分析当中，不拘囿于本能性类工具行为的习性学视角，以直立行走作为工具行为的前置条件，以受内在尺度制约、具备智能内核的整体行为模式作为衡量标准，为工具行为划界。（4）区分了语言起源学说的远期发生论和近期发生论，以具体可信的证据分析展现了人类智能的增长、语言能力的提高、工具行为的升级和劳动协作之间的密切关系。（5）认为由工具行为开启的劳动是人类演化过程中诸多适应性的集合，是内在尺度逐步明晰并外化的结果，是人类内驱力、创造力、行动力和进取心的基本来源，因此劳动是人类演化中的适应机制、动力机制和代价机制的综合体现。（6）认为人类演化的经历可以概括为以劳动为积极代价、由自然乐园走向理想家园的具有历史必然性的漫长过程。人类的智能增进被工具行为触发之后，不断发生跃进，通过内在尺度的外化促进工具的升级，显示出明显的在智能状况和工具形态之间反复叠加的正反馈效用，以渐进方式进行到一定历史节点就会发生突破性变化，人的适应性由此得以持续增强，并因此长期处于演化之中。

同时，在思想观点的连续性方面，确认了经典命题和思想原型在人类起源和演化构图中的基础作用。在思想方法方面，主张应重视在哲学发生之初就倡导的内因论，重返辩证法的分析方式。在具体问题的分析和材料的把握运用方面，把重点放在物质形态更为稳定、具备更高辨识度的文化遗存方面。为工具行为的发生找到了内在尺度和环境压力共同作用的经验基础和逻辑起点。

当然，书中关于人类在进入文明史之前的总体行为模式和生存方式的哲学研究还存在一些不足：（1）本书的论题涉及学科众多，需要引证多方面材料，从中提炼出能体现工具行为对人类起源和演化产生驱动作用的核心概念和关键环节。在现有的研究中，几个核心观念的关系的顺畅程度还有待加强。（2）在工具行为对人类演化具体作用机制方面，表达的清晰度还有提升的空间。各部分内容的相互衔接和章节内部内容的具体安排方面，还需在逻辑关系上进行局部调整。（3）对于经典命题的理论价值的挖掘的深入程度也言犹未尽，对于书中探讨问题的现实意义的阐述也还不够充分。（4）就书中提出的创新点来看，有些观点虽有一定的理论价值，但限于论题的侧重点，其表达还未达到非常令人满意的程度。

正为如此，本书只是探索工具行为和劳动在人类演化过程中所起作用的漫长旅程的尝试性开端，至少有以下几个问题要在后续的研究中展开：（1）由于人类起源和演化的图谱随时处于变动之中，还需要掌握最新的相关证据，以便结合原始人类的生物形态变化对其行为特征做出恰当的分析，对早期原始人类尤其是南猿在工具行为方面的不确定性加以进一步考证。（2）工具行为和劳动在人类演化中的具体展开过程和古人类智能提升的关系仍需更多细节上的把握。（3）书中提出的"尺度""内在尺度""代价"等概念与人类演化过程中智能完善的关系也是后续研究中要加以深入探讨的重要方面，实际上意味着不仅可以从工具视角也能从尺度演变的角度来编制原始人类自然史。(4)关于在工具问题上人与猿类及其他动物的分界线需要结合最新的动物考古学①证据进行更缜密的考察。(5)人类演化中工具行为和文化交流的关系非常密切,对这一问题的深入研究有助于为人类文化所具有的共同基础提供证明。(6)深究创新行为在人类演化中的起源。工具行为和劳动之所以能综合多方面的因素,成为多方面机制的统一体,得益于关联着智能觉醒和认知飞跃的创新行为,它具有核心性、根源性和可持续性,对这一问题的后续研究具有重要的理论价值和现实意义。

也许在此过程中,将会发现更多的新问题,以唤醒更多的揭示,为古老源泉延伸出来的人类历史轨迹的持续显现助力,而所有这些尝试和努力都将会表明,"不管我们愿意承认与否,必须连根从大地上成长起来,为的是能够在天穹中开花结果"②。

---

① 传统的考古学是以考察人类历史中遗留的以石制工具为主的人工制品的方式来展现技术的发生和演变的,但是自从珍妮·古道尔提供了关于贡贝黑猩猩能使用经过简单加工的植物材质的"工具"取食的观察记录之后,只有人类才有工具行为的判断受到很大质疑,考古学中逐渐形成了以动物行为遗留的物质材料作为考察对象的分支,从而改变动物在考古学中的附属地位。然而黑猩猩极少使用天然形状的石头来取得食物,更不会加工石片。如果工具行为源于人与黑猩猩共同的祖先对木质工具(不可能存留下来)的使用,那么唯独只有人类具有普遍的加工石器的行为的考古事实就很难得到共有行为模式方面的解释。同时,包括缅甸长尾猕猴(Macaca fascicularis)和巴西野生黑纹卷尾猴(Sapajus libidinosus)在内的其他一些灵长类动物却常用石头砸开牡蛎和坚果的外壳,但是这些行为遗留的所谓石制工具的历史目前经测定,只在65—3000年之间,实在无法和人类演化过程中的工具史相提并论。当然,类似的研究也扩展到对一些非灵长类动物(如乌鸦和海獭)的行为的关注中,但目前还未取得比从我们所熟知的对于某些现象的分析更多的进展。这里的焦点问题应该在于对工具行为的性质(是本能性的还是有有意识的)及对这种行为是否具有内在的心理依据(内在尺度)的判定,同时必须考虑到像直立行走这样的生理条件的变化所带来的有助于工具改进的连锁反应。因此在不能很令人信服地提供动物也有智力的觉醒并实现了阶段性的认知飞跃从而在工具技术上不断保持创新性的可靠证据之前,动物考古学的发展依然处于材料积累阶段,而人类依然可以独享"工具的制造和使用者"的不凡称号。

② 《海德格尔选集》,孙周兴译,上海三联书店1996年版,第1241页。

# 参考文献

## (一) 英文文献

[1] Steven Pinker, "Language as an Adaptation by Natural Selection", *Acta Psychologica Sinica*, Vol. 39, No. 3, 2007.

[2] Schlebusch C. M. et al., "Southern African Ancient Genomes Estimate Modern Human Divergence to 350, 000 to 260, 000 Years Ago", *Science*, Vol. 358, No. 6363, 2017.

[3] Simon A. Parfitt et al., "The Earliest Record of Human Activity in Northern Europe", *Nature*, Vol. 438, No. 7070, 2005.

[4] Nick Ashton et al., "Hominin Footprints from Early Pleistocene Deposits at Happisburgh, UK", *PLoS ONE*, Vol. 9, No. 2, 2014.

[5] Mohamed Sahnouni et al., "1.9 – Million – and 2.4 – Million – Year – Old Artifacts and Stone Tool – Cutmarked Bones from Ain Boucherit, Algeria", *Science*, Vol. 362, No. 6420, 2018.

[6] Evidence indicates humans' early tree – dwelling ancestors were also bipedal, https://www.sciencedaily.com/releases/2010/03/100319202526.htm, 2010 – 3 – 20/2018 – 11 – 6.

[7] Richard Potts, "Environmental and Behavioral Evidence Pertaining to the Evolution of Early Homo", *Current Anthropology*, Vol. 53, No. S6, 2012.

[8] Dietrich Stout, "Thierry Chaminade. Stone Tools, Language and the Brain in Human Evolution", *Philosophical Transactions of the Royal Society of London. Series B, Biological sciences*, Vol. 367, No. 1585, 2012.

[9] Toba catastrophe theory, https://en.wikipedia.org/wiki/Toba_catas-

trophe_ theory, 2018 – 10 – 16/2018 – 12 – 03.

[10] Inizan M. L., Lechevallier M., Plumet P., "A Technological Marker of the Penetration into North America: Pressure Microblade Debitage, its Origin in the Paleolithic of North Asia and its Diffusion", *Materials Research Society Symposium Proceedings*, Vol. 267, 1992.

[11] Yue Hu et al., "Late Middle Pleistocene Levallois Stone – tool Technology in Southwest China", *Nature*, Vol. 565, No. 7737, 2019.

[12] Wu Liu et al., "The Earliest Unequivocally Modern Humans in Southern China", *Nature*, Vol. 526, 2015.

[13] Lohse K, Frantz LA., "Neandertal Admixture in Eurasia Confirmed by Maximum – Likelihood Analysis of Three Genomes", *Genetics*, Vol. 196, No. 4, 2014.

[14] Melinda A. Yang et al., "40, 000 – Year – Old Individual from Asia Provides Insight into Early Population Structure in Eurasia", *Current Biology*, Vol. 27, 2017.

[15] The HUGO Pan – Asian SNP Consortium, "Mapping Human Genetic Diversity in Asia", *Science*, Vol. 326, No. 5959, 2009.

[16] Hunt, Kevin D., "The Postural Feeding Hypothesis: An Ecological Model for the Evolution of Bipedalism", *South African Journal of Science*, Vol. 92, No. 2, 1996.

[17] Herman Pontzer, David A. Raichlen, Peter S. Rodman, "Bipedal and Quadrupedal Locomotion in Chimpanzees", *Journal of Human Evolution*, Vol. 66, 2014.

[18] P. E. Wheeler, "The Influence of Thermoregulatory Selection Pressures on Hominid Evolution", *Behavioral and Brain Sciences*, Vol. 13, No. 2, 1990.

[19] Nina G. Jablonski, "George Chaplin. Origin of Habitual Terrestrial Bipedalism in the Ancestor of the Hominidae", *Journal of Human Evolution*, Vol. 24, No. 4, 1993.

[20] Michael C. Corballis, "How Language Evolved", *Acta Psychologica Sinica*, Vol. 39, No. 3, 2007.

[21] Samuel Bowles and Herbert Gintis, *A Cooperative Species*: *Human Reciprocity and Its Evolution*, Princeton and Oxford: Princeton University Press, 2011.

(二) 中文文献

[1] [法] 罗贝尔·福西耶:《中世纪劳动史》, 陈青瑶译, 上海人民出版社 2007 年版。

[2] 中共中央编译局:《马克思恩格斯文集》第 9 卷, 人民出版社 2009 年版。

[3] [美] 爱德华·O. 威尔逊:《社会生物学: 新的综合》, 毛盛贤等译, 北京理工大学出版社 2008 年版。

[4] [英] J. 霍华德:《达尔文》, 徐兰、李兆忠译, 中国社会科学出版社 1992 年版。

[5] [英] N. H. 巴顿、[美] D. E. G. 布里格斯等:《进化》, 宿兵等译, 科学出版社 2009 年版。

[6] [法] 让·沙林:《从猿到人——人的进化》, 管震湖译, 商务印书馆 1996 年版。

[7] [美] 理查德·利基:《人类的起源》, 吴汝康、吴心智、林圣龙译, 上海科学技术出版社 2007 年版。

[8] [美] 戴维·巴斯:《进化心理学》, 张勇、蒋柯译, 商务印书馆 2015 年版。

[9] [以色列] 尤瓦尔·赫拉利:《人类简史: 从动物到上帝》, 林俊宏译, 中信出版社 2014 年版。

[10] [美] 奥古斯汀·富恩特斯:《一切与创造有关——想象力如何创造人类》, 贾丙波译, 中信出版集团 2018 年版。

[11] [美] 伊恩·莫里斯:《人类的演变: 采集者/农夫与大工业时代》, 马睿译, 中信出版集团 2016 年版。

[12] [美] 贾雷德·戴蒙德:《枪炮、病菌与钢铁》, 谢延光译, 上海译文出版社 2000 年版。

[13] [美] 刘易斯·芒福德:《城市发展史》, 宋俊岭、倪文彦译, 中国建筑工业出版社 2005 年版。

[14] [美] 李讷:《人类进化中的"缺失环节"和语言的起源》,《哲学

研究》2004 年第 2 期。

[15] 高星：《制作工具在人类演化中的地位与作用》，《人类学学报》2018 年第 3 期。

[16] 葛明德：《劳动在人类起源中发生作用的新证据》，《北京大学学报》（哲学社会科学版）1996 年第 3 期。

[17] 姜义华主编：《社会科学争鸣大系（1949—1989）·历史卷》，上海人民出版社 1991 年版。

[18] 莫富：《怎样理解"劳动创造了人本身"》，《中南民族学院学报》1987 年第 1 期。

[19] 高剑平、张正华、罗芹：《手的元工具特征》，《自然辩证法研究》2012 年第 11 期。

[20] ［苏］в·п·阿列克谢耶夫、庄孔韶：《关于人类起源的劳动理论》，《民族译丛》1981 年第 4 期。

[21] 吴新智、杜靖：《吴汝康人类学实践中的人观思想及其来源》，《青海民族研究》2010 年第 2 期。

[22] 吴新智：《人类怎么探知自身的由来》，《科学与无神论》2007 年第 6 期。

[23] 赵寿元：《"劳动"选择了人！》，《复旦学报》（社会科学版）1981 年第 1 期。

[24] 黄湛、李海涛：《"劳动创造了人"：对恩格斯原创思想的误读和曲解》，《吉林大学社会科学学报》2013 年第 6 期。

[25] 朱长超：《是劳动创造了人，还是劳动选择了人》，《自然辩证法通讯》1981 年第 5 期。

[26] 张秉伦、卢勋：《"劳动创造人"质疑》，《自然辩证法通讯》1981 年第 1 期。

[27] 龚缨晏：《关于"劳动创造人"的命题》，《史学理论研究》1994 年第 2 期。

[28] 龚缨晏：《关于人类起源的几个问题》，《世界历史》1994 年第 2 期。

[29] 林圣龙：《人本身是自然界的产物——"劳动创造了人本身"仅仅是"在某种意义上"说的》，《化石》1982 年第 2 期。

[30] 刘建立、靳如军：《劳动创造人的语言歧义分析》，《信阳师范学院学报》2001 年第 6 期。

[31] 陈青山：《论劳动与人的互生性》，《社会科学家》2010 年第 12 期。

[32] 张宝英：《人的祖先是"类人猿"还是"类猿人"——由"劳动创造了人"引发的思考》，《学术交流》2014 年第 4 期。

[33] 赵永春：《劳动在从猿到人转变中的作用刍议》，《学术交流》1988 年第 3 期。

[34] 梁祖霞：《自然选择创造了人类》，《生物学教学》2003 年第 8 期。

[35] 汪济生：《必须正视马克思恩格斯在人与动物界定问题上的区别》，《学术月刊》2004 年第 7 期。

[36] 王钦民：《这样的发现值得我们正视吗？——评汪济生〈必须正视马克思恩格斯在人与动物界定问题上的区别〉》，《理论观察》2014 年第 6 期。

[37] 张培炎：《关于"劳动创造人"的讨论三题》，《广西大学学报》（哲学社会科学版）1995 年第 6 期。

[38] 林圣龙：《西方旧石器文化中的勒瓦娄技术》，《人类学学报》1989 年第 1 期。

[39] 林圣龙：《中西方旧石器文化中的技术模式的比较》，《人类学学报》1996 年第 1 期。

[40] 吴新智：《人类起源与进化简说》，《自然杂志》2010 年第 2 期。

[41] 邓晓芒：《人类起源新论：从哲学角度看（上）》，《湖北社会科学》2015 年第 8 期。

[42] ［美］伊恩·塔特索尔：《地球的主人：探寻人类的起源》，贾拥民译，浙江大学出版社 2015 年版。

[43] ［英］赫胥黎：《人类在自然界的位置》，蔡重阳等译，北京大学出版社 2010 年版。

[44] 汪子嵩、范明生、陈村富、姚介厚：《希腊哲学史》第一卷，人民出版社 1997 年版。

[45] 《柏拉图全集》第三卷，王晓朝译，人民出版社 2002 年版。

[46] ［德］莫尼卡·奥芬伯格：《关于鹦鹉螺和智人：进化论的由来》，郑建萍译，百家出版社 2001 年版。

［47］［英］斯塔斯：《批评的希腊哲学史》，庆泽彭译，华东师范大学出版社2005年版。

［48］苗力田主编：《亚里士多德全集》第四卷，中国人民大学出版社1996年版。

［49］汪子嵩、范明生、陈村富、姚介厚：《希腊哲学史》第三卷，人民出版社1997年版。

［50］［英］克里斯托弗·波特：《我们人类的宇宙》，曹月等译，中信出版集团2017年版。

［51］［美］恩斯特·迈尔：《进化是什么》，田洺译，上海科学技术出版社2012年版。

［52］［英］皮特·J. 鲍勃：《进化思想史》，田洺译，江西教育出版社1999年版。

［53］［美］科因：《为什么要相信达尔文》，叶盛译，科学出版社2009年版。

［54］［英］达尔文：《人类和动物的表情》，周邦立译，北京大学出版社2009年版。

［55］［英］达尔文：《人类的由来及性选择》，叶笃庄、杨习之译，北京大学出版社2009年版。

［56］［英］伯纳德·伍德：《人类进化简史》，冯兴无、高星译，外语教学与研究出版社2015年版。

［57］［英］达尔文：《物种起源》，舒德干等译，北京大学出版社2005年版。

［58］［美］斯蒂芬·杰·古尔德：《自达尔文以来》，田洺译，海南出版社2008年版。

［59］［荷］克里斯·布斯克斯：《进化思维》，徐纪贵译，四川人民出版社2010年版。

［60］［美］斯坦利·安布罗斯（Stanley H. Ambrose）：《旧石器技术与人类演化》，袁俊杰译，陈淳校，《江汉考古》2012年第1期。

［61］《美考古队发现人类祖先吃肉最古老证据》，2018年10月5日，http: //tech.qq.com/a/20100813/000075.htm, 2010年8月13日。

［62］《科学家确定人类发源地》，2018年12月5日，http: //sputniknews. cn/society/201811301026984683/，2018 年 11 月 30 日。

[63]［美］布莱恩·费根:《世界史前史》,杨宁等译,北京联合出版公司 2017 年版。

[64]［英］亚历山大·H. 哈考特:《我们人类的进化:从走出非洲到主宰地球》,李虎、谢庶洁译,中信出版集团 2017 年版。

[65]［英］亚当·卢瑟福:《我们人类的基因》,严匡正、庄晨晨译,中信出版集团 2017 年版。

[66]谢平:《探索大脑的终极秘密:学习、记忆、梦和意识》,科学出版社 2018 年版。

[67]刘武:《追寻人类的足迹》,《科学世界》2006 年第 3 期。

[68]尚力:《考古发现称人类从树上走下地面时间比预计要晚》,2018 年 9 月 30 日,http：//it. sohu. com/2012 1030/n356113903. shtml,2012 年 10 月 30 日。

[69]《300 万年前的这具骨骼告诉我们,人类祖先会直立行走,晚上在树上睡觉》,2018 年 9 月 30 日,https：//www. zaojiu. com/talks/2149,2018 年 7 月 19 日。

[70]黄凯特、王道还:《330 万年,地球上最古老的小孩》,《环球科学》2007 年第 1 期。

[71]宗华:《挑食致羚羊河南方古猿灭亡》,《中国科学报》2015 年 7 月 23 日第 2 版。

[72]吴汝康:《对人类进化全过程的思索》,《人类学学报》1995 年第 11 期。

[73]［美］奇普·沃尔特:《重返人类演化现场》,蔡承志译,生活·读书·新知三联书店 2014 年版。

[74]［美］保罗·R. 埃力克:《人类的天性:基因、文化与人类前景》,李向慈、洪佼宜译,金城出版社 2014 年版。

[75]田远:《人类用火史可追溯至 100 万年前》,《光明日报》2012 年 4 月 19 日第 11 版。

[76]［美］提姆·怀特（Tim White）:《吃人也是人类历史的一部分:食人现象为何出现?》,张亚萌译,环球科学公众号。

[77]于波:《历史书要改写了:中国人类史向前推进 40 万年》,2018 年

10月19日，https：//baijiahao.baidu.com/s?id=1608135638823295775&wfr=spider&for=pc，2018年8月7日。

[78]［德］恩斯特·海克尔：《宇宙之谜》，苑建华译，陕西人民出版社2005年版。

[79]［美］诺埃尔·T. 博阿兹、拉塞尔·L. 乔昆：《龙骨山：冰河时代的直立人传奇》，陈淳等译，上海辞书出版社2011年版。

[80]［美］D. E. 泰勒：《爪哇人类演化的新近图景》，张银运摘译，《人类学学报》1995年第4期。

[81]［美］端·泰勒：《爪哇人类化石的分类》，吴新智编译，《人类学学报》1992年第4期。

[82] 卫奇：《爪哇猿人生存到二万七千年前?》，《化石》1997年第2期。

[83] 陈黎：《洛南盆地又见阿舍利石器，属首次集中现身东亚》，2018年5月17日，http：//news.hsw.cn/system/2013/01/26/051595767.shtml#0-tieba-1-18926-7eff13ea8df1a334a227e1223f8d0dd3，2013年1月26日。

[84] 高星、裴树文：《中国古人类石器技术与生存模式的考古学阐释》，《第四纪研究》2006年第4期。

[85] 林圣龙：《对九件手斧标本的再研究和关于莫维斯理论之拙见》，《人学学学报》1994年第3期。

[86] 戴尔俭：《旧大陆的手斧与东方远古文化传统》，《人类学学报》1985年第3期。

[87] 安志敏：《中国的原手斧及其传统》，《人类学学报》1990年第4期。

[88] 黄慰文：《中国的手斧》，《人类学学报》1987年第1期。

[89] 谢光茂：《关于百色手斧问题——兼论手斧的划分标准》，《人类学学报》2002年第1期。

[90] 王佳音：《中国手斧的区域特征及中西比较》，《考古学研究》2008年第7期。

[91] 高星：《中国旧石器时代石斧的特点与意义》，《人类学学报》2012年第2期。

[92] 董春雨：《对称性与人类心智的冒险》，北京师范大学出版社2007

年版。

[93] 陈宥成、曲彤丽：《两面器技术源流小考》，《华夏考古》2015 年第 1 期。

[94] 张浩：《思维发生学》，中国社会科学出版社 1994 年版。

[95] 高星、张晓凌、杨东亚、沈辰、吴新智：《现代中国人起源与人类演化的区域性多样化模式》，《中国科学：地球科学》2010 年第 9 期。

[96] 《揭秘印尼火山 7 万年前致 60% 生物灭亡原因》，2018 年 11 月 26 日，http：//world. huanqiu. com/exclusive/2016 − 07/9207836. html，2016 年 7 月 21 日。

[97] [美] 约翰·霍克斯、米尔福德·沃尔波夫：《现代人起源六十年之争》，陈淳译，《南方文物》2011 年第 3 期。

[98] 中国科学院古脊椎动物与古人类研究所编：《中国古人类论文集》，科学出版社 1978 年版。

[99] 吴新智：《中国和欧洲早期智人的比较研究》，《人类学学报》1988 年第 7 期。

[100] 吴新智：《从中国晚期智人颅牙特征看中国现代人起源》，《人类学学报》1998 年第 4 期。

[101] 吴新智：《现代人起源的多地区进化说在中国的实证》，《第四纪研究》2006 年第 5 期。

[102] 高星、王惠民、关莹：《水洞沟旧石器考古研究的新进展与新认识》，《人类学学报》2013 年第 5 期。

[103] 邵亚琪等：《热处理对水洞沟遗址石器原料力学性能的影响》，《人类学学报》2015 年第 3 期。

[104] 张克旗、吴中海、吕同艳、冯卉：《光释光测年法——综述及进展》，《地质通报》2015 年第 1 期。

[105] 黄慰文、侯亚梅、斯信强：《盘县大洞的石器工业》，《人类学学报》1997 年第 3 期。

[106] 《以色列发现非洲以外最古老现代人类遗骸化石》，2018 年 9 月 16 日，https：//baijiahao. baidu. com/s？ id = 1590633617108640480&wfr = spider&for = pc，2018 年 1 月 26 日。

[107] 《摩洛哥发现最古老的智人化石》，2018 年 5 月 16 日，http：//

baijiahao. baidu. com/s？id = 1578931994237469549&wfr = spider&for = pc，2017 年 9 月 19 日。

[108] 雷晓云、袁德健、张野、黄石：《基于 DNA 分子的现代人起源研究 35 年回顾与展望》，《人类学学报》2018 年第 2 期。

[109] 吴新智：《人类起源与进化简说》，《自然杂志》2010 年第 2 期。

[110] [美] RebeeeaL. Can 等：《线粒体 DNA 和人类进化》，范宗理译，《世界科学》1989 年第 3 期。

[111] 张明、付巧妹：《史前古人类之间的基因交流及对当今现代人的影响》，《人类学学报》2018 年第 2 期。

[112] 胡涛波等：《遗传等距离现象：分子钟和中性理论的误读及其近半世纪后的重新解谜》，《中国科学：生命科学》2013 年第 4 期。

[113] 金力、张帆、黄颖：《分子考古学》，《创新科技》2007 年第 12 期。

[114] 张森水：《中国北方旧石器工业的区域渐进与文化交流》，《人类学学报》1990 年第 9 期。

[115] 高星、黄万波、徐自强等：《三峡兴隆洞出土 12—15 万年前的古人类化石和象牙刻划》，《科学通报》2003 年第 23 期。

[116] 王子初：《音乐考古拾意》，《大众考古》2014 年第 2 期。

[117] [美] 尼古拉斯·韦德：《黎明之前》，陈华译，电子工业出版社 2015 年版。

[118] [英] 达尔文：《人类的由来》，潘光旦、胡寿文译，商务印书馆 1997 年版。

[119] 方翠熔：《人类直立行走起源于树栖双臂臂行猜想与相关古人体演化力学论证》，博士学位论文，重庆大学，2015 年。

[120] [英] 德斯蒙德·莫利斯：《裸猿》，何道宽译，复旦大学出版社 2010 年版。

[121] [奥] 弗洛伊德：《一种幻想的未来 文明及其不满》，严志军、张沫译，河北教育出版社 2003 年版。

[122] [美] 史蒂芬·平克：《心智探奇：人类心智的起源与进化》，郝耀伟译，浙江人民出版社 2016 年版。

[123] [澳] 约翰·C. 埃克尔斯：《脑的进化——自我意识的创生》，潘

泓译，上海科技教育出版社2007年版。

[124]［美］约翰·内皮尔：《手》，拉塞尔·H. 塔特尔修订，陈淳译，上海科技教育出版社2001年版。

[125]［新西兰］斯蒂文·罗杰·费希尔：《语言的历史》，崔存明、胡红伟译，中央编译出版社2012年版。

[126]《盘点离开地球进入太空的那些动物》，2018年6月10日，ttp://www.qulishi.com/article/201805/284084.html，2018年5月25日。

[127]［英］珍妮·古多尔：《黑猩猩在召唤》，刘后一译，科学出版社1980年版。

[128]郑开琪、魏敦庸编：《猿猴社会》，知识出版社1982年版。

[129]［美］戴维·埃伦费尔德：《人道主义的僭妄》，李云龙译，国际文化出版公司1988年版。

[130]［英］彼得·沃森：《人类思想史：浪漫灵魂》，姜倩等译，中央编译出版社2011年版。

[131]中共中央编译局：《马克思恩格斯文集》第5卷，人民出版社2009年版。

[132]［德］兰德曼：《哲学人类学》，阎基译，贵州人民出版社1988年版。

[133]［美］贾雷德·戴蒙德：《第三种黑猩猩：人类的身世与未来》，王道还译，上海译文出版社2012年版。

[134]赵熙熙：《肯尼亚发现最古老石器：距今330万年，或为更新纪灵长类动物所为》，《中国科学报》2015年4月20日第2版。

[135]陈宥成、曲彤丽：《旧石器时代旧大陆东西方的石器技术格局》，《中原文物》2017年第6期。

[136]［法］弗朗索瓦·博尔德：《旧石器类型学和工艺技术》，陈淳译，《文物季刊》1992年第2期。

[137]［英］凯文·拉兰德：《未完成的进化》，史耕山、张尚莲译，中信出版集团2018年版。

[138]［美］迈克尔·加扎尼加：《人类的荣耀》，彭雅伦译，北京联合出版公司2016年版。

［139］李建会：《走向计算主义：数字时代人工创造生命的哲学》，中国书籍出版社2004年版。

［140］《人类殖民澳洲2000年就致当地85%大型动物灭绝》，2018年3月5日，http：//tech. 163. com/17/0209/01/CCPVN8KN00097U81. html #，2017年2月9日。

［141］闫勇编译：《人类首次到达澳大利亚并非偶然》，《中国社会科学报》2018年5月25日第3版。

［142］齐芳：《古DNA研究揭示现代人类祖先曾与尼安德特人"混血"》，《光明日报》2015年6月24日第5版。

［143］秘彩莉等：《尼安德特人基因组学研究进展》，《遗传》2012年第6期。

［144］吴秀杰、占扬：《中国发现新型古人类化石——许昌人》，《前沿科学》2018年第1期。

［145］《尼安德特人13万年前用鹰爪造出人类最早首饰》，2017年6月3日，http：//www. cankaoxiaoxi. com/world/20150405/731497. shtml，2015年4月5日。

［146］《尼安德特人具有现代人类语言基因》，2017年6月3日，http：//www. lifeomics. com/？p＝18393，2007年10月22日。

［147］［美］史蒂芬·平克：《语言本能：人类语言进化的奥秘》，欧阳明亮译，浙江人民出版社2015年版。

［148］［英］克里斯·麦克马纳斯：《右手，左手：大脑、身体、原子和文化中不对称性的起源》，胡新和译，北京理工大学出版社2007年版。

［149］［美］史蒂夫·奥尔森：《人类基因的历史地图》，霍达文译，生活·读书·新知三联书店2006年版。

［150］木遥：《科学家称亚当和夏娃没有见过面》，2018年1月6日，http：//tech. ifeng. com/discovery/geography/detail ＿ 2012 ＿ 08/14/16782615＿ 0. shtml？＿ from＿ ralated，2012年8月14日。

［151］［美］迈克尔·托马塞洛：《我们为什么要合作：先天与后天之争的新理论》，苏彦捷译，北京师范大学出版社2017年版。

［152］［美］刘易斯·芒福德：《技术与文明》，陈允明、王克仁、李华山译，中国建筑工业出版社2009年版。

[153] 邓雪梅:《解说石器中发生的故事》,《世界科学》2014 年第 6 期。

[154] [美] 约翰·S. 艾伦:《肠子,脑子,厨子:人类与食物的演化关系》,陶凌寅译,清华大学出版社 2013 年版。

[155] [美] 迈克尔·托马塞洛:《人类沟通的起源》,蔡雅菁译,商务印书馆 2012 年版。

[156] 高剑平、胡善男:《论元工具语言——基于历史唯物主义的视野》,《自然辩证法研究》2016 年第 11 期。

[157] [美] 汉斯·D. 斯鲁格:《弗雷格》,江怡译,中国社会科学出版社 1989 年版。

[158] [英] 马特·里德利:《先天,后天:环境、基因及什么使我们成为人》,陈虎平、严成芬译,北京理工大学出版社 2005 年版。

[159] [美] 彼得·里克森等:《基因之外:文化如何改变人类演化》,陈姝等译,浙江大学出版社 2017 年版。

[160]《让沃森声名扫地的"智商理论",从科学上就错了》,2019 年 1 月 26 日,https://mp.weixin.qq.com/s/fm_KjlBgWqI89ZueIAIMOg,2019 年 1 月 17 日。

[161] [美] 斯宾塞·韦尔斯:《出非洲记——人类祖先的迁徙史诗》,杜红译,东方出版社 2004 年版。

[162] 侯丽编译:《最新考古发现,人类 6.5 万年前到达澳洲北部》,《中国社会科学报》2017 年 7 月 26 日第 3 版。

[163] 闫勇编译:《基因研究推翻"古美洲人假说"》,《中国社会科学报》2018 年 11 月 21 日第 3 版。

[164]《海德格尔选集》,孙周兴译,上海三联书店 1996 年版。

# 后　　记

　　本书是由我在北京师范大学哲学学院攻读科学技术哲学博士的学位论文修改而成，是国家社科基金重大项目"生物哲学重要问题研究"（项目批准号14ZDB171）的阶段性成果，得到了西北师范大学"马克思主义中国化丛书"书系的出版资助。

　　恩格斯提出的"劳动创造了人本身"的经典命题，是哲学研究的思想资源非常集中的"富矿"，贯通了包括马克思主义哲学基本原理、自然辩证法、生物学哲学、科学技术哲学、语言哲学、文化哲学、考古学、人类学和心理学在内的多个学科。这一命题的产生是和达尔文的理论创新分不开的，它是受到演化论学说为标志的科学革命和知识更新的力量所推动的重要思想成就。在我国关于人类起源和演化的基本认识方面，这一命题不仅是"劳动创造了人"的主流哲学观念的理论基础，形成了对相关问题进行深入探究的基本架构并曾引起激烈的学术争论，也在科学普及领域和常识层面强烈影响着人们关于自身由来的看法。但是恩格斯提出这一命题的时代，各方面的科学证据的积累还不够充分，未能展开更为深入、系统的论述，只是对工具行为和劳动在人类演化中的作用提出了概括性的、原则性的表述。由于意识形态的偏见，西方学术界对这一命题的思想价值重视程度严重不足，而国内学术界在20世纪80、90年代虽然对劳动造人说曾有很激烈的学术讨论，但是限于时代条件，对最新的考古学、人类学、心理学、语言学、分子生物学等学科的证据把握不够，未能把这一问题的研究推向更加广泛和深入的程度。本书立足于这样的背景，认为得到广泛传播和关注的演化论是"寻根意识科学化"的突出成就，从这一革命性理论出发，结合最新的科学证据，可以对

◇ 后　　记 ◇

"劳动创造了人本身"这一经典哲学命题的理论价值进行深入挖掘，全方位展现其包含的真知灼见所具有的理论预见性。本书尽可能在科学证据的范围方面和当下最新的研究进展相对接，以作为劳动开端的工具行为作为切入点，较为系统地概括了基于人类中心论角度的以构建"荒野记忆"为主要编史方式的人类起源和演化历程的基本内容，表达了一种国内学术界较少涉及的工具行为视角的人类自然史观念，尤其注重分析最新的考古发现及关于人类起源尤其是现代人类起源的最新论点的哲学意义。同时，本书认为对劳动在人类起源、演变中的作用这样的包含着终极关怀的根本性问题的探讨，应对已有的相关知识和材料进行综合性解释。因此本书选取了环境变化、直立行走、手足分工、食性转变、脑量增大、意识完善、协作沟通、语言生成、迁徙扩散、基因突变、文化创造这些和工具行为密切关联、在近年来不断有新发现、新进展的方面进行综合考察，以必须依赖"内在尺度"的逐步明晰而不断提升的工具行为的发展过程将这些方面统一、联通起来。本书持一种较为明确的人类中心论立场，这样就在据以研究人类演化和起源的"三驾马车"式的证据格局（骨骼化石、石器工具和基因证据）中，选择了一条以石器工具的技术演变（包括其成因和影响）为主线的重视文化遗存的研究进路，从而把劳动理解为人类演变中适应机制、动力机制和代价机制综合体现，这样就在新的科学证据条件下，肯定了一个半世纪前恩格斯提出的劳动造人说的经典命题所包含的诸多基本观点所具有的科学性及其理论的开放性和强大生命力，明确地表达了对工具行为在人类演化中和一系列重要因素相互扭结生成、彼此勾连牵引，让人类的生物形态和社会形象越来越生动具体，在劳动中不断激发出人类的创造力和进取心，促使人类持续进行文化创新并以技术的进步和文化的交流保持文化多样性，以自然选择和文化选择相结合的方式使自己依然处于并长期保持演化状态的观点。在一个不断强调人是这个星球上最具威胁性物种、同时这一物种的种种相互矛盾的行为还无法得到很好调整的时代，工具行为在人类演化中的作用的研究却表明，是从动物界脱颖而出的人类给整个地球生态圈带来了更多活力。自然的伟力给人类划定了一个起跑线，人类以工具行为所标志的文化选择带动着自然和自我向有着更多可能性的方向运转。把劳动理解为演化"代价"的最重要的组成部分，并赋予"代价"以积极的历史和文化意义,可以构建一种合理的"代价论"。人类从荒野走来,能以和内在尺度相对应、为人类所独有的劳动成就自身的历史演变过程表明,能产生人类这样的智慧物种的世界,正是以人类在劳动中所表现出的智慧来防范和解决各种危机的,这种自然塑造和自我塑造同属一体的演变维系着人类的希望和整个世界的未来。

  在我的博士论文写作过程中,北京师范大学哲学学院科技哲学研究所李建会教授给与了精心指导。李老师长期处于国内科学哲学研究的前沿,敏锐地把握着学术研究的最新趋向,以引导学生从众多的课题中选择那些最有价值的方面进行创新性研究为己任。李老师在设计"生物哲学重要问题研究"选题并以此申报国家社科基金重大项目时,建议我围绕人类起源和演化的哲学问题展开博士毕业论文的写作,并为我提供了极为宝贵的参与课题论证的机会,让我找到了具有较高学术价值和更好学术前景的研究方向。在"生物哲学重要问题研究"选题顺利获批后,李老师又帮助我反复修改写作提纲,并就其中的关键问题和我多次讨论,帮我确立论文框架、凝练核心观点,使我逐渐步入良好的写作状态,在毕业论文完成之时,也让我受教于导师才有的学业收获能进一步融入"生物哲学重要问题研究"课题的进展中。李老师不仅以渊博的学识、严谨的学风和敏锐的洞察力在学术研究方面对我进行悉心培养,而且以温和、从容和宽厚的处世方式影响着我的生活态度。在这里,我向李老师表达最诚挚的谢意。

  同时,我还要向给我以重要启发和教诲的北京师范大学科技哲学研究所的刘孝廷教授、董春雨教授和田松教授以及清华大学人文学院王巍教授、北京化工大学人文学院崔伟奇教授致以真诚的感谢。

  在此,也要感谢已经于2018年不幸病故的北师大原科技哲学研究所教授朱红文先生,他的"一定要坚持自己的观点,要阐发命题的社会意义"的教诲犹在耳畔,铭记这谆谆教诲,就是对朱老师最好的感谢与怀念。

  我也要为兰州大学的陈春文教授、李创同教授和曹陇华教授奉上诚挚谢意。陈老师是我在科学技术哲学方面的启蒙者和引路人。李老师是我敬重的慈祥长者,十多年来一直勉励、指点和关心着我。曹老师则长期对我的学业给予了实际和具体的帮助。

◇ 后 记 ◇

西北师大副校长李朝东教授时常过问我的学习状况，给了我很大鼓励，在此深表感谢。我还要特别感谢西北师范大学马克思主义学院院长王宗礼教授，王院长考虑到我求学过程中的实际情况，为了让我集中精力进行毕业论文写作，最大限度地减轻了我的授课量，为我创造了极为有利的学习条件。同时他也一直关心着我的学习进度，经常性地给予督促和鼓励。

感谢西北师大马克思主义学院书记符得团博士，是他经常提醒我注意加快论文写作进度，并建议我参与到"马克思主义中国化丛书"的出版行列中来，为我提供了总结自己几年来学术研究和思考的成果的宝贵机会。

《西北成人教育学院学报》编辑部的苏一星教授、西北师范大学哲学学院的姜宗强教授、甘肃社会主义学院的陈新专教授在我的学业和学位论文写作中给予了诚恳的建议和热忱帮助，在此一并致谢。同时也要感谢西北师大外国语学院的蒋世强博士，他在我最需要帮助之时，为我提供了很多极为重要的信息。

我还要为对本书的出版付出辛劳的中国社会科学出版社的喻苗编辑奉上诚挚的谢意。

无论如何，我都要对默默奉献和全力支持我的家人深表感谢，纵有千言万语，也难述其一。

还有很多老师、同事和同学支持和帮助过我，让本书得以完整地呈现在读者面前，恕我难以一一列举，谨将谢意深藏心底。

本书的完成，参考和引用了国内外很多学者的研究成果，在此也深表感谢。书中提出的很多观点，限于个人的学识，难免有不足之处，还请各位专家和读者能不吝赐教。